文明互鉴视域下东亚易学研究

——东亚易学研讨会论文集

（下）

林忠军　刘彬　编

山东大学出版社
SHANDONG UNIVERSITY PRESS
·济南·

目 录

下册

国家图书馆藏四部《周易玩辞》考述

周余姣　李丽*

《周易玩辞》是宋人项安世的一部易学著作，近年来受到学界较多关注。项安世（1153—1208），字平甫，又字平父，号平庵，祖籍括苍（今浙江丽水），后居江陵（今湖北荆州）。南宋淳熙二年（1175）赐同进士出身，曾任绍兴府教授、成都府教授、潭州教授、秘书省正字、校书郎、实录院检讨官、池州通判等职。项安世于宋嘉定元年（1208）逝世，享年五十六岁。生平著有《周易玩辞》《项氏家说》《平庵悔稿》等。《周易玩辞》分十六卷，卷一至卷六为周易上篇，卷七至卷十二为周易下篇，卷十三至卷十四为系辞，卷十五为说卦，卷十六为序卦、杂卦。项安世在序中述其撰作之由为："易之道四，其实则二，象与辞是也。变则象之进退也，占则辞之吉凶也。不识其象，何以知其变？不通其辞，何以决其占？然而圣人因象以措辞，后学因辞而测象，则今之读《易》所当反复䌷绎、精思而深味者，莫辞若也，于是作《周易玩辞》。"前人对项安世的生平及其易学思想已有较多探讨，如赖贵三《项安世周易玩辞研究》[①]、谭德贵《项安世易学思想研究——〈周易玩辞〉解读》[②]等。

该书刻印传世后，版本较多，杜兵曾总结共有乐章刻本、项寅孙刻本、徐之祥刻本、韩克庄刻本、抄本、通志堂本、四库全书本。[③] 1959 年问世的《北京图书馆善本书目》曾著录《周易玩辞》两部，一部是吴良士等四先生捐赠的明澹然斋抄本，一部是清康熙纳兰成德刻通志堂经解本（四库底本）。[④] 1987 年出版的《北京图书馆古籍善本书目》在前两部基础上又增加著录了清抄本一部。[⑤] 1989 年出版的《中国古籍善本书目》除著录北京图书馆（今国家图书馆）所藏的三部外，另著录中山图书馆（今广东省立中山图书馆）和中山大学图书馆藏清抄本各一部。[⑥] 2016 年 9 月 28 日，"中华古籍资源库"开通运行，公布了国家图书馆藏四部《周易玩辞》的书影。笔者拟利用已公布的数字化资源，对国家图书馆藏四部《周易玩辞》做进一步的探讨。

---

* 作者简介：周余姣，博士，天津师范大学古籍保护研究院副教授；李丽，重庆大学图书馆特藏部助理馆员。

① 赖贵三：《项安世周易玩辞研究》，《古典文献研究辑刊·五编》，花木兰文化出版社 2007 年版。

② 谭德贵：《项安世易学思想研究——〈周易玩辞〉解读》，北京师范大学 2009 年博士学位论文。这篇博士毕业论文于 2017 年由中华书局出版。

③ 杜兵：《项安世〈周易玩辞〉研究》，福建师范大学 2008 年硕士学位论文，第 6—8 页。

④ 北京图书馆：《北京图书馆善本书目》，北京图书馆 1959 年版，第 10 页。

⑤ 北京图书馆：《北京图书馆古籍善本书目》，书目文献出版社 1987 年版，第 20—21 页。

⑥ 中国古籍善本书目编辑委员会：《中国古籍善本书目·经部》，上海古籍出版社 1989 年版，第 54—55 页。

一、宋刻本《周易玩辞》十六卷

（一）基本信息

该书编目信息为：《周易玩辞》十六卷，（宋）项安世撰，宋刻本，八册，线装。行款每半叶10行，行20字。白口，左右双边，双顺鱼尾。卷端题“周易玩辞卷第一”，下题“江陵项安世述”。版心中镌“玩辞”、卷次、下镌叶次。王重民《中国善本书提要》著录版框为20.3厘米×14.9厘米。[①] 书中“贞”“桢”“敦”等字缺末笔。前有宋庆元四年（1198）项安世《周易玩辞叙》和嘉泰二年（1202）重修叙。

该书钤印众多，多处钤有“白石山房书画之记”朱文方印、“醒石图书”朱白文相间印、“读易楼图书记”朱文长印。卷十三卷端钤“俞琰玉吾”朱文方印，卷十六卷末钤“易学传本”白文方印、“俞氏家藏”朱文方印，末叶钤“仲温”白文方印、“子玉图书印记”朱文长印、“俞桢之印”白文方印、“国立北平图书馆收藏”朱文方印。

该书刻印后，在宋代书目中即有著录。陈振孙《直斋书录解题》卷一著录该书：“《周易玩辞》十六卷，太府卿松阳项安世平甫撰。当庆元中，得罪时论，居江陵，杜门潜心，起居不出一室，送迎宾友，未尝逾阈，诸书皆有论说，而《易》为全书……盖亦遍考诸家，断以己意，精而博矣。”[②]赵希弁《郡斋读书附志》著录“右平庵项安世平父所述也。自叙于前，其为说曰……其子寅孙刊于建安书院，乐章识于后”[③]，著录项安世之子项寅孙刻于建安书院的版本。其后版本传衍，直至于今。

（二）考述

1.传承有序

从钤印可看出此书的递藏情况如下：

（1）俞氏读易楼旧藏

俞琰（约1250—1320），字玉吾，自号全阳子、林屋山人、石涧道人，宋末元初江苏吴郡（今江苏苏州）人。俞琰好易，著述颇丰，撰有《周易集说》《读易举要》《读易须知》《易经考证》等书。室名“存存斋”“读易楼”，常见有“林屋山人”“俞琰玉吾”“易学传本”“俞氏家藏”“读易楼图书记”等印。[④]

俞仲温（生卒年不详），字子玉，一作子毓，俞琰子。钤印有“仲温”“子玉图书印记”等。

俞贞木（生卒年不详），初名祯，字宗本，号立庵、立庵独叟、洞庭外史等。钤印有“俞

① 王重民：《中国善本书提要》，上海古籍出版社1983年版，第2页。

② （宋）陈振孙：《直斋书录解题》，上海古籍出版社2015年版，第24页。

③ （宋）晁公武著，孙猛校证：《郡斋读书志校证》，上海古籍出版社1990年版，第1090页。

④ 吴芹芳、谢泉：《中国古代的藏书印》，武汉大学出版社2015年版，第146页。

桢之印”等。叶昌炽《藏书纪事诗》[①]对俞氏祖孙三人均有介绍。

傅增湘先生曾以万金购得海内孤本宋刊本《周易正义》十四卷，该书卷中钤有“俞琰玉吾”“石涧”“林屋山人”“读易楼图书记”“俞氏家藏”“易学传家”“石磵书隐”“林屋洞天”诸印[②]，与此本上的钤印多数相同，可知二书均曾为俞氏读易楼旧藏。

(2)张孟兼旧藏

李丽等人曾谓该书为张孟兼旧藏[③]。张孟兼(1338—1377)，原名丁，明初浙江金华人，有《白石山房逸稿》二卷行世，藏书印有“白石山房书画之记”等。经比对，此书所钤印与前人所著录的张孟兼之“白石山房书画之记”印蜕[④]为同一印。

(3)李振裕旧藏

李振裕(约 1642—1703)，字维饶，号醒斋，又号醒石，江西吉水人。清康熙九年(1670)进士，官至户部尚书。著有《白石山房文稿》《白石山房诗稿》。钤印有“醒石图书”等。《宋黄庭坚书千文一卷》上钤有“醒石图书”“李振裕印”“白石山房书画之记”等印[⑤]，亦为李振裕旧藏。李振裕的“白石山房书画之记”之印蜕与张孟兼是否一致，待考。

(4)延古堂李氏旧藏

据王重民《中国善本书提要》可知，该书还钤有“延古堂李氏旧藏”藏书印。延古堂李氏原籍江苏昆山，清康熙年间开始定居天津，其藏书活动主要集中在李士铭、李士鉁兄弟二人。

李士铭(1849—1925)，字伯新，又字子香，光绪二年(1876)中举人，任户部云南司郎中。宣统年间，就任“顺直咨议局议员”“天津议事会议长”“宪政协议会会长”[⑥]等职。李士铭扶弱济贫，力行善事，捐建天津学宫、文昌祠、济良所等处。撰有《国朝名儒学案》《历代名医列传》(未刊行)二书。

李士鉁(1851—1926)，字仲儒，又字嗣香。据《延古堂李氏族谱》载，与兄李士铭同年中举人，光绪三年(1877)连捷中进士，被钦点为翰林院庶吉士，授职编修。后转翰林院侍读学士，历充文渊阁校理、武英殿提调，协修国史馆纂修。曾任湖南乡试正考官。李士鉁著作较丰，已刊行者有《周易注》《金刚经解义》《楞严经解义》《维摩诘经解义》《三昧录》《御览集》等书[⑦]，另有《延古斋藏书提要》稿本。

1926 年，随着李士鉁的去世，李家下一代“宝”字辈兄弟分家析产，而延古堂李氏藏书亦在 20 世纪 30 年代开始流散。李氏藏书中之大部分慷慨赠予南开大学图书馆，另有更为精华的一批善本书出售给了国立北平图书馆。《国立北平图书馆馆务报告》在“采

---

① 叶昌炽、王欣夫：《藏书纪事诗　藏书纪事诗笺正》，广西师范大学出版社 2021 年版，169—170 页。

② 王玥琳：《中国古代藏书印小史》，中国长安出版社 2015 年版，第 236 页。

③ 李丽、周余姣：《天津延古堂李氏藏书考略》，《印刷文化》2022 年第 2 期。

④ 何鸿：《浙江历代书画鉴藏及鉴藏家印鉴》，中国美术学院出版社 2010 年版，第 108 页。

⑤ 《四库提要著录丛书》编纂委员会：《四库提要著录丛书・子部》第八册《石渠宝笈四十四卷总目四卷(一)》，北京出版社 2010 年版，第 105—106 页。

⑥ 孟宪宁、李弢：《老城故里》，天津教育出版社 2017 年版，第 266 页。

⑦ 中国人民政治协商会议天津市委员会文史资料研究委员会：《天津近代人物录》，天津市地方史志编修委员会总编辑室，1987 年，第 149—150 页。

访·购入书”一节中对这批书有介绍:“就中宋金旧本、钞校精刻者,无不备具。宋本则有项安石(世)《周易玩辞》,乃元季俞琰‘读易楼’旧物,宇内应无第二帙……”[①]1941年,宋刻本《周易玩辞》随该馆的一百箱善本被运至美国国会图书馆寄存,史称“善本运美”。1965年复转移寄存至台北“国立中央图书馆”,著录为“宋宁宗时江阴项氏建安书院刊本”[②]。该书今藏于台北故宫博物院图书文献馆,其所有权仍属于国立北平图书馆,即今之国家图书馆。王重民在美时拍有缩微胶卷,今人用以转为数字化书影。国家图书馆出版社亦利用缩微胶卷,将此书收入《原国立北平图书馆甲库善本丛书》之一种影印出版。

2.价值

王重民《中国善本书提要》谓此书:“按是书今惟有通志堂刻本,通志堂本翻元大德本,大德本当即从此本出。余持校通志堂本数叶,见其差误甚多,益知此本之善。”[③]可见此书为祖本,具有重要的历史文物和文献资料价值。

民国期间,此书曾被张元济选入商务印书馆景印《国藏善本丛刊》(第一辑),当时提要为:“《周易玩辞》十六卷,国立北平图书馆藏宋刻本。宋项安世撰。书成于宋嘉泰二年之秋,兼明象数,于《伊川易传》外别树一帜,传世有《通志堂经解》本。此则元初俞玉吾读易楼旧藏本,宋刻宋印,并世无两,洵秘笈也。”[④]但令人疑惑的是,“中华古籍资源库”内所见各卷书影均未见王重民《中国善本书提要》中著录的“延古堂李氏珍藏”一印。部分书叶漫漶,当为后印本。

二、吴梅旧藏明澹然斋抄本《周易玩辞》十六卷

(一)基本信息

此部书编目信息为:明澹然斋抄本,善本书号:04303,11行22字,白口,线鱼尾,四周双边,八册。版心下题有“澹然斋”。每一册书衣有“苏州吴梅,字瞿安,别号霜厓,188□[⑤]——1939藏书”长印(第七册卷前亦有),书衣后有“献书人吴良士、见青、涞青、南青捐赠”(第七册卷末亦有)。前有元虞集《周易玩辞序》,下钤“北京图书馆藏”印。次有元大德丁未(1307)徐之祥、元马端临序,次有宋项安世序。卷一卷端题“周易玩辞卷第一”,下题“江陵项安世述,鄱阳马廷鸾点校”。卷末有宋嘉定辛未(1211)乐章跋,钤印“北京图书馆印”。

此书天头有部分批校文字,辑录如下:

卷一:《龙德而隐章》标题旁有“正中”二字,天头处批有“此处疑脱一小段,‘龙德而隐

---

① 国立北平图书馆:《国立北平图书馆馆务报告(民国二十二年七月至二十三年六月)》,国立北平图书馆1934年版,第5页。

② “国立中央”图书馆:《“国立中央”图书馆典藏国立北平图书馆善本书目》,“国立中央”图书馆1969年版,第1页。

③ 王重民:《中国善本书提要》,上海古籍出版社1983年版,第2页。

④ 张元济:《张元济全集》第10卷,商务印书馆2010年版,第291页。

⑤ 此钤印最初可能不明确吴梅的生年,最后一个数字空缺,今可知吴梅生年为1884年。

章'一段”。

卷二:《或从或锡》篇天头处批有“此处疑有阙文”。

卷六:“独立不惧,遁世无闷”篇天头处批有“以下卷六,前缺大畜、颐、大过二十九段”。

卷八:“九五”篇天头处批有“'若治家之法'下有脱文三段”。

卷十二:卷末有浮签,题曰:“第七行'若治家之法'下有大段缺文,据通志堂经解本'若治家之法'下有缺文二十七行。”

全书有前人圈阅痕迹。卷一、二、八、十三抄有完整卷端,或为省抄写篇幅,卷三、卷四、卷五、卷七、卷九、卷十、卷十四、卷十五、卷十六不再抄写卷端上下题,只在天头处标“以下卷某”,卷六漏标。装订也较随意,未按整卷分册。

(二)考述

1.序跋较多

此书所载序跋较多,除项安世序(叙)外,现对序跋者略为介绍。

虞集(1272—1348),字伯生,号道园,世称邵庵先生、青城樵者、芝亭老人。著有《道园学古录》《道园遗稿》等。虞集序中谓:“项公以其玩于辞而得之者笔于书,使后之学者因其言皆有以玩于前圣之辞而得焉,此项氏著书之意也。”乃为知言。

徐之祥(生卒年不详),字麒父,号方塘,元德兴(今江西德兴)人。著有《读易蠡测》,祖周敦颐、邵雍之说以言象数,宗朱熹、朱震之说以言辞变。《新元史》《宋元学案补遗》有传。徐之祥在序中述其刊刻始末:“予幼嗜易,祖《程传》,宗《本义》,诸儒训解中,取平庵项氏《玩辞》熟读精思……予过梧翁先生马公老[①]学,得所藏本,乃咸淳乙丑礼部贡院所点校,敬锓诸梓,(与)[②]朋友共,使家藏而人诵之,予之志也。”可见其好项氏之学,因而刻其书。

马端临(1254—1323),字贵与,号竹洲,饶州乐平(今江西乐平)人。右丞相马廷鸾之子,宋元之际著名的文献学家,著有《文献通考》《大学集注》《多识录》等。马端临在序中谓:“平庵项公《玩辞》之书,义理渊源伊洛,而于变象[③]之际,细绎尤精。明畅正大,无牵合傅会之癖。公尝谓必遍通五经而后归老于《易》,且自言窥其门墙,而未极窔奥,今将尽心焉,则是书必暮年所著。家有善本,先公尝熟复而手校之,方塘徐君掌教初庵,以是书录梓学舍,俾赘语其编尾,辄诵所闻。”因其父马廷鸾点校此书,马端临自有一种特殊感情,为此作序。

乐章生卒年不详,与项安世为同时人。其跋谓:“平庵项公,昔忤权臣,摈斥十年,杜门却扫,足迹不涉门限,耽思经史,专著述成书数编,此其一焉。逮兵端既开,边事告急,公被命起而独当一面,外御冯陵,内固根本,成就卓然,是皆书之功用也。则知公动而玩占,措诸事业应变不穷,盖动静不失其时者矣,岂直曰玩其辞而已哉?”可见,乐章认为《周

① 他本作“考”。

② 他本有“与”字,此本无此字。

③ 他本作“象变”。

易玩辞》有大用，不仅仅是拓深易学研究，还可助人在事功上有所成就。

2.澹然斋抄本

《中国古籍版刻辞典》谓："明浙江武康人骆从宇的室名。从宇字乾沙，万历三十二年进士，历仕词林迄典礼，有《澹然斋存集》。抄本有：宋项安世《周易玩辞》16 卷，明张明道编《嘉靖己丑科进士同年便览录》1 卷。"[①]明澹然斋抄本《周易玩辞》亦曾著录于《现存宋人著述总录》。[②] 骆氏澹然斋抄本《嘉靖己丑科进士同年便览录》今藏上海图书馆。[③] 清吴焕文亦有斋名为"澹然斋"，并著有《澹然斋别体杂诗》一卷，藏遂昌图书馆。

3.吴梅旧藏

从书衣上所题写的吴梅及其四子的捐书信息看，此书为吴梅之旧藏。吴梅(1884—1939)字瞿安，号霜厓，江苏吴县人。著有《中国戏曲概论》《奢摩他室曲》等多部。藏书处有"百嘉室""奢摩他室"等，藏书印有"瞿安眼福"等。吴梅之旧藏，由其子吴良士等四人捐赠给北京图书馆。《北京图书馆善本书目》著录"吴捐"有 170 余种[④]。冀淑英曾记述吴梅旧藏捐赠的情形："解放初，他的儿子决定把他苏州的藏书捐给北京图书馆，我们接受他的书，大批的分了两次。一次是八十种，后来又捐了一批，是九十二种，除去整的两批，他还零星捐过，是他们家后来又找出来的。他有四个儿子，一个是吴良士，一个吴见清，一个叫吴涑清，一个叫吴南清，藏书是以四个儿子的名义捐出来的。这些戏曲书跟我们入藏的戏曲书有所不同，其中有很多是有吴梅老先生批校和跋的。"[⑤]此书虽非吴梅的戏曲书，亦可见出吴梅之藏书亦涉及经史之类。[⑥] 此书上的校阅痕迹和批校疑亦出自吴梅之手。

三、四库底本通志堂经解本《周易玩辞》十六卷

(一)基本信息

此书的编目信息为：清康熙(1662—1722)通志堂经解本，善本书号：05497，四库底本。11 行 20 字，白口，左右双边，五册。卷前钤"北京图书馆藏"印。前有宋虞集、元徐之祥、元马端临、宋项安世《周易玩辞序》，宋乐章序。卷末有宋马廷鸾点勘题记。马廷鸾(1222—1289)，字翔仲，号碧梧，宋饶州乐平(今江西乐平市)人，为马端临之父，著有《碧梧玩芳集》等。

第一册书衣上题"张宝材令部送，速写交"，为卷一至卷二。卷一卷端上题"周易玩辞卷第一"，下题"江陵项安世述"，版心下题有"通志堂"，卷末均有"后学成德校订"。

---

① 瞿冕良：《中国古籍版刻辞典》，苏州大学出版社 2009 年版，第 955 页。

② 刘琳、沈治宏：《现存宋人著述总录》，巴蜀书社 1995 年版，第 3 页。

③ 复旦大学图书馆藏有明崇祯十年骆从宇自刻本《骆太史澹然斋存稿》六卷。

④ 王安功：《书归何处：近代以来藏书文化与社会》，新华出版社 2022 年版，第 335 页。

⑤ 冀淑英：《冀淑英文集》，北京图书馆出版社 2004 年版，第 382 页。

⑥ 《瞿安藏书目》可能著录有此书，收入《吴梅全集　理论卷》中，待比对。

第二册为卷三至卷六，书衣上有“汤晟”“贾肇瑞”字样，卷前空白处有四库馆臣所题“钦定四库全书/〇周易玩辞卷△/宋〇项安世〇撰〇〇/卦图空二格泰行/〇〇否行/〇〇〇泰否二彖/以天道言之……/余俱按廿一格八行照底抄写。”其中，“〇”是空格符号之意。

第三册书衣上有“张琴、贾肇瑞”字样，为卷七至卷九，书衣下有“张琴”字样，并钤有“两江总督采购备选书籍”印。

第四册为卷十至卷十二，书衣有“罗泽”字样和“两江总督采购备选书籍”印。书衣空白处四库馆臣题有“誊录贾肇瑞今交到《周易玩辞》二本，卷十之十六，缮本乙佰七十三页。此卷计五万零五百一十九字，连前计交过乙佰四十四万六千七佰七十七字”，此为四库馆臣誊录书籍的移交记录。

第五册为卷十三至十六，书衣上有“廉永伦”字样。

（二）考述

1.刊刻者纳兰成德

周中孚《郑堂读书记》载：“《周易玩辞》十六卷，通志堂经解本，宋项安世撰。安世，字平甫，一字平庵，松阳人。淳熙二年进士，官至太府卿。《四库全书》著录。《书录解题》《通考》《玉海》《宋志》俱载之……纳喇容若得元刊本，因为序而重梓焉。”[①]可知纳兰容若是据元刻本而重刻的，王重民《中国善本书提要》亦主此说。纳兰成德（1655—1685），字容若，号楞伽山人，满洲正黄旗人。其父明珠，为康熙朝高官。纳兰成德著有《通志堂集》，刻有《通志堂经解》。

2.四库进呈本与四库底本

四库进呈本即各地进呈之书，在书衣盖有长方形朱色进呈木戳记，于卷首钤翰林院满汉文大方印；四库底本即被用作《四库全书》誊录依据的书本。[②] 该书有进呈的木戳记“两江总督采购备选书籍”，但未见翰林院满汉文大方印，从四库馆臣留下的抄写样式和移交记录看，又具有四库底本的特征。《四库全书总目提要》著录“两江总督采进本”，为此《中国古籍善本书目》与国家图书馆书目著录均为四库底本。此书被收入罗琳编《四库全书底本丛书》[③]。

3.四库誊录人物考

（1）贾肇瑞，为四库誊录监生。今在《文渊阁四库全书》中的《孟子集成》《古乐经传》上均可看到“誊录监生臣贾肇瑞”之署名。贾肇瑞曾于乾隆五十四年（1789）二月署任德安府典史。[④] 王大帅称其参与四库书经部 1 部，出现 3 次[⑤]，其实不确，从以上可看出贾肇瑞至少参与誊录经部书 3 部。

---

① 周中孚：《郑堂读书记》，商务印书馆 1940 年版，第 35 页。

② 陈先行：《陈先行讲古籍版本鉴定》，上海科学技术文献出版社 2023 年版，第 55 页。

③ 罗琳：《四库全书底本丛书》，文物出版社 2019 年版。

④ 赓音布：《德安府志校注本》，湖北人民出版社 2015 年版，第 491 页。

⑤ 王大帅：《文渊阁四库全书誊录群体研究》，河南大学 2016 年硕士学位论文，第 80 页。

(2)廉永伦,《宁河县志》载:“廪生。以誊录议叙布政司理问,分发陕西,借补大荔县丞。署岐山、富平两县知县。为政不贪财、不害民、不留讼、不阿势,清风峻节,囊橐一空。卒于官,不能回籍,士民敛金三百,始扶榇归。百姓设祭,陈于道左,群送出境,观者咸太息焉。”[①]从此可以看出,廉永伦为官颇受人钦敬。廉永伦参与《四库全书》誊录经部1部、史部1部、集部1部。[②]

(3)罗泽,监生,参与《四库全书》誊录经部1部、史部2部、子部1部、集部2部。[③]

(4)张宝材,其职责为“绘图”,参与《四库全书》誊录子部1卷,出现1次2卷。[④]

(5)张琴,监生,参与《四库全书》誊录经部1部,史部2部。[⑤]

目前汤晟信息未能查到,暂不详。

4.学术价值

《周易玩辞》通志堂经解本最为常见,后人多通过此本了解项安世之易学,亦被收入《四库全书》。项安世之易学,后人评价不一。四库馆臣在《四库全书总目提要》中对项安世的《周易玩辞》和《项氏家说》进行了评价,称“合观两书,安世之经学深矣,何可轻诋也”[⑥]。杨洪升的《〈四库全书〉经部易书七种底本考》[⑦]《〈四库全书〉经部易书十种底本考》[⑧]都未收录此四库底本《周易玩辞》,或以后还可继续加以研究。

四、清抄本《周易玩辞》十六卷

(一)基本信息

此书编目信息为:善本书号:13063,四册,行款:十行二十字,无格。前有虞集《周易玩辞序》,钤有“大兴朱氏竹君藏书印”“北京图书馆藏”印。次有项安世《周易玩辞叙》。版心上题“周易玩辞”,中为卷次、叶次。卷一卷端下题:“江陵项安世述,华山王弘撰学,鄱阳马廷鸾点校”。但其他卷之卷端下只题“江陵项安世述,鄱阳马廷鸾点校”。第一册为卷一至卷二;第二册为卷三至卷七;第三册为卷八至卷十一;第四册为卷十二至卷十六,后有马廷鸾“咸淳乙丑被命典举,以花朝日点毕于礼部贡院”题记,并抄有元徐之祥跋、元马端临跋、宋乐章跋[⑨],卷末亦有“北京图书馆藏”印。部分天头有水渍痕迹。

---

① 天津市地方志编修委员会办公室等:《天津区县旧志点校 宝坻县志·宁河县志》,天津社会科学院出版社2008年版,第139页。

② 王大帅:《文渊阁四库全书誊录群体研究》,第87页。

③ 王大帅:《文渊阁四库全书誊录群体研究》,第91页。

④ 王大帅:《文渊阁四库全书誊录群体研究》,第119页。

⑤ 王大帅:《文渊阁四库全书誊录群体研究》,第121页。

⑥ (清)永瑢,纪昀:《四库全书总目提要》,海南出版社1999年版,第21页。

⑦ 杨洪升:《〈四库全书〉经部易书七种底本考》,《图书馆杂志》2011年第1期。

⑧ 杨洪升:《〈四库全书〉经部宋人易书十种底本考》,《图书馆杂志》2012年第9期。

⑨ 内容与前同,因在书后,按“前为序,后为跋”的原则称为跋。

(二)考述

1.王弘撰申说

由卷一卷端下题“王弘撰学”,可知此书王弘撰亦曾参与其中。王弘撰(1622—1702),明末清初陕西华阴人,字无异,一字文修,号山史、待庵,著有《周易筮述》《周易图说述》《砥斋集》《待庵日札》等。可见王弘撰是精研过《周易玩辞》等著述,并进而在易学上继续深耕的。

2.朱筠递藏

据“大兴朱氏竹君藏书印”印,知该书为朱筠旧藏。朱筠,字美叔,又字竹君,号笥河,大兴人。乾隆甲戌(1754)进士,改庶吉士,授编修,历官侍读学士,奏开四库馆。著有《笥河集》,有“汲古通经”之誉。藏书楼有“椒花吟舫”,藏书达3万卷。

结　语

自2007年“中华古籍保护计划”实行以来,古籍的再生性保护成果日渐增多,古籍数字化为学术研究带来了极大的便利。国家图书馆“中华古籍资源库”所公布的大量书影,无疑会极大地推动学术研究的发展。本文对“中华古籍资源库”所公布的国家图书馆藏四部《周易玩辞》予以了初步揭示,其中有珍贵的“祖本”宋刻本,有精善的明澹然斋抄本,有文献价值极高的四库底本以及经名家递藏的精抄本。每一部书的身上,都留有历史遗留的深刻印记。这些珍贵的古籍,在强调古籍“活化”的今天,还有待于更进一步的研究。

关于《易经》泰卦和否卦的解读

牟丰勋*

一、泰卦解读

【总论】

“泰”，卦名，读作“tài”。泰卦是由坤(☷)上乾(☰)下组成的，即地天泰(䷊)，象征通达。在十二消息卦中，泰卦代表农历正月初春，冬往春来，为阳气渐盛之卦。

《序卦》说：“履而泰，然后安，故受之以泰。”意思是说人们履礼而行就会万事通达，然后得到平安，所以继履卦之后是象征通达的泰卦。从泰卦的卦体(䷊)看，坤(☷)上乾(☰)下，上卦坤为阴，为地，下卦乾为阳，为天，乃乾天之阳在下，坤地之阴在上，也就是乾阳之气下降于地，坤阴之气上升于天，形成了天地阴阳之气相交之象，天地相交、相接则万物通达，所以其卦名为“泰”。

泰卦与否卦的卦象、卦义皆相反。泰卦(䷊)倒过来就是否卦(䷋)，否卦(䷋)倒过来就是泰卦(䷊)。泰卦的卦义主要是讲阴阳相交、阴阳应合则通达的道理。一是天地阴阳之气相互交感而和谐统一，这是自然和社会的普遍规律。二是通泰之时，这是“君子道长，小人道消”的治世，所以卦辞说：“小往大来，吉亨。”三是“无平不陂，无往不复”，说明物极必反，事物总是向反面转化的，这是不以人的意志为转移的。四是君王观泰卦卦象而领悟到天地之道的普遍规律，从而制定符合自然规律的政令，佐佑天下民众，从事生产，安排生活。

【经文】

泰(䷊)：小往大来，吉亨。

【译文】

泰卦象征通达。小的前往，大的来到，吉祥，通达。

【解读】

——泰(䷊)

“泰”，泰卦，象征通达。《序卦》说：“泰者，通也。”说泰是通达的意思。《杂卦》说：

---

* 作者简介：牟丰勋，任职于山东商务职业学院。

“否、泰，反其类也。”意思是说否卦闭塞不通，泰卦通达，其事类正相反。“泰”，有通达、通泰、通畅、亨通、顺利、平安等义。在泰卦中主要取通达之义。

——小往大来，吉亨。

程颐《伊川易传》说：“小谓阴，大谓阳。往，往之于外也；来，来居于内也。阳气下降，阴气上交也，阴阳和畅则万物生，遂天地之泰也。”在《易经》中，阳爻为“大”，阴爻为“小”，即阳大阴小。“往”，即卦爻由内卦向外卦去；“来”，即卦爻由自外卦向内卦去。泰卦为否卦之反。上卦坤(☷)为阴，为小，下卦乾(☰)为阳，为大，乾阳之气返内(即大来)，坤阴之气向外(即小往)，所以说“小往大来”，即小的前往，大的来到。

“吉亨”，吉利，通达。泰卦是正月(寅月)之卦，上卦坤为阴，下卦乾为阳，阴消阳长，所以说“吉亨”，即吉利通达。

【经文】

《彖》曰：“泰，小往大来，吉亨。”则是天地交而万物通也，上下交而其志同也。内阳而外阴，内健而外顺，内君子而外小人。君子道长，小人道消也。

【译文】

《彖传》说：泰卦，卦辞说“小的前往，大的来到，吉祥，通达”，说明天地阴阳之气相互交感而万物通达生长，君上与臣下相互交感而心志相同。内卦阳刚而外卦阴柔，内卦刚健而外卦柔顺，内卦为君子而外卦为小人。君子之道在增长，小人之道在消退。

【解读】

——天地交而万物通也，上下交而其志同也。

这是解释泰卦卦名。

“交”，交感，交流。“通”，通达。泰卦下卦乾为天，上卦坤为地，乾阳之气在下，坤阴之气在上，天地阴阳之气相交，万物通达而生，所以说“天地交万物通也”。

“上”，君上。“下”，臣下。“志”，心志。泰卦下卦乾为君上，上卦坤为臣下，君上臣下相互交感，则君臣心志相同，所以说“上下交而其志同也”。

——内阳而外阴，内健而外顺，内君子而外小人。

这是解释卦辞“小往大来”。

下卦(内卦)乾为阳，为刚健；上卦(外卦)坤为阴，为柔顺，所以说“内阳而外阴，内健而外顺。”

下卦(内卦)乾为阳卦，为君子，上卦(外卦)坤为阴卦，为小人，所以说“内君子而外小人”。

——君子道长，小人道消也。

这是解释卦辞“吉亨”。

泰卦下卦乾为君子，上卦坤为小人，可谓君子在内卦，小人在外卦。泰卦有下三阳渐长而上三阴渐消之势，所以说“君子道长，小人道消也。”

【经文】

《象》曰：天地交，泰。后以财成天地之道，辅相天地之宜，以左右民。

【译文】

《象传》说：乾天坤地阴阳之气相交感，这是泰卦之象。君王观此卦象而受启发，用其政令，裁度天地阴阳交流之道，辅助天地化生之所宜，从而来佐佑天下民众，从事生产，安排生活。

【解读】

——天地交，泰。

“泰”，泰卦。泰卦(䷊)上卦坤为地，下卦乾为天，天在下而地在上，乃乾阳之气下降，坤阴之气上升，乾天坤地阴阳之气相交流，所以《象传》说“地天交，泰。”

——后以财成天地之道，辅相天地之宜，以左右民。

“后”，君王，古时称君为后。《尔雅·释诂》：“后，君也。”《周易集解》引虞翻：“后，君也。阴升乾位，坤，女主，故称‘后’。”“财”，通“裁”，裁度，调节。《释文》：“荀作裁。”“辅相”，辅助。“左右”，即佐佑。《释古》：“左，佐；右，佑。”另说，“左右”为“引导”。“民”，民众。

《象传》以乾天比喻君上，以坤地比喻臣下。朱熹《周易本义》说：“裁成以制其过，辅相以补其不及。”泰卦乾天与坤地相交，犹如君臣上下交感往来无阻，所以《象传》说“后以财成天地之道，辅相天地之宜，以左右民。”

【经文】

初九：拔茅茹(rú)，以其汇，征吉。

《象》曰：拔茅征吉，志在外也。

【译文】

初九。拔取茅草的根茎，牵连其同类也被拔起，前进吉祥。

《象传》说：拔取茅草，前进吉祥，说明初九的心志与外卦六四相应。

【解读】

——拔茅茹，以其汇，征吉。

“拔”，拔取。“茅”，茅草。“茹”，茅根。《周易集解》引虞翻：“茹，茅根。”“茅茹”，茅草的根茎。“以”，牵连，连及。“汇”，类，同类，指初九、九二和九三三个阳爻。《释文》：“汇，类也。”王弼《周易注》说：“茅之为物，拔其根而相牵引也。”程颐《伊川易传》说：“君子之进，必与其朋类相牵援，如茅之根然，拔其一，则牵连而起矣。”初九阳刚当位，上与六四相应，而六四在上互卦震中，震为动，为拔；六四还在上卦坤中，坤为茅茹，为众，为汇，所以说“拔茅茹，以其汇”，即拔取茅草的根茎，牵连其同类也被拔起。

“征”，前进，出征。初九阳居阳位，既当位又上与六四相应；六四又在上互卦震(九三、六四、六五)中，震为动，为征，所以说“征吉”，即前进吉祥。

——《象》曰：拔茅征吉，志在外也。

“外”，外卦，指六四。初九与六四正应，而六四在外卦坤中，坤为志，所以《象传》说“拔茅征吉，志在外”。

【经文】

九二：包荒，用冯(píng)河，不遐遗。朋亡，得尚于中行。

《象》曰：包荒，得尚于中行，以光大也。

【译文】

九二。有包容大川的胸怀，可以徒步渡河，不因偏远而遗弃贤德之人。丧失朋友，在中道得人佑助。

《象传》说：有包容大川的胸怀，在中道得人佑助，说明九二得六五阴阳相应，其阳刚之德可以发扬光大。

【解读】

——包荒，用冯河，不遐遗。

“包”，包容，包括。“荒”，古作“巟”(huāng)，大川。《释文》：“荒，本亦作巟。”《说文》：“巟，水广也。”“用”，以，而。“冯”，为“凭”，通“淜”(píng)，徒涉。《周易集解》引虞翻说：“荒，大川野。凭河，涉河。”“冯河”，指徒涉渡河。九二在下卦乾中，乾为天；九二与六五相应，而六五在上卦坤中，坤为地，为大川，为河，乾天包容坤地，所以说“包荒，用冯河”，即九二有包容大川的胸怀，可以徒涉渡河。

“遐”，偏远，指上六。“遗”，遗弃，遗漏。九二在下卦乾中，乾为远，所以说“不遐遗”。“不遐遗”为“不遗遐”的倒装句，即不因偏远而遗弃贤德之人。

——朋亡，得尚于中行。

“朋”，朋友，阳与阴为朋。另说，“朋”为“朋贝”，古代货币。“丧朋”，丧失朋友。在帛书《易》中“朋亡”为“弗忘”，有不忘记之义。九二在下互卦兑(九二、九三、六四)中，兑为朋，为毁折；九二与六五相应，而六五在上卦坤中，坤为虚，九二必前往六五，所以说“朋亡”，即丧失朋友。另有解为“不结朋党”，可供参考。

“尚”，佑助，帮助。《广韵》：“尚，佐也。佐，助也。”朱骏声《六十四卦经解》说：“王引之：尚，右也。坎之‘行有尚’，丰与节之‘往有尚’同。”另说，“尚”为“赏赐”。“中行”，中道，中途。另说，“中行”为“九二中道而行”。九二居下卦中位，上与六五相应，可得其佑助；六五在上互卦震(九三、六四、六五)中，震为大涂(大道)，为行，所以说“得尚于中行”，即在中道得人佑助。

关于“朋亡，得尚于中行”，刘大钧、林忠军先生所著《周易经传白话解》解为“不忘记中道而行受到赏赐”，也通。

——《象》曰：包荒，得尚于中行，以光大也。

“光大”，发扬光大。另说，“光大”为“广大”。九二与六五之君相应，而六五在上互卦震(九三、六四、六五)中，震为行，所以《象传》说“包荒，得尚于中行，以光大也。”

【经文】

九三：无平不陂(pō)，无往不复，艰贞无咎。勿恤(xù)其孚，于食有福。

《象》曰：无往不复，天地际也。

【译文】

九三。没有只平坦而不倾斜的，没有只前往而不返回的。在艰难中坚守正道，则没有灾难。不要忧虑，心怀诚信，在食禄上有福庆。

《象传》说：没有只前往而不返回的，说明九三处在下卦乾天和上卦坤地的交接处。

【解读】

——无平不陂，无往不复，艰贞无咎。

“平”，平坦。“陂”，与“平”相对，倾斜，不平。《释文》：“陂，倾也。”《周易集解》虞翻说：“陂，倾也。”程颐《伊川易传》说：“无常安平而不险陂者，谓无常泰也；无常往而不返者，谓阴当复也。平者陂，往者复，则为否矣。”九三在上互卦震（九三、六四、六五）中，震为大涂（大道），所以说“平”；九三又在下互卦兑（九二、九三、六四）中，兑为毁折，有平坦变为倾斜之象，所以说“陂”。“无平不陂”，即没有只平坦而不倾斜的。

“往”，前往。“复”，返回，复返。九三为下卦之终，已居泰卦之半，即将向否卦转化，所以说“无往不复”，即没有只前往而不返回的。

“艰”，艰难，艰险。“正”，坚守正道。九三阳刚当位，能坚贞自守，所以“无咎。”“艰贞无咎”，即在艰难中坚守正道就没有灾难。

——勿恤其孚，于食有福。

“恤”，忧虑，忧恤。“孚”，诚信。在帛书《易》中“孚”作“复”，有返回之义。《周易集解》虞翻说：“恤，忧；孚，信也。”九三临上卦坤，坤为忧恤；九三又与上六阴阳相应，所以说“勿恤其孚”，即不要忧虑，心怀诚信。

“食”，食禄，俸禄。另解，“食”为“饮食”、食“物”。“福”，福庆，福佑。九三在下卦乾中，乾为福；九三又在下互卦兑（九二、九三、六四）中，兑为口，为食；九三乃公卿之位，可得食封邑，所以说“于食有福”，即在食禄上有福庆。另解，“在饮食上有福可享”，也通。

——《象》曰：无往不复，天地际也。

“际”，交接，交际。“天”，指下卦乾天。“地”，指上卦坤地。

九三在下卦乾天和上卦坤地的交接处，所以《象传》说“无往不复，天地际也。”

【经文】

六四：翩翩，不富以其邻，不戒以孚。

《象》曰：翩翩不富，皆失实也。不戒以孚，中心愿也。

【译文】

六四。往来轻松自得，不与邻居共同富裕，也不以诚信相告诫。

《象传》说：往来轻松自得，不与邻居共同富裕，说明泰卦上卦三爻皆为阴爻，没有阳实之爻。不以诚信相互告诫，说明六四与邻居六五、上六内心皆有应下的愿望。

【解读】

——翩翩，不富以其邻，不戒以孚。

“翩翩”，鸟飞翔的状态，指人往来轻松自得的样子。《说文》：“翩，疾飞也。”程颐《伊川易传》说：“翩翩，疾飞之貌。”朱骏声《六十四卦经解》说：“翩翩，轻举貌。”六四在上互卦震（九三、六四、六五）中，震为飞，所以说“翩翩”，即往来轻松自得。

“不富”，不富裕，指六四。“以”，与，及。“邻”，邻居，指与六四相邻的六五和上六。在《易经》中阳爻为实，为富，阴爻为虚，为不富。乾为富，坤为不富。六四在上卦坤中，阴虚无阳，所以说“不富”。六四又在上互卦震（九三、六四、六五）中，震为邻，所以说“以其邻”。“不富以其邻”，即不与邻居共同富裕。另说，马恒君《周易正宗》说“不富以其邻”为

“与邻居一同不富裕”，也通。

“戒”，告诫，戒备。“不戒”，不告诫。马王堆帛书《易》中“戒”为“革”，有改之义。“孚”，诚信。六四与六五、上六皆下有阳爻相应与，阴得阳应则吉，所以说“不戒以孚”，即六四与邻居六五、上六不以诚信相互告诫。

——《象》曰：翩翩不富，皆失实也。不戒以孚，中心愿也。

“翩翩不富”，为“翩翩，不富以其邻”的省语。“实”，阴为虚，阳为实，指阳爻。“失实”，没有阳实之爻。上卦三爻的六四、六五和上六，均为阴爻，所以《象传》说“翩翩不富，皆失实也”。

“中心”，内心。“愿”，愿望。上卦坤为心志。六四下与初九相应，六五下与九二相应，上六下与九三相应，乃上卦三阴不约而同与下卦三阳相孚，所以《象传》说“不戒以孚，中心愿也。”

【经文】

六五：帝乙归妹，以祉元吉。

《象》曰：以祉元吉，中以行愿也。

【译文】

六五。帝乙把妹妹下嫁给周文王，以此求得社稷的福祉，大为吉祥。

《象传》说：以此求得社稷的福祉，大为吉祥，六五阴柔居中，下有应与，是以中道之德履行自己的心愿。

【解读】

——帝乙归妹，以祉元吉。

“帝乙”，商代帝王，为商纣王的父亲，与西伯姬昌（周文王）同时代。另说，帝乙为成汤。传说帝乙曾经把妹妹下嫁给周文王。“归”，指女子出嫁。“归妹”，嫁少女，指六五下嫁女儿与九二。

尚秉和《周易尚氏学》说：“震为帝，坤贞乙，故曰帝乙。兑为妹，震为归。”六五在上互卦震（九三、六四、六五）中，震为帝；六五又在上卦坤中，坤为乙，所以说“帝乙”。六五临近下互卦兑（九二、九三、六四），兑为少女（妹），上互卦震为归，所以说“归妹”。“帝乙归妹”，即帝乙把女儿下嫁给周文王。

“以”，以此，因而。“祉”，福祉。《周易集解》虞翻说：“祉，福也。”元吉”，大为吉祥。六五居上卦中位，为尊位，所以“元吉”。六五下与九二阴阳相应，下卦乾为福，为祉，所以说“以祉”。“以祉元吉”，即以此求得社稷的福祉，大为吉祥。

——《象》曰：以祉元吉，中以行愿也。

“愿”，心愿。“以祉元吉”，为“帝乙归妹，以祉元吉”的省语。“中”，中道之德，指六五。六五居中处尊，下与九二阴阳相应，行其所愿，所以《象传》说“以祉元吉，中以行愿也”。

【经文】

上六：城复于隍（huáng）。勿用师，自邑告命，贞吝。

《象》曰：城复于隍，其命乱也。

【译文】

上六。城墙倾覆在城壕中。自都邑传来国君的命令,不要出动军队作战,占问预示将有困难。

《象传》说:城墙倾覆在城壕中,说明上六的命运开始错乱了。

【解读】

——城复于隍

"城",城墙,城池。"复",古通"覆",倾覆,倾倒。"隍",没有水的城壕。在古代,"隍"指城墙和护城河。《子夏传》:"隍,城下池也。"《说文》:"隍,城池也。有水曰池,无水曰隍。"

上卦坤为地,为河,有城池之象;上六下与九三相应,而九三在下互卦兑(九二、九三、六四)中,兑为隍,为毁折,所以说"城复于隍",即城墙倾覆在城壕中。

——勿用师,自邑告命,贞吝。

"勿",不要。"师",军队。马振彪《周易学说》引李士鉁说:"坤为众,互震长子率师,有用师象。然城已坏,无可以守安可以战?"上六在上卦坤中,坤为众,为师;上六阴居阴位,既当位又下与九三相应,但居泰卦之极,泰极将否,所以说"勿用师",即不要出动军队作战。

"邑",都邑,都城。另说,"邑"为"乡邑"。"告",诰。"告命",即"诰命",指发布国君的命令。《周易集解》引九家易:"告命者,……宣布君之命令也。"来知德《周易集注》:"'命'字,谓政令也。"上六在上卦坤中,坤为国,为邑;上六下与九三相应,而九三又在下互卦兑(九二、九三、六四)、上互卦震(九三、六四、六五)中,兑为口,震为言,为告命,所以说"自邑告命",即自都邑传来国君的命令。

"贞",占问。"吝",困难。上六阴柔处在泰卦的最上位,物极必反,所以说"贞吝",即占问的结果是将有困难。

——《象》曰:城复于隍,其命乱也。

"城复于隍",这是"城复于隍。勿用师,自邑告命,贞吝"的省语。"命",此与"告命"的"命"不同,有命运、天命之义。"乱",错乱,混乱。

上六为泰卦之终。上卦坤为乱,下卦乾为命,泰极否来,无可避免,所以《象传》说"城复于隍,其命乱也"。

二、否卦解读

【总论】

"否",卦名,读作"pǐ"。否卦是由乾(☰)上坤(☷)下组成的,即天地否(䷋),象征闭塞不通。否卦在十二消息卦中,代表阴历七月初秋,暑往寒来,阴气渐盛之卦。

《序卦》说:"物不可以终通,故受之以否。"意思是说事物不可能始终通达,所以继泰卦之后是象征闭塞不通的否卦。《杂卦》说:"否泰反其类也。"意思是说否卦是闭塞不通,泰卦通达,其事类正相反。从否卦的卦体(䷋)看,上乾(☰)下坤(☷),上卦乾为天,为阳,下卦坤为地，为阴。乾阳在上，坤阴在下，乾阳之气上升，坤阴之气下降，天地阴阳之气不相交，万物则不通达，所以其卦名为“否卦”。否卦是泰卦的反面，其卦象、卦义皆与泰卦相反。

否卦的卦义主要是讲不能“否闭不通”，必须要终止“否闭”的道理。否卦与泰卦的卦象、卦义皆相反。泰卦(䷊)倒过来就是否卦(䷋)，否卦(䷋)倒过来就是泰卦(䷊)。一是天地阴阳之气不相交流，丧失生机活力，则万物不通达；君臣上下不交流，离心离德，则天下无邦国。二是闭塞不通之时，“小人道长，君子道消”，此时人道无法畅行，对守持正道的君子极为不利，所以卦辞说“不利君子贞”。三是在休否过程中，要心存危惧之心，谨慎行事，时常告诫自己“其亡其亡，系于苞桑”。四是君子在“否闭不通”之时，要收敛其德，以避小人之难，不可贪求荣华和禄位，从而丧失自己的节操。

【经文】

否(䷋)：否之匪人，不利君子贞，大往小来。

【译文】

否卦象征闭塞不通。否卦的闭塞不通，不合乎人道常规。不利于君子占问，大的前往，小的来到。

【解读】

——否(䷋)

“否”，否卦，象征闭塞不通。《说文》说：“否，不也。”“否”，有闭塞不通、阻隔、阻塞等义。在否卦中主要取闭塞不通之义。

——否之匪人

“否”，闭塞不通。“匪”，古通“非”。“匪人”，非人，指不合乎人道的常规。朱熹《周易本义》说：“否，闭塞也，七月之卦。正与泰反，故曰匪人，谓非人道也。……或疑‘之匪人’三字衍文。”孔颖达《周易正义》说：“否之匪人者，言否闭之世，非是人道交通之时，故云匪人。”程颐《伊川易传》中说：“凡生天地之中者，皆人道也。天地不交则不生万物，是无人道，故曰匪人，谓非人道也。”“否之匪人”，即否卦的闭塞不通，不合乎人道的常规。

——不利君子贞

“君子”，指有德有才的人。“贞”，占问。否卦，乾阳之气往外，坤阴之气来内，阴来灭阳，君子道消，所以说“不利君子贞”，即不利于君子占问。

——大往小来

“大”，阳，指好的事情或事物。“小”，阴，指不好的事情或事物。否卦上卦乾为阳，为大，下卦坤为阴，为小。乾阳之气往上升，坤阴之气向下降，阳消而阴长，所以说“大往小来”，即大的前往，小的来到。

【经文】

《彖》曰：“否之匪人，不利君子贞，大往小来”，则是天地不交而万物不通也，上下不交而天下无邦也。内阴而外阳，内柔而外刚，内小人而外君子。小人道长，君子道消也。

【译文】

《彖传》说：否卦卦辞说“否卦的闭塞不通，不合乎人道的常规，不利于君子占问。大的前往，小的来到了"，说明天地阴阳之气不相交感，则万物闭塞不通达；上位者与下位者（指君与民）不相交感，则天下无国家存在。内卦坤阴而外卦乾阳，内卦阴柔而外卦阳刚，内卦为小人而外卦为君子。小人之道在增长，君子之道在消退。

【解读】

——天地不交而万物不通也，上下不交而天下无邦也。

这是以解释否卦卦名和卦辞"否之匪人"。

"交"，交感，交流。"通"，通达。否卦上卦乾为天，下卦坤为地，乾阳之气上升而不下降，坤阴之气下降而不上升，天地阴阳之气不相交流，所以说"天地不交，而万物不通也。"

"上"，上位者，指上卦乾，乾为君。"下"，下位者，指下卦坤，坤为民。"邦"，国家。下卦坤为万物，为邦国。否卦乾上坤下，乾为君，坤为民，君民不亲，上下闭塞不通，其国必乱而危亡，则天下无此邦，所以说"上下不交，而天下无邦也。"

——内阴而外阳，内柔而外刚，内小人而外君子。

这是解释卦辞"大往小来"。

"内"，内卦，指下卦坤。"外"，外卦，指上卦乾。"柔"，柔顺，指下卦坤。"刚"，阳刚，指上卦乾。

否卦内卦为坤，外卦为乾。坤为阴卦，为阴柔，为小人；乾为阳卦，为阳刚，为君子，所以说"内阴而外阳，内柔而外刚，内小人而外君子"。

——小人道长，君子道消也。

这是解释卦辞"不利君子贞"。

"内"，内卦，指下卦坤。"外"，外卦，指上卦乾。否卦下卦（内卦）坤为阴，为小人；上卦（外卦）乾为阳，为君子。否卦为阴历七月卦，阴长阳消，所以说"小人道长，君子道消也。"

【经文】

《象》曰：天地不交，否。君子以俭德辟（bì）难，不可荣以禄。

【译文】

《象传》说：乾天坤地阴阳之气不相交感，这是否卦之象。君子观此卦象而受启发，要收敛其德，不形于外，以避开小人之祸难，不可贪求荣华和禄位。

【解读】

——天地不交，否。

否卦（䷋）上卦乾为天，下卦坤为地，乾阳之气上升，坤阴之气下降，乾天坤地阴阳之气不相交感，所以《象传》说"天地不交，否。"

——君子以俭德辟难，不可荣以禄。

"俭"，收敛。另说"俭"为"节俭"。"俭德"，收敛其德。"辟"，古通"避"，避开。"避难"，避小人之祸难。"荣"，荣华。"以"，及。"禄"，禄位，利禄。孔颖达《周易正义》说："不可荣华其身，以居禄位。"

《象传》以乾天比喻君上，以坤地比喻臣下。泰卦上卦乾为德，下卦坤为闭，有收敛自守之象，所以《象传》说"俭德"。程颐《伊川易传》说："闭塞之时，君子道消，当观否塞之象，而以俭损其德，避免祸难，不可荣居禄位也。”下卦坤又为难，为患，上互卦巽（六二、九三、九四）为伏，九四、九五、上九三阳在外卦，有避难之象，所以《象传》说“辟难”。上卦乾为禄，下互卦艮（六二、六三、九四）为荣，上互卦巽（六三、九四、九五）为伏，所以《象传》说“不可荣以禄”。

【经文】

初六：拔茅茹，以其汇，贞吉，亨。

《象》曰：拔茅贞吉，志在君也。

【译文】

初六。拔起茅草的根茎，牵连其同类也被拔起，占问，吉祥，通达。

《象传》说：拔起茅草根茎，占问吉祥，说明初六的心志在于相应九四君子。

【解读】

——拔茅茹，以其汇，贞吉，亨。

“拔”，拔取，拔起。“茅”，茅草。“茹”，根茎。“以”，牵连，连及。“汇”，类，同类，指阴爻初六、六二和六三。王弼《周易注》说：“居否之时，动则入邪，三阴同道，皆不可进，故‘拔茅茹以’类，‘贞’而不谄则‘吉亨’。”泰卦以三阳象茅根，否卦以三阴象茅根。初六与九四相应，而九四在下互卦艮（六二、六三、九四）中，艮为手，有拔之象；初六在下卦坤中，坤为茅茹，为众，为汇；初六为三阴之根，拔之必及其类，所以说“拔茅茹，以其汇”，即拔起茅草根茎，牵连其同类也被拔起。

“贞”，占问。“亨”，通达。初六阴居阳位，虽不当位，但上与九四相应，所以说“贞吉，亨”，即占问吉祥，通达。

——《象》曰：拔茅贞吉，志在君也。

“君”，君子，指九四。乾为志，为君。王弼《周易注》说：“志在于君，故不苟进。”初六与九四相应，而九四在上卦乾中，初六的心志在于与九四君子阴阳相应，所以《象传》说“拔茅贞吉，志在君也”。

【经文】

六二：包承。小人吉，大人否（fǒu）亨。

《象》曰：大人否亨，不乱群也。

【译文】

六二。包容承顺尊者，小人吉祥，大人则不通达。

《象传》说：大人不通达，说明六二虽居位正当，又上与九五相应，但在天地不交之际，九五大人没有与六二小人群体相杂乱。

【解读】

——包承。

“包”，包容，指六二包容九五。“承”，承顺，承载，指六二上承九五。屈万里《读易三种》中说：“包承，包容承顺之人。”泰卦九二的“包荒”，是说乾天的包容广阔，而否卦六二的“包承”，是说坤地的包容承顺。六二与九五相应，六二对九五而言为“承”，是以下承上，九五居君位，为尊位，所以说“包承”，即包容承顺尊者（指九五）。

——小人吉，大人否亨。

在《易经》中阳为君子，阴为小人。“小人”，指六二。王弼《周易注》说：“居否之世，而得其位，用其至顺，包承于上。小人路通，内柔外刚；大人否之，其道乃亨。”六二阴柔居中，上与九五相应，所以说“小人吉”，即小人吉祥。

“大人”，指九五。“否”，不。在帛书《易》和汉简《易》中“否”皆为“不”。虞翻说：“否，不也。”“亨”，通达。尚秉和《周易尚氏学》说：“凡阴得阳应必吉，阳得阴应不皆吉，而否卦阳气上腾，不能下降，故大人否亨。”否卦九五虽下与六二相应，但天地不交，闭塞不通，阴长阳消，所以说“大人否亨”，即大人不通达。

——《象》曰：大人否亨，不乱群也。

“乱”，交杂，杂乱。“群”，群体，指下卦三阴爻的小人之群。

程颐《伊川易传》说：“大人于否之时，守其正节，不杂乱于小人之群类，身虽否而道之亨，故曰否亨。”六二在下卦坤中，坤为众（群），为乱。由于天地阴阳之气不交，九五不能下与六二相应，没有与六二小人群体相交杂，所以《象传》说“大人否亨，不乱群也”。

【经文】

六三：包羞。

《象》曰：包羞，位不当也。

【译文】

六三。否闭之时，包容忍受羞辱。

《象传》说：否闭之时，包容忍受羞辱，说明六三阴居阳位，其居位不正当。

【解读】

——包羞。

“包”，包容，包藏。“羞”，羞辱，羞耻。在帛书《易》中“羞”为“忧”。六三与上九相应，是以下承上，所以说“包”；六三又在下卦坤中，坤为羞，所以说“包羞”，即否闭之时，包容忍受羞辱。廖名春《周易真精神》说“包羞，是说否闭使人心犹”，也通。另说，“包”通“庖”，“羞”为“珍”馐。“包羞”，即厨中有美味佳肴。可供参考。

——《象》曰：包羞，位不当也。

“位”，居位。王弼《周易注》说：“用小道以承其上，而位不当，所以包羞也。”六三阴居阳位，不中不正，所以《象传》说“包羞，位不当也”。

【经文】

九四：有命，无咎。畴离祉。

《象》曰：有命无咎，志行也。

【译文】

九四。君王有所赐命，没有灾难。众人相互依附，共同获得福祉。

《象传》说：君王有所赐命，没有灾难，说明九四以阳刚在重阴之上，所以其心志得以实行了。

【解读】

——有命，无咎。

"命",赐命,王命。另说,"命"为"天命"。"有命",即君王有所赐命。另外,尚秉和《周易尚氏学》说:"有命,言有所使命也。""咎",灾难。

九四在上互卦巽(六三、九四、九五)中,巽为命,九四近君,乃受九五君王赐命,所以说"有命"。九四阳居阴位,不当位,宜当有咎,但九四与初六相应,又下履群阴,所以"无咎"。"有命,无咎",即君王有所赐命,没有灾难。

——畴离祉。

"畴",古通"俦"(chóu),众人或同类,指下卦三阴。"离",古通"丽",依附,附丽。"祉",福祉。《周易集解》引《九家易》说:"畴者,类也;离,附;祉,福也。"

上卦乾为福,下卦坤为众,为民。九四下临坤卦,犹如众人前来依附,所以说"畴离祉",即下卦的三阴爻,都依附于上卦乾的三阳爻,皆得阳主而蒙受福祉,也就是众人相互依附,共同获得福祉。

——《象》曰:有命无咎,志行也。

"行",实行,施行。九四阳刚,下履重阴,其心志得行,所以说《象传》"有命无咎,志行也。"

【经文】

九五:休否,大人吉。其亡其亡,系(jì)于苞(bāo)桑。

《象》曰:大人之吉,位正当也。

【译文】

九五。休止闭塞不通的状态,大人吉祥。将要灭亡,将要灭亡啊!告诫自己,安危就像系缚在丛生的桑树上一样不牢固。

《象传》说:休止闭塞不通的状态,大人吉祥,说明九五居尊得正,下有应与,居位正当。

【解读】

——休否,大人吉。

"休",休止,休息。《尔雅·释诂》:"休,息也。"九五阳刚中正,临下互卦艮(六二、六三、九四),艮为止(休止);九五又在上互卦巽(六三、九四、九五)中,巽为顺,顺以休止,所以说"休否",即休止闭塞不通的状态。

"大人",指居于君位的九五。"吉",吉祥,吉利。朱熹《周易本义》说:"阳刚中正,以居尊位,能休时之否,大人之事也。故此爻之占,大人遇之则吉。"九五阳刚中正,居尊位,为大人,下与六二相应,休止闭塞不通的状态,所以"大人吉",即大人吉祥。

——其亡其亡,系于苞桑。

"其",将。"亡",灭亡。九五在上互卦巽(六三、九四、九五)上,巽为风,为陨落,九五虽居中得正,而风陨在下,仍有灭亡之惧,所以说"其亡其亡",即将要灭亡,将要灭亡啊!

"系",系缚,捆绑。"苞",丛生。"桑",养蚕的桑树。"苞桑",丛生的桑树。九五在上互卦巽(六三、九四、九五)上,巽为绳,为系,又为木,为桑;九五下与六二相应,而六二在下卦坤中,坤为多,所以说"系于苞桑",即告诫自己,安危就像系缚在丛生的桑树上一样不牢固。

——《象》曰：大人之吉，位正当也。

“大人之吉”，为“休否，大人吉”的省语。“位”，居位。

九五阳刚中正，居于尊位，为大人，下与六二相应，所以《象传》说“大人之吉，位正当也”。

【经文】

上九：倾否，先否后喜。

《象》曰：否终则倾，何可长也。

【译文】

上九。倾覆闭塞不通的现象，起先闭塞不通，后来通达喜悦。

《象传》说：闭塞不通到了极点就会倾覆，说明闭塞不通怎么能长久呢。

【解读】

——倾否，先否后喜。

“倾”，倾覆。“否”，闭塞不通。上九下与六三相应，而六三在上互卦巽（六三、九四、九五）中，巽为陨落，所以说“倾否”。“倾否”，即倾覆闭塞不通的现象，也就是把“否”颠倒过来，“否”就成为“泰”，说明物极必反，否极泰来。

“先”，起先，指事物发展的前半程。“后”，后来，指事物发展的后半程。“喜”，喜悦。由“否”的闭塞不通而转化为“泰”的通达喜悦，就是“先否后喜”。孔颖达《周易正义》说：“处否之极，否道已终，此上九能倾毁其否，故曰‘倾否’也。‘先否后喜’者，否道未倾之时，是‘先否’之道，否道已倾之后，其事得通，故曰‘后有喜’也。”上九阳居阴位，不当位，所以说“先否”。上九下与六三相应，所以说“后喜”。“先否后喜”，即起先闭塞不通，后来通达喜悦。

——《象》曰：否终则倾，何可长也。

“否”，闭塞不通。“终”，极点，终极。“倾”，倾覆。“何可长”，指闭塞不通不能长久。

程颐《伊川易传》说：“上九否之终也。物理极而必反，故否道倾覆而变，先极否也，后倾否也。”上九是否卦的终爻，物极必反，否终必倾覆而转化为“泰”，闭塞不通不能长久，所以说“否终则倾，何可长也。”

考古发现与史前易学卜筮文化简论

张金平*

《周易》古经是一部大约成书于西周初年的卜筮用书，其卦象构成、卦爻辞的内容以及各卦前后排列的次序等，显而易见地蕴含着丰富的哲理。

一、易学释义

易学有广狭之分。狭义的易学指《周易》问世以来历代学者对《周易》义理之阐发、象数之探究以及文本之训诂等，是经学的重要组成部分之一。传统的学术归类亦将易类文献归于经部。朱伯崑先生在其独立完成的皇皇巨著《易学哲学史》中开宗明义："易学是通过对《周易》的解释形成和发展起来的。"①在其主编的《易学基础教程》中，朱伯崑先生将《周易》知识系统分为《易经》《易传》、易学三部分，他说："易学是对《周易》经传所作的种种解释。它以《易经》为核心。《易传》对《易经》加以解释，历代易学又对《易传》再加解释。"②以上对易学的界定皆属狭义定义，未将术数文化囊括其中。其实，《易》本卜筮之书，术数文化当为易学的重要组成部分。

宋儒朱熹极力主张："《易》本为卜筮而作。"这一主张是朱熹在读《易》后经过深思提出的。他说："此书近细读之，恐程《传》得之已多，但不合全说作义理，不就卜筮上看，故其说有无顿着处耳。"③朱熹之所以主张"《易》本为卜筮而作"，基于四个方面的考察："一基于史实考辨，二基于逻辑质疑，三基于《周易》古经文本分析，四基于《易传》。"④

基于史实考辨，朱熹说："《易》只是为卜筮而作，故《周礼》分明言太卜掌三《易》，《连山》《归藏》《周易》，古人于卜筮之官立之，凡数人。秦去古未远，故《周易》亦以卜筮得不焚。"⑤又说："《易》自是别是一个道理，不是教人底书。故《记》中只说先王崇四术，顺

---

* 作者简介：张金平，国际易学联合会理事、山东省古典文学学会理事、德州学院文学院副教授。主要从事文史文献、易学与中国传统文化研究。

① 朱伯崑：《易学哲学史》，昆仑出版社 2009 年版，第 3 页。

② 朱伯崑主编：《易学基础教程》，九州出版社 2011 年版，第 2 页。

③ (宋)朱熹：《晦庵先生朱文公文集》卷四十四，《朱子全书》第 22 册，上海古籍出版社、安徽教育出版社 2002 年版，第 1992 页。

④ 杨效雷：《中国古代〈周易〉诠释史纲要》，中州古籍出版社 2017 年版，第 188 页。

⑤ (宋)黎靖德编：《朱子语类》卷一百五，中华书局 1986 年版，第 2625 页。

《诗》、《书》、礼、乐以造士，不说《易》也。《语》、《孟》中亦不说《易》，至《左传》、《国语》方说，然亦只是卜筮尔。"[①]

基于逻辑质疑，朱熹说："圣人要说理，何不就理上直剖判说？何故恁地回互假托，教人不可晓？又何不别作一书？何故要假卜筮说？又何故说许多'吉凶悔吝'？"[②]又说："若果为义理作时，何不直述一件文字？"[③]

基于《周易》古经文本分析，朱熹说："《易》本为卜筮设。如曰'利涉大川'，是利于行舟也；'利有攸往'，是利于启行也。"[④]又说："如'利用祭祀''利用享祀'，只是卜祭则吉；'田获三孤''田获三品'，只是卜田则吉；'公用亨于天子'，只是卜朝觐则吉；'利建侯'，只是卜立君则吉；'利用为依迁国'，只是卜迁国则吉；'利用侵伐'，只是卜侵伐则吉之类，但推之于事，或有如此说者耳。"[⑤]又说："何以见得《易》专为占筮之用？如'王用亨于岐山''于西山'，皆是'享'字。古字多通用。若卜人君欲祭祀山川，占得此即吉。'公用亨于天子'，若诸侯占得此卦，则利于近天子耳。"[⑥]

基于《易传》，朱熹说："且如《易》之作，本只是为卜筮。如'极数知来之谓占''莫大乎蓍龟''是兴神物以前民用''动则观其变而玩其占'等语，皆见得是占筮之意。"[⑦]又说："圣人分明说：'昔者圣人之作《易》，观象设卦，系辞焉以明吉凶。'几多分晓！某所以说《易》只是卜筮书者，此类可见。"[⑧]又说："看《系辞》，须先看《易》。自大衍之数以下，皆是说卜筮。若不是卜筮，却是说一无底物。"[⑨]

《周礼·大卜》："（大卜）掌三易之法，一曰《连山》，二曰《归藏》，三曰《周易》。"[⑩]其中所提及的《连山》《归藏》在汉唐书目里虽有著录，但久已亡佚，唯《周易》比较完整地留传至今。《周易》古经成书之前，卜筮文化必然存在一个很长时间的发生、发展过程。这是本文所要考察研究的对象。

以三《易》为代表的卜筮文化的渊源，可上溯至史前属于数占的龟甲和属于象占的骨卜。下文将有详细讨论。

二、卜筮释义

卜筮是龟卜（包括骨卜）和蓍筮的合称。龟卜（包括骨卜）是通过验看钻灼后的龟甲兆纹以断吉凶的占卜方法，属于象占；蓍筮是通过蓍草分合编排而得筮数，根据筮数判断

① （宋）黎靖德编：《朱子语类》卷六十七，第 1658 页。
② （宋）黎靖德编：《朱子语类》卷六十六，第 1623 页。
③ （宋）黎靖德编：《朱子语类》卷六十六，第 1622 页。
④ （宋）黎靖德编：《朱子语类》卷六十六，第 1633 页。
⑤ （宋）朱熹：《晦庵先生朱文公文集》卷三十三，《朱子全书》第 21 册，第 1466 页。
⑥ （宋）黎靖德编：《朱子语类》卷七十三，第 1853 页。
⑦ （宋）黎靖德编：《朱子语类》卷六十六，第 1621 页。
⑧ （宋）黎靖德编：《朱子语类》卷六十六，第 1629 页。
⑨ （宋）黎靖德编：《朱子语类》卷六十六，第 1627 页。
⑩ （汉）郑玄注，（唐）贾公彦疏：《周礼注疏》，北京大学出版社 2000 年版，第 748 页。

吉凶，或由筮数组合而得卦象，再根据卦象判断吉凶的方法，属于数占。[①]

占卜用龟源于古人对灵龟崇拜的观念。高广仁、邵望平曾搜集了八处史前墓葬中出土的龟甲材料，在分析了出土龟甲墓葬的随葬品以及龟甲所摆放的位置等特点后，认为史前“龟灵”观念出现很早。高、邵在文中总结道：“我们认为海岱地区及长江流域史前文化中以龟随葬的文化现象及其所反映的‘龟灵’观念，乃是商殷文化中‘龟灵’‘龟卜’的渊源。也就是说在新石器时代晚期至夏、商时代初期，商人逐步接受了其东方与南方早已存在的龟灵观念，并从那里取得神龟（或以政治势力保证的贡品），与先商文化原有的占卜习俗结合而产生了龟卜。大约是在商代后期，即殷墟文化的前期，龟卜才盛行起来。”[②]高、邵两位先生对“龟灵”的论述是极有见地的，但他们认为“在商代后期，即殷墟文化的前期，龟卜才盛行起来”，这种观点却未必合理。史前卜甲的大量发现已确凿无疑地将龟卜的起源上溯到贾湖文化时期，只不过史前卜甲属数占，而殷商龟卜属象占。这是需要强调说明的。

诚然，史前龟甲的出土发现多集中在公元前4000—前3000年，这与殷商龟卜盛行期之间有一千余年的缺环。在此断层缺环期间，卜甲出土甚少。我们认为，之所以存在这一现象，是因为承担数占功能的龟甲到了龙山文化时代，让位于蓍草，而蓍草在地下埋藏易腐烂无痕，故龙山时代少见卜甲出土，取而代之的是属于象占工具的卜骨材料的大量出土。

《礼记·礼运》云：“何为四灵？鳞、凤、龟、龙，谓之四灵。”龟作为四灵之一被视为“大宝”。《尚书·禹贡》：“九江纳锡大龟。”孔传注云：“尺二寸曰大龟，出于九江水中，龟不常用，锡命而纳之。”[③]夏王朝对龟的重视，是对之前灵龟崇拜观念的承接。《尚书·大诰》：“宁王遗我大宝龟，绍天明即命。”[④]周人将龟称之为“大宝龟”，且将其与国家的命运相联系。

因为龟的长寿和旺盛的生命力，古人认为它能够通灵，故取之为占卜工具，用来预测未知。《史记·龟策列传》：“神龟出于江水中，庐江郡常岁时生龟长尺二寸者二十枚输太卜官，太卜官因以吉日剔取其腹下甲。龟千岁乃满尺二寸。王者发军行将，必钻龟庙堂之上，以决吉凶。今高庙中有龟室，藏内以为神宝。”[⑤]《说文解字》段注引刘向曰：“蓍之言耆，龟之言久，龟千岁而灵，蓍百年而神，以其长久，故能辨吉凶。”[⑥]《论衡·卜筮》：“子路问孔子曰：‘猪肩羊膊，可以得兆，雚苇藁芼，可以得数，何必以蓍龟？’孔子曰：‘不然。盖取其名也。夫蓍之为言‘耆’也；龟之为言‘旧’也。明狐疑之事，当问耆旧也。’”[⑦]

---

① 卜筮活动在中国古代社会生活中占有重要地位，关于龟卜和蓍筮的记载也多见于历史文献中，如《周易·说卦传》：“观变于阴阳而立卦。”韩康伯注云：“蓍，数也。”《左传》云：“龟，象也；筮，数也。”

② 高广仁、邵望平：《中国史前时代的灵龟与犬牲》，《中国考古学研究——夏鼐先生考古五十年纪念论文集》，文物出版社1986年版，第63页。

③ （汉）孔安国，（唐）孔颖达疏：《尚书正义》，北京大学出版社2000年版，第181页。

④ （汉）孔安国，（唐）孔颖达疏：《尚书正义》，第405页。

⑤ （汉）司马迁：《史记》，中华书局1959年版，第3227页。

⑥ （汉）许慎撰，（清）段玉裁注：《说文解字注》，浙江古籍出版社2006年版，第678页。

⑦ 黄晖：《论衡校释》，中华书局1990年版，第998—999页。

据《史记》记载:“蓍生满百茎者,其下必有神龟守之。”①这段记载揭示了龟与蓍之间的关联。古人除以龟甲占卜,也把蓍草作为筮占的工具。

蓍草是一种多年生的草本植物,是异于“一岁一枯荣”的“离离原上草”。张衡的《思玄赋》中的“文君为我端蓍兮”,刘向注云:“蓍百年,而一本生百茎。”《说文·艹部》:“蓍,蒿属。生十岁,百茎。”《太平御览》引《说文》曰:“生千岁,三百茎。”段玉裁《说文解字》注同此。《艺文类聚》引《逸礼》云:“蓍千岁,三百茎者,先知也。”

蓍与龟有着相似的特性——高龄,这使先民们相信,蓍与龟一样,能够通灵,故亦被取为占卜的工具。《楚辞·九怀·匡机》云:“蓍蔡兮踊跃。”王逸注:“蓍,筮也。”《国语·晋语一》云“爱疑决之以卜筮”,《晋语四》云“公子亲筮之”,韦昭注:“蓍曰筮。”《汉书·张禹传》云“择日絜斋露蓍”,颜师古注云:“蓍,草名,筮者所用也。”朱熹《诗集传》注《曹风·下泉》“冽彼下泉,浸彼苞蓍”云:“蓍,巫草也。”《系辞上》曰:“探赜索隐,钩深致远,以定天下之吉凶,成天下之亹亹者,莫大乎蓍龟。”《搜神记》曰:“使者沉吟,良久而悟,乃命取蓍筮之。”

《论衡·卜筮》云:“子路问孔子曰:‘诸肩羊膊,可以得兆,雈苇蒿芼,可以得数,何必以蓍龟?’孔子曰:‘不然,盖取其名也。夫蓍之为言耆也。龟之为言归也。明狐疑之事,当问耆旧也。’”②《礼记·曲礼上》曰:“凡卜筮日。”孔颖达疏引刘向云:“蓍之言耆。”《广雅·释草》云:“蓍,耆也。”以上记载都说明,古人以龟、蓍为卜筮工具的重要原因之一,便是它们的高龄。

古人取蓍草为卜筮工具的原因之二是:蓍草形异。

上述引文已提到蓍草外形之奇特。无论一株“百茎”,还是“三百茎”,都可以想见其郁郁苍苍。蓍草枝茎高崇,挺拔有序。《说文》“蓍”条,许慎曾言:“《易》以为数:天子蓍九尺,诸侯七尺,大夫五尺,士三尺。”③《仪礼·少牢馈食礼》曰:“乃释韇立筮。”郑玄注云:“卿大夫之蓍长五尺。”许慎、郑玄皆东汉人。汉制,一尺相当于现在的 24 厘米。若以周制,汉代八寸相当于周代一尺。④ 无论用汉制还是用周制换算,“九尺”之蓍,都达到了约两米的高度。蓍草伟哉壮哉的外形之出众,自不容疑。

商周时期龟卜、筮占并行。《礼记·曲礼》云:“龟曰卜,蓍曰筮。”在先秦文献记载中经常卜筮并用,如《尚书·君奭》云:“故一人有事于四方,若卜筮,罔不是孚。”《尚书·洪范》“九畴”条下有对卜筮并用以权衡形势、占断决策的记载:“稽疑:择建立卜筮人,乃命卜筮。曰雨、曰霁、曰蒙、曰驿、曰克、曰贞、曰悔,凡七。卜五,占用二,衍忒。立时人作卜筮,三人占,则从二人之言。汝则有大疑,谋及乃心,谋及卿士,谋及庶人,谋及卜筮。汝则从,龟从,筮从,卿士从,庶民从,是之谓大同。身其康强,子孙其逢。吉。汝则从,龟从,筮从,卿士逆,庶民逆,吉。卿士从,龟从,筮从,汝则逆,庶民逆,吉。庶民从,龟从,筮从,汝则逆,卿士逆,吉。汝则从,龟从,筮逆,卿士逆,庶民逆,作内吉,作外凶。龟筮共违

① (汉)司马迁:《史记》,第 3226 页。

② 黄晖:《论衡校释》,第 998—999 页。

③ (汉)许慎:《说文解字》,中华书局 1963 年版,第 20 页。

④ 《论衡》云:“周以八寸为尺。”参见黄晖:《论衡校释》,第 1135 页。

于人，用静吉，用作凶。"(《尚书正义》)

春秋时期，《易》的应用虽然义理化，但其占筮功能依然是主要的，《左传》《国语》中的筮例亦可为证[①]，兹不赘述。

三、史前卜甲属于数占

商周以前用龟甲占卜的历史十分悠久。考古发现证明，至迟在距今9000年至7000年的贾湖文化中就有用于占卜的龟甲。然而，需要指出，史前卜甲不同于商周时的卜甲。对史前卜甲和商周卜甲，应首先区分其差异，摆脱将两者等同的思维定势，重新审视其不同的功能。

截至目前，收集到的史前龟甲有200多个，出土地点有16个。其中，时代最早的舞阳贾湖遗址就出土了90多个，其他有出土20个的，有出土9个的，最少的出土1个。从时间上看，舞阳贾湖遗址最早，其它的大多数集中在大汶口文化时代，最后一直延续到龙山文化晚期。

通过对史前卜甲的研究，可以发现，史前卜甲属于数占，而这不同于商周属于象占的卜甲。

史前卜甲属于数占的理由如下：

其一，史前卜甲与商周卜甲的形态不同。商周卜甲有钻、灼、凿的痕迹，而史前卜甲并无这些痕迹。

其二，史前时期，卜甲出土的同时，也有卜骨的出土。卜骨上有灼、钻、凿的痕迹。可见卜甲和卜骨担当着不同的职能。卜甲属于数占，卜骨属于象占。

其三，史前部分卜甲中有骨针、小石子，可以印证卜甲属于数占工具。林忠军先生认为："早期筮法不超过六位数，六个数在筮占中当与龟卜不同的兆纹一样具有不同的意义。筮者借助于某一工具，随机取数，依据筮占所获取的数，推断吉凶。"[②]

有学者认为史前发现的卜甲属于食用龟，不属于占卜龟，我们认为不妥。

其一，在发现的史前龟甲中，有的龟甲涂红，这无疑表明龟甲具有巫术内涵。在墓葬中发现撒红色粉末的现象最早可追溯到山顶洞人时代。有学者认为墓葬撒红色铁矿粉比较可信的解释为：红色象征血液，是生命必需之物，撒赤铁矿粉于死者身上及周围，有期望死者再生，或让逝者灵魂在彼岸长存的寓意。[③] 另外，史前出土的卜骨也发现有涂红的例子，可为佐证。

其二，史前龟甲大多有穿孔。其穿孔不像是为了穿绳悬挂的用途。若结合含山凌家滩遗址发现的龟甲中所含的玉版四边上的穿孔来看，则穿孔当有巫术意味。

其三，龟甲出土位置多在墓主腰间。将龟甲放置腰间，是触手可及的位置，说明龟甲是墓主生前不离手的巫术用品。山东宁阳堡头遗址发掘的几个出土龟甲的墓葬，墓主手

---

① 参见张金平、杨效雷：《〈左传〉、〈国语〉引〈易〉类析》，《辽东学院学报》(社会科学版)2014年第2期。

② 林忠军：《试论易学象数起源与〈周易〉文本形成》，《哲学研究》2012年第10期。

③ 参见贾兰坡、甄朔南：《原始墓葬》，《史学月刊》1985年第1期。

中执有大兽牙，发掘者将之断为巫术之物。[①]

1959年，江苏文物工作队对江苏省邳县新石器时代遗存进行发掘，发现墓葬52座，其中有9件穿孔龟甲出土。发表者根据随葬品的多寡和墓葬在墓群的位置，推测墓主应为掌握着占筮及氏族权力的酋长。墓主的腰部或腿部放置龟甲，这类龟甲应属有巫术内涵的文化遗存。

将卜甲视为象占工具的观念忽视了数占在漫长的史前阶段演变发展的过程。只有抓住龟甲属于数占这一关键，方能将史前的龟甲数占与商周筮数易卦联系起来，取得探本溯源的效果。

四、史前卜骨属于象占

数占和象占是商周时典型的两种占断方法。象和数的区分及结合问题，学界论述颇多。追本溯源，数与象孰先孰后，至今莫衷一是。

《左传·僖公十五年》记载："龟，象也；筮，数也。物生而后有象，象而后有滋，滋而后有数。"其观点为：象先于数，数源于象。西晋杜预注云："言龟以象示，筮以数告，象数相因而生，然后有占。"在这里，杜预没有明确表明"象"与"数"孰先孰后，只是说"象数相因而生"，而且值得注意的是，杜预指出，象与数不可或缺。孔颖达疏云："谓象生而后有数，是数因象而生也。若《易》之卦象则因数而生，故先揲蓍而后得卦。是象从数生也。"[②]孔颖达折中"象本论"和"数本论"，认为从不同的角度来看，"象本论"和"数本论"各有道理。

商周时，用甲骨占卜，用蓍草占筮。占卜以象断，占筮以数判。也就是说，象占的功能由卜甲承担，数占的功能由蓍草承担。但是，在史前时期，数占的功能由卜甲承担，而象占的功能由卜骨承担。

我们认定史前卜骨属象占的主要理由是，大部分卜骨上都有灼、钻等痕迹。少量卜骨（姑且称之为卜骨）上无灼、钻等痕迹，估计是尚未付诸实用的待用品。另外，史前时期发现的卜骨，早期灼、钻痕迹少，晚期灼、钻痕迹多，而且愈到晚期，从形态上看，与商周时期的卜骨愈接近。这也是我们认定卜骨属象占的理由之一。

这里有一个事实需要澄清，史前属于数占的龟甲并不是到了商代才突然变成了象占工具。如山东禹城邢寨汪遗址龙山文化晚期出土卜甲、卜骨十余片，卜甲、卜骨均有凿、有灼。[③] 此例说明，在史前时期，龟甲也偶尔和卜骨一样作为象占工具使用，发展到殷商时期，取代卜骨，成为主要的象占工具。

殷商以后，提及象占，人们首先想到的是卜甲。其实，根据民俗学材料，在史前时期，卜骨应十分流行。司马迁云："三王不同龟，四夷各异卜，然各以决吉凶。"[④]对于"四夷"占卜的情况，宋兆麟等先生曾做过详细的调查："我国少数民族地区有许许多多占卜方法，

---

① 参见杨子范：《山东宁阳县堡头遗址清理简报》，《文物》1959年第10期。

② （唐）孔颖达：《春秋左传正义》，北京大学出版社2000年版，第439页。

③ 参见陈骏：《山东禹城县邢寨汪遗址的调查与试掘》，《考古》1983年第11期。

④ （汉）司马迁：《史记》，第3318页。

如苦聪人实行草卜、鸡蛋卜；佤族实行牛肝卜、鸡骨卜、手卜；黎族实行鸡卜、石卜、泥包卜；景颇族流行竹卜；傈僳族实行刀卜、贝壳卜、竹卜；彝族流行羊肩胛骨卜、木卜、鸡卜、竹卜、鸡蛋卜；羌族有鸡蛋卜、羊毛绒卜；等等。原始占卜方法很多，千差万别。”①以上所涉及的千差万别的占卜方法中便有骨卜。

骨卜虽见之于民俗学材料，但文献记载中的确罕见，以至于陈梦家先生曾作出如下判断：“中国古代的文献中，除了述及边裔或少数民族风俗，从来没有记载骨卜的。”②考古发现弥补了文献记载的不足。迄今为止，考古发现的最早的卜骨出现在仰韶文化晚期，如内蒙古巴林左旗富河沟门出土的富河文化卜骨③、武山傅家门遗址出土的卜骨④、淅川下王岗卜骨⑤。龙山时代出土的卜骨渐多，山东、河南、陕西、河北、辽宁、内蒙古等地皆有发现。张忠培先生说：“从龙山时代始，骨卜成了中国的普化宗教，至今，我们虽不知骨卜宗教普化的具体过程及其出现的原因，却应指出的是，骨卜宗教的普化，是影响深及商周文化具有重大意义的宗教革命。”⑥

---

① 宋兆麟、黎家芳、杜耀西：《中国原始社会史》，文物出版社 1983 年版，第 494 页。

② 陈梦家：《殷墟卜辞综述》，中华书局 1988 年版，第 9 页。

③ 参见徐光冀：《内蒙古巴林左旗富河沟门遗址发掘简报》，《考古》1964 年第 1 期。

④ 参见赵信：《甘肃武山傅家门史前文化遗址发掘简报》，《考古》1995 年第 4 期。

⑤ 参见河南省文物研究所、长江流域规划办公室考古队河南分队：《淅川下王岗》，文物出版社 1989 年版，第 200 页。

⑥ 张忠培：《窥探凌家滩墓地》，《文物》2000 年第 9 期。

《性命圭旨》内丹易学发微

张韶宇*

《性命圭旨》作为道教内丹典籍之一，虽相传出于尹真人高弟之手，但时至今日关于其作者以及成书年代仍没有定论。不过，毋庸置疑的是，该书是儒释道三教合一思想的产物，既吸收了儒家的存心养性、道家的修心炼性、释家的明心见性思想，又具有鲜明而独特的道教色彩；既主张道教特色的性命双修之学，又融会贯通《周易》性命哲学于其中，从而内蕴有丰富的易学思想。

一、大道微旨

在《性命圭旨》看来，《周易》实则就是一部论"道"之著。《易传》曾言："形而上者谓之道，形而下者谓之器。""一阴一阳之谓道。""昔者圣人之作《易》也，幽赞于神明而生蓍，参天两地而倚数，观变于阴阳而立卦，发挥于刚柔而生爻，和顺于道德而理于义，穷理尽性以至于命。""昔者圣人之作《易》也，将以顺性命之理。是以立天之道曰阴与阳，立地之道曰柔与刚，立人之道曰仁与义。"于此，《周易》以"道"分道之体和道之用，有体有用，形而上者之道为道之体，一阴一阳为道之用，二者相即不离，体用一源。而圣人著《易》目的就是借以立天道之阴阳、地道之柔刚、人道之仁义，从而顺性命之理，和顺于道德而理于义，乃至穷理尽性以至于命。由此，《性命圭旨》说："庖羲上圣，画八卦以示人，使万世之下，知有养生之道。"①即伏羲画八卦目的就是让世人懂得性命养生之道。

《性命圭旨》还对"道"之为物展开解释，并加以形上发挥。其言曰："夫道也者，位天地、育万物，曰道；揭日月、生五行，曰道；多于恒河沙数，曰道；孤则独无一侣，曰道；直入鸿蒙，而还归溟涬，曰道；善集造化，而顿超圣凡，曰道；目下机境未兆，而突尔灵通，曰道；眼前生杀分明，而无能逃避，曰道；处卑污而大尊贵，曰道；居幽暗而极高明，曰道；细入刹尘，曰道；大包天地，曰道；从无入有，曰道；作佛成仙，曰道。佛经五千四十八卷也说不到了处，中庸三十三章也说不到穷处，道德五千言也说不到极处。"②认为大道无形无名，虚无恍惚，其大无外，其小无内，既位于天地之间而生育万物，又能够揭日月而生五行；既多

---

* 作者简介：张韶宇，曲阜师范大学孔子文化研究院副教授。

① 《性命圭旨》，胡静道等编：《藏外道书》第9册，巴蜀书社1994年版，第509页。

② 《性命圭旨》，《藏外道书》第9册，第509页。

于恒河沙数，又孤则独无一侣；既细入刹尘，又大包天地。虽处卑污而居幽暗，然却大尊贵而极高明。同时，也是顿超圣凡而作佛成仙的根本，如此等等。归根而言之，《性命圭旨》实则强调道是宇宙万物生发的根源和本体，宇宙万物既由道而生又回归于道。同样，作为万物之灵的人也是由道生发而最终又向道回归去。而佛经、儒典、道书等于道之所论既不到其了处穷处，也无法深达其极处。然则“道也者，果何谓也？”[①]《性命圭旨》谓：“一言以定之曰：气也。原夫一气蟠集，溟溟涬涬，窅窅莫测，氤氲活动，含灵至妙，是为太乙，是为未始之始也，是为道也，故曰无始。”[②]这里，《性命圭旨》不仅援引了庄子的“道”无处不在，万事万物都是由于“道”的存在之观点，而且还将“道”等同为“气”“无始”，以“道”为世界和万事万物之源，是最高的存在。

《性命圭旨》又以“中”“一”对“道”加以广释解读和界说，以“道”即“一”和“中”，认为天地人物等无不源于此，从而大倡守中归一之说。《性命圭旨》说：“不执中、不一贯，其能圣而孔子乎？不守中、不得一，其能玄而老子乎？不空中，不归一，其能禅而释迦乎？……故天得此而天天，地得此而地地，人得此而人人。而天地人之大道，原于此也。皇得此而皇皇，帝得此而帝帝，王得此而王王，而皇帝王之大道，原于此也。圣得此而圣圣，玄得此而玄玄，禅得此而禅禅，而圣玄禅之大道，原于此也。”[③]这样，《性命圭旨》就把儒释道三教都归结为“中”和“一”，认为本天道以立人道，以人心上合天心，自然就符于中道而无悖逆。而“守中”的核心就在于追求恢复先天本来的真性。这一真性也就是道教修炼所要成就的金丹，其要旨则在于“中”和“一”。于是，《性命圭旨》以“心性”为本体，亦以儒释道三教之所谓“中”“一”与之对释。对此“心性”本体之“中”和“一”，《性命圭旨》又加以解释说：“惟此本体，以其虚空无朕，强名曰中；以其露端倪，强名曰一。言而中即一之藏也，一即中之用也。”[④]并说：“一者，有物混成、先天地生是也。大哉！一乎！以其流行谓之炁，以其凝聚谓之精，以其妙用谓之神。”[⑤]认为“心性”本体由于自身虚空无兆无朕而强为之名曰“中”，由于其显露出端倪而强名之曰“一”，此“一”即有物混成而先天地生，又因其流行而谓之炁、因其凝聚而谓之精、因其妙用而谓之神。并以“中”为体，“一”为用，且“中”为“一”之所藏，“一”为“中”之所用。是以儒释道三教都以“心性”本体之“中”和“一”为旨归，其教虽分三，其道则一。于人而言，人们要是想免于轮回，不堕于世网，唯一的办法就是求助于性命之学，修炼性命之道。

《性命圭旨》还认为“真空者，大道也”[⑥]，从而提揭“炼虚合道”之理。就早期内丹修炼而言，内丹道通常认为内丹修炼的基本程序包括炼精化气、炼气化神、炼神还虚等三个基本阶段。此间，炼神还虚的“虚”往往被视为内丹修炼的终极境界。后来随着佛教“空”观理论影响的逐渐扩大，道教内丹学理论也得到进一步深化。由是后世的道教内丹家们对

---

① 《性命圭旨》，《藏外道书》第9册，第509页。
② 《性命圭旨》，《藏外道书》第9册，第509页。
③ 《性命圭旨》，《藏外道书》第9册，第511页。
④ 《性命圭旨》，《藏外道书》第9册，第511页。
⑤ 《性命圭旨》，《藏外道书》第9册，第548页。
⑥ 《性命圭旨》，《藏外道书》第9册，第594页。

早期内丹修炼的三个基本阶段的观点逐渐发生质疑，其质疑的焦点在于内丹修炼的最终境界问题。传统的炼神还虚的境界尽管以空灵之“虚”为最后附着处，但总有滞于虚或空之嫌疑。而且因为滞于“虚”或“空”，就仍然有个实在的去处，境界仍然不够高妙和玄奥。所以后期内丹家又补上了“炼虚合道”一节，认为内丹修炼还有“炼虚合道”这最后一段功夫。由此，“炼虚合道”也就成为内丹修炼的最上一乘功法，也是道教内丹修炼追求的最高境界和终极目的。对此关键点，到《性命圭旨》则又做了更为深入的探究，明确提出这“末后一段工夫”就是“炼虚合道”，就是以“本体虚空，超出三界”，亦即炼虚要达到与道的合一。在《性命圭旨》看来，宋元以来道教中人尽管在一定程度上有所超脱，“然缺却末后一段工夫，毕竟有些欠稳处”[①]。认为要达到内丹修炼极致，“炼虚合道”这一环节是必不可少的。以此为出发点，《性命圭旨》还进一步融会贯通儒释道三教生命观，借以为道教内丹生死观张目。也就是说，在《性命圭旨》看来，一般内丹修炼三关中的末后一节“炼神还虚”，还只是落在“第二义”，远未达到道教至上至真的道的境界。由是《性命圭旨》说：“若言体太虚之体以为体，便是有个太虚在，而着于体矣。何以能太虚？若言用天地之用以为用，便是有个天地在，而着于用矣。何以能天地？”[②]《性命圭旨》认为如果以炼虚合道仍然有个“虚空”存在，就犹若“体太虚之体以为体，便是有个太虚在”，“用天地之用以为用，便是有个天地在”。如此皆非“毕竟空”义，所以应当“粉碎虚空，方为了当。……盖本体，本虚空也。若着虚空相，便非本体。虚空本粉碎也。若有粉碎心，便不虚空。故不知有虚空，然后方可以言太虚天地之本体；不知有粉碎，然后方可以言太虚天地之虚空”[③]。这就是说，从根本处言，“虚心空”也无，才能上启道的境界。是以修炼内丹不仅不能滞于虚空，最后要连虚空也粉碎。为此，《性命圭旨》说：“夫空中不空者，真空也。真空者，大道也。”[④]即以炼神还虚之“虚空”还要进一步“空”去，即“空中之空”，是谓“真空”，此即“大道”。换言之，经过炼精化气等三关之后还必须经过炼虚合于太虚才能最终契合大道。而炼虚则在于粉碎虚空心，即无心于虚空，本体虚空，才能合于大道。所以“炼虚合道”这一关才是修道的“第一义”。也就是说，作为道教高级形态的内丹道从色身入手，通过“炼精化气、炼气化神、炼神还虚”的三关修炼功夫，色身最终还是出脱法界，与虚空为体，所以最终也就无所谓色身可言。内丹修炼境界甚至最终连虚空也粉碎，达到与道合一的境地，这与佛教由法界收摄色身最终达到“空”的境地并没有本质的区别。因此，站在内丹学立场上，道佛两家甚至儒家的最终目标都是相同的，都是通过修养心性、变化气质的内炼功夫最终契合大道，使精神达到空灵的境界，只不过修行的方法和修炼的次序各有不同罢了。但“道”只有一个，关键在于修行之人通过什么途径去契合妙道。这样，《性命圭旨》就在传统的内丹学性命双修的“三关”修炼功夫扩展到四个阶段，在炼精化气、炼气化神、炼神还虚三关基础上增加“炼虚合道”这一环节，并以打破虚空、与道合一作为最终的超越境界。这既是道教内丹理论尤其是《性命圭旨》作者对佛教“空”思想的吸收和发挥，

---

① 《性命圭旨》，《藏外道书》第 9 册，第 591 页。

② 《性命圭旨》，《藏外道书》第 9 册，第 594 页。

③ 《性命圭旨》，《藏外道书》第 9 册，第 594 页。

④ 《性命圭旨》，《藏外道书》第 9 册，第 594 页。

也是这一理论的深化，进一步拓展了内丹思想的终极境界。

以此为据，《性命圭旨》又论述了天地人及万事万物的生成以及修道等问题，即在阐释了以“大道”为宇宙万物本源之后，《性命圭旨》又进一步论述了宇宙生成过程以及作为万物主宰的人的诞生历程，即大道的生成义问题。关于宇宙的生成，《性命圭旨》依据《道德经》和《周易》的宇宙生成理论，认为宇宙由天地之始至万物之成经由“道生一”“一生二”“二生三”“三生万物”四个阶段。关于“道生一”阶段，《性命圭旨》说：“夫天地之有始也，一炁动荡，虚无开合，雌雄感召，黑白交凝，有无相射，混混沌沌，冲虚至圣，包元含灵，神明变化，恍惚立极，是为太易，是为有始之始也，是谓道生一也，是曰元始。”[①]也就是说，在天地之初始时，根源于道的元始一气，又名太易，因动荡而虚无开合，内含元灵而神明变化不已，在恍恍惚惚之中立极而成就有始之始，是为“道生一”。关于第二阶段的“一生二”，《性命圭旨》说：“夫天地之太极也，一炁斯析，真宰自判，交映罗列，万灵肃护，阴阳判分，是为太极，是谓一生二也，是曰虚皇。”[②]即由于元始一气动荡变化而离析，就使得天地各具太极而真宰涣然自判，由是阴阳判别分明而万灵肃护，是为“太极”，又谓“一生二”，又曰“虚皇”。关于第三阶段的“二生三”，《性命圭旨》说：“阴阳既判，天地位焉，人乃育焉，是谓二生三也，是曰混元。”[③]认为因阴阳的判明而天地定位，这样由阴阳的互相作用和天地的相互激荡也就使人得以诞生，此即“二生三”，又曰“混元”。关于第四阶段的“三生万物”，《性命圭旨》说：“阳之清者，升上而焕丽也，则日月星辰布焉。故天左运，三光右旋。阳之清者，腾上而会于阳也，故风云动而雷雨作焉。阴之浊者，重滞而就地也，则海岳奠峙而五谷草木昌焉。故岩岫出云，山泽通气。阴阳之气闭而不通也，则雪霜结而冻冰焉。阴之浊者，积冱而下凝也，穴岩幽藏而深邃，故五谷八石以错杂焉。天地之中，阴阳正气之所交也，圣人焉，仙佛焉，庶民焉，贤愚寿夭，实所宰焉。胎卵湿化，无有息焉。是为六合也，是谓三生万物也。”[④]认为由于阴阳二气的不同作用，在天就使得日月星辰布、风云雷雨作，在地就使得海岳奠峙、岩岫出云、山泽通气和五谷草木昌盛。相反，若阴阳二气闭而不通则结雪霜凝冰凌。而且，在天地之中，由阴阳正气交合而诞圣人、仙佛、庶民等，其间的贤愚寿夭等各有主宰，至于“胎卵湿化”之生命形式也得以生生不息。是为“六合”，是谓“三生万物”。由此，经历四个阶段之后，宇宙万物得以形成，世界得以呈现缤纷与多彩，天地人物、风雷雨露、日月星辰、山川河海、五谷草木等繁衍不息。至此《性命圭旨》得以构筑自己的大道宇宙生成理论，亦即道教所谓“顺则凡”。但道教追求的却是“逆则仙”，希图人生通过修道而获得不老和长生。

正是因为如此，《性命圭旨》逆此道而行，力图成就不堕三途恶趣的仙佛功夫，并认为儒释道三教圣人都以性命之学向众生开启方便法门，教导人们进行修习以了脱生死。在《性命圭旨》看来，人是禀阴阳之气而生而长，及其成年则主生之阳气开始日渐消退，而主亡之阴气则逐渐增长直至人死亡。在这样的状态下，人就会逐渐死亡而变为鬼，甚至“立

---

① 《性命圭旨》，《藏外道书》第 9 册，第 509 页。

② 《性命圭旨》，《藏外道书》第 9 册，第 509 页。

③ 《性命圭旨》，《藏外道书》第 9 册，第 509 页。

④ 《性命圭旨》，《藏外道书》第 9 册，第 509 页。

堕三途恶趣，则动经尘劫，无有出期”[①]。换言之，《性命圭旨》认为，人是秉承阴阳二气氤氲而生，及长至十六岁则九三之阳纯而呈乾象。但由于不懂性命之道而遭到“谋报浑敦之德者”的损害，由是九三之纯阳“踦驟奔蹶”而至六二之中，纯阳之乾体遭破于离，纯阴之坤体则实于坎。如此一来，生命日渐消遁而至于亡。处此之时，至圣神人不仅能知“道体太极之所以判，死生根本之所以始，乾坤阴阳之所以乘，天地玄牡之所以交”[②]，而且能够“法乾坤之体，效坎离之用，振阴阳之柄，过生死之关，取坎中之阳，填离中之阴”[③]。这样，离中间之阴得由坎中之阳来填实，则复纯白为乾。乾元得以补足而复全浑敦，从而得以全亲之所生及全天之所赋，是为“囫囫囵囵一个完人也”[④]。相反，“世人不明此道，盛不知养，衰不知救，日复一日，阳尽阴纯，死而为鬼”[⑤]。《性命圭旨》还分别就儒释道三家性命之道作了说明，谓：“儒之圣教曰：安汝止，钦厥止，艮其止，止其所，缉熙敬止，在止至善，黄中通理，正位居体，思不出位，立不易方，居天下之广居，立天下之正位，行天下之大道，浑然在中，粹然至善，诚尽处，腔子里，乐处，方寸，神明之舍，道义之门，活泼泼地，乐在其中，肫肫其仁，渊渊其渊，浩浩其天，天下归仁，退藏于密，何思何虑之天，不识不知之地，难以悉纪。要而言之，无非为此性命之道也。道之玄教曰：玄牝之门，天地之根，生身处，复命关，金丹之母，玄关之窍，凝结之所，呼吸之根，甲乙坛，戊己户，心源性海，灵府灵台，蓬莱岛，朱砂鼎，偃月炉，神室气穴，土釜谷神，灵根把柄，坎离交媾之乡，千变万化之祖，生死不相关之地，鬼神觑不破之机，难以悉纪。要而言之，无非为此性命之道也。释之禅教曰：不二法门，甚深法界，虚空藏，寂灭海，真实地，总持门，彼岸净土，真境心地，极乐国，如来藏，舍利子，菩萨地，光明藏，圆觉海，般若岸，法王城，西方天堂，空中真际，这个三摩地，华藏海，陀罗尼门，不动道场，波罗密地，难以悉纪。要而言之，无非为此性命之道也。”[⑥]这就是说，儒释道三教都是性命之道，尽管它们的言词表述和称谓或方法有诸多不同，但在性命之道上则是异曲同工、殊途同归的，即所谓“无非为此性命之道也”。而这个性命之道的核心即是“心”与“性”，只不过，“儒曰存心养性，道曰修心炼性，释曰明心见性”[⑦]。是以，《性命圭旨》以心性为本体，不仅阐述了什么是道、宇宙的演化过程以及人的生成过程，而且也说明了“顺生人，逆成仙”的原理，即人通过修炼是能达到长生不老的。由此得以进一步开出其“太极观”和“尽性了命说”的性命观。

二、太极发挥

在《性命圭旨》看来，“太极”既是儒释道三教得以合流的根本，也是宇宙万事万物产

① 《性命圭旨》，《藏外道书》第 9 册，第 510 页。
② 《性命圭旨》，《藏外道书》第 9 册，第 509 页。
③ 《性命圭旨》，《藏外道书》第 9 册，第 509 页—510 页。
④ 《性命圭旨》，《藏外道书》第 9 册，第 510 页。
⑤ 《性命圭旨》，《藏外道书》第 9 册，第 510 页。
⑥ 《性命圭旨》，《藏外道书》第 9 册，第 510 页。
⑦ 《性命圭旨》，《藏外道书》第 9 册，第 510 页。

生的根源，只是儒释道三教对此一物称谓不同而已。《性命圭旨》言："此○者，释曰圆觉，道曰金丹，儒曰太极。所谓无极而太极者，不可极而极之谓也。"[①]这里，《性命圭旨》认为"此○者"，在佛家则称之为"圆觉"，在道教则称之为"金丹"，而在儒家则称之为"太极"，儒释道三教只是异名同指，实则同为一物。至于周子所谓"无极而太极"者，《性命圭旨》则解释为"不可极而极之谓也"。不止于此，《性命圭旨》又进一步给予详细解说："凡人始生之初，一点灵光而所以主张乎形骸者，太极也。父母未生以前，一片太虚而所以不属乎形骸者，无极也。"[②]就人之生命而言，在《性命圭旨》看来，"太极"是指人生之初的能够主宰形骸的一点灵光；"无极"则是父母未生以前无形无相且不属于形骸的一片太虚。也就是说，"无极"即"未始之始始也，是为道也，故曰无始"；"太极"则为"有始之始始也，是谓道生一也，是曰元始"。此论显然是对周子《太极图说》的一种发挥和推进。而在《性命圭旨·安神祖窍翕聚先天》中也对"太极"、"无极"之说进行论述。其文曰："且以生身之理言之，父母一念将媾之际，而圆陀陀、光灿灿，先天一点灵光撞于母胞，如此○而已。儒谓之仁，亦曰无极。释谓之珠，亦曰圆明。道谓之丹，亦曰灵光。皆指此先天一气、混元至精而言，实生身之原、受气之初、性命之基、万化之祖也。及父母交罢，精血包罗于外，如此◎而已，即吾儒所谓太极是也。由是而五脏，由是而六腑，由是而四肢，由是而百骸，由是而能视、能听、能持、能行，由是而能仁、能义、能礼、能智，由是而能圣、能神、能文、能武。究竟生身本原，皆从太极中那一些儿发出来耳。"[③]即以"无极"为父母一念将媾之际的先天一点灵光，也就是混元至精的先天一气。《性命圭旨》认为，此气实为"生身之原、受气之初、性命之基、万化之祖"，而儒家称之为"仁""无极"，佛教称之为"珠""圆明"，道教称之为"丹""灵光"。至于父母交罢使得精血包罗于其外而形成"如此◎而已"者，即儒家所谓"太极"。由此太极则使得五脏六腑、四肢百骸、视听持行、仁义礼智、圣神文武等皆得以生发出来。对此，《性命圭旨》又说："原人自父母之生以前，本体太虚而已矣。其余之所谓无极者乎？既而父母媾精而后，一点灵光而已矣。其余之所谓太极者乎？而一点灵光，原从太虚中来者，我之元神也。由是而气，由是而形，惟知有此形气已尔。美衣美食以奉养此身也，功名富贵以尊崇此身也。如此而生，如此而死，自以为得矣。而子思之所谓天命之性者，非唯不能知，亦且不愿知也。而其所以不愿知者，岂非孟子所谓：不可以已而失其本心者乎？若能知所以，反而求之，以复还我太虚一气之本初、一点灵光之旧物者，非此金丹大道不可也。"[④]这里，《性命圭旨》又以父母之生以前之"本体太虚"为"无极"，以父母媾精而后之一点灵光为"太极"。并且此一点灵光原从太虚中而来，即以太极来自于无极，又谓之"我之元神"。人由此而成形成气，但人若仅知此形气而不知其所以，则势必导致生死轮转不歇。相反，若能知所以，反而求之，借此以修金丹大道，则得以"复还我太虚一炁之本初、一点灵光之旧物"，不仅可成圣成贤且能作仙作佛。此外，《性命圭旨》又以"中"对"太极""无极"加以界说。其言曰："冥冥无形，莫窥其朕。吾儒所

① 《性命圭旨》，《藏外道书》第 9 册，第 519 页。

② 《性命圭旨》，《藏外道书》第 9 册，第 519 页。

③ 《性命圭旨》，《藏外道书》第 9 册，第 541—542 页。

④ 《性命圭旨》，《藏外道书》第 9 册，第 568 页。

谓无声无臭，释氏所谓威音王已前是也。然则何以谓之王？而其所以主张威音者，太极也，故谓之王。余于是而知学仙学佛者，但觅其王之所在而尊之尔，即尊王矣。而又且并其王而无有之，是游太极而还于无极也。无极者，真中也。故曰圣圣相传在此中，此中就是尧舜允执之中、孔子时中之中、子思未发之中、《易》之黄中、通理之中、《度人经》之中、理五炁之中、释迦之空中之中、老子之守中之中。然中字有二义。若曰中有定在者，在此中也。若曰中无定在者，乾坤合处乃真中也。以其可得而允执也，故曰有定在。然岂特在此一身之内为然也？是虽一身之外而遍满天地，亦皆吾心之中也。又岂特在此天地之内为然也？是虽天地之外而遍满虚空，亦皆吾心之中也。"[①]这里，一方面《性命圭旨》认为太极杳杳冥冥，无形无相，无声无臭，莫窥见其征兆。此即佛教所谓"威音王已前是也"。另一方面，又以为"无极者，真中也"。而圣圣所相传者即此"中"，也就是"尧舜允执之中、孔子时中之中、子思未发之中、易之黄中、通理之中、《度人经》之中、理五炁之中、释迦之空中之中、老子之守中之中"。因其"虽一身之外而遍满天地"，"虽天地之外而遍满虚空"，实则"皆吾心之中也"，由是而"游太极而还于无极"，实现人生境界的超拔。

对于"太极"之义，《性命圭旨》则进一步言："予常譬之果实之仁，中有一点者，太极也。而抱之两者，一阴一阳也。易曰：易有太极，是生两仪。故易也者，两而化也。太极也者，一而神也。以此一点之神而含养于祖窍之中，不得勤，不得怠，谓之安神祖窍。非所以复吾身之乾元乎？以此一点之仁而敦养于坤土之中，而勿忘，而勿助，谓之安土敦仁。非所以立吾身之太极乎？"[②]即以果实之仁中间一点譬喻太极，以抱仁之两者为一阴一阳。此喻可谓巧妙。之后，《性命圭旨》又径言"太极也者，一而神也"。并以此一点之神而含养于祖窍之中，不得勤，不得怠，是谓"安神祖窍"，由是而"复吾身之乾元"；以此一点之仁而敦养于坤土之中，而勿忘，而勿助，是谓"安土敦仁"，从而"立吾身之太极"。而且《性命圭旨》还认为"太极"有"时候太极"和"真种太极"之分。其中，"时候太极"是依据元气运行而言，谓虽天地也不外乎一息；"真种太极"则自元气凝结而言，谓即使一黍也能够包容天地。此即《性命圭旨》所谓："尹公曰：太极有二理，自运行而言则曰时候，虽天地不外乎一息；自凝结而言则曰真种，虽一黍可包乎天地。宿蛰、归根、宴息、杳冥是为时候太极；孕子、结实、交媾、结胎，是为真种太极。人能保完二极而无失，则可以长生不化。岂止尽年令终而已哉！"[③]在《性命圭旨》看来，人如果能够保持完好这二极，即"时候太极"和"真种太极"，那么就能得以长生不化。《性命圭旨》此论显然已经远远超越了周子太极之说。对此"一点之神"和"一点之仁"之"太极"虽"不得勤、不得怠"及"而勿忘，而勿助"，但此"太极"并非凝然一物，而是周流六虚变动不居。由此内丹药物"铅汞"得以生，而大药之根原、还丹之基本也初步形成了。是谓："夫戊与己，是黄庭真土之体。因太极一判，分居龙虎二体之中。修丹之士，若欲返其本，复其初，使龙虎归于鼎中，情性归于窍内，当用'龙从火里出、虎向水中生'之二诀，则炎烈火中出飞龙之矫矫，泓澄水底跃走虎以耽耽，始得龙虎相交，向鸿蒙而潜归混沌。继则夫妻合体，从恍惚而竟入虚无，共至黄房，互

① 《性命圭旨》，《藏外道书》第 9 册，第 542 页。

② 《性命圭旨》，《藏外道书》第 9 册，第 543 页。

③ 《性命圭旨》，《藏外道书》第 9 册，第 519 页。

相吞啖，两情留恋，二气交加，有如天地之媾精、日月之交光，盘旋于祖窍之间，自然复此先天未判之气而成混元真一之精。为大药之根原，作还丹之基本也。”[①]由于太极一判即分阴阳，作为“黄庭真土之体”的戊与己就分居龙虎二体之中。处此之时，修丹之士则以“龙从火里出、虎向水中生”二诀为指导促使龙虎归于鼎中，且使情性归于窍内，从而龙虎相交互相吞啖而两情留恋，二气交加盘旋于祖窍，自然也就复此先天未判之气而成混元真一之精。对此，《性命圭旨》还强调说：“盖欲炼此丹，虽以药物为主，欲采药物，当在根本用功。何谓根本？吾身中太极是也。天地以混混沌沌为太极，吾身以窈窈冥冥为太极。天地以此阴阳交媾而生万物，吾身以此阴阳交媾而生大药。大药之生于身，与天地生物不异，总只是阴阳二气。一施一化，而玄黄相交。一禀一受，而上下相接，混而为一，故曰混沌。混沌乃天地之郛郭，窈冥亦是大药之胞胎也。……唯此真精，乃吾身中之真种子是也。以其入于混沌，故名太极；以其为一身造化之始，故名先天；以其阴阳未分，故名一气。又名黄芽，又名玄珠，又名真铅，又名阳精。”[②]即以修炼金丹大道虽以药物为主，但若欲采取药物则应当在根本处，即吾身中之太极处用功。在《性命圭旨》看来，天地以混混沌沌为太极，以阴阳交媾而生万物；人身则以窈窈冥冥为太极，以阴阳交媾而生大药。二者的机理完全相同，都是阴阳二气的一施一化和一禀一受，由此玄黄相交而上下相接，二者得以混而为一，故曰混沌。在混沌和窈冥之状下存有真精，此真精即人身中之真种子。又因其入于混沌而得名太极，因其为一身造化之始又名先天，因其阴阳未分而名一气。又名黄芽、玄珠、真铅、阳精，凡此种种不一而已。

这里又涉及与太极密切相关的“先天”“后天”之说。关于“先天”与“后天”，《性命圭旨》说：“何谓先天？寂然不动，窈窈冥冥，太极未判之时是也。何谓后天？感而遂通，恍恍惚惚，太极已判之时是也。”[③]于此，《性命圭旨》以《周易·系辞》之说“《易》无思也，无为也，寂然不动，感而遂通天下之故”对“先天”“后天”之说加以解读，以寂然不动而又窈窈冥冥的太极未判之时为“先天”，以感而遂通而又恍恍惚惚的太极已判之时为“后天”。并且，作为金丹大药的铅汞也就是在太极初分之时的先天之气，即《性命圭旨》所谓：“铅汞者，太极初分，先天之炁也。”[④]“夫金丹大药，孕于先天，产于后天，其妙在乎太极将判未判之间。”[⑤]以为金丹大药虽孕于先天，然而实则产于后天，其奥妙在于太极将判未判之间。处此之时的关键是把捉住“真机”。对此“真机”，《性命圭旨》解说：“尽真机之妙者，《周易》也。尽《周易》之妙者，复卦也。尽复卦之妙者，初爻也。故曰：复，其见天地之心乎！盖此时，天地一阳来复，而吾身之天地亦然。内以采取吾身之阳，外以盗取天地之阳，则天地之阳有不悉归于我之身中而为我之药物乎！然而天地虽大，造化虽妙，亦不能越此发机之外矣。此感彼应理之自然。人若知此天人合发之机，遂于中夜静坐，凝神聚气，收视返听，闭塞其兑，筑固灵株，一念不生，万缘顿息。浑浑沦沦，如太极之未分；溟溟涬涬，

① 《性命圭旨》，《藏外道书》第9册，第547页。
② 《性命圭旨》，《藏外道书》第9册，第559页。
③ 《性命圭旨》，《藏外道书》第9册，第560页。
④ 《性命圭旨》，《藏外道书》第9册，第527页。
⑤ 《性命圭旨》，《藏外道书》第9册，第563页。

如两仪之未兆。湛兮独存，如清渊之印月；寂然不动，如止水之无波。内不觉其一身，外不知其宇宙。逮夫亥之末，子之初，天地之阳气至则急采之，未至则虚以待之，不敢为之先也。”[①]此于真机之说可谓尽矣。

在此基础上，《性命圭旨》则进一步总结说：“大哉！吾身之太极。生生化化，与天地终。长生不化，超出天地。戒伤生，忌恶化，可以尽年，可以令终。绝其生，断其化，可以长生，可以不死。尽年令终，与凡夫异；长生不死，与仙佛同。两者皆从太极中出，而作用不同。人皆知太极在未有天地万物之先，而不知既有天地万物，各有太极具焉。太极有时候、有真种。……交媾有时，调养有法，不伤太极，此尽年令终；终断淫欲，时入窈冥，保完太极，此乃长生不死。尽年令终之道，亦有毁坏；长生不死之道，可以成仙，可以作佛，终无毁坏。岂直异于凡夫、别于草木禽兽云乎哉！”[②]一方面，《性命圭旨》指明太极既随万物生生化化而与天地相始终，同时太极自身又长生不化而超越天地；既能够戒伤生忌恶化而尽年令终与凡夫异，也能够绝其生断其化而长生不死与仙佛同。只不过不伤太极尽年令终之道亦有毁坏，而保完太极长生不死之道则终无毁坏。另一方面，在《性命圭旨》看来，这两者都是从太极而出，只是二者的作用和表现形式不同而已。并进一步指出，太极不仅存在于未有天地万物之先，而且即使已有天地万物，天地万事万物自始至终也各各具足太极，由是太极得以分为“时候太极”和“真种太极”之异。特别是，《性命圭旨》详细指出太极所在的具体时间：“未有天地万物之太极，在戌亥二会，有此二会，太极斯有一元造化。每年太极在九月、十月，有此两月，太极斯有一年造化。每月太极在二十六至三十，有此五日，太极斯有一月造化。每日太极在戌亥二时，有此二时，太极斯有一日造化。一时太极在窈窈冥冥二候，有此二候，太极斯有一时造化。动物太极在宿蛰孕字，植物太极在归根结实，人身太极在晏息窈冥交媾结胎。”这就为人提供了一个养生之道——不伤太极，从而就能够达到“尽年令终”甚至成就“保完太极”而“长生不死”的境界。这可视为《性命圭旨》对太极之说的发挥。

三、尽性了命说

“性命”是中国传统哲学的一对基本范畴，也是儒释道三家都十分关注的重要问题，但各家对其理解和解释却不尽相同。《性命圭旨》通过三教合流来阐释其内丹学，融合了中国传统文化中儒释道三家性命学的精髓，力倡性命双修，强调“尽性了命”，既坚持性功，又着重命功，也就是精、气、神兼炼的原则，反对孤修一物；强调既修性也修命，性不离命、命不离性，并指出只有修炼金丹性命之道才是正路，同时批判了旁门小术。在道教内丹强调从后天的神气入手，其目的是修先天的元神、元气，最后神气合炼，炼出元神。正是在这层意义上，《性命圭旨》尤其重视修心，认为儒释道三家得以融合的核心就是“心性”。对于“性命”，《周易·易传》曾说：“乾道变化，各正性命”“穷理尽性以至于命”“昔者

① 《性命圭旨》，《藏外道书》第9册，第562—563页。

② 《性命圭旨》，《藏外道书》第9册，第519—520页。

圣人之作《易》也，将以顺性命之理”等。但对于“性命”二字，儒释道三教各有不同的解释。不过一般而言，性指心性、理性，又叫作“真意”“真神”“元神”等；命则指生命、形体，又叫作“元精”“元气”等。道教通常以炼心神为性，以炼精气为命。而在《性命圭旨》看来，人生最大的学问就是“性命”。《性命圭旨》说：“夫学之大，莫大于性命。性命之说，不明于世也久矣。”[①]随之，《性命圭旨》对“性”与“命”加以解读说：“何谓之性？元始真如，一灵炯炯是也。何谓之命？先天至精，一炁氤氲是也。”[②]这里，《性命圭旨》一方面认为学问再大也大不过性命，但又以为“性命之说”很久不为世间所了解和认知。而在对“性”与“命”的诠释中又融入儒佛思想，以“性”为元始真如，一灵炯炯；“命”则为先天之精气。于此，所谓“真如”即佛教“实相”“佛性”等的别称。并且《性命圭旨》还对性命学说进行了分析，指出在修炼理论上强调性与命相互依存、互生互长，身与心缺一不可，是以书中始终贯彻性命双修的原则，借此以达到“性体常明”而得其“真性命”。但在此基础上，《性命圭旨》对性与命又有所侧重，即侧重性功、心性的修炼，并在保持道教自身特色的基础上又融贯佛儒二家有关性命思想。

正是由此，《性命圭旨》在阐发丹道时，以儒道释三教相糅合，并以此为基础对“性”和“命”分别加以界定及诠释。《性命圭旨》说：“性之造化系乎心，命之造化系乎身。见解知识出于心哉，思虑念想，心役性也；举动应酬出于身哉，语默视听，身累命也。命有身累则有生死，性受心役则有去来。有生死不能至命也，有来去不能尽性也。故盈天地间皆是生气，参赞两间，化育万物，其命之流行而不息者乎？盖生之理具于命也。盈天地间皆是灵觉，明光上下，照临日月，其性之炳然而不昧者乎？盖觉之灵本于性也。未始性而能性我之性者，性之始也；未始命而有命我之命者，命之始也。天窍圆而藏性，地窍方而藏命。禀虚灵以成性，中天地以立命。性成命立，其中有神。命蒂元气，性根元神，潜神于心，聚气于身，其中有道。性有气质之性，有天赋之性；命有分定之命，有形气之命。君子修天赋之性，克气质之性；修形气之命，付分定之命。分言之则二，合言之则一，其中有理。是以神不离气，气不离神，吾身之神气合，而后吾身之性命见矣。性不离命，命不离性，吾身之性命合，而后吾身未始性之性，未始命之命见也。夫未始性之性，未始命之命，乃是吾之真性命矣。我之真性命，即天地之真性命，亦即虚空之真性命也。”[③]这里，《性命圭旨》在论述中涉及许多名词概念，对诸如神、气、心、身、理、元气、元神、气质之性、天赋之性、形气之命、分定之命、真性命、虚空、天地、灵觉等加以层层解读和诠释，认为性有气质之性和天赋之性之分，命有分定之命和形气之命之别。而“性之造化系乎心，命之造化系乎身”，以性命与心身相应，但因后天影响，就使得心役性及身累命。如此一来也就使得性命有“生死”和“去来”。但《性命圭旨》又认为“有生死不能至命也，有来去不能尽性也”。此即其所谓“我”“天地”乃至“虚空”之“真性命”。在《性命圭旨》看来，一方面，充盈天地之间而能够参赞其间、化育万物的皆是生气，此即命之流行而不息者，因而生之理具足于命。另一方面，充盈天地之间而能够明光上下照临日月的皆是灵觉，亦即性之炳然而不

---

① 《性命圭旨》，《藏外道书》第 9 册，第 512 页。

② 《性命圭旨》，《藏外道书》第 9 册，第 512 页。

③ 《性命圭旨》，《藏外道书》第 9 册，第 512—513 页。

昧者,是以觉之灵本源于性。因缘于此,士君子则勤修天赋之性以克除气质之性,勤修形气之命以付分定之命,进而实现和成就神气合一、性命相即的“未始性之性,未始命之命”。这里,所谓“未始性之性”就是“未始性而能性我之性者”,亦即“性之始”;所谓“未始命之命”就是“未始命而有命我之命者”,亦即“命之始”。换言之,就是禀虚灵中天地而根蒂于元气元神的“真性命”。于此,《性命圭旨》通过对这些名词概念的阐释和相互间关系的层层推演,对性命及二者的关系作了充分而详尽的剖析,最终得出性与命是二而一、一而二的关系,性与命应当兼修的结论,从中也不难看出其融儒释道三教于一体的良苦用心。

关于性命之关系,《性命圭旨》明确提揭性命原不可分,有性便有命,有命便有性,性无命不立,命无性不存,由是性命之理浑然合一。只不过“以其在天则谓之命;在人则谓之性”,故而“《易》曰‘乾道变化,各正性命’,《中庸》曰‘天命之谓性’,此之谓也”。[①] 继此,《性命圭旨》又批评佛道中某些主张单修性或单修命之谬,强调性命应当双修,而不可偏废。《性命圭旨》说:“玄门专以气为命,以修命为宗,以水府求玄立教,故详言命而略言性。是不知性也,究亦不知命。禅家专以神为性,以修性为宗,以离宫修定立教,故详言性而略言命。是不知命也,究亦不知性。岂知性命本不相离,道释原无二致,神气虽有二用,性命则当双修也哉!”[②]认为无论道教玄门“专以气为命,以修命为宗,以水府求玄立教”,还是佛教禅宗“专以神为性,以修性为宗,以离宫修定立教”,无论二家“详言命而略言性”,还是“详言性而略言命”,实则都落于一偏,或是“不知性也,究亦不知命”,或是“不知命也,究亦不知性”。在《性命圭旨》看来,如果将性命二者割裂,当然也就不是真正的性命之学。这就是说,过于偏重命或是过于偏重性的弊病,都是由于没有真正地弄懂儒释道三教圣人之学。尽管佛教普遍“略言命”,但真正的佛教特别是禅宗也不是完全排除修命,而是以修性为主,修性中包含着修命,佛法认为修性完满,色身自然超越,修命通过修性就可以直接完成。换言之,佛教所谓“性”即“心”亦即“佛之道”,玄宗所谓“水府”即“肾”亦即“仙之道”,仙佛双修,克制身心,培养精气神三宝,探索生命本源,从而指明修炼途径。因而,如果不明白性命应当兼修的道理,也就是其所说的“妙合之道”[③],更奢谈“合天地之德,而与太虚同体”[④]。是以“奈妙合之道不明,修性者遗命,且并率性之窍妙不得而知之,矧能炼之乎?非流于狂荡,则失于空寂。不知其命,末后何归?修命者遗性,且并造命之功夫不得而知之,矧能守之乎?非执于有作,则失于无为。不知其性,劫运何逃”[⑤]。若以佛道二教而论,《性命圭旨》认为“释迦生于西方,亦得金丹之道,是性命兼修,为最上层法,号曰金仙”,而道教吕祖亦曰:“只知性,不知命,此是修行第一病;只修祖性不修丹,万劫阴灵难入圣。”内丹道强调性命双修,以性功炼心,提升个体的生命境界;以命功炼形,实现生命的超越,最后通过性和命的双修双合,实现个体的身心转化和生命本

① 《性命圭旨》,《藏外道书》第9册,第512页。
② 《性命圭旨》,《藏外道书》第9册,第512页。
③ 《性命圭旨》,《藏外道书》第9册,第513页。
④ 《性命圭旨》,《藏外道书》第9册,第513页。
⑤ 《性命圭旨》,《藏外道书》第9册,第513页。

质的超越，达到与道合一的境界。是以，《性命圭旨》认为："道家不知此，则谓之旁门；释氏不知此，则谓之外道。"①正是在这个意义上，《性命圭旨》提出只有以契合大道为终极目标的内丹性命之道才是唯一"修行正路"，而道教的所谓"九十六外道""三千六百旁门"，因其不合金丹大道而被一概斥之为"旁门小术"或"旁门左道"。② 因是，《性命圭旨》对当时割裂"性命双修"的行为大加斥责，认为其种种做法不仅无益于性命，而且有害于性命。究实言之，在《性命圭旨》看来，"性命本不相离，道释原无二致"。若从根本或本质而言，儒释道三教都是性命之学，所论都是性命之道，所修都是性命合一，尽管有神气二用的不同，然性命双修的道理还是一致的，由此一再强调性命双修的重要性。

因而，在金丹大道的修炼上，《性命圭旨》既极力主张性命双修，认为丹道功夫不外性命双修、返本还源而已，又强调对心性的修炼。《性命圭旨》说："故圣贤持戒定慧而虚其心，炼精气神而保其身。身保则命基永固，心虚则性体常明。性常明则无来无去，命永固则何死何生。况死而去者，仅仅形骸耳。而我之真性命，则通昼夜，配天地。彻古今者，何尝少有泯灭也哉？"③圣贤不仅持戒定慧而虚其心，以达性体常明而无来无去，而且通过炼精气神而保其身，以使命基永固而无死无生。由此，人之真性命不仅能够通达昼夜而匹配天地，且能够彻透古今而无有泯灭。这一解释体现了《性命圭旨》对性命双修丹法的基本观念，也体现了《性命圭旨》的修炼功法特点。对此金丹大道的修炼功法，《性命圭旨》又解释说："然而金丹大道之秘，秘在性命两字。"④即以金丹大道之秘就在于"性命"二字。就人身而言，在《性命圭旨》看来，性即天而常潜于顶，顶为性之根本；命即海则常潜于脐，脐即命之根蒂。这里，天即乾，于人即指头；海即坤，于人则指腹。天圆藏性，为性之所寄，而能通于地中之窍，得为命根；地方藏命，为命之所系，而能通于天中之窍，则为性枢。性命混成，实非有两，因而能够上下贯通，直养无害。由此《性命圭旨》又进一步开示圣贤之学，并详细分析性命、神气及心身的关系。《性命圭旨》说："唯贤人之学，存心以养性，修身以立命。圣人之学，尽性而至命。"⑤认为圣人以尽性至命为学，贤人以存心养性修身立命为学。关于性命、神气及心身的关系，《性命圭旨》则又谓："性者神之始，神本于性，而性则未始神，神所由以灵；命者气之始，气本于命，而命则未始气，气所由以生。身中之精，寂然不动。盖刚健中正，纯粹精者存，乃性之所寄也，为命之根矣；心中之神，感而遂通。盖喜怒哀惧爱恶欲者存，乃命之所寄也，为性之枢矣。性而心也，而一神之中炯；命而身也，而一气之周流。故身心，精神之舍也；而精神，性命之根也。"⑥一方面，《性命圭旨》以性为神之始和根本，以命为气之始和根本。另一方面，又以身中寂然不动而又刚健中正的纯粹精者为性之所寄，且为命之根本；而心中感而遂通且存有喜怒哀惧爱恶欲等者乃为命之所寄，又为性之枢机。是以《性命圭旨》认为从性至心则一神中炯，由命

① 《性命圭旨》，《藏外道书》第9册，第513页。
② 参见《性命圭旨》，《藏外道书》第9册，第517页。
③ 《性命圭旨》，《藏外道书》第9册，第513页。
④ 《性命圭旨》，《藏外道书》第9册，第568页。
⑤ 《性命圭旨》，《藏外道书》第9册，第512页。
⑥ 《性命圭旨》，《藏外道书》第9册，第512页。

至身则一气周流,且以为“身心,精神之舍也;而精神,性命之根也”。

关于“尽性了命说”的具体修炼途径和方法,《性命圭旨》则依据《周易》“十二消息卦”阴阳消长机理而主张“顺则生人、逆则成仙”的内丹修炼理论,认为宇宙中的先天真元,即类于佛教第八识阿赖耶识,又名元神、乾元、妙觉等,在父母交合时被摄进母之中宫而形成胎元,将性命寓于其中。至十月胎完而一朝分娩,则脱离母体形成婴儿,这就是道家所说的“赤子混沌”状态。此时,纯静无知,属纯阴,以坤卦表示。自此以后,与先天祖气断开而后天气逐渐发生,经历一至三岁、五岁、八岁、十岁、十三岁等几个阶段,至十六岁精气最充足,分别用复卦、临卦、泰卦、大壮卦、夬卦、乾卦表示。至此之时,形成纯阳体,微阴未萌,精气充实。是时如能及时修炼性命,成功最易。相反,如不知利害关系则“识神”主事,情动欲掀而贪恋不已,元气即泄,导致神伤,则历十六至二十四岁、三十二岁、四十岁、四十八岁、五十六岁、六十四岁,分别用姤卦、遁卦、否卦、观卦、剥卦及坤卦表示。这时先天元气几乎耗散殆尽,死到临期。[①] 此即“顺则生人”的自然生命过程。但内丹修炼在于“逆反”,即所谓“逆则成仙”。也就是指在人体元气初泄之时,就应该积极修炼,及时弥补,回复到原初纯阳状态。即使临到元气殆尽之时,只要还有一气尚存,若能遇至人指点而勤于修炼,保存元气,通过炼精化气、炼气化神、炼神还虚、炼虚合道等修炼步骤,就仍能回复到原初状态,使肉体转化及精神超越而出脱生死,此即“逆则成仙”的内丹修炼过程。对此金丹性命的修炼过程,《性命圭旨》还说:“丹田喻日,心中元性喻月。日光自返照月,盖交会之后,实体乃生金也。月受日气,故初三生一阳者,丹既居鼎,觉一点灵光,自心常照而无昼夜。一阳生于月之八日,而二阳产矣。二阳者,丹之金气少旺,而元性又少现。自二阳生之于望,而三阳纯矣。三阳纯者,是所谓元性尽现,而如月之圆矣。月既圆矣,十六而一阴生。一阴者,性归于命之始也。自一阴生至于月之二十三,而二阴产矣。二阴者,乃性归于命三之二也。自二阴生于月之三十日,而三阴全矣。三阴全乃性尽归于命也。方其始也,以命而取性,性全矣。又以性而安命。此是性命双修大机括处。”[②]即以日月运转为喻阐述性命双修的道理,把丹田元精比作“日”,把心中元性比作“月”,以日光返照月的精气生化过程说明性命只是同一本体的两方面功能。强调“方其始也,以命而取性,性全矣。又以性而安命”,并以此为“此是性命双修大机括处”。这种从性命角度认识人体生命现象的方法,是道教传统哲学的重要特征,也是对《周易》性命观的一种大发展。道教内丹学“逆修返源”的修行理论就是通过这种类比宇宙论的人体生命哲学来完成的。所谓“得道”,也就是返本归根,从个体生命返回到生命的本源中去,其途径则在于取坎中之阳以填离中之阴,复就纯乾之体。此即其所谓“取坎填离”之说。

四、取坎填离说

在对性命之说加以发挥和阐扬之后,《性命圭旨》还进一步提揭以《周易》坎离二卦为

① 参见《性命圭旨》,《藏外道书》第9册,第514页。

② 《性命圭旨》,《藏外道书》第9册,第523页。

用的金丹修炼之道，对“取坎填离说”进行三教合流式解说，既分析了儒释道三教对修行功法的不同看法，又对生命的终极关怀即能否超越生死问题进行了回答。《性命圭旨》说：“至圣神人，能知道体太极之所以判，能知死生根本之所以始，能知乾坤阴阳之所以乘，能知天地玄牡之所以交。是以法乾坤之体，效坎离之用，握振阴阳之柄，过生死之关，取坎中之阳，填离中之阴。离阴既实，则复纯白为乾矣。”①也就是说，至圣神人能够通达作为道体的太极之所以分判的根由，了知生命死生之所以发生的根本，明白乾坤阴阳之所以交互，乃至洞晓天地玄牝之所以合媾，由是得以效法乾坤之体和坎离之用，把握阴阳之柄而超越生死之关，取坎中阳以填离中阴，从而回复乾阳纯体成就大丹。对此，《性命圭旨》又加以解释说：“铅汞者，太极初分，先天之炁也。先天炁者，龙虎初弦之炁也。虎居北方坎水之中，而坎中阳爻原属于乾。劫运未交之先，乾因颠蹶驰骤，误陷于坤。乾之中爻，损而成离。离本汞居，故曰：坎内黄男名汞祖也。龙居南方离火之内，而离中阴爻原属于坤，混沌颠落之后，坤因含受孕育，得配于乾。坤之中爻，实而为坎。坎本铅舍，故曰：离中玄女是铅家也。似此男女异室，铅汞异炉，阴阳不交，则天地否矣。圣人以意为黄婆，引坎内黄男，配离中玄女。夫妻一媾，即变纯乾，谓之取坎填离，复我先天本体。故《悟真篇》云：取将坎内中心实，点化离宫腹内阴。正此义也。”②这就是《性命圭旨》所谓“取坎填离说”。在《性命圭旨》看来，铅即肾脏之中的元阳之气，它是父母的真气合而为一，纯粹而不离。汞即心液之中的正阳之气，它是肾气传肝气，感气传心气，心气而生液，液中所生正阳之气。若以铅汞合论，铅汞都是先天之气，太极初分，即“龙虎初玄之气也”。若以生化言，此“虎”即坎中阳爻，本属于乾；“龙”即离中阴爻本属于坤。在《周易》后天八卦中，坎居北，五行属水，在身为肾脏；离居南，五行属火，在身为心脏。故而，《性命圭旨》谓“虎居北方坎水之中”而“龙居南方离火之内”。至于坎离之成因则是由于作为父母卦的乾卦因“颠蹶驰骤，误陷于坤。乾之中爻，损而成离”和坤卦因“含受孕育，得配于乾。坤之中爻，实而为坎”。由此，先天变为后天，致使“男女异室，铅汞异炉，阴阳不交，则天地否矣”，此实为顺则生人生物而为凡。在圣人则逆此而行，以意念为黄婆，导引坎内黄男即肾脏元阳之气，以配离中玄女即心液之中的正阳之气，使二者犹如夫妻一交媾，即变成纯乾，此即谓之“取坎填离”，于是就复还我之先天本体。这也就是道教内丹功法以阳炼阴，炼精化气，炼气化神，进而达到身心康乐的目的。

关于取坎填离的具体路径和理论依据，《性命圭旨》则以所绘列的四图——《普照图》《反照图》《时照图》和《内照图》而加以详细解读。针对此四图，《性命圭旨》分别匹配文字加以说明。其中关于《普照图》和《反照图》，《性命圭旨》说：“普照图之上一层者，直指心源性海之窍；中一层者，直指黄中正位之窍；下一层者，直指关元气海之窍。此谓前三关也。反照图之下一层者，指出尾闾太玄之窍；中一层者，指出夹脊双关之窍；上一层者，指出天谷泥丸之窍。此谓后三关也。丹阳云：‘前三三，后三三，收拾起，一担担。’是此义也。”③这里，《性命圭旨》在《普照图》所示的窍位分为三层：上层为心源、性海，并注明该窍

---

① 《性命圭旨》，《藏外道书》第9册，第509—510页。

② 《性命圭旨》，《藏外道书》第9册，第527页。

③ 《性命圭旨》，《藏外道书》第9册，第519页。

的五行属性、八卦方位、丹名等术语；中层为黄中正位窍位，又曰真土等；下层为关元、气海，又名生门、死户等。以上三层内丹学上称为“前三关”。而《反照图》所示窍位也分三层，其中下层为尾闾、太玄窍位，又名三岔口、气海门等；中层为夹脊、双关窍位；上层为天谷、泥丸窍位。此三层内丹学谓之“后三关”。至于《时照图》，《性命圭旨》则以为其“发明阳升阴降之机，四象环中之妙”[①]，即阴阳二气升降的机理，也就是“抽坎填离”的具体运行路径，此即道教内丹学中以任督二脉为循环路线的小周天功法。对此功法，《性命圭旨》又依据此四图加以概说，指明人之元气一天运行路线，其在《时照图》中曰：“人之元气逐日发生。子时复气到尾闾，丑时临气到肾堂，寅时泰气到玄枢，卯时大壮气到夹脊，辰时夬气到陶道，巳时乾气到玉枕，午时姤气到泥丸，未时遁气到明堂，申时否气到膻中，酉时观气到中浣，戌时剥气到神阙，亥时坤气而归于气海矣。”[②]即以易学模拟天体运行和阴阳二气消长规律的十二消息卦解说人身元气发生的路线，认为人身元气循人体任督二脉逐日发生和运行，子时复气到尾闾穴，丑时临气到肾堂穴，寅时泰气到玄枢穴，卯时大壮气到夹脊穴，辰时夬气到陶道穴，巳时乾气到玉枕穴，午时姤气到泥丸穴，未时遁气到明堂穴，申时否气到膻中穴，酉时观气到中浣穴，戌时剥气到神阙穴，亥时则坤气归于气海穴。以上所列十二时辰之“气”前面加“复、临、泰、大壮、夬”等十二卦，均表示人身元气运行到该时辰时所属卦象。

至于任、督二脉，《性命圭旨》又解释说：“人身有任督二脉，为阴阳之总。任脉者，起于中极之下，循腹里，上关元至咽喉，属阴脉之海。督脉者，起于下极之腧，穿脊里，上风府，循额至鼻，属阳脉之海。鹿运尾闾，盖能通其督脉也。龟纳鼻息，盖能通其任脉也。人能通此二脉，则百脉皆通而无疾矣。”[③]这就是说，任脉有总一身阴经的作用，足三阴经脉、冲脉、阴维脉均会于任脉，故称之为“阴脉之海”。具体而言，任脉起于中极之下即胞中，循腹里即由会阴环绕前阴，经上关元，即腹胸正中线至咽喉，过下颏环绕口唇和两眼内；督脉起于下极之腧，也即胞中，穿过脊里，也就是由会阴至脊正中线到腰，上至风府即头部到顶部，循额至鼻，亦即前额至鼻柱到上唇。督脉有总一身阳经的作用，十二经脉中的手足三阳经脉，均会于督脉，故称“阳脉之海”。实则以天人合一、人体小宇宙的思维模式阐释道教内丹理论。当然其中无疑还蕴有丰富的中医学说。尤其是《内照图》中所列五脏六腑、二十四椎、任督两脉等位置分布情况及对其功能解说，既明了清晰，使人一观即知，又极具医学参考价值，若没有对人体结构有深入了解断难绘出此图。其言曰：“心者，君主之官也，神明出焉。肺者，相传之官，治节出焉。肝者，将军之官，谋虑出焉。胆者，中正之官，决断出焉。膻中者，臣使之官，喜乐出焉。脾者，仓禀之官，五味出焉。大肠者，传道之官，变化出焉。小肠者，受盛之官，化物出焉。肾者，作强之官，技巧出焉。脑者，髓之海，诸髓皆属之。故上至泥丸，下至尾骶，俱肾主之。膻中在两乳间，为气之海，能分布阴阳，为生化之源，故名之曰海。膈膜在肺下与肋腹周围，相着如幕，以遮浊

① 《性命圭旨》，《藏外道书》第9册，第519页。
② 《性命圭旨》，《藏外道书》第9册，第518页。
③ 《性命圭旨》，《藏外道书》第9册，第518页。

气，使不熏蒸上焦。幽门在大小肠之间，津液渗入膀胱，滓秽流入大肠，变化出矣。”[①]之后，《性命圭旨》归结说：“指示五脏六腑、二十四椎、任督两脉，使内观者知有下手处。”[②]这样，取坎填离的修行功夫路径也就一目了然了。

关于取坎填离一说的理论机理，在《性命圭旨·龙虎交媾法则》中也给予了详细解释说：“夫人也，坎离交则生，分则死。此理之必然，无一人不如此者。”[③]即作为万物之灵的人之生须依凭坎离之交，坎离不交则生命就会死亡。在《性命圭旨》看来，离为阳而居南，其象外阳而内阴，中之阴爻谓之真汞；坎为阴而居北，其象外阴而内阳，中之阳爻谓之真铅。由是离卦之己即离卦之阴爻象征龙之弦气，坎卦之戊即坎卦之阳爻象征虎之弦气。而戊与己二者作为黄庭真土之本体，是由于太极一判而分居龙虎二体之中，如此就落于后天。是以，《性命圭旨》认为，修丹之士若欲返本复初，使龙虎归于鼎中，情性归于窍内，就应当用“龙从火里出、虎向水中生”之诀，也就是通过取坎填离，使得龙虎相交，向鸿蒙而潜归混沌，回复到先天未判的太极状。是以坎离交而地天泰，龙虎交而戊己合为一体，则四象会合而产大药。相反，若天地之气不氤氲则甘露不降，坎离之气不交并则黄芽不生，龙虎二弦之气不会合则真一种子不产。因而，可以说“取坎填离”实为“作丹之大端，修仙之第一义”[④]。对此，《性命圭旨》又说：“盖坎中之铅，原是父之真精；离中之汞，原是母之真血。始因乾体一破，二物遂分两弦。是以常人日离日分，分尽而死。所以至人法乾坤之体，效坎离之用，夺神功，改天命，求坎中之铅，制离中之汞，取坎中之阳，填离中之阴。阴尽阳纯，复成乾元本体。”[⑤]这里，《性命圭旨》又加以重构并系统的论述了“取坎填离”的道教内丹修炼的过程。就其理论核心内容言，实为讲论“修心养肾”，即“性命双修”的金丹大道，亦即其所谓“是以圣人则天地之要，知变化之源，取精于水府，召神于灵关，使归玄牝窍中，得与祖炁聚会，三家相见，合为一体。先则凝神于混沌，次则寂照含虚空。抱一无离，是为返本还原之妙道也。《书》曰：人心惟危，道心惟微，惟精惟一，允执厥中。盖言心与精而为一，而会归于黄中之中。而允执之者，此尧舜之所以开道统之传而为万古圣学之宗也”[⑥]。是以可以说，《性命圭旨》这种由探索生命起源以求达到延年益寿的途径，认为人体健康在于人身自己修养的观点，颇具有古代唯物主义生命哲学的基因，对于建构生命科学大厦的贡献是功德无量的。其中，以精为生命基础，强调精气神合凝的作用，以意念专注导引真气运行，去疾强身，开发智慧，成为当代学人孜孜以求地益寿延年的修炼法。这虽与中国传统医学理论完全合拍，但在养生学的层次上远远超乎后者。所谓“脱离生死，跃出轮回”，就是这种超越的大境界，其理论基础则是类比宇宙的人体生命科学。

---

① 《性命圭旨》，《藏外道书》第 9 册，第 519 页。

② 《性命圭旨》，《藏外道书》第 9 册，第 519 页。

③ 《性命圭旨》，《藏外道书》第 9 册，第 547 页。

④ 《性命圭旨》，《藏外道书》第 9 册，第 548 页。

⑤ 《性命圭旨》，《藏外道书》第 9 册，第 575 页。

⑥ 《性命圭旨》，《藏外道书》第 9 册，第 548 页。

五、地位及影响

道教内丹术一贯讲究儒释道三教合流和性命双修，到明代问世的《性命圭旨》更是得到长足发展。《性命圭旨》一书洋洋洒洒、旁征博引，虽儒释道三教杂陈，但大要归于道。《性命圭旨》书中制图精美、线条高古、气韵生动、布局隽永，为历来道书所不及，由是对清以来的道教内丹修炼者影响甚大，备受推崇，《道藏精华录提要》也盛称之。尤其是《性命圭旨》综合各家各派之长，其内容大致以四个步骤进行修持，强调筑基、炼精化气、炼气化神、炼神还虚、炼虚合道，以儒释道三教合一，融合儒释道三家相通之说，倡导性命双修、性命并重，拒斥各种旁门外道，化叟辞隐语为通俗，变隐秘之学为公开探讨，可谓是元明清之际内丹典籍中较为全面、较为系统的一部集大成的著作。

颇值一提的是，现存《性命圭旨》一书正文前有《序》两篇和《刻性命圭旨缘起》《题尹真人性命圭旨》各一篇，前者分别为清康熙年间著名文学家尤侗、李朴撰写，后者分别为明万历年间人余永宁、邹元标撰写。从其内容可知，《性命圭旨》一书大约是在明末清初才在社会上流传开来，并被视为重要的修道著作，得到了很高的评价。尤侗认为："自三教鼎立，异说聱牙，隐若敌国，日相撞也。是书独揭大道，而儒释妙义发挥旁通，要之以中，合之以一，而尽性至命之理，殊途同归。微独柱下《五千》，概括靡遗，并六十四卦、四十二章，无不坌若贯珠矣。……是书一扫繁芜，务撮标本，致虚守静，翕聚先天。其于拨邪反正，诚中流一壶也。……启聋发昧，功亦巨矣。"[①]其言甚是。其因即在于《性命圭旨》能够贯通儒释道三教要纲，深得《周易参同契》《黄庭经》《悟真篇》等之微旨，又能够融道教内丹学与易学于一体，形成特色独具的内丹易学，尤氏显然能够发现其精蕴。此外，李朴则云："故尝论道，每以《中和》《金丹》二集，物色真仙，谓其玄宗书汗牛充栋，孳乳浸多，独未见图论兼该，工夫次第，精义超格，昺若日星，茂有如是书隽永。直拟夫《龙虎》、《参同》、《悟真》诸经，同途合辙。嗟嗟！琅函秘帙，学者就是着鞭，何虑非一超直入，业绍人天师种。"[②]邹元标谓："中间所载诸图说，及修行节次功夫，可谓详且尽矣。玄家书汗牛充栋，而直指窍妙，无逾此编。……世人流浪生死，辄置性命于罔顾，得此为之一警觉焉。其有造于身心者不小矣。"[③]于是可窥《性命主旨》一书在道教史上的地位和影响。而近现代以来，有关对《性命圭旨》的评介方面，道教内外学人亦多肯定。其中陈撄宁先生对于《性命主旨》不仅十分重视，而且给予高度评价。他认为《性命主旨》一书，不仅在修炼圣贤仙佛等一切大道和口诀中最为适用，而且论述透辟精湛，法门极宽广，尤其对于性命玄机确有宣阐尽致。

总之，就道教文化而言，自全真道流行以来，三教合一之说盛行，故《性命圭旨》首标《三圣图》，以诗赞老子、释迦、孔子三圣，认为三教皆主张明心见性，劝人性命双修，修炼金丹，并倡言只有金丹一途乃修行之正路。特别是，书中紧密与易学相结合而总结了各

---

① 《性命圭旨·序》，《藏外道书》第9册，第506—507页。

② 《性命圭旨·序》，《藏外道书》第9册，第506页。

③ 《性命圭旨·题尹真人性命圭旨全书》，《藏外道书》第9册，第508页。

种有关内丹的原理及方法，阐述了各种内丹功法的术语和基本思想，竭力把内丹功法通俗化，使一般人都能接受，并使“后之有志于道者，再不为丹经所惑也”[①]。因而，作为明清道教中派修道理论的代表性研究成果和典型的承继当时道教内丹发展与儒释道三教合流之风的产物，《性命圭旨》一书中所蕴含的易学丹道理论无论是在当时还是在当代仍具有一定理论和实践价值。书中既综合了各家各派的丹道理论以及方法，又反复强调《周易》是一部以“性命双修”为特色的丹道之著，由此成为一部以较为全面的以丹道理论为主而又深蕴丰富易学思想的内丹修炼著作。其中，《性命圭旨》以《周易·乾卦》卦辞“元、亨、利、贞”为序而分四集，即彰显了鲜明的易学特质，外加内中又以“大道说”“尽性了命说”“太极发挥”“取坎填离说”等易学为说而尽显其易学哲思，由此形成独具特色的以儒释道三教合流为主旨的内丹易学。而其对生命以及自然奥秘的探索、对身体健康的帮助、对正确生死观的树立等，既深受内丹修炼者的青睐，也对当代学人构筑时代思想之精华有借鉴意义。

① 《性命圭旨·序》，《藏外道书》第9册，第516页。

朝鲜王朝易学发展的历程与启示

杨胜男*

中国与朝鲜半岛地区的文化往来自古有之，从汉代设立四郡①开始，儒家文化数千年来都是联系两地文化的重要纽带，对两地的政治、文化、思想等方面都产生了重要的影响。就易学在朝鲜半岛的发展来说，《易经》传入朝鲜半岛的时间较早，很可能在汉四郡设置之前就已传至朝鲜半岛，并在社会上层阶级中产生影响。不过，一直到朝鲜王朝(1392—1910)建立之前，朝鲜半岛地区本土易学的发展都长期处于一种滞缓的阶段，虽然朝鲜士人亦学习《易经》，并据此参与国家的人才选拔活动，但整体上易学思想未能得到充分发展，本土的易学著述较少，且未能得到流传。

高句丽(前37—668)、百济(前18—660)、新罗(前57—935)都曾主动学习、接受儒家经典，效仿中国设立博士官，推行儒学教育，将儒学作为国学大力发展。高句丽产生了出自《诗经》的歌谣《黄鸟歌》，于小兽林王二年(372)设立太学，同时设立博士官。百济亦设立博士，曾派遣阿直岐和王仁博士前往日本传授汉学，百济圣王时使臣出使梁国，要求派遣《毛诗》博士。这些史实反映的是儒学从中国向朝鲜半岛传播的状况，朝鲜半岛对于《易经》的学习也应该包括在对这些儒家经典的接受过程中。

新罗设立国学最晚(572)，但是在统一半岛之后大力发展儒学，模仿唐朝国子监的教育模式，于682年成立国学学校讲授儒学，并积极向中国派遣遣唐使与留学生，培养出了薛聪、崔致远等有名的学者。新罗在易学研究上的突破表现在：一是薛聪发明了吏读文，用本土语言读四书五经，促进了易学与其他儒家经典的传播。二是元圣王在位时期，开始依据读书三品制度选拔人才，提高了儒学的政治地位。

高丽时期(918—1392)，国家的思想统治依赖佛教，但作为经学的传统项目，易学思想在高丽前期就已经被纳入到具体的治国理念中，如崔承老《时务二十八条》引《易》，《三国史记》评价高句丽的灭亡亦引《易》，《高丽史》中亦多次提及京房易学的内容，并保存有对汉代易书的注释记录。这些都说明高丽王朝对易学的关注和研究程度在进一步扩大。高丽末期，以儒教治国的政治理念最终落实为科举制度的实施，而《易经》的国学地位随

---

* 作者简介：杨胜男，山东大学易学与中国古代哲学研究中心助理教授。

① 汉代卫满朝鲜灭亡后，中国在朝鲜半岛设置乐浪、真番、临屯、玄菟四郡。其后，朝鲜半岛历经三国时期[即百济(前18—660)、高句丽(前37—668)、新罗(前57—676)时期]，统一新罗时期(676—892)，后三国时期(892—935)，高丽王朝时期(918—1392)。1392年，李成桂推翻高丽建立朝鲜王朝，又称李朝，到1910年被日本吞并而灭亡。

着科举制度的确立有所异变，官学的课程设置紧跟科举业的需求，从以五经为主慢慢倒向四书为主。[①] 科举制度也促进了私学的兴起，产生了崔冲的九斋学堂这样极富影响力的私学课堂，促进了易学的进一步传播。这个时期还产生了见于记载的最早的易学著作——尹彦颐(1090—1149)所作的《易解》，惜已亡佚，高丽末期的禹倬是有名的易学大家，然亦未有著述传世。

除了上述所列儒家易学的接受情况，朝鲜王朝之前的朝鲜半岛当然还有其他形式的易学，但是没有宋明理学的哲学支撑，没有汉宋注释训诂的学术功底，前面所流行的大多是占卜之术与神秘主义的自然论观，这些活动受到儒家思想文化的沾溉是有限的，更像是本土巫卜术数发展的结果。而性理学特别是朱子学的传入，才使得韩国易学逐渐向伦理哲学的方向发展，开始关注宇宙与人生、理论与实践的具体关系。

据此，朝鲜半岛古代易学史的书写当以此为分水岭，前面阶段是从汉代儒学传入到李朝建立前的时期，这段漫长的历史中，《易经》主要是作为学堂资料与科举考试内容而为学者所熟悉，与国家政治生活虽有联系但不够密切，本土原创性的解易、治易思想更是罕见。丽末鲜初，理学的传入带来了易学的新发展，邵雍、程颐、朱熹等人的易学思想影响深远，朝鲜学者开始注重吸收宋学的知识来解易、治易，同时由于做官制度与经学挂钩，加上官方对于程朱理学的提倡，治易成为学术发展及参与政治的必要手段。于是，不同于此前易学研究鲜有大家与学术著作流传的状况，朝鲜王朝的治易学者纷纷涌现，治易水平渐次提升，本土易学思想蓬勃发展，易学著述也相继产生，朝鲜半岛的易学发展由此进入一个相对繁荣的时期。

朝鲜王朝五百年的易学发展与中国一脉相承，又有自己的特点，朝鲜学者留下了丰富的易学著述，也形成了具有朝鲜半岛特色的易学思想与风格。对于这些易学成果的研究，目前国内尚未有专著出版，所见论文以单个学者易学思想的个案研究为主，且由于《易经》是儒家五经之首，蕴藏着丰富的哲学思想，以往它被作为儒学、哲学或者思想文化史内容的一部分来对待，专门地、系统地针对易学开展的研究尚未获见。"海内外学者对于韩国儒学研究成果颇为丰硕，但相对于易学研究成果则相对较少，仍有许多探讨研究的可能空间。"[②]职是之故，在当前的研究视野中，审慎梳理朝鲜王朝的易学发展历程，完善域外易学研究的资料，呈现朝鲜王朝的易学特色，揭示其与中国易学文化的渊源及其创变，增进中外学者对于朝鲜半岛古代易学发展情况的了解，是有必要的。

朝鲜王朝的易学史大致可分为前、后两个时期。前期从朝鲜王朝建国(1392)开始，大约到16世纪末壬辰战争后(1592—1598)结束，后期从17世纪初开始，到1910年朝鲜

---

① 关于科举制度对于高丽儒学的影响，韩国学者琴章泰认为，科举制度的确立没有真正带来儒学的繁荣："虽然学校教育在制度上试图实现经学的繁荣，实际上却未能将经学贯彻下去，经学只能停留在科举考试基础科目的层次，仰望自由奔放地进行文学性抒情的辞章学，辞章学成为高丽文学的净化，却未能作为时代思想实现理念的深化。"参见[韩]琴章泰：《韩国儒学思想史》，中国社会科学出版社2011年版，第35页。中国学者邢丽菊认为科举制度的确立是"儒学顺应时代发展而前进的重要特征"。参见邢丽菊：《韩国儒学思想史》，人民出版社2015年版，第95页。

② 赖贵三：《韩国朝鲜李氏王朝(1392—1910)易学研究》，《东海中文学报》(台中市)2013年第6期。

王朝覆灭结束。后期近三百年，参照哲学史的三分法[①]，以景宗末年(1724)为界，又可分为1599—1724年与1725—1910年两个阶段。概括而言，前期是对程朱易学进行接受，并在此基础上形成本土易学思想的时期，后期本土易学思想进一步深化，进入自我审视与检讨的阶段。性理学派作为易学研究的主体，将宋代朱子易学树立为范式，前期注重通过吸收程朱学派的注释发展义理易学，后期以《易学启蒙》为中心，倡导由象数体会易理。实学派兴起于朝鲜王朝后期，致力于恢复汉学训诂、考证的易学研究方法，具有强烈的经世致用的易用观念。

一、朝鲜王朝五百年的易学发展

在朝鲜王朝之前，程朱理学虽已随着朝鲜学者出使中国的活动传入了朝鲜半岛，但尚处于萌芽阶段。据《高丽史》和《朝鲜王朝实录》记载，程朱理学在高丽末期传入朝鲜半岛，先行的学者有安珦、禹倬、白颐正、权溥等人。他们宣扬了理学的思想内容，为丽末鲜初的新儒学建设奠定了理论基础，也为本土性理学者的培养做好了准备。到14世纪末期，朝鲜王朝建立，高丽时期的佛学思想受到排斥，亟须形成一套新的思想体系和宗教制度，王朝将儒学作为统治思想，强化程朱理学的正统地位，以此引领社会变革的发展与新思想文化制度的建立，儒学表现出鲜明的经世致用的特点。在这样的社会背景下，作为五经之首的《易经》得到了朝鲜学者的广泛关注，治《易》成为学术发展及参与政治的必要手段，易学的发展又进一步影响了学者的儒学与政治观念。

这里选取易学研究中的三个角度来展现朝鲜王朝易学在不同时代与政治环境中的表现。

从理气关系来看，王朝初期的理气思想在主理、主气的立场上抉择，最终由退溪与栗谷完成本土化。前期易学家中，徐敬德的气论思想受到了张载的影响，以太虚之一气作为宇宙的本源，气在理之先，湛然之气是为本体，强调阴阳变易下的生化之妙。与徐敬德相对的，是以李滉、李珥为代表的“主理”派，他们追随朱熹的理学思想，以理作为宇宙的本源，万事万物的根柢。李滉是主理派中更为强调理之本源的一脉，理气二分不相杂，理是主宰，理气可以互发，但以理为主，其说不仅打破了以往理无动静的观点，赋予理以动态，且更加突出理的主导地位。李珥的主理思想，在本源问题的认识上与退溪不存在矛盾，理是绝对的形而上者，气是形而下者，发展之处在于，栗谷更加强调理气关系中气有形有为的活动，故其言理气活动的关系只有气发理乘，理气之间还存在“理通气局”的关系。理是不动不变的，气有万殊之别，理只能通过气的活动来显现，气流行变化有万端之态，又都通于一理，理才是主宰，居于对气的主导地位。李珥持有的实际上是以理为主宰前提下的“气一分殊”理论，可以说是理本体论与气用之论的综合。退溪、栗谷的理气思

---

① 韩国哲学会所编《韩国哲学史》一书中提到了将李朝历史三分的办法，第一个时期是从开国(1392)起至明宗末年(1567)，第二个时期是从宣祖元年(1568)至景宗末年(1724)，第三个时期是从英祖元年(1725)至纯宗末年(1910)。参见韩国哲学会编：《韩国哲学史》(中)，白锐等译，社会科学文献出版社1996年版，第178页。

想各有侧重,深刻影响了李朝性理学思想的走向,成为之后性理学派理论发展的基本命题,此后性理学派的理气说大抵沿着从退溪、栗谷所确立的两条范式向前发展。壬辰战争以后,张显光的理气经纬思想可以看作是二者的调和。他以经纬立说,将“退溪贵理,偏重不杂,栗谷重气,贵言不离”的理气关系拉回一而二、二而一的更为中正的立场。从退溪、栗谷学派发展而来的岭南、畿湖学派以理气论为基础来讨论人之心性,将关注的重点从宇宙本体移到了人之心性,对朝鲜王朝的性理学发展有重大的促进作用。实学派在理气观念上,多持气本体论,比起虚空的理,气有形有为更能够为人具体感知,且较之徐敬德之气论,他们更加强调气的实体性。李瀷以大小来区分气,大气是万物共有之气,恒定不灭,是无限的存在,小气是各自构成具体事物之气,消长随时,是有限的存在。洪大容也主张气是客观存在的实体,能够凝聚成质,包容万物。

从治易的路数来看,性理学派发扬的是宋学的治易方法,前期以义理易学为主,后期象数易学大兴。而实学派或专以恢复汉学传统为己任,或是汉宋兼采,表现出了更加多元的风格特征。性理学派的治易标准由李滉倡导,他主理贵理,将《易经》看作是“理数渊源之书”,对卜筮活动不甚提倡,在理与数之间,又更为重视对理的追求,他认为学者当贵理而不宜贵数,只需知晓朱熹《易学启蒙》中所提到的象数内容即可。李珥主理贵气,提出了“阴阳本有”之说,反对以往将阴阳视作从太极而出的看法。由“理气之妙用”,他强调要把握《易经》说理的本质,不可耽于卜筮之象数,也要重视气之妙用,从阴阳动静万化的角度去感受其无穷之用,再以此通达于理。退溪、栗谷治易,对象数的态度微有不同,但皆以义理为重。十七世纪以后,义理易学空疏的缺点逐渐显露,对客观之理的把握需要更为有效的手段与广阔的对象,于是象数易学被重视且逐渐得到了充分发展。这个时期易图学因为象数的发展而勃兴,张显光收集大量易图,以阴阳之说为核心进行解说,同时赋予太极五义、《易经》三号,有鲜明的说理意味,既坚持了对义理的追求,又推举了宋代象数易学的成就,自其之后,把握义理的渠道越来越指向象数,通过象数明理成为性理学派的主流风气。18 世纪,李衡祥以交互变易之理为中心,通过对象数的考察,将文王、周公之易都视为象数发展的结果,并且重新定义了先、后天的概念。畿湖学派的任圣周则综合湖洛两派的理学观点,站在气一元论的立场上,发展了自己的象数学说。从他们身上可以观见性理学派象数研究进行自我突破的尝试,只是这种内省的力量有限,大部分性理学者还是固守传统,到 19 世纪性理学派分裂为八,李恒老、田愚、李震相等人的象数研究依旧以捍卫朱子学的正统性为核心,成就有限。

17 世纪,实学兴起后,面对性理学派后期以象数为主的研究,实学派一方面致力于吸收汉代象数学与西方科学的成果,来扩大象数易学的内容,推翻宋代易学的结论。江华学派郑齐斗的象数研究带有鲜明的突破宋学的创新意识,他自注《河》《洛》之说,又引入西方科学的内容来对先后天学说重新展开释读。星湖学派的李瀷重新考订上古三易的产生过程,言后天易并非出自文王。丁若镛综合虞翻、朱熹、毛奇龄等人的学说,发展出了自己的推移、卦变、爻变之说。北派洪大容、成大中等人都对《启蒙》中的易卦起源与先后天说等重新进行了推理。另一方面,实学派重新开始重视义理,与之前性理学派空疏的做法不同,在方法上,他们主张采用朴学的路数,注重训诂与考据,并将汉唐旧注与其他经典的内容导入，来勘正朱子学派的解说。李瀷主张易学研究不能仅依赖象数，要重视文本，“专意文辞”，缘文求志，且不过度阐发，“不得则置”。① 江华学派的申绰与丁若镛一起发展了以训诂为主的易学诠释法。丁若镛易学四法中的互体与物象说，强调释卦必须要注意爻辞与取象的关系，避免物象的滥用。成大中贯通诸经，以经证经，为易学诠释找到了除程、朱以外的依据，金正喜亦主张回到经文本身，讲求实证。

从易用来看，在李朝初期，易学与其他儒家经典一道的时代使命是宣扬儒家思想，对抗佛老，树立王朝新的统治秩序。权近《易经》注解的方法与易图研究的形式为其后的易学家树立了典范，其治易的倾向不仅吸收程朱易学的成果，推广性理学，更是与当时的排佛思想一致，表现出了对高丽王朝旧的思想与宗教制度的反抗。到李滉、李珥那里，易之大用是感悟易理，丰富人的精神世界，进行天人伦理与社会伦理的精神建构，并且为现实的政治秩序服务。17、18 世纪，面对日益高涨的变革呼声时，理学派在易学思想中深化了体用关系中的“常”“变”思想，意图在保持本体之理不变的情况下，充分发挥易用，来体贴社会现实。于岭南学派，这种意愿体现为西厓学派柳成龙对卜筮之事的现实运用与精神寄托，柳元之、柳世鸣易图学研究中对“常”“变”因素的探求，也表现在鹤峰学派李徽逸以后天学为“互变交易”的认识，权榘“易只是一个变通法”，要活学活用而随时随事推变的主张上，还表现在近畿学派郑逑“不失时中”，许穆“随时变易以从道”的易道思想中。与岭南学派一致，畿湖学派的宋时烈也强调求变，韩元震推崇易之“变易”与“交易”二义。两派虽然都提出了与“常”“变”、体用有关的易学主张，但细论之，这些变的思想与社会现实的变革之间尚存在距离，属于性理学派内部的自我调整与理论发展，与后期实学派大刀阔斧的现实改革要求相去甚远。但这些主张，是性理学派努力发展易学思想，跟进时代发展的表现，也具有积极意义。而面对时代的交变，实学派的易学研究本身就是用来回击性理学派，与之分庭抗礼的阵地，他们体贴日用与实践的要求进一步增强，易学更多地被用来应对现实问题，处理社会矛盾。到 19 世纪末 20 世纪初，朝鲜王朝进入末期，动乱的社会现实让民众的生活更加艰难。李容九引史证经，以此反思现世的社会衰亡，沈大允力主通过卜筮来应对时代衰变，预测吉凶祸福，安慰人生。他们通过改进传统的易学阐释，意图发展新的易用，来努力响应易代之际的现实需求。

以上三个方面的易学嬗变过程是朝鲜王朝易学发展具有代表性的一部分，当然，它还不能涵盖朝鲜王朝易学发展的全部，易学发展的内容与影响需要从多个方面去考察。毋庸置疑的是，《易经》作为五经之首，它的经传以及延伸出来的易学哲学与伦理思想能够为儒家思想提供一套完备的逻辑体系。纵观韩国思想史的发展，韩国学者柳承国指出：“无论在哲学，还是在伦理学，甚至在宗教学层面，易学都被认为是最高原理。与诸东亚国家相比较，将《易经》奉为最上之经典的都是韩国。”②无论是在封建王朝，还是在近现代的社会建设过程中，围绕易学展开的探究从来都不满足于学术理解，古往今来的学者们都是一手抓形而上，一手抓形而下，使得儒学思潮与政治活动相互影响而不断发生内

---

① 参见[朝鲜]李瀷：《易经疾书》，《韩国经学数据集成 · 易经》第 12 册，成均馆大学校出版部 1996 年版，第 292 页。

② [韩]柳承国：《韩国儒学与现代精神》，姜日天、朴光海等译，东方出版社 2008 年版，第 195 页。

在的联系。无论是学者专意经史的学术追求,还是对宇宙人生的本源探索,或是讲求日用功夫的政治道德实践,显然都与儒家内圣外王的追求一致,是知识分子将学术探究与现实生活密切结合的不二法门,这正是《易经》在过去的朝鲜王朝能够被赋予重大文化与政治意义的原因,也是我们今天依旧重视易学,并且进行现代化研究的原动力之一。

二、朝鲜王朝易学发展的两条线索

纵观朝鲜王朝五百年的易学成就,可以牵出两条发展线索,一条关系到对中国易学的接受,主要是朱子易学从阒静到腾起,再到尊立,最后进入反思与批判阶段的过程。易学发展的另一条线索是朝鲜王朝本土易学思想的建构,经历了从重视易之理论体验到呼吁易用实操的气质转变。

就易学接受来看,高丽末朝鲜初性理学的传入为朝鲜半岛本土的易学发展打下了思想基础,程朱易学在官方所受到的推崇使其在很长一段时间内成为读易、学易、解易、治易的标准,邵雍的先天学说、周敦颐的太极图说也因为朱熹的推崇而受到重视,由此基本确立了以宋学为主的易学研究趋势。而对宋学的吸收过程中,朱熹的学说无疑处于独尊的地位。

台湾学者赖贵三在《韩国朝鲜李氏王朝(1392—1910)易学研究》一文中指出:

> 朱子学被确立为朝鲜的正统思想后,易学研究才开始具有较严格的学术规范,而逐步创造出具有朝鲜民族特色的易学思想,自16世纪遂发展出本土化的特色,其中尤以退溪李滉与栗谷李珥最为大家。①

朝鲜王朝易学本土化的基础之一就是朱子学被树立为正统思想,朱熹学说是李滉、李珥等理学先驱的思想来源。在易学方面,朱熹的易学诠释在朝鲜王朝易学发展史上也一直是作为标准而存在的,他的《周易本义》对经传文本进行了注解,《易学启蒙》对易卦起源、筮法、卦变问题进行了探究,结合《语录》中的易学思想,二书成为朝鲜学者高高树立又试图突破的学术标杆。从文本的角度来看,《周易》的经传文本的依据与注解当与不当,或许尚有《程传》等易家来与朱子争锋,但相关学者从未否认朱熹《本义》所确立的易学诠释的权威性,更多地呈现出一种兼采互补的态度,即使是对抗学派之间面临具体的程、朱抉择时,这种兼容性也是客观存在的,这为朱子易学的发展留存了空间。在易理阐释方面,《易学启蒙》主导的象数学所体现的核心价值观与逻辑体系,则是整个朝鲜王朝易学哲学或者说儒家哲学的基础组成部分。《易学启蒙》在朝鲜学者那里,是《易》之象数的代名词,或者说是象数易学的正统。由于大多数学者的主理立场,故而对易理的追求是大部分学者研究《易经》的出发点,象数之学更多地作为一种通向理的途径而被纳入研究,因此即使一个理学家不专注于易学,他也无法绕开"太极""阴阳""理气"等易学的基本概念,无法回避先贤所提出的宇宙生成,人之存在,社会发展等被寄托在易学时空中的

① 赖贵三:《韩国朝鲜李氏王朝(1392—1910)易学研究》,《东海中文学报》(台中市)2013年第6期。

根本命题。

李朝易学发展的这些特点在朱子理学作为国家的意识形态时,是始终存在的。朱子易学在王朝初期的影响不及《程传》,之所以能够后来居“重”,除了依托朱熹易学研究象数与义理并重的优越性,更是要依托于其理学体系在当时的先进性,使之能够在理论上满足社会的需要。初期朱子易学的影响扩大,有赖于官方对儒学的推广,无论是经筵、科举还是朝廷的刻书、赐书与修书活动的进行,都大大推动了理学背景下朱熹易学在朝鲜本土的文化渗透过程。而朱子易学的壮大与强势,使其具有强烈的排他性,佛老之学、荀阳之学、阳明心学、西学等都是“异端邪说”,难以对易学的新发展产生决定性影响。而到18世纪,即使实学派在西学与中国朴学思想的影响下试图突破性理学的束缚,开始尝试为传统易学注入新的生机,也产生了丁若镛这样的十分具有开创精神的易学大家,但本质上,他们没有也不可能离开朱子易学所搭建的根基,去单独发展象数或者义理学的内容。是以,有学者指出,朱子学“跨越了韩国性理学史和韩国近世哲学史的所有领域”[①]。

易学发展的另一条线索是本土易学思想的建构,同样也依托着本土性理学思想的整体发展。这条脉络中,首要的先驱者是权近,而标志着成功的人物是李滉。权近的《周易浅见录》在形式与内容上为李朝的易学研究做了一种表率,读《易》与撰书,对学者的学术功底、学术眼光以及道德实践的胸怀是有要求的,他以程朱易说为车马,以自身的易学体会为牵引,为后学指明了求索的方向。而《入学图说》中的《天人心性合一图》首次具现了“太极”“理气”“阴阳”“心”“性”“善恶”“四端”“七情”等儒家哲学的要素,为王朝易学哲学的发展奠定了根基,《河图五行相生之图》等易图的攒聚,亦是日后易图学著说兴起的开端。权近的易学水平很高,达到了融会贯通,综合运用的程度。其后花潭先生徐敬德气一元论的思想影响很大,对邵雍的先天学说亦有发扬。这些前期的学者都为朝鲜易学的发展作出了不可忽视的贡献,而朝鲜易学始成,要至退溪,退溪专门着眼于易学的研究,形成了系统且丰富的理论成果。

退溪是朝鲜王朝第一位深入理解朱熹性理学的学者,他在此基础上对易学发展作出了划时代的贡献。这样判定的依据,一是退溪系统地研究了以《启蒙》为核心的象数学的内容;二是他以理气说为核心,提出了具有独创性的性理学观点,丰富了易学哲学的内涵;三是他通过修订《天命图说》,编撰《圣学十图》,延展了易图学发展的深度;四是他创立学派,自此以后李朝的易学乃至儒学发展一直被镶嵌在学派的体式中。退溪之后,图说象数,琢磨义理,学派分界成为易学研究的常态。在这之中,学派是最为复杂的一个要素,其界限的划分与学术论争、党派政治、地缘文化等均有关系。从大面上来说,李朝第一次关于理气的大论争造就了退溪与栗谷这两个主流性理学派的形成。其后,退溪学派在岭南分化出西厓、鹤峰等支脉;栗谷学派在畿湖地区发展,又经过第二次大的论争最终产生了老、少、湖、洛的分裂。直到19世纪,以退溪与栗谷学术思想为主导的性理学派在全国地区还保持着学派林立的特色,其核心思想具有一致性。

这种儒学传承的模式,一方面具有稳定性,易学的学统得以牢固承续;另一方面,对

① [韩]柳承国:《韩国儒学与现代精神》,姜日天、朴光海等译,东方出版社2008年版,第242页。

正统的维护也决定了其理论发展都是内部的自我调整，难有大的突破。朝鲜易学至星湖李瀷，始有要求自我发声的呐喊，到丁若镛才产生了得以与中国易学比肩的学说。李瀷所主张的“缘文求志”“专意文辞，不得则置”，虽托意与朱熹，实质上是要求在程、朱之后，对易意能有所发挥，其论先后天八卦俱祖《河图》，《洛书》只专门影响了《洪范》的观点。丁若镛的周易四法论“推移”“物象”“互体”与“爻变”，在充分吸收汉宋象数易学成果的前提下，提出了比较系统的具有创见的学说，尤其是他的“爻变”观点，论变是爻之核心，爻变只能是一爻变，为此重新推导了大衍筮法的占筮过程，这是对传统易学的一次十分大胆的突破。李瀷与丁若镛都是实学派的代表人物，实学的另一个大派以洪大容等人为代表，同样对传统的朱子易学权威提出了质疑，这些易学成就的取得，都是站立在对程朱易学的理路检讨与反思的基础上而来的，不同于性理学派在宋明理学内部不触及根本的优劣比较。

将朝鲜王朝易学发展尊奉朱子与本土思想发展的两条线索综合起来，朝鲜王朝士人五百年的易学研究，本质就是围绕“朱学”所进行的自我塑造，是对朱子易学的吸收、内化与批判再发展的历程。位于东亚文化圈的中、日、朝等诸国几乎都经历了相似的发展路径。与同时期中国明清易学思想的多元发展形成对比的是，朝鲜王朝的易学发展呈现出紧密围绕朱子易学发展的态势。[①] 阳明学只在十七世纪于郑齐斗手上昙花一现，他所创立的力主阳明学说的江华学派没有能得到长足而有效的发展，始终是在程朱理学的笼罩下艰难生存。江华学派不敢全力批判朱子学，心学的内容也没有得到充分的发展，郑齐斗为了减缓阳明学说所受到的攻伐，将朱子理学与阳明心学的内容阐释为所主一致的学说，区别只在于前者自末之本，后者自本之末：“朱子自其众人之不能一体处为道，故其说先从万殊处入；阳明自其圣人之本自一体处为道，故其学自其一本处入。其或自末而之本，或自本而之末，此其所由分耳，其非有所主一而废一，则俱是同然耳。”[②]体现出了阳明心学夹缝生存的艰难处境。佛学易在韩国也没有发展起来。由于前期严正的排佛运动，朝鲜儒学与佛学的联系并不紧密。即使到后期理学地位已经巩固，斥佛思想有所减缓，佛学与儒学之间的界限还是比较分明，佛学没有能够过多地介入易学的发展。

朝鲜王朝的阳明学者张维[③]用这样一段话评价本国的学术思想：

> 中国学术多歧，有正学焉，有禅学焉，有丹学焉，有学程朱者，学陆氏者，门径不一。而我国则无论有识无识，挟筴读书者，皆称诵程朱，未闻有他学焉。岂我国士习果贤于中国耶？曰：非然也。中国有学者，我国无学者。盖中国人材志趣，颇不碌

---

① 明代学术则以朱熹思想为祖，黄宗羲《明儒学案》将之总结为：“有明学术……未尝反身理会，推见至隐，所谓此一述朱耳，彼亦一述朱耳。”[（清）黄宗羲著，沈芝盈点校：《明儒学案》，中华书局2008年版，第178页]到了中后期，性理学逐渐式微，阳明心学兴起，延及周边国家。心学易的代表有陈献章的弟子湛若水所创建的甘泉心学派和王守仁创建的姚江心学派。此外，明代还有方时化《易引》《周易颂》《学易述谈》、智旭《周易禅解》等佛学易的发展。清代易学初期亦以宋明理学为尊，以折中程朱为主，同时朴学萌芽，为象数易学的发展带来了新的生机。全盛时期的成就以乾嘉学派为代表，出现了惠栋、焦循、张惠言、姚配中、王引之、俞樾等一大批朴学易的学者。

② ［朝鲜］郑齐斗：《答闵彦晖书》，《霞谷集》卷一，《韩国文集丛刊》第160册，第30页。

③ 张维（1587—1638），字持国，号溪谷，著有《溪谷集》《溪谷漫笔》等。

碌，时有有志之士，以实心向学，故随其所好而所学不同，然往往各有实得。我国则不然，龌龊拘束，都无志气，但闻程朱之学，世所贵重，口道而貌尊之而已。不唯无所谓杂学者，亦何尝有得于正学也。①

张氏将中国学术道路众多的原因，归结为人才丰富，且实心向学，各随兴趣研究而有所得。朝鲜学者一直以来受到程朱之学的束缚，学术上不能放开手脚，以至于消磨了志气，甚至学程朱也没有落到实处，只是在口舌言谈中尊奉罢了。这是朱子学独大带来的学者明哲保身、不思进取、学术活力丧失的一重表现。当然，除此之外，封建统治的集约特征、思想上的专制、党派与学派交织斗争的酷烈等，都是制约除了朱子易学以外的易学发展的因素。只有当冲击这一切的新思想与新的社会需求产生的时候，易学发展的精神枷锁才会慢慢脱落。朝鲜王朝易学发展到最后一百多年间将汉学的传统导入，在王朝末期重新迎来了突破性进步。这种现象恰恰又说明，朝鲜王朝士人对易学的理解与运用是充分建立在本国国情与需要的基础上的，这并非简单的功利学说的倡导，而是“中国儒学价值理念与东亚地域特征之间的张力”的具体呈现。② 我们可以从中提炼出朝鲜王朝易学发展的特征，更应该反思其中的价值。

三、朝鲜王朝易学研究的现代启示

庞朴先生曾就文化的“时代性”与“民族性”论实施中国现代化的三个维度，“要考虑中国的传统、西方的成就、我们发展的可能性”③。从实现易学现代化的角度观瞻，要想易学活力发展，推动儒家文化的大繁荣，首先依旧要关注中国的传统，汉宋易学的研究路数，古代具体易家、易著的思想内容，乃至最新的出土文献成果都在此范畴之内。第二个维度，“西方的成就”应当被拓展到全世界的易学研究成果与方法，这包括过去的和当下的所有积累；而第三“发展的可能性”则根系于前两点，只有将中国的和世界的连通起来，将传统的与现代的对接起来，易学的“时代性”与“民族性”才有发展的空间，而不至于陷入固步自封、纸上空谈的险境。

回顾朝鲜王朝的易学，其接受朱子发展本土易学思想的特征，恰好指向文化发展的“时代性”与“民族性”。在过去的数百年间，朝鲜王朝易学完成的是大量从中国接受易学思想，在这个基础上的本土易学思想的出现与本土易学著述的繁荣，体现的是文化“民族性”的生成与积淀。五百年间从性理学派主导，到以实学派为中心的易理发展与易学实践，以及学派内部的思想与治易理路的嬗变又是与时偕行的结果。此外，不同的易学主张对于社会文化发展的沃灌或拘囿，对于政治、经济的推动或限制，在每个历史时期也有不同的表现，这也是时代所赋予易学的价值特征，是文化“时代性”的表露。

---

① [朝鲜]张维：《溪谷漫笔》，美国伯克利加州大学东亚图书馆藏刻本，第 24 页。

② 参见黄俊杰：《东亚儒学：经典与诠释的辩证》，华东师范大学出版社 2012 年版，第 36 页。除此之外，黄俊杰还提出了东亚儒学研究的另一个维度，即“东亚儒者的‘文化身份认同’与‘政治身份认同’之双重性”。

③ 庞朴：《三生万物：庞朴自选集》，首都师范大学出版社 2011 年版，第 215 页。

朝鲜王朝易学发展的嬗变过程，是其时代性与民族性的深刻体现，这种气质也延伸到了当代的易学研究中。将目光投入到1910年以来朝鲜半岛的易学发展，在朝鲜王朝覆灭以后，朝鲜半岛地区的易学研究陷入低谷，尤其是在日据时期(1910—1945)，易学乃至整个儒学体系被视为阻碍国家发展的因素。这个阶段，仅有少数学者还在研究易学，欲以之作革命与救世的理论武器，代表人物有抗日运动家李正奎与儒教改革家李炳宪等。李正奎撰写《读易记》，将对时代的自我观感融入易注中①，表现出了强烈的忧患意识与自警意识。李秉宪效法康有为的儒学改良，撰写了《易经今文考通论》《易经今文考小笺》《孔经大义考》等，意欲通过对今文经学的提倡，将孔子塑造为宗教家。他批判宋学伪造《河图》《洛书》先天之说，压倒了先圣设教之大经，认为实际上《易经》作为六经主脑，《易传》中"圣人以神道设教"之句是全经的宗旨，是孔子之所以为宗教家的奥义所在。②大部分知识分子对传统的易学与儒学研究持抵制与否定的态度。而1945年韩国光复以后，面临的主要任务是国家建设与经济发展，此时的易学研究也状态萎靡，一直到1960年前后，易学研究才逐渐恢复起来。从1960年至今，韩国易学的现代研究经历了从沉寂到活跃再到深化发展的过程。

民族性与时代性特征对于易学现代化的发展是有启发性意义的。历史上的儒学在东亚社会发展中起到了很大的推动作用，故以核心文化的面貌呈现。当下的儒学研究之所以还孜孜不倦，原因之一即是其优秀的文化内核对现实的社会政治生活依旧有指导意义："不同时代、不同历史境遇下的人们对人类所共同面对的矛盾和问题的认识和思考，以及为此而提出的各种解决方法、措施、理论，既具有具体性、历史性，又具有一定的普遍性和超时代性。"③易学作为儒家文化的一部分，当然也具有这样的现代化的价值。即使是现在看来已经不合时宜的易学诠释，也依旧具有学术与思想价值，能够为正确易学认识的建立提供必要的依据。

韩国学者郑炳硕教授总结当代韩国易学研究的特征："在诸多方面都取得了丰硕的成果。尽管如此，还是存在看似将中国易学与韩国易学视作被分离的不同领域的倾向。这也许是一种经典中的普世价值与诠释者身处的地域特性之间的张力。"④我们当然重视《易经》所具有的普世价值，承认并且欣赏不同地区人们对之作出的独特解释与运用，但

---

① 如《屯》卦："君子有为之时，而闭户恬然者，非所以为君子。"《剥》卦："自古小人之徒，剥减君子而亡人之国，终亦亡其家、亡其身者何限，而何不鉴于此乎！"《革》卦："事虽可革，岂于非其时而为之，非其人而行之哉?"参见[朝鲜]李正奎：《读易记》，《韩国经学资料集成·易经》第33册，大东文化研究院1993年版，第164、179、199页。

② 李炳宪《易经今文考通论》："以今观之，先天四图出于邵氏，传自陈抟；《河》《洛》二图出于刘牧，亦自陈抟。以一黄冠造作之图，而压倒先圣设教之大经，使圣人神道设教之义，无以暴白于天下，宜乎异教之人以孔子为非宗教家，而骎骎然侮辱也。"参见李炳宪：《易经今文考通论》，《韩国经学资料集成·易经》第33册，第216页。《孔经大义考》曰："《易》于六经为主脑，神道设教之义(易奠天人，神道但一体)，又为《易》之宗旨。故孔夫子之所以为世界大宗教家者，实在《易经》，其精义尤在于卦下之彖象……后世之儒，乃为《汉志》十翼之说所误，遂以彖象为传，而《易》为文王之经，《易》反为卜筮之繇辞，而圣人神道设教之义隐矣。虽以朱子之贤，尤信《汉志》之说，以孔经为传，不得阐神化之主旨。于是，世界通人皆以孔教非宗教，孔子非宗教之说，攻斥孔子，乃至孔教几废，而孔子几不得为宗教家矣。"参见[朝鲜]李正奎：《读易记》，《韩国经学数据集成·易经》第33册，第689—690页。

③ 苗润田：《儒学的现代性与东亚文化》，《东疆学刊》2010年第1期。

④ 郑炳硕：《近五十年韩国易学发展史之成果及述评》，《哲学与文化》(新北市)2015年第12期。

缩小中韩易学之间的“分离”距离，是一个值得去努力的目标，这不仅能丰富我们本身对易学诠释的认知，更是对易学普世价值的再次充分奠基。

《易学》作为古老的智慧之书，最大的价值在于对身处汉文化圈者的精神与思维建构。韩国学者认为，回顾国家现代化发展阶段，物质生活丰富以后，精神生活的贫瘠导致的问题是，知识分子“应该对时代提出理想或价值”，面临的大问题是“根本的价值观的混乱”。他们感受到了一种“对过去的认同感的恢复”的迫切需求。[①] 这种认同感当然要回归历史，从传统的精神文明里去寻找。在思考易学发展问题的时候，韩国学者又提出了“新易学思维”，思考“从前近代的封建社会转向近代社会的变革，传统价值观与哲学思想如何转换”的问题。[②]

韩国学者易学研究的实践与我们今天发展易学的目的应该是一致的。围绕易学思想的时代性与民族性，我们始终也在守护自己的文化根基，这里面包含的意蕴极其广大。我们一方面像古人一样重视对经典的诠释，文献学的、历史学的系统整理使得易学材料不断丰富。另一方面，我们还关注批判意义上的易学理论阐释，这里面既包括了古人的易学体系建构，又必须得发展出现代理论中的易学阐释。一言以蔽之，《易经》是我们总结传统、发展现代文化的一处宝藏，是过去、当下和未来的汉文化圈的人民所依赖的，所归属的精神文明的源流之一。

张伯伟教授曾概括“作为方法的汉文化圈”所具有的四个要素，其中第三点是“不只是揭示中国对周边国家、民族的文化传入，而是呈现汉文化圈在内外接触中的‘受容’和‘变容’，强调不同地区人们的相互影响和相互建构”[③]。朝鲜王朝易学对于中国易学的“受容”与“变容”，恰好印证了这一观察，这是朝鲜王朝易学发展史作为一个重要的部分对东亚文化研究所提供的意义。当下对朝鲜王朝易学研究的新展开，除了要完成对朝鲜王朝五百年间易学接受与发展的审视，通过体认与再现传统，补足对过去易学在海外传播状况的了解，更是要跨越时间、空间以及不同民族、地区的限制，来帮助人们正确地理解《易经》的内容与其恒久的文化价值，将中朝相互间的文化影响从过去的数百年延伸到当下，进而对与朝鲜王朝同时代的明清易学研究以及当下的中韩学术交流产生反哺，甚至是以之启发观照当下的社会人生与烟火万象，最终拥抱优秀传统文化蓬勃发展的生命力。

---

① 参见[韩]柳承国：《韩国儒学与现代精神》，姜日天、朴光海等译，第 251—252 页。

② 参见[韩]柳承国：《韩国儒学与现代精神》，姜日天、朴光海等译，第 209 页。

③ 张伯伟：《东亚汉文学研究的方法与实践》，中华书局 2017 年版，第 17 页。

易象“国体”论与近代日本汉学家的政治观念

廖娟*

一、近代的儒教“日本化”与经典解释的困境

黑住真在《近世日本社会と儒教》(《现代日本社会与儒家思想》)中指出，关于东亚社会思想权威与政治统御的确立，需要关注两个领域，一是作为国家社会之中心的祭祀、信仰这一领域，二是类似于科举体制等作为权威的知识领域。近世的中国与朝鲜，以朱子学为代表的儒教占据了思想的主流。而德川日本却与此不同，在武家支配的政权内，儒教虽然蚕食了神道、佛教的思想市场，但始终未成功地实现自我确立的构想，没能在政治思想的层级中一家独大。[①] 因此，总的来说，日本的儒教一直没能具备宗教和政治上的正统性。但是，在进入明治以降的近代之后，儒教却屡屡与政治纠缠不清，甚至因此蒙上一层丑陋的面纱，使得学界耻于谈论近代日本儒教理论的发展。

耻于谈论近代日本儒教，是因为事实上儒教在明治之后的多个场合沦为帝国意识形态的工具。不管是进行“皇权神化”的爱国主义阐述的井上哲次郎，还是以孔子教作为醇化皇道之手段的服部宇之吉，或者是以“皇道”释“王道”的高田真治，本来具备了普遍意义上的纯粹学问、拥有丰富可能的儒教，在近代被表述为“日本式”的东西。平石直昭和吴震都犀利地指出了这一点，尤其后者基于前者“近代化”与“日本化”两个视角方法，在《当中国儒学遭遇“日本”》一书中，深入剖析了日本近代儒教的“日本化”，指出在该现象中，蕴含了儒教成为“皇国道德”的工具的特殊性文化立场。[②]

而即使与政治无关，仅将视角停留在该时期作为学问的儒教，或汉学身上，有学者指出，明治时期的汉学对儒学思想有一种明显的矮化。渡边和靖在《明治漢学の課題》(《明治时期汉学的问题》)[③]批评道，“汉学”一词作为一个有近代性意味的词，本身就意味着从

---

* 作者简介：廖娟，南开大学讲师。主要研究方向：易学哲学、日本儒学。

基金项目：天津市哲学社会科学规划项目(TJZX21—006)。

① 参见[日]黑住真：《近世日本社会と儒教》，ぺりかん社2003年版，第165页。

② 参见吴震：《当中国儒学遭遇“日本”——19世纪末以来“儒学日本化”的问题史考察》，华东师范大学出版社2015年版，第17—25页。

③ 参见[日]渡边和靖：《明治期漢学の課題》，《爱知教育大学研究报告人文科学》(35)，爱知教育大学1986年版，第101—114页。

德川时代具有普遍性意义的“儒学”向一个特殊的地域性学问的“跌落”。他认为，近代的这些汉学家在寻找汉学新路的过程中，走向了对“形而上学的抛弃”，并且不再关注真正有意义的普遍问题，汉学沦为一种被动的学问。确如其说，明治以降的近代儒教中，原本在朱子学中色彩浓厚的理气性心之说，即超越性的“哲学问题”的探讨，最终让位于经典文籍的具体研究。在这些研究中，儒教被强制理解成一种“政治思想”“道德学说”，一方面为所谓的国民道德性建设提供养料，另一方面被裹挟在社会政治的快速变动中。在检视近世到近代这一激变时期，向“日本化”跌落的经典研究中，根本通明（1822—1906）是一个值得被关注的对象。[①]

二、“国体论”与儒教的联结

根本通明的学问，是根深叶茂的日本地方藩校儒学教育的产物。他幼年就读于秋田地方学校明德馆，据他自述：“余幼专好程朱之学。及长，读《通志堂经解》，自宋至明初群儒众论悉备矣。”明德馆所用教科书为中国明代广泛刊布的《易经大全》，即程朱《传》《义》合刊本；后来他详读清代编著的《通志堂经解》，于历代易学皆有涉猎，又受到明代学者郝敬与日本古文辞学的影响，对程朱易说屡有不满，逐渐在不断的学习与批判中塑造对易学的自我认识，形成了堪称另类的“一家言”。他活跃于幕末到明治期，作为一个出生于地方，受教于地方的儒者，其汉学素养丝毫不逊于江户、京都的其他学者。[②] 通明个性孤傲，自负学问无人能及，曾豪言“自己若死，日本汉学亦亡”，自诩当世汉学第一人。他以易学者的面目立世，对《论语》《诗经》等经典亦有涉猎，著有《周易讲义》《读易私记》《周易象义辩正》《周易三十六变复古筮法》等作品。可以说，根本通明以对《周易》的经书解释为专长，其水平可以说能代表日本近代儒教的最高水平。

当时旧汉学方面，冈松瓮谷《论孟懿子问孝之章》、三岛毅《尚书古今文九家系表》、根本通明《周易象义辨正》这一类致力于经书解释的作品已经相当稀少。在这样的背景下，通明的经学解释显露出的纯正汉学素养，已使他区别于当时其他致力于“汉学革命”的儒者，而在某种程度上具有孤芳自赏的意味，和者甚寡。他在不断地学习与批判中形成了堪称另类的易学“一家言”。他自述学易六十余年，漆书三灭，韦编三绝，要发明“先儒未达之秘旨”，故而他的易学虽夙修周孔之道，但意在别作易道宗旨，“伏羲作易，文王演序，

---

① 关于根本通明的研究，即使在日本国内也不多见，其中略有深度的，如日本杂志《易学研究》在1956—1958年以连续二十四回的篇幅，借《根本羽嶽論》纪念通明的“五十回忌”；另有田上泰昭所作短文《根本通明の易説》（收入竹内照夫编《易：明日を予知する東洋の知恵》，至文堂1969年版），以两页篇幅精炼地介绍了根本通明易说的基本观点。近年来，随着经学研究的视野向东亚社会扩展，香港学者吴伟明所著《东亚易学史论：〈周易〉在日韩越琉的传播与影响》（台大出版中心2017年版）一书，以一章的篇幅细致地描摹了通明的易学特色。

② 据其弟子大久保铁作所撰《行状》所称，通明在明治六年（1873），方以五十岁的高龄上京，他的学问被安井息轩、芳野金陵等名儒所认同，他本人与中村敬宇、重野安绎等近代著名学者关系也很亲密。在明治十三年（1880），他被推荐为斯文学会的专任讲师，又在明治二十八年（1895），以七十三岁高龄任教于东京帝国大学汉文学科，专门讲授《易经》。

周公系爻，孔子赞翼，以明天子一系之道也。四圣一揆，易道一致"[①]，"天道易义，独存于我邦"[②]。一言以蔽之，通明所领悟到的"秘旨"，乃是"皇统一系万世不易，乃易之道"[③]。所谓"皇统一系"，在明治日本特殊的历史背景看来，则是显著地宣扬日本文化固有性，强化近代民族国家意识形态的日本"国体论"。

提到"国家""民族"的政治概念，在西方基督教文化圈中它们是随着世俗化的过程逐步加以建立的，但在日本等亚洲各国，乃是伴随着近代化的进程而被整备起来的。据学者尾藤正英的研究，"国体"观念虽然在明治日本天皇制统一国家的形成过程中，作为指导国家形成的理念而得以成立，其中包含神道、日本国学、水户学"尊王攘夷"等多方面因素，但在历史的深层之中抽象出"国体"的原理，以本国文化的固有精神说明国家概念的神圣性，其构想始于江户时代后期。[④] 而明治二十年(1887)发布，明治二十一年(1888)加以施行的《大日本帝国宪法》，及明治二十三年(1890)颁布的《教育敕语》提到日本"国体论"，将这种构想固定了下来。其中规定"第一条　大日本帝国由万世一系之天皇统治(大日本帝国ハ万世一系ノ天皇之ヲ統治ス)"，"第三条　天皇神圣不可侵犯(天皇ハ神聖ニシテ侵スヘカラス)"，强调了万世不变的天皇统治的永恒性与神圣性。这些文本是日本强化近代民族国家意识形态的重要基盘，文本的意图是将以天皇为象征的"国体"绝对化。[⑤]

由于天皇的永恒性，一些意识形态上的政治要素被视为禁忌，例如革命或者变易政体等。因为只有否定了革命与政权变易从观念到现实的可能，才能确保天皇以及天皇代表的"国体"在历史时间上的不可间断。这一要求成为"国体"问题与根本通明以《周易》为主的儒教论的关键联结点。

在思想来源上，虽然国体概念是近代的产物，但日本的"国体"精神往往被国体论者们上溯至日本历史上的文化传统，例如神道、日本国学、水户学等多方位的日本本位文化要素。而这一概念与中国思想的关联在哪里，目前学界难以达成一致的结论，但即便如此，日本学者借用中国的经书与古代典籍的思想资源来说明其政治理念，也是一个无法否定的事实。一个显著的证据是，1890 年上述《教育敕语》发表之后，内藤耻叟、重野安绎、井上哲次郎等人纷纷发布对该文本的解释，这足以说明儒学者与"国体"说的定型有千丝万缕的联系。又例如，在合理化国家的形式之上，日本儒学者重在说明作为统一国家象征的天皇的尊崇性，屡次借用《论语》中尊崇周礼、反对僭越的思想，多次强调朱子学的政治主张中尊王思想的相关阐述。所以说，研习儒教经典的江户、明治时期的儒学者

---

① [日]根本通明：《周易象义辩正》自叙，明治三十四(1901)年印刷发行本，第 1—2 页。

② [日]根本通明：《周易讲义》卷一，三星社出版社 1921 年版，例言第 1 页。

③ [日]根本通明：《周易讲义》卷一，例言第 1 页。

④ 参见[日]尾藤正英：《日本の国家主義：「国体」思想の形成》，岩波书店 2014 年版。

⑤ 其中的重要表述后来被《国体の本義》(日本文部省，1937 年刊，第 9 页)作如下阐释："大日本帝国は、万世一系の天皇皇祖の神勅を奉じて永遠にこれを統治し給ふ。これ、我が万古不易の国体である。而してこの大義に基づき、一大家族国家として億兆一心聖旨を奉体して、克く忠孝の美徳を発揮する。これ、我が国体の精華とするところである。"(译：大日本帝国由万世一系之天皇奉皇祖神敕而永久统治，此乃我国万古不易之国体，基此大义，作为一大家族国家奉体亿兆一心之圣旨，尽忠克孝发扬美德，此为我国体之精华，国家永久不变之大本。)

们,在观念的世界里如何折中这种立场并不一致的知识与政治意识形态,甚至是如何反过来基于对国家的归属意识,而从来自他国的典籍中树立起“国体”,这是一个颇能引人深思的话题。

三、易象与国体:一种经学价值的扭曲

根本通明的易象国体论,是在“国体论”被提出、完成、稳固之后的明治时期大力活跃的一个特例。在他的思想学说中,他通过挖掘《周易》的思维,特别是经由易象来论证“国体”的合理、永久、神圣,在观念的世界里,调和了儒教经典与现实政治之间在易姓革命等问题上的冲突。通明在《周易讲义》卷首曾说:

> 易为圣人经世之书,为万世道统之源,书契文字之祖……经四圣之手得以完成,先圣后圣所言为一,皆本于天道造化之真理,所以明王道,正人伦,辨善恶,决从违也。①

从这句话中看出,通明认同《周易》这一文本的经典价值,但问题在于,他所认同的“道统”“真理”之内涵的真相为何呢。尾藤正英在《日本の国家主義:“国体”思想の形成》(《日本的国家主义:“国体”思想的形成》)②中说,尽管近代以来成型的“国体”论以立宪主义为标榜,但“国体”观念的核心,还是诉诸对天皇“皇统一系”“万世不易”的尊崇性情感,并外在表现为国家意识与民族意识。而通明的“皇统一系”之易说,若作一个经典解释上的拆解,也可被区分为同样的两大立场,一为长子继承制的神圣性,二为革命否认论。

1.易象与长子继承制

根本通明受到明代来知德的影响,以镜喻象,认为如同镜照万物,卦象亦能抽象地反映万物的形态,从而无所滞碍地把握万物的自然法则与人伦关系。故而,在解说《系辞传》“《易》者象也,象也者像也”一文时,他说,“舍象不可言《易》”,《易》之象不仅是“天地日月水火雷风山泽”,更可以将此类易象为媒介,延伸至人事的道理上。他认为“象之所示者深,无所不该”③,易象不仅在自然领域有所铺陈,更在政治伦理的规范上有警示之意。这一关联最易理解的部分,当是他对“龙”象的解说。

> (乾卦)此天子之卦也,谓之不易卦。乃天子一系,万世不可易之义也。六爻言龙者,太子之象也,示世以太子继其位之义也。皇统一系者,本是天之道也,故以太子继位,谓之义嗣。④

与一般认为乾为天子,故为龙象的观点不同,通明认为六爻言龙是为“太子之象”。作为圣人经世之书的《周易》,与日本天子“万世一系”之“国体”关联起来的论证起点,在

---

① [日]根本通明:《周易讲义》卷一,第1页。

② 参见[日]尾藤正英:《日本の国家主義:「国体」思想の形成》,岩波书店2014年版。

③ 参见[日]根本通明:《周易象义辩正》,第995页。

④ [日]根本通明:《周易象义辩正》卷一,第38页。

于长子继承制的普遍神圣性。根本通明引《说卦传》“帝出乎震”“震为龙”之说，主张震卦的特殊性，以“龙”象为震卦之象，其原因在于，他需要确保震卦作为长子卦，能继承“龙”的权威。“震者，乾之本”①，震卦作为长子卦，是乾卦之能为天子之卦的根本，如同长子承嗣制乃是天子即位永续不绝的保证。故而乾卦六龙之言龙之处，都是太子之象，震卦即为龙之象。

> 震为龙，为长子。《序卦》又曰：“主器者，莫若长子。”器即天子之瑞信也。夏殷周有九鼎，后世则称传国玉玺，主之者，必世太子，不可以他姓干之也。故曰，主器者，莫若长子也。周公系爻辞，以龙取象者，是示天子必可世以长子相继也。以长子相继者，即天之道也。周公以象示之。固已明矣。②

既以龙象为太子，类比未来的天皇，虽未具体明确天皇的位置与功能，却直观地树立起天皇的形象，即执鼎的主器者。至此，通明借由《序卦传》“主器者，莫若长子”的表述，将《周易》义理与天皇制度的存续联结起来。在结果上，他将天皇制度这一日本特殊的政治伦理一般化，将父子相续的太子名分作为天道所授加以明确，最终合理化了“天子万世一系”的措定。在历史事实上，日本古代社会并非必然由直系的嫡长男继承王位③，一直到江户时代，为了避免由继承权引起的政治混乱，身份上能够保证唯一性的长子，成为能够在政权更替上获得安定性的可靠保证，所以长子继承制才作为正统被确立了下来。于是，在血缘这一恒常关系下的长子太子制，直至近世，才成为日本独特的天皇一族的政治支配权在理论上得以长期维持的保证。

通明从汉学者的立场出发，称呼长子为“义嗣”，从儒教式的观点证明了嫡长子继承制的正统性。他认为六十四卦之中，最具父子相续意涵的是蛊卦。

> 夫蛊者，父终而子始之卦也。此卦，艮之一阳在上，父终于上之象。巽之一阴在下，子承父而始之象。乃承而始事之象也。《说卦》曰：艮，万物之所成终，而所成始也。阳极于上而终，此父终也。阴始于下者，此子始事也。以阴阳言之，则阳为父，阴为子，此卦以上九与初六为主爻，即是父终而子始之义也。其父既终矣，初六曰，有子，考无咎。以初六为子，既以阴爻为子也。《礼记·曲礼》曰，生曰父母，死曰考妣。则考以父既终言之也。④

他以蛊卦的上卦为阳艮，下卦为阴巽，并据《说卦传》所言，“艮，东北之卦也，万物之所成终，而所成始也”，以阳为上卦之极，父终之意，以阴为下卦之始，子继之意。因此，他视上九与初六为蛊卦的主爻，分别为父、子相应，初六爻辞中“有子，考(父)无咎”，正是呼

---

① ［日］根本通明：《读易私记》，《周易象义辩正》卷首，第 6 页。

② ［日］根本通明：《读易私记》，《周易象义辩正》卷首，第 4—5 页。

③ 日本古代社会事实上的王位继承，是在天皇一族内不规则地继承。有先行研究认为，应神天皇以前是末子继承，应神天皇以降则受到中国与朝鲜的长子相续观念的影响，两者结合起来变更为兄弟继承。另有研究认为，族长继承法与兄弟继承法之后，渐次转变为嫡系相续。（参见［日］池内宏编：《東洋史論叢：白鳥博士還曆記念》，岩波书店 1925 年版；［日］井上光貞：《古代の皇太子》，《井上光貞全集》第 1 卷，岩波书店 1985 年版。）

④ ［日］根本通明：《周易象义辩正》卷三，第 131 页。

应父终子始之意。如此，通明在观念上将蛊卦的解释与作为代际间继承关系的长子相续联结起来。

2.易象与革命否定论

与“万世一系”观念相对立的是“易姓革命”说。长子继承制的原则是为免除王位之争，在血缘家族集团内部实现政权的代代和平传递，在逻辑上确保了“易姓”的不可能。因此，天皇一族的绝对性与悠久性，确立了天皇制为国制，排除了中国传统儒教中孟学、荀学、公羊学等理论中所论述的“易姓革命”在理论上的必然性。对这一点，通明明确地表达了“易非革命之书”，他说：

> 按天子一姓之道，本是天道也。……故易卦，受乾坤以屯蒙。屯者，立君也。蒙者，作师也。蒙者，童蒙也。幼而教之以仁义忠孝也。人苟知义，则岂有后其君者乎。蒙卦曰，以果行育德，言见义则必敢行之。假令有大逆犯君者，则举天下仇之，相索引以诛之，义必不共戴天。此作师。所以永保天子一姓之道也。[①]

上面的注文所体现出强烈的忠君思想，将天子一姓视为天道，即永恒的政治上的真理。又认为六十四卦中，乾坤两卦之后接以屯蒙，是因为屯卦“利建侯”，是立君之卦，而蒙卦“教童蒙”，是作师之卦。作师的目的，是教人以仁义忠孝之德，不遵此德而犯君者，必会举天下共讨以诛之。

乍看这是儒家一贯的“忠君”之说，实则与儒家的主流思想并不符合。在儒学传统之中，一方面虽然要拥护君主的尊严，托之以天下，却也要求常常对君主的德性保以警戒，君主若行无德之政，则视之为贼而放伐之，这是“革命”说的道德意义。革命的正当性，是实行仁政的王者，在民众的支持下重建天下秩序，其内在地蕴含了仁义的道德前提。

六十四卦中最为强调革命思想的莫过于革卦。《革卦·彖》：“天地革而四时成。汤武革命，顺乎天而应乎人。革之时大矣哉。”如同时运四季如常变化，人间社会新陈代谢的变革也被视为当然之理。通明对这一影响深远的经典文本，作出如下的论述：

> 革之为卦也，以人臣而变为君也，管仲所谓臣而代其君曰篡也。革命以汤武为始，而伏羲作易，在其前数千年，何以前知数千年之后有革命也。伏羲画乾卦，为天子一系之象矣，此万世不可易之常道也。苟有常则有变，是以伏羲恐后世有革命之变，而设革卦，以戒之也。……天下之变，莫大乎革命。圣人之忧患，莫深于革命。故易有革卦，是为后世，立其防也。
>
> 《革卦·彖传》曰，汤武革命，顺乎天而应乎人。此汤武敢犯不臣之罪而行革命者，欲不行而其势不可得焉也。……逆反武之革命，虽出于不得已焉，以君臣之大义论之，则以臣伐君之名，岂可得免乎。故罪汤武者，自古有之。[②]

通明视臣代其君为“篡”，乃不合于义的行动，伏羲作易时并未能预言到汤武之革命，设革卦的原因，不是为了鼓励革命，相反是为了“立其防”，警戒革命的发生。基于此，汤

① [日]根本通明：《读易私记》，《周易象义辩正》卷首，第6页。

② [日]根本通明：《周易象义辩正》，第25页。

武之革命，犯的是不臣之罪，不合乎大义之名。在《周易讲义》中，他在对革卦的训解里谈到，汤王践天子之位，颠倒君臣名分，乃乱贼之行径。同时，引《史记》汉景帝年间黄生与辕固生之间的辩论作为自己贬斥汤武的注脚，认为汤武是"弑君之逆贼"，不可称之为圣人。而作为革命之易象的鼎卦，上为离，下为巽，䷱恰如鼎足上举倒举之象，此即革命之象，象征着倒除天下污浊不洁之恶物。然则他借用鼎卦初九"得妾以其子，无咎"之爻辞，竟以此说明革命之后须授位于天皇之子，同样陷入了静态、固定的皇统政治的局面。

所以，在蛊卦的注解中，通明认为乾、蛊、巽三卦是说明天道政治最关键的三卦。乾卦是天子之卦，而蛊卦则代表父终子始，巽卦则代表嗣君修整弊政，乾→蛊→巽三卦"互相须而成"①的动态关系，是确保天子一系的皇统政治不出弊政的良方，关系甚重。

至此，通明从天子一系的论证，走向了对传统儒学的圣人批判，在对汤武革命的非难中抵触到了儒家政治道德的根本。如果易姓革命不再符合天之理法，皇统的永恒性与绝对性主张才是符合于天的政治道德，那么，通明就从根底上颠覆了作为德教的儒学精神。这不得不说是一种观念上的矛盾。他所说"易之为书也，所以正君臣之义，明父子之道也"，凝缩了他的政治理论，在明治的蠢动期内，通过区别于过往的经书理解，最后到达了万世一系的国体理论，支撑了作为"日本国特有国民道德"的皇国史观。在明治时期汉学者的精神世界里，经书解释的余势，消融在了日本当时的政治观念之中。

四、经典诠释的"公书"与"私书"之争

如上所述，根本通明的易说具有相当显著的"日本化"倾向，与近代定型的国体观点相纠缠，其经典解释所触发的价值观念，已经背离了经典本身原初的言说方式。这种有别于中国传统经学的异质性思考，典型地体现了作为价值与义理载体的儒教经典，在跨越时间与空间的传播之后，依随注释者与使用者的立场与喜好，产生出了新的逻辑。在与根本通明有过辩论的清末学者吴汝纶那里，二人展开的"公书""私书"说，将这种逻辑上的矛盾诠释得分明。

1902年，被委任以"学政"之职赴日考察的桐城派学者吴汝纶(1840—1903)的东游，是壬寅学制改革的重要一步。吴汝纶虽以考察日本学校、医院、图书馆诸体制为东游目的，但作为一名学问家，他与服部宇之吉、井上哲次郎、三岛中洲等人的会面也带有中日儒学学术交流的色彩，主要交流的内容还是在经史之学上。吴汝纶与根本通明之间有数次书信往返，专就易学知识展开论辩，后收入吴汝纶之子闿生所辑《桐城吴先生尺牍》中。其中最惹人注目的，还是根本通明那独特的"皇统一系"之易说。这场与书论易，在通明弟子笔下为初时吴有所"不服"，后被折服，进而"感其笃学"，甚至为序以赠。但在吴汝纶的笔下，却并不愉快。

作为桐城派学问领袖、同样精于易注的吴汝纶，为通明之书所赠之序文，如下所述：

日本老儒曰根本通明者，闻余始至，使其徒奉手书，及所著《周易象义辨正》二册

① ［日］根本通明：《周易象义辨正》，第131页。

来见。……其大旨，据说卦所列象为说。其自喜者，谓说卦震为龙，为乾繇六龙发也，震为长子主器，乾下乾上是太子世世继位为君，皇统一系之义。其称“易之传在我邦者”以此。

东士或非之曰：“羲文作易，安能知千百载后，有我邦之皇统一系，而豫言之乎。”汝纶曰：“不然，说经，贵自适己意而已。……易之义至闳远矣，惟读焉者之所自取。……日本之儒，用日本事迹为说，此自于其所亲见，有取焉尔，又何不可者。……易之书，天下之公书，非一国所得而私焉者也。……然则日本儒家，以日本事实明易，又有说卦所列象为之证明其言，殆不为过。”

毕竟以外交为由赴日，吴汝纶上述序文措辞温和，对通明“易之传在我邦”之说仅表示宽容地接受，认为“皇统一系”之旨，主要是通明“自喜”之，但也大度地说，“说经，贵自适己意而已”，极大程度上肯定了诠释者在抒发己意上的自由度，并将《易》定位为“天下之公书”，日本的儒者，用日本之事实，解释《易》书的经文，“殆不为过”。

在吴汝纶看来，儒教的经书虽源自中国，但并非一国所能私自据有，谁也不能排他性地垄断解释的权力，谁都拥有以己意释经的立场。这是经书乃“公书”而非“私书”一说着墨之处。若止于此，不失为一段两国文化交流的佳话。但后面几月，二人往来信件增多，语气渐忿，以至于陷入激辩。论辩的核心，在于十翼的辨伪。吴汝纶秉承清代考证学者的严密性，质疑十翼非圣人所作；而根本通明却认为经传无可置疑。两个人的分歧，最终演变成为两种解经方式的论战。

其实在序文的末尾，吴汝纶也曾委婉地表达了他对根本通明释经立场上的质疑：

抑余有疑焉，余于古今说易家，最服欧阳公。而根本氏顾不喜欧，谓为陋儒矣。至论汤武革命，则颇同欧公，岂欧公之说，故有不可尽弃者欤。[①]

吴汝纶所尊信的欧阳修，著《易童子问》，是易学史上著名的疑经人物。根本通明不喜欧阳修，却在贬斥汤武革命这一立场上，偏偏与撰写过《正统论》《春秋三论》《春秋或问》，推崇尊王思想与正名定分的欧阳修相近。欧阳修的非汤武与非十翼，立场是一贯的，而通明一方面尊信十翼，另一方面却驳斥《彖传》“汤武革命，顺乎天而应乎人”之论，岂非矛盾？吴汝纶在这里应该是在有所保留地批评通明一边尊奉《易传》，一边无视《易传》精神的首鼠两端。及至二人论易之战平息，吴汝纶在与其他友人的书信中直言：“(通明)来示谓敝国汤武前皇统一系，此殊未然”，“根本氏之书，不必深论”。[②] 两人论难的结果不甚愉快。一方面是因为作为清末学者的吴汝纶，持有疑经、疑古的一贯立场；而通明的尊经立场，不仅仅源于作为汉学者的基本素养，同时也是因为，他的国体论、革命否定说、天皇万世一系说，均基于《周易》经传的诠释而发生，至于其中细节处无法弥缝的部分龃龉，他已经无暇顾及。

---

① 吴汝纶：《周易象义辨正·序》，第2页。

② 吴汝纶：《答信夫粲》，施培毅、徐寿凯校点：《吴汝纶全集》，黄山书社2002年版。

结语：反思经学与政治的关系

近代日本儒者对“国体”论的发挥，决计不止根本通明一个。但像根本通明一样对儒教精神所依附的经典文本进行直接的、扭曲的经学解释，颠覆以往的诠释路径的例子却也不多。根本通明对《周易》的刻意歪曲解释，甫一问世就受到了高桥亨①的质疑，而其中体现出来的露骨的“国粹主义倾向”，也引起了内村鉴三和井上哲次郎的警醒。后来，平泉澄就曾直言，他所大力提倡的“皇国史观”，受到过根本通明易说的直接影响。这样一种奇异的经学价值的创生，也再一次提醒了我们，经学价值的诠释往往伴随着政治性，若诠释者刻意歪曲，令经学与政治媾和，造成的破坏力也可能十分巨大。

根本通明的易象“国体”论也说明，在不同的政治环境中，“经”的普遍性意义受到挑战。自汉以来经典被确立为典范，在之后很长的历史跨度中，也总会在诠释的流变中凸显出文本意义的不变性，这是“经”作为一种被确定的典范所具备的恒常意义。但在跨时空的传播过程中，随着政治语境的转换，论者有意调整、选择或遮蔽，易引发表面文本与深层精神的诠释变迁。

经书的教化、意旨也有赖于诠释者的意图及所处社会环境。在近代的日本，国体思潮的强化，使得学者对儒学经典的诠释和使用屈折于神道、佛教等强势思想。儒学被不断地牵扯进政治意识形态的漩涡里，以求与近代日本的民族主义合拍，为此不惜以被扭曲的经典文本解释作为观念上的前提。渡边浩曾经在《東アジアの王権と思想》(《东亚的王权与思想》，上海古籍出版社 2020 年版)一书中提到明治维新后的“儒学西洋化”动向，认为维新以降的儒学逐渐被西洋思想所吸收，而且在引进西洋思想的“近代”扮演引导者，反过来导致自身作为“体系”的思想生命力的丧失，是一种“自杀”；那么我们也可以说，儒学者在明治日本为了在政治上争取话语权，寻求与政治媾合，在经典解释上有意歪曲原有价值，以“私”害“公”，实现了近代的“儒学日本化”，这也是一种形式的“自杀”。这种经典解释由自内部，在帝国意识形态的操作下，为了追求所谓的“日本精神”而沦为帝国舆论机器，并迅即催化出一种皇国史观，沦落为国家意志的工具。这是值得今天的我们引以为戒的。

---

① ［日］高桥亨：《漢易を難して根本博士の易説に及ぶ》，《哲学雜誌》明治十七年(1884)190 号，第 61 页。

“舆说辐”小议[*]

刘兆轩[**]

一、“舆说辐”的异文情况

“舆说辐”见《周易·小畜》：“九三，舆说辐。夫妻反目。”阮元《校勘记》云：“石经、岳本、闽、监、毛本同。”①除阮元列举的五种版本之外，经检核现存的《周易》文本，包括开成石经、宋刻经注本、注疏合刻八行本及十行本等系统诸本，“舆说辐”三字皆无异文。但是，有几条出土文献及相关旁证值得参考：(1)《马王堆帛书》作“车说緮”②。(2)《周易·大畜》：“九二，舆说輹。”上博简作“九二，车敚复”③。(3)敦煌本《周易注》“小畜”卦“輹”字残存“车”旁，然此卦“健而巽刚中而志行”，王注“不能以进而车说輹也”④；“《象》曰既雨既处”，王注“而上九说征之輹也”⑤，即今本作“辐”者敦煌本《周易注》皆作“輹”。(4)唐陆德明《经典释文》小畜：“辐，音福。本亦作輹，音服。马云：‘车下缚也。’郑云：‘伏菟。’”⑥

如果单纯从版本校勘的角度上来看，这里既有本证又有旁证，已基本可以判定，此处的“辐”字当为“輹”字之误。不过，倘若在此基础上对前代学者关于“舆说辐”的相关研究成果加以梳理和归纳，或许可以在学术史的层面为此处的校勘学研究提供帮助。

二、宋代学者的考证

由《经典释文》及敦煌本《周易注》可知，在唐代尚可见个别“辐”作“輹”者，但主流版本均已作“辐”，这一点还不妨再看《经典释文》大畜“輹”字：“輹音服，又音福。蜀才本同，或作辐。一云：车旁作复，音服，车下缚也；作畐者，音福，老子所云：‘三十辐共一毂’是

---

* 本文原载于《中国典籍与文化》2021年第2期。

** 作者简介：刘兆轩，曲阜师范大学孔子文化研究院讲师。

① (清)阮元：《十三经注疏校勘记》，北京大学出版社2015年版，第107页。

② 裘锡圭主编：《长沙马王堆汉墓简帛集成》(叁)，中华书局2014年版，第36页。

③ 马承源主编：《上海博物馆藏战国楚竹书》(三)，上海古籍出版社2003年版，第166—167页。

④ 许建平：《周易注》，《敦煌经部文献合集》第1册，中华书局2008年版，第17页。

⑤ 许建平：《周易注》，第18页。

⑥ (唐)陆德明：《经典释文》，上海古籍出版社1985年版，第81页。

也。《释名》云：‘屐，似人屐。’又曰：‘伏菟在辐上，似之。’又曰：‘輹伏于轴上。’”[①]由此可见在唐代不止小畜，连大畜的“輹”字亦有作“辐”字者，且陆德明已经对此进行了一定的考辨。至宋代，学者们便以《经典释文》为线索展开较为深入的研究，其结论大致可分为赞同与不赞同两类。

（一）赞同

执此观点者，依其研究角度的不同，又可细分为两个方面。

1.文献证据

除了已知的《经典释文》外，晁说之指出《说文解字》“輹”字引《周易》，而“辐”字反不引《周易》的重要证据：

《说文》作“輹”，云：“车轴缚也。”《易》“舆说輹”。《说文》“辐”字云：“车轑也”，不以《易》为证。[②]

吕祖谦《古易音训》、吴澄《易纂言》皆引其说。此外，吴澄又在此基础上，利用音韵来分析致误原因：

辐，因音近而误也。[③]

此或可视为清人利用古音通假、因声求义的原理，研究古籍疑难问题之先声。另外一则文献证据为《左传・僖公十五年》“车说其輹”一句及其相关注疏的内容，如朱震《汉上易传》云：

《子夏传》虞翻本辐作輹，当作輹。……《春秋传》：“晋献公筮嫁伯姬于秦，遇归妹之睽，史苏占之曰：‘车脱其輹，归妹外卦震也。’”[④]

由以上文献证据可知，在汉代及以前的《周易》文本中，“辐”字皆作“輹”。宋代学者发现的这些文献证据非常重要，后世学者尤其是清代学者在相关著作中几乎无不征引。

2.名物考证

宋代学者通过名物考证的方法论证“辐”“輹”二字，大致可分为两个方面。一方面是辨别“辐”与“輹”在车制构造上的具体功用，如：

輹，车下横缚也。[⑤]

輹，伏兔也，在轴之上承舆者，车不行则说之。[⑥]

辐无说理，必轮破毂裂而后脱也。舆下之輹，乃有脱时，车不行则脱之。[⑦]

在这里，宋代学者依据车的结构知识指出“辐”与“輹”的区别，认为“车不行”时则“说輹”。不过限于当时缺乏现代考古学的相关知识，这一说法未必准确。

---

① （唐）陆德明：《经典释文》，第 93 页。

② （宋）吕祖谦：《古易音训》卷二，中华再造善本（影印国图藏元至正六年虞氏务本堂刻本）。

③ （宋）吴澄：《易纂言》，《景印文渊阁四库全书》第 22 册，台湾商务印书馆 1986 年版，第 421 页。

④ （宋）朱震：《汉上易传》，《景印文渊阁四库全书》第 11 册，台湾商务印书馆 1986 年版，第 42 页。

⑤ （宋）俞琰：《周易集说》，《景印文渊阁四库全书》第 21 册，台湾商务印书馆 1986 年版，第 15 页。

⑥ （宋）吴澄：《易纂言》，第 421 页。

⑦ （宋）项安世：《周易玩辞》，《景印文渊阁四库全书》第 14 册，台湾商务印书馆 1986 年版，第 256 页。

另一方面则是在车制构造的基础上，结合《易》理加以探讨，如：

上九、九三本相应，若动而成震，坤其舆也。阳画舆下横木也为輹。九三见畜不可动。兑为毁折，舆说輹矣，其能进乎？……上六变离，震毁，车脱其輹，与此爻及大畜九二同象。①

二若是耦画，则二三四互坎为舆。九二奇画，是坎之下画不存也。舆下说去其輹之象。九二为舆之輹，九三为在舆中之人，人在舆中，而舆下之輹说，则不能行也。……辐者轮橑，非可说者。作輹字乃与大畜九二同。②

辐指二舆，三自谓也，二牵初而复，则三之舆说其輹而不行矣。③

今畜道止于不行，非有破裂之象，恐与大壮、大畜同作輹字为长。④

通过阐释易理，以上各家从不同的角度指出小畜卦此处的“辐”应当与大畜卦相同，即当作“輹”。不过由于易理玄妙，推阐易理亦可得出相反的结论（详见下文）。

（二）不赞同

尽管上述支持《经典释文》的宋代学者已经取得了相当丰富的证据，但还有一部分宋代学者不赞同《经典释文》的说法，认为仍当以作“辐”字为宜。其理由基本上是从《易》理的角度加以论证。如郭雍《郭氏传家易说》云：

大畜有止畜之义，说輹则止而不行也。小畜入而畜之，有复之象焉。复贵早辨，过中则危矣。此牵复之后，所以言说辐也。说辐则害于行道，故又有夫妻反目之象。夫妻反目，道不行于一家，何以正天下？是如辐坏而车不能行也。孔子曰：“大车无輗，小车无軏，其何以行之哉？”意与此同。求其所以然，盖本于不能正室，不能正室者，其身不正故也。是以君子必笃于成已，而后可以成物，为是故也。大畜舆说輹，止于二也，良马逐行道于三也。小畜牵复于二，未为成德，故说辐，于三不能行也。輹可说者也，辐不可说者也。⑤

易理玄妙，上文既引朱震、吴澄、俞琰、项安世各家通过阐释易理认为小畜卦“辐”当同大畜卦作“輹”，然而郭雍推阐易理则得出小畜之“辐”与大畜之“輹”不同的结论。此后，清代学者王甗亦从易理角度得出类似结论（详见下文）。

以上是宋代学者在赞同与不赞同“辐”作“輹”两个方面的研究考辨情况，宋代之后，元、明两代的学者基本未能超出以上研究的范围。直至清代，始有较为瞩目的研究突破。

三、清代学者的考证

清代学者针对“辐”“輹”二字之辨，在总结和继承宋代学者研究成果的基础上，取得

---

① （宋）朱震：《汉上易传》，第 42 页。

② （宋）吴澄：《易纂言》，第 421 页。

③ （宋）俞琰：《周易集说》，第 15 页。

④ （宋）项安世：《周易玩辞》，第 256 页。

⑤ （宋）郭雍：《郭氏传家易说》，《景印文渊阁四库全书》第 13 册，台湾商务印书馆 1986 年版，第 42 页。

了令人瞩目的研究突破，主要表现在音韵学、训诂学及车制考证三个方面。

（一）音韵学

众所周知，清代学者利用古音通假的原理，因声求义，解决了许多古书中的疑难字句，取得了举世瞩目的成就。清代学者利用音韵学知识研究"辐""輹"二字之辨，大致可分为两派。

1."辐"可读为"輹"

以惠栋为代表，认为"辐，音福，依古义当读为服"，而《经典释文》"輹，音服"，又"腹，古文輹"，因而认为"辐"当作"腹"，"读为輹"：

辐，音福，依古义当读为服。①

惠栋作腹，谓腹古文腹，故读为輹。②

惠校本改作輹，经文同。……惠氏曰：腹，古文輹。③

腹为輹之借字，輹，车下缚也。④

概括来说，该派的基本观点是"辐"可读为"輹"，作"辐"字只是音通假借的用字现象，并无正误可言。

2."辐"字与韵不合故当作"輹"

以顾炎武、朱骏声等为代表，指出该卦"牵复""说辐""反目"为一组韵语，而"辐"字与韵不合，故当作"輹"：

顾氏（炎武）曰：古音辐，不与目协（辐音偪），当依先儒作輹。⑤

牵复、说輹、反目为韵，辐非韵矣。⑥

以古音求之，輹与目韵，若作辐则不谐矣。⑦

综合以上两派，可以概见清代学者是如何利用音韵学的方法，分别从两个方面辨析"辐""輹"二字的。今检《汉字古音手册》，辐、福属职部帮母，服属职部并母⑧；腹、輹属觉部帮母，复属觉部并母⑨，目属觉部明母⑩。由此可见，后一派由押韵来考辨"辐""輹"二字，确有其合理的一面。不过，前一派由古音通假进行分析，亦有其依据。因为辐、福、服所属的职部，与目、复、輹所属的觉部，在《诗经》和《楚辞》中皆不乏合韵的实例。如觉职合韵者有："黍稷重穋，禾麻菽麦（《豳风·七月》）"⑪；"载震载夙，载生载育。时维后稷

---

① （清）惠栋：《周易本义辨证》卷一，中华再造善本明清编（影印上海图书馆藏惠栋手稿本）。

② （清）翟均廉：《周易章句证异》，《景印文渊阁四库全书》第 53 册，台湾商务印书馆 1986 年版，第 681 页。

③ （清）李富孙：《易经异文释》，《续修四库全书》第 27 册，上海古籍出版社 2013 年版，第 668 页。

④ （清）王引之：《经义述闻》，上海古籍出版社 2016 年版，第 23 页。

⑤ （清）惠栋：《周易本义辨证》卷一。

⑥ （清）朱骏声：《六十四卦经解》，中华书局 1958 年版，第 45 页。

⑦ （清）王树枏：《费氏古易订文》，《续修四库全书》第 40 册，上海古籍出版社 2013 年版，第 214 页。

⑧ 郭锡良：《汉字古音手册》，商务印书馆 2010 年版，第 173 页。

⑨ 郭锡良：《汉字古音手册》，第 175 页。

⑩ 郭锡良：《汉字古音手册》，第 171 页。

⑪ 王力：《诗经韵读楚辞韵读》，中华书局 2014 年版，第 228 页。

(《大雅·生民》)”[①];“吁谟定命,远犹辰告。敬慎威仪,维民之则(《大雅·抑》)”[②]。职觉合韵者有:“礼仪既备,钟鼓既戒。孝孙徂位,工祝致告(《小雅·楚茨》)”[③];“是生后稷,降之百福。黍稷重穋,稙稚菽麦。奄有下国,俾民稼穑(《鲁颂·閟宫》)”[④];“眴兮杳杳,孔静幽默。郁结纡轸兮,离愍而长鞠(《九章·怀沙》)”[⑤]。此外,上文《经典释文》“輹,音服”也可视为一种佐证。

可见两派观点在一定程度上存在互补性。不过总体来看,清代学者的确在音韵学领域取得了令人惊叹的成就,只是音韵学毕竟不是万应灵丹,单凭古音通假及协韵为证,未免近于推测,因此两派观点都难以令人彻底信服。

(二)训诂学

清代学者利用训诂学考证“辐”与“輹”在字义上的区别,其思路一方面来自《经典释文》中的“马云‘车下缚也’,郑云‘伏菟’”[⑥],《左传·僖公十五年》“车说其輹”及其古注;另一方面则是来自对宋代学者的继承。由于《经典释文》谓“輹”即“伏菟”,那么在此基础上,清代学者首先就要解决“輹”与“伏菟”在训诂学上的区别与联系。对此,清代学者注意到了《说文解字》中的三条线索:(1)轐,车伏兔也。从车菐声。《周礼》曰:“加轸与轐焉。”(2)輹,车轴缚也。从车复声。《易》曰:“舆说輹。”(3)轉,车伏兔下革也。[⑦]

段玉裁的分析梳理比较清晰:轐即伏兔,伏兔需要固定在车轴上,“以革若丝之类缠束于轴”者为輹,“以鞪固之于轴上”者为轉。[⑧] 执此观点的清代学者为数不少,如:

轐是伏兔之名……古者輹、轐同字……伏兔在舆轴之中,上以承舆,下以衔轴,必束缚之而后固。然则马云:“车下缚”,郑云:“伏兔”,义实相通。马郑非有异字,且非有异义也。[⑨]

盖伏兔本在舆底,以叉衔轴,则舆不动,其形似屐。伏兔下有革以缚之。《广雅》:“轉,伏兔也。”据许书,伏兔名轐,缚轴为輹,其革名轉,故轉字厕于轐与轴輹之间,是许分析言之,其实即为一事,故诸家多统言之。[⑩]

郑以輹为伏兔,《说文》则谓伏兔为轐。郑司农亦以轐为伏兔……而《易·释文》引《释名》则轐皆作輹……据此则輹、轐实一物,故郑以輹为伏兔。[⑪]

《大畜》“舆说輹”,郑本作轐,云:轐,伏兔。《考工记》“加轸与轐焉”,郑司农云:轐谓

① 王力:《诗经韵读楚辞韵读》,第 322 页。
② 王力:《诗经韵读楚辞韵读》,第 329 页。
③ 王力:《诗经韵读楚辞韵读》,第 287 页。
④ 王力:《诗经韵读楚辞韵读》,第 377 页。
⑤ 王力:《诗经韵读楚辞韵读》,第 452 页。
⑥ (唐)陆德明:《经典释文》,第 81 页。
⑦ (清)段玉裁:《说文解字注》,《四部备要》第 13 册,中华书局 1989 年版,第 519—520 页。
⑧ (清)段玉裁:《说文解字注》,第 519—520 页。
⑨ (清)徐堂:《周易考异》,《续修四库全书》第 33 册,上海古籍出版社 2013 年版,第 53—54 页。
⑩ (清)李富孙:《易经异文释》,第 668 页。
⑪ (清)宋翔凤:《周易考异》,《续修四库全书》第 28 册,上海古籍出版社 2013 年版,第 214 页。

伏兔也。……馥案:伏兔即郑本之轐也。名缚者,輹也。……《小畜》"舆说辐",《释文》云辐本亦作輹,马云輹车下缚也。[①]

结合以上各家成说,可以将輹、轐、轐三字与伏兔之间的关系结构图加以直观展示,见图 1。

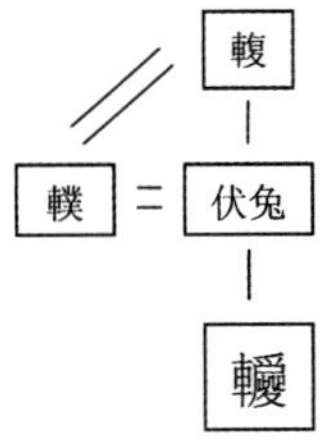

图 1　三字与伏兔关系结构

而这些训诂学的研究成果,又反过来可用来判断"辐""輹"二字的正误:

轐、輹实一字。其下有革以缚于轴。今《易·小畜》作辐,系传写者误。辐在毂与牙之间,非可脱者。……或作腹者,假借字;或作辐者,讹字。[②]

此知輹、辐相混者,由后人多闻辐罡、闻輹小王注《易》,又不详輹制,故录王《易》者,易輹为辐,其实先儒旧本自皆作輹,故马、郑之注并同《说文》《释名》之训。[③]

轐下有革以缚于轴,今《易·小畜》作辐,盖传写者误……轐、輹,伏兔也,是轐、輹同为伏兔之名。[④]

以上各家通过梳理輹、轐、轐三字与伏兔之间的关系,结合车的结构名称,不仅理清了前人成果中错综复杂的同字异义及同义异字的关系,且判定小畜此处之所以作"辐"字,系"传写者误"。

(三)车制考证

清代学者在名物考据方面的成就有目共睹,他们通过钻研古文献中的相关记载,复原了许多古器物的形制。事实上,在上一节关于训诂的部分中,已经可以看出清代学者在自觉利用车制考证的成果为训诂学的研究提供帮助。而清代学者在车制考证领域所取得的成果中,同样有不少可以帮助考辨"辐""輹"二字的正误,不妨稍加归纳。

1.辐

辐即车轮的辐条,《考工记》云:"轮人为轮,斩三材,必以其时。……毂也者,以为利转也。辐也者,以为直指也。牙也者,以为固抱也。轮敝,三材不失职,谓之完。"[⑤]基于《周礼·考工记》,清代学者对于车轮的结构的研究结论大致相同,不妨对比戴震(图 2)[⑥]

① (清)桂馥:《札朴》,商务印书馆 1958 年版,第 2 页。

② (清)段玉裁:《说文解字注》,第 520 页。

③ (清)宋翔凤:《周易考异》,第 214 页。

④ (清)孙诒让:《周礼正义》,《四部备要》第 8 册,中华书局 1989 年版,第 823 页。

⑤ (清)戴震:《考工记图》,商务印书馆 1955 年版,第 12 页。

⑥ (清)戴震:《考工记图》,第 20 页。

与阮元(图 3)[①]绘制的“辐”的结构图。由图可知辐的上下两端以榫卯结构固定,非常牢固。在明白了辐的结构之后,便不难理解项安世所说的“辐无说理,必轮破毂裂而后脱也”[②]。事实上,即使是郭雍、王甗等不赞同“辐”当作“輹”者,也认同这一点。同时,辐的结构研究成果还可以用来帮助考辨“辐”“輹”二字的正误:

图 2　戴震辐结构

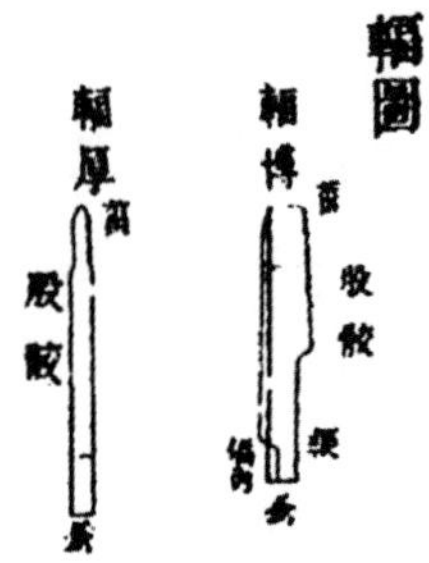

图 3　阮元辐结构

2.輹

清代学者关于“輹”的形制研究,在此仍以戴震(图 4)[③]及阮元(图 5)[④]为例。对比二者绘制的“伏兔”的结构图,可见其结论大同小异。而与训诂学研究类似,车制结构的研究成果同样可以用于考辨“辐”“輹”二字的正误:

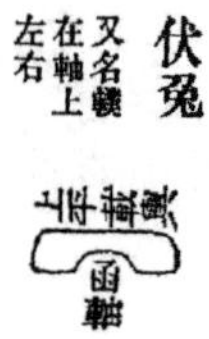

图 4　戴震輹形制

图 5　阮元輹形制

轐、輹实一字,其下有革以缚于轴。今《易》惟小畜作辐,盖輹字少见,传写者误。辐在毂与牙之间,非可脱者。又当连轮言,不当连舆言。后人不知輹何物,于大壮、大畜皆作辐解矣。[⑤]

舆底有轐,则不致与轴说离矣。《易》曰“舆说腹(俗讹作辐)”,虞翻曰“腹或作輹”,卢氏曰“輹,车之钩心,夹轴之物”,是輹即轐也。或谓之伏兔者,以伏于轴上似之也。又谓之屐,象屐之形。[⑥]

《易》“舆脱輹”,《子夏传》曰“輹,车下伏兔也”,《春秋左传》“车脱其輹”,正与《易》同。

---

① (清)阮元:《车制图解》,《丛书集成续编》第 8 册,上海书店出版社 1994 年版,第 970 页。

② (宋)项安世:《周易玩辞》,第 256 页。

③ (清)戴震:《考工记图》,第 33 页。

④ (清)阮元:《车制图解》,第 975 页。

⑤ (清)戴震:《考工记图》,第 37 页。

⑥ (清)阮元:《车制图解》,第 973—974 页。

今以牙辐之辐当之，误矣。[①]

戴、阮两家说伏兔形制是也。伏兔承舆下而加轴上，其正中与軜当兔围径同，其前后作半规形，下衔轴者，郑珍谓亦径二寸二分。……轐下有革以缚于轴，今《易·小畜》作辐，盖传写者误。[②]

清代学者通过研究古车的相关形制特征及其结构功能，不仅为相关的训诂学研究提供了物质依据，也为"辐""輹"二字的正误考辨提供了一个比较令人信服的证据。

不过需要补充说明的是，与宋代相仿，清代学者中同样有不赞同"辐"当作"輹"者，鉴于这些学者的研究未能突破郭雍藩篱，在此仅举王甗《周易校字》一例以概其余：

> 晁氏、吕氏、项氏及本朝顾亭林、惠定宇俱谓当作輹。愚窃以为不然。夫辐固无说理，然车坏则说矣。本爻之于四，始则以阴阳相比而怀安，继则以义理相绳而变色。方其怀安也，直有终焉之志。则从车坏之义，乃益见其反复不常也，与大畜之旨殊矣。[③]

在这里，针对宋代学者晁说之、吕祖谦、项安世以及清代学者顾炎武、惠栋等前人观点，王甗仍从易理的角度加以反驳，即围绕"车坏"之义展开分析，其方法与前文提到的宋代学者郭雍颇有相似之处。尽管如此，郭雍、王甗的反对意见仍显单薄，加之易理玄妙，其说仍不足以动摇宋、清两代各家学者的结论。

四、现代学者的研究

（一）考古发现

除了上文提到的上博简、《马王堆帛书》、敦煌本《周易注》等出土文献外，在现代考古学研究中，有助于解决《周易·小畜》"辐""輹"二字的正误问题的成果，主要集中在有关考古发掘古车实物的领域。有些考古学成果不仅可以直接复原古车的原始面貌，还可以为前代学者的研究结论提供补充和修正。例如前文提到，轐即伏兔需要固定在车轴上，"以革若丝之类缠束于轴"者为輹，"以輅固之于轴上"者为轊。对此，秦始皇陵铜车马可以为证："舆、伏兔和轴三者间铸有皮条缠扎纹，说明原物是用皮条捆缚使三者固为一体。"[④]此外，考古发掘还曾多次出土过一种西周马车轴饰，"位于轮舆之间的轴上，两侧各一件，靠舆的一端为管状，断面呈卵圆形，靠轮的一端为平板状，覆于车毂内侧的上方。……实际上主要是用来固定伏兔的。它是用革带捆缚伏兔的一种发展，既有实际功能，又有装饰效果"[⑤]。"另有一种轴饰的套管部分只有上半部，不能套在轴上，已经失去

① （清）钱坫：《车制考》，《丛书集成续编》第8册，上海书店出版社1994年版，第956页。

② （清）孙诒让：《周礼正义》，第823页。

③ （清）王甗：《学易五种·周易校字》，《续修四库全书》第28册，上海古籍出版社2013年版，第174页。

④ 秦始皇兵马俑博物馆、陕西省考古研究所：《秦始皇陵铜车马发掘报告》，文物出版社1998版，第18页。

⑤ 张长寿、张孝光：《说伏兔与画辑》，《考古》1980年第4期。

固定伏兔的作用，但仍然保留了平板部分，推其用法应是先将伏兔附在轴上，然后将这种轴饰覆盖在伏兔之上，再用销钉固定。”①

由这些考古发现可以看出，伏兔的固定方式除了用皮革、绳索等捆缚外，还存在青铜套件、销钉等固定方式，由此不难推知伏兔脱落应当是一种比较常见的事故，而这也可以从另一个侧面印证小畜的“辐”字当为“輹”字之误。

顺便提及的是，关于伏兔的形制，张长寿《说伏兔与画辑》一文中曾据考古发现对戴震、阮元的研究成果予以订正，又有汪少华《从“伏兔”看文献记载与出土文物的关系》②一文与之商榷。由于我们这里旨在探讨《周易·小畜》“辐”“輹”二字之辨，主要关注点在于伏兔的固定与脱落问题，与伏兔的具体形制相涉不大，因此对于二家之说不妨暂置不论。

（二）音韵学

在清代学者的研究基础上，现代学者在音韵学方面取得了新的重大成就。以《周易·小畜》“辐”“輹”二字之辨为例，现代学者利用古音构拟的新方法分析韵文所取得的研究成果，有相当重要的参考价值。如杨端志《〈周易〉古经韵考韵读》从音韵学角度研究《周易》的协韵情况，于小畜“舆说辐”拟音前谓“依段玉裁校，当作輹”，“复輹目”三字入觉部韵。③ 又如金周生《〈周易〉爻辞韵语的检讨》认为“《周易》爻辞少部分有韵，古音学家认定的大部分韵语……并不全然可信”，但于小畜则径作“舆说輹”，且谓“复輹目”三字入韵。④ 总的来说，现代学者在音韵学领域关于《周易·小畜》“辐”“輹”二字正误问题的研究，仍以认可清代学者的观点为主，即辐字与韵不合，当作輹。

（三）反对意见

与宋代、清代一样，现代学者依然有不赞同“辐”当作“輹”者，如王化平在《释〈易经〉中的“辐”和“輹”兼及〈左传〉“车说其輹”》一文中提出：“从古代车舆形制看，以辐为本字更合适。辐当指车辐或辐条，这是古代车舆在高速、高负荷时容易脱落的部件，也是动物在奔跑中容易碰上，并被缠绕住的地方。”“伏兔之功能不在于连接舆与轴，伏兔虽脱，车舆仍可能与辀、辕相连，辀、辕又与车轴相连，所以车未必会散架，也未必不能行进。若辐条散，则可能车轮破裂，不仅车必不能行，而且可能车覆人伤。”而关于《马王堆帛书》作“车说緮”，王化平认为“帛书的抄写者可能就已经将‘舆说輹’理解为车舆与伏兔脱离。如此看来，误解之生已有两千多年，后来的误解也是情出有因”。⑤ 与宋、清两代学者单纯从易理角度提出反对意见相比，王化平的研究显然要深入得多。

---

① 吴晓筠：《商至春秋时期中原地区青铜车马器形式研究》，北京大学中国考古学研究中心、北京大学震旦古代文明研究中心编：《古代文明（辑刊）》2002年第1卷，文物出版社2002年版，第180页。

② 汪少华：《中国古车舆名物考辨》，商务印书馆2005年版，第176页。

③ 杨端志：《〈周易〉古经韵考韵读》，《山东大学学报》（哲学社会科学版）1994年第3期。

④ 金周生：《〈周易〉爻辞韵语的检讨》，《易学与儒学国际学术研讨会论文集（易学卷）》2005年，第83页。

⑤ 王化平：《释〈易经〉中的“辐”和“輹”兼及〈左传〉“车说其輹”》，《廊坊师范学院学报》（社会科学版）2018年第1期。

小　结

结合宋代郭雍及清代王颿针对各家的反对意见，以及现代学者的不同看法，我们认为：自宋代至今千余年来，历代学者围绕《周易・小畜》“辐”“輹”二字的正误问题，从不同角度、不同领域展开考辨研究，已经取得了丰硕的成果。而通过梳理这些研究成果，并结合已知的出土文献及现代考古学证据，也足以证明“辐”当为“輹”字之误，其致误时间大约发生在唐代（不可能存在简帛文献皆误，而迟至唐代始得以纠正的情况）。因此，尽管宋代以来不乏反对意见，但是通过以上梳理可以看出，反对意见不足以动摇此一结论。

清代扬州学人的易学成就与特色考察

蔡卓*

与中国清代其他学术流派或者学术群体相似，清代扬州经学是这一时期的学术中心。《易经》为五经之首，清代扬州学者的易学研究尤其值得关注，不仅有如焦循、阮元、王引之这些学术名家及相关易学著作，更有自出机杼和启迪后人的学术洞见。扬州学者在易学领域颇有建树，其学术建树之广博，在清代易学史上不可忽视。本文将集中考察清代扬州易学的发展情况，重点探究当中具有代表性的学者、易学著作和易学成就，归纳其易学学术特点，总结其学术史意义。

一、清代扬州易学发展概况

梁启超认为治学范围广博是扬州学派的特点①，张舜徽先生曾经总结清代扬州学派最突出的特点是首创新例和融会贯通②，综观清代的易学史，扬州学者的易学思想旨趣并不能简单地用所谓的“汉学”“宋学”概念之别来区分。清代易学的主流，一般认为是重新审视宋易，通过辨析宋人建立的图书易学与义理易学，同时注重搜集和整理汉代易说，以严谨的文献整理和考证方法，考察与发挥汉易学说。清代易学虽然有惠栋、张惠言等以复兴汉易学说为己任的学者，在清代学术史上影响深远，但是如果仅仅把清代易学的成就局限于此，同样也无法客观地认识清代的易学成就。

清代学者在易学领域的贡献，从易学宗旨来说大致可以分作三大类别：第一类是象数易学，这一类别按其对待汉代易学象数学说的态度又可细分为两种，第一种正是以惠栋、张惠言等人为代表，其易学主张主要是推崇汉易学说，以搜罗和辑佚汉易文献，秉承和解释汉代象数之说为特点；第二种以焦循为代表，这一类学者虽然同样致力于探究《周易》的象数奥义，但却不满汉人的象数之说，而是指出其存在的弊病，并建立了一套不同

---

* 作者简介：蔡卓，深圳大学社会科学学院暨当代中国思想文化研究所副教授。

基金项目：国家社科基金冷门“绝学”和国别史等研究专项项目“新出简帛与战国古史系统研究”(19VJX006)，教育部人文社会科学研究青年基金项目“长沙马王堆汉墓帛书《周易》经传研究史与集释疏证”(21YJC770003)阶段性成果。

① 参见梁启超：《中国近三百年学术史》，东方出版社2004年版，第23页。

② 参见张舜徽：《清代扬州学记顾亭林学记》，华中师范大学出版社2005年版，第7页。

于汉易成说的象数体系。第二类是义理易学，以孙奇逢、王夫之等人为代表，这一派别的学者主要是继承宋代易学以义理说易的特点，认为《周易》之学的根本是其中蕴含的精深义理。第三类是考证易学，以顾炎武、王引之、朱骏声等人为代表，这一类学者同样以文献整理与校勘、音韵、训诂为其治易特色，和象数易学不同的是，这一类学者研究的重点在于整理和训释《周易》经传文本内容，不作过多发挥，并主张回归到经传本身，以文本作为研究易学的准绳，这些学者普遍反对汉易象数，也基本不涉及过多的义理发挥。可以说，整个清代易学史的学术成果是十分丰富的，不仅体现在名家辈出，还体现在研究《周易》的方法十分丰富，而且多有创见上。

地处江淮之间的扬州，其易学发展情况，在清代同样呈现出学说多元化的特色，而且取得了不同于前人，甚至超越前人、嘉惠后学的学术成就。

（一）象数易学

上文归纳的属象数易学一类的清代学者，按照其对待汉易的态度分作两种。第一种是遵从汉易，发挥汉易象数学说的学者，这在扬州学者中以江藩、方申、任云倬为代表。江藩是清代尊崇汉学的著名代表，其在易学上的代表作是《周易补述》，这本书续补惠栋未完成之作《周易述》，沿用惠著体例，主要引用汉代易家之说，训解经传内容。凌廷堪为之作序，高度称赞此书“方之惠书，殆有过之无不及也”[①]。方申的易学代表作是《方氏易学五书》，为之作序的刘毓崧概括到：“所著《易学五书》于《易》象则博考其名，于互体卦变则广征其例。”[②]方申的易学成就，主要是通过文献搜集方法，按照一定的体例，广泛辑录和细致考辨自先秦以来有关易象、互体、卦变三个主要方面的经史传注之文。任云倬有《周易诸卦合象考》《周易互体变卦考》，前者专门用合象补充郑玄、荀爽、虞翻等人的解《易》成说，后者则以旁通、反复、上下易考察互体和变卦。此外，江藩的《汉学师承记》提及一位扬州学者程晋芳，著有《周易知旨》，但是此书未见刊行和传本，据清代其他资料可知《周易知旨》的主旨也是发挥汉易学说。[③]

属于第二种的象数易学学者，则不以汉代易学为圭臬，而是指出汉易象数之说的弊端，力图通过考据方法，建立起新的象数体系，这一类的代表学者是焦循。焦循的易学路径属于象数派，但是他和惠栋、江藩等人不同，焦循对汉代易学的卦变、纳甲、爻辰、卦气六日七分、半象两象等学说都予以批判，这近乎否定了汉易中所有最有代表性的象数学说。另外，焦循运用实测、数学“天元术”阐述卦爻运动，同时运用转注、假借训解经文的解易方法，探寻六十四卦之间的象数联系，发明了《周易》三百八十四爻的生发与变化易例。可以看到，即使在清代象数易学中，扬州学者之间的易学主张也有比较明显的区别。

---

① 参见《续修四库全书》编纂委员会编：《续修四库全书·经部·易类》第27册，上海古籍出版社1996年版，第1页。

② （清）刘文淇、刘毓崧、刘寿曾：《仪征刘氏集》，广陵书社2018年版，第191页。

③ 参见（清）江藩撰，漆永祥笺释：《汉学师承记笺释》，上海古籍出版社2013年版，第698—699页。

（二）义理易学

由于清儒力矫宋明学术的空疏弊病，尤其不满其轻训释、空谈义理、好更改和臆解经文的缺点，因此在整个清代易学史中，义理易学的整体成就相比于象数易学和训诂易学就显得黯淡许多。除了清代前期的易学承继明代易学的余绪，仍有孙奇逢、王夫之和官修《周易折中》作为清代义理易学的代表之外，往后的清代经学史中似乎很难找到能够独当一面的义理易学名家。在扬州易学家之中，在义理易学方面有所建树的学者是焦循。有学者指出焦循的义理学说特点，认为焦循以《周易》与《论语》《孟子》内涵相通，所以极力建立孔孟学说的义理条目与易学象数规则之间的联系。① 虽然焦循的易学体系中有许多地方着力于义理之学的建构，但是从易学史的角度来看，其主要成果是建立起新象数易学体系，至于其义理易学大部分还是承接戴震的义理学说体系，自身较为重要的创见则居于次要地位，并不如其象数说那样有前人所未发的创见。

（三）考证易学

清代考证易学学者，以《周易》经传文本为圭臬，着重于整理和校勘《周易》文献，训诂和解释《周易》经传词句，而且普遍不推崇汉代象数易学，也不过多发挥《周易》义理之说，这是其治学的最大特色。崇尚这一学风的扬州学者，首推高邮王念孙、王引之父子。王氏父子没有专门的易学著作，其易学研究成果主要集中在《经义述闻·周易》上下两卷之中。虽然只是《经义述闻》的其中一部分，但《周易》却是王念孙、王引之父子最为重视的一部经。② 王氏父子的考证成就直接影响了近现代考据《周易》经传文本的研究路径。和王氏父子校勘、训诂其他典籍一样，对于《周易》王氏父子十分重视探究文本的原貌和原义，通过版本、校勘、因声求义、语法分析等多种方法整理文本和解释文义，并以经传文本为准绳，审视历代易说，批驳汉易中牵强附会的象数学说，从这一点来说就充分体现了清代朴学的治学特色。

清代扬州学者中，在考证易学方面有所建树的还有阮元、成蓉镜、刘毓崧等人。阮元和王氏父子一样，没有专门的易学著作，但是其《周易注疏校勘记》在文献校勘和字词训诂方面有很突出的成就，在保存《周易》古本和训释经义方面都值得称许，而这些成果又恰恰表现了清人在考证易学方面的特色。成蓉镜是清代少有的从偏重考证的"汉学"转向偏重义理的"宋学"的学者，不过成蓉镜的《周易释爻例》却是一本不折不扣的考据之作，而且在体例上能自出机杼，将《彖传》《象传》中传解《周易》同一卦爻辞的内容编录起来，比较异同，辨明不同传文之间的内在联系。清代中期至晚期，还有两位扬州学者的易学研究值得关注，即刘毓崧和刘师培祖孙二人。刘毓崧有《周易旧疏考正》一卷，主要内容是通过考辨《周易正义》孔颖达疏文中前后文相互矛盾的内容，意图分辨六朝以前的旧疏与唐人疏文；相比于其祖父，刘师培的易学著作颇丰，既有《经学教科书》第二册这样专

---

① 参见林忠军、张沛、赵中国等：《清代易学史》，齐鲁书社 2018 年版，第 574 页。

② 参见张其昀：《〈周易〉疑义辨正——基于〈经义述闻〉》，社会科学文献出版社 2018 年版，第 2 页。

论易学系统的著作，也有《连山归藏考》《司马迁述周易义》《汉宋象数学异同论》《西汉易学之传统》《三国南北朝隋唐之易学》等覆盖上古到近代的易学史论著。虽然刘师培作为跨越晚清至民国初年的学者，其学说体现出不少时代风貌，如刘师培在《经学教科书》第二册中，就讨论《周易》与文字、数学、科学、史学、政治学、伦理学、哲学、礼学等学科领域之间的关系[①]，但总体而言刘师培还是以小学解易为特色，如刘师培十分重视以古文字字形推论八卦卦画来源[②]。

从上文列举的清代扬州易学学者及其学术成就来看，清代扬州易学可谓全面发展，在象数易学、义理易学和考证易学方面均有建树，其易学特点并不局限于一家一派，考察扬州学者的易学建树，也能一窥清代易学的总体面貌，张舜徽先生评价清代扬州学者的经学是“有宗主而无门户”[③]，形成这样的学术格局，其背后的原因值得我们仔细研究。

二、清代扬州易学的形成背景

清代扬州学术的成就令人瞩目，就易学一隅而言，就具有不拘一格和名家辈出的特点，这使得我们不禁追问扬州学者形成这种治学特色是否存在某种必然性。关于清代扬州地区学术风气和成就的形成原因，学界业已做出了许多有益的研究成果，本文这一部分拟从清代扬州学者的易学学术渊源和形成特点入手，探究其学术风貌形成和发展的共同因素。

（一）家学

家学，是中国古代社会中一个重要的教育教学体系。相比于官学和师弟传授，家学兼及了天然人伦关系的父子兄弟，以及宗亲、姻亲等亲属关系之间的传承传授，在传承学风和专精程度上更胜一筹。家学传统使得学者幼承庭训，在踵继先人学风和学习环境方面更为突出。清代是中国古代家学的兴盛时代，无论从学者的数量还是成就来看，都是整个中国古代历史中的翘楚，缪荃孙就曾这样评价清代的家学：“国朝家学，绍汉迈唐。”[④]这个说法虽然有自我称许的意味，但确实是符合客观历史的一个说法。在清代扬州地区的学术教育体系中，家学正是其中富有鲜明特色的学术传承体系，就经学领域而言，几乎每一经都有著名的家学学者。于《周易》有甘泉焦源、焦镜、焦葱、焦循、焦廷琥五世，于礼学则有宝应朱克简、朱彬、朱士彦三世，于《春秋左传》则有仪征刘文淇、刘毓崧、刘寿曾、刘师培四世，于《论语》则有宝应刘台拱、刘宝楠、刘恭冕三世。高邮王念孙、王引之父子，虽然不专主一经，但其以校勘训诂考证诸经，成就卓著，自然也可以视为扬州家学的一大代表。

焦循在易学领域取得的开创性和全面性的成就，自然与其祖上世代钻研《周易》的渊

---

① 参见刘师培：《刘申叔遗书》，江苏古籍出版社 1997 年版，第 2104—2113 页。

② 参见(清)刘文淇、刘毓崧、刘寿曾：《仪征刘氏集》，广陵书社 2018 年版，第 2104 页。

③ 参见张舜徽：《清代扬州学记·顾亭林学记》，华中师范大学出版社 2005 年版，第 192 页。

④ 张延银、朱玉麒主编：《缪荃孙全集·诗文》(1)，凤凰出版社 2014 年版，第 272 页。

源分不开，焦循的《易余钥录》中就记载了其父焦葱在其幼童时期提出的一个问题：

> 先父尝云："历来讲《易》者多不能使《易》辞了然明畅厌人意。惟于辞之同处思而贯之，当得其解。如'密云不雨，自我西郊'，《小畜》言之矣，何以《小过》又言之？"①

这句来自焦葱的提问，在焦循年幼之时就埋下了伏笔，他日后汲汲于探寻建立卦爻辞之间的象数联系，正是要解答其父早年提出的"同辞异象"的困惑。由这一细节可见家学对于学者学术事业的建立，有多么深刻的影响。

除了甘泉焦氏累世治《易》之外，其余的扬州学者也有家学治易的传统。其中比较有代表性的就有高邮王氏，王念孙、王引之父子的学术成就一直被视为清代家学的模范。《经义述闻》虽然署名王引之所作，但王引之亦在行文中明确记载了其父王念孙的说法，据刘建臻先生的详细统计，《经义述闻》共有大小条目 2045 条，去除其中父子共有之论或不注撰者之论的 19 条，属于王念孙的意见有 686 条，占总数的 33.9%，属于王引之的有 1340 条，占总数的 66.1%。② 从数量来看，王引之观点的数量远多于其父，但是王念孙观点所占比例也不低，而且王引之的学术主要是传承自其父，二人治学特色也几乎如出一辙，所以可以将《经义述闻》视作父子学术传承的结晶。《经义述闻·周易》部分也多能体现王氏父子的家学特色，如王引之在解释《蒙》九二爻辞"苞(包)蒙"时，提及其父王念孙曾引晁说之的说法，认为"苞"汉代京房等人所依据的文本又作"彪"。在此基础上，王引之又搜寻到其他文献证据，以证"彪蒙"之说有根据。③ 像这样的例子不止一处，其中也有部分王引之不同意其父之说的内容，凡此种种皆体现了王氏父子在易学领域的家学渊源与传承。

（二）学友

清代扬州地区的学者由于地缘相近的便利，交游来往频繁，经常一起问学论道，形成了交流甚密的学者群体，这是扬州学派一个重要的特色。学友之间的问答切磋，相互砥砺，不同意见之间的交流，客观上都很好地促进了当时的学术交流，推动扬州地区的学者形成贯通全面的治学风气。

清代扬州学者友朋之间的往来，并不局限于一对一的交流，一个学术群体之中的每一位学者之间都互有往来。学者间具有相近的学术旨趣，但又不像门派般固守井然森严的师法家法，相互之间的学术交流更能够持论公允，不偏执，达到互通有无的效果。

那么扬州学者在易学领域的交流又呈现出什么特点呢？刘建臻先生总结，到清代扬州经学发展的中期，焦循、阮元、江藩、凌廷堪、汪光爔、李钟泗、黄承吉、王引之、钟襄、顾凤毛、许珩等人往来频繁，结成关联密切的学术群体。④ 其中不乏扬州易学名家。江藩虽然受教于惠栋门人余萧客、江声，但也和服膺戴震之学的焦循、阮元、王引之等人相交，对

---

① (清)焦循：《易余钥录》，《丛书集成初编》第 29 册，台湾新文丰出版公司 1989 年版，第 282 页。

② 刘建臻：《清代扬州学派经学研究》，江苏人民出版社 2018 年版，第 233 页。

③ 参见(清)王引之撰，虞思征等点校：《经义述闻》，上海古籍出版社 2017 年版，第 15—16 页。

④ 参见刘建臻：《清代扬州学派经学研究》，第 62 页。

这几位学者的学识和成就都十分推崇，江藩《汉学师承记》中这样评论焦循："声音、训诂、天文、历算，无所不精，淡于仕进，闭户著书，五经皆有撰述。"[①]其评价王氏父子则是："（王念孙）精于训诂，著有《广雅疏证》十卷。子引之，字伯申……能世其学。"[②]焦循、阮元和王引之三人，彼此有深厚的情谊，也互相称誉学识成就，例如焦循和王引之对彼此的易学代表性成就给予了十分肯定的评价：

> 日者奉手书，示以说《易》诸条，凿破混沌，扫除云雾，可谓精锐之兵矣。一一推求，皆至精至实要。其法则"比例"二字尽之。[③]
>
> 高邮王氏，郑许之亚。借张揖书，示人大路。《经义述闻》，以子翼父。[④]

可见，虽然二者易学主张存在差异（焦循致力于象数构建而王引之不言象数），甚至二者存在对立的观点（江藩崇汉易而焦循、王引之不满汉易），但并不妨碍他们相互交流和欣赏。如此交流而绝少宋明时期泾渭分明的门户之别，也是扬州学术通达气象的一个佐证。

比王氏父子、焦循等乾嘉中坚稍晚的方申、成蓉镜、刘毓崧诸儒之间的交流也十分密切。其中成蓉镜生平记载流传很少，但他曾和刘毓崧在金陵书局共事过。刘毓崧在金陵书局的时间约在同治三年到同治六年[⑤]，成蓉镜在金陵书局的时间约在同治四年到同治七年[⑥]。而方申和刘毓崧的关系则要更加亲密，方申受学于刘毓崧之父刘文淇，刘毓崧则为方申的《易学五书》撰写了两篇序文《方氏易学五书序》和《方氏易学五书后序》，对《易学五书》成书时间和主要内容作了介绍，并对时人诘难方申易学只会墨守家法而无创见的批评进行回应，刘毓崧可谓方申的易学知音。这些同时期学人之间的相知与相识，都共同推进了扬州易学研究。

（三）师承

如前文所揭示的那样，清代扬州学术呈现出多样化的广博治学特色。究其成因，家学传承中形成独特的学术传统与学友群体交往之间的学术交流，都客观上促成了这种现象。但是更深层次的原因是学者的学术渊源，这是决定性的因素。

扬州学者中有许多人直接师承或私淑于惠栋与戴震。首先，惠栋对扬州地区的学术有重要的影响。在扬州治易学者当中，江藩毫无疑问是吴派宗师惠栋的再传弟子，受惠栋影响很大，江藩的《周易补述》就是明证。而另一个象数易学的干将方申的学术渊源就稍微复杂一些，据《清史稿》记载方申的易学是受教于刘毓崧的父亲刘文淇[⑦]，我们知道方

---

① （清）江藩撰，漆永祥笺释：《汉学师承记笺释》，第774—775页。

② （清）江藩撰，漆永祥笺释：《汉学师承记笺释》，第555—556页

③ （清）王引之著：《与焦里堂先生书》，罗振玉辑印：《高邮王氏遗书》第4册卷四，江苏古籍出版社2000年版，第1页。

④ （清）焦循：《读书三十二赞》，《雕菰楼集》，商务印书馆1937年版，第88页。

⑤ 参见（清）刘文淇、刘毓崧、刘寿曾：《仪征刘氏集》，第496—500页。

⑥ 参见冯煦：《成先生墓志铭》，闵尔昌编：《碑传集补》卷三十八，燕京大学国学研究所铅印本，1923年，第13页。

⑦ 参见赵尔巽等撰：《清史稿》卷四百八十二，中华书局1977年版，第13276页。

申治易极重易象和虞翻易学，虽然刘文淇没有易学相关著作传世，但可以由此推测刘文淇的易学立场很可能接近于汉易象数一路。而刘文淇的学术启蒙者是他的舅舅凌曙，凌曙曾问学于沈钦韩，刘文淇在治《春秋左传》的过程中，可以说受沈钦韩、惠栋的观点影响很大。[①] 如此看来，凌曙到方申一路的学术渊源，也受惠栋的影响很深。不过需要注意的是，凌曙和刘文淇虽受吴派的影响很大，但是他们也是转益多师和刻苦自学成才的典范，所以在他们的学术体系中，同时又能找到其他学派的治学特点。方光华认为凌曙和刘文淇的学风，兼及了吴、皖两派的特点，刘文淇还受到常州学派的影响。[②] 所以可以理解刘文淇之后的刘毓崧、刘师培虽秉承家学，但是其治学路径已然不是吴派的专深学风所能笼罩的。

另外，戴震对扬州地区的学术影响同样深远，比起惠栋可谓有过之而无不及。早在清代后期，扬州学者就已经认为江永、戴震一脉对本地学人和学风影响深远，如刘寿曾在《沤宧夜集记》中这样评论：

> 婺源江氏崛起穷乡，修述大业，其学传于休宁戴氏。戴氏弟子以扬州为盛，高邮王氏传其形声训故之学，兴化任氏传其典章制度之学，仪征阮文达公友于王氏、任氏，得其师说。风声所树，专门并兴，扬州以经学鸣者凡七八家，是为江氏之再传。[③]

刘寿曾指出王念孙传习戴震的考据学，而任大椿接续戴震的典制史学，阮元因为和这两人交往甚深，所以也学习了戴震的学说思想。这种戴震肇启扬州学术的观点也为后世研究者所继承和发展。王念孙、王引之和阮元的学问承接自戴震，并且发扬光大其训诂、校勘的考证实学，可谓精当之说，那么另外一位扬州名儒焦循呢？从焦循的受教育经历来看，他更多是接受家族的家学，但他自己十分仰慕戴震的学说，属于戴震的私淑弟子。扬州清儒中对戴震义理之学体会最深并极力捍卫的也正是焦循，时人非议戴震义理建树，而焦循撰写《申戴》一文极力反驳之，其文曰：

> 东原生平所著书，惟《孟子字义疏证》三卷、《原善》三卷最为精善，知其讲求于是者，必深有所得，故临殁时往来于心，则其所谓义理之学可以养心者。即东原自得之义理，非讲学家《西铭》《太极》之义理也。[④]

焦循对戴震，特别是对其《孟子字义疏证》一书的推崇，还体现在焦循的《孟子》研究之中，焦循的《孟子正义》就时常称引《孟子字义疏证》，而且焦循在许多不同文章中反复大力赞扬《孟子字义疏证》的精妙无双。[⑤]

从前文清代扬州学者的学术背景和师承关系来看，惠栋所代表的吴派与戴震所代表的皖派，对清代扬州学术的形成和发展起到了很大的作用。同时，深厚的家学传统，使得个人能在世代相传的学养积累下，在其中一个领域臻于至善。而且清代扬州地区的学者

---

① 参见杨向奎：《清儒学案新编》第6册，齐鲁书社1994年版，第433页。

② 参见方光华：《刘师培评传》，百花洲文艺出版社2015年版，第10页。

③ （清）刘文淇、刘毓崧、刘寿曾：《仪征刘氏集》，第797—798页。

④ （清）戴震：《戴震全书》（修订本）第7册，黄山书社2010年版，第385页。

⑤ 参见张舜徽：《清代扬州学记·顾亭林学记》，第126—127页。

之间形成了一个交流频繁的学术群体，彼此之间能够客观承认对方的治学长处，在学友之间极少因为师承渊源和学术主旨的不同而"因言废人"，这也是扬州地区能够形成圆融浑通、博大精深的学术风格的重要因素。

三、清代扬州易学的现代学术意义

清代朴学与科学的关系，早已为人所注意，梁启超在《清代学术概论》中总结说："清儒之治学，纯用归纳法，纯用科学精神。"[①]胡适认为"中国旧有的学术，只有清代的'朴学'确有科学的精神"，他认为清代汉学家的论证方法是"归纳与演绎同时并用的科学方法"。[②] 诚然，清代朴学与现代科学的异同需进一步深入讨论，但清儒开启的"反空疏、尚征实"的学风，重视经典的校勘与笺注、古书辑佚与辨伪以及精通小学的考证方法，确实与崇尚客观真实、反对主观臆断的科学研究方法有共通之处。虽然清人仍处于尊尚经学的时代，但清人对今天易学的许多学术基础都有筚路蓝缕之功，如辨伪宋人易图、辑录汉魏旧注旧说、重释《周易》卦爻辞的文字含义等。

清代扬州学术的瞩目成绩和重要程度已为学界公认，20 世纪 80 年代以来，学界逐渐流行"扬州学派"的说法，相关主题会议与研究论著逐渐增多，学派成员主要是扬州籍或久居扬州的清代学者，相关研究主要从成员的学术渊源、学风特色，以及学派起讫时间、形成背景等方面进行细致讨论。这一点也体现在易学领域，清代扬州专精于易学的学者数量突出，在不同的治易领域皆有成就卓然的代表性学者。虽然清代扬州易学呈现出多元化的特色，其学说师承也多不相同，但无论以象数、义理治易，还是专以考证方式治易，扬州易学整体上都表现出清代朴学重视文献整理和文字训诂的学风特色，如方申专攻汉易象数之说，但其主要治学方法则是广泛搜集文献旧说，辑佚和考辨汉人旧注，又如焦循易学以创建新象数和新义理为特色，但其治易也十分重视整理《周易》文本和旧注旧疏，他著有《易章句》《易通释》《周易补疏》等以文字训诂方法见长的《周易》新注疏之作。

此外，清代扬州易学之中以考证易学见长的王念孙、王引之父子，并没有专门的易学专著，但其易学成果却受到后人的重视和推崇。《经义述闻》中运用缜密客观的文献校勘法、因声求义法和语法分析法，力求还原古本和探索古义，力戒无根之谈和臆说，这套治学方法在近现代以来古典学的研究中获得重视，备受推崇。究其原因，首先是研究方法的客观可信，经得起历史的考验。令人称许的是，王氏父子当时的校释意见，有不少观点在新出土文献之中获得印证，例如《经义述闻·周易》中王引之根据辞例，认为《师》卦六五爻"田有禽，利执言，无咎"的"田"是田猎的意思[③]，上海博物馆藏战国竹简《周易》中此爻辞的"田"写作"畋"[④]，恰恰印证了王引之的意见。其次，王氏父子的易学研究方法，实际上是以《周易》内容本身作为易学研究的中心，注重考查文献的原貌和古义，主张无征

---

① 梁启超：《清代学术概论》，四川人民出版社 2018 年版，第 82 页。

② 胡适：《胡适文集》第 2 卷，北京大学出版社 1998 年版，第 288、290 页。

③ 参见（清）王引之撰，虞思征等点校：《经义述闻》，第 20—21 页。

④ 参见马承源主编：《上海博物馆藏战国竹简》（三），上海古籍出版社 2003 年版，第 147 页。

不信，既不迷信成说，也不空言臆断，所以王氏父子的易学研究并未过多涉及象数和义理的内容，这和近现代以来占据主流的科学实证方法十分类似。王氏父子成绩斐然，影响深远，这一研究理路直接影响了近现代的考据易学的发展，闻一多、高亨、于省吾、屈万里等学者的《周易》经传校释工作的特点，都可谓与王氏父子的治易理路高度契合。

20 世纪 70 年代以来，大量出土文献的发现，给包括《周易》在内的古典学研究带来前所未有的契机。《周易》有长沙马王堆汉墓帛书本、上海博物馆藏战国竹简本、阜阳双古堆汉简残本，新近出土的江西海昏侯汉简中有“易占”材料，结合考古工作，学界开展了对《周易》易卦起源、文本成书、作者等诸多问题的讨论，当然出土材料对易学研究最直接的影响是关于文本内容方面的，这是易学研究的基础所在。出土文献相当于提供了一个重要的早期文本材料，学者用以对读校勘以及训释理解《周易》文本内容。这种工作方式与王氏父子的以小学、文献学方法治经的学术精神一致。

综上所述，清代扬州易学虽然存在象数易、义理易和考证易几种不同的倾向，但整体上仍以“朴学”为治学主流，扬州易学的发达多元与该地区家学兴盛、友朋交流密切和师承渊源多途的背景密切相关。更重要的是扬州易学的学术工作在某种程度上具有“现代性”，其重视文献整理与文本考释的尚实学风，可视作现代学术研究的先驱，其学术方法、具体结论、研究成果能够直接为后人所运用，并在此基础上进一步推动现代易学的深入。

由“巫”而“史”而“道”

——兼论孔子“观其德义”与《易传》的产生

赵涵*

自马王堆帛书《易传》现世以来，有一段材料被大家讨论最多，即《要》篇的“观其德义”章。此章具有重要的易学史、学术史上的研究价值，不仅证明了孔子与《周易》的关系，在学界基本形成孔子学《易》赞《易》传《易》的共识，还进一步揭示了易学史上由“巫”而“史”而“道”的思想发展过程，为我们了解轴心时代的这场思想巨变提供了重要的研究材料。

《要》篇曰：

> 子曰：“《易》我后亓（其）祝卜矣，我观亓（其）德义耳也。幽赞而达乎数，明（明）数而达乎德，又□□者而义行之耳。赞而不达于数，则亓（其）为之巫。数而不达于德，则亓（其）为之史。史巫之筮，乡（向）之而未也，始（恃）之而非也。后世之士疑丘者，或以《易》乎？吾求亓（其）德而巳（已），吾与史巫同涂（途）而殊归者也。君子德行焉求福，故祭祀而寡也；仁义焉求吉，故卜筮而希也。祝巫卜筮亓（其）后乎？”①

引文一开始，孔子就率先表明了研《易》立场，即“《易》我后亓（其）祝卜矣，我观亓（其）德义耳也”。孔子明确表示自己与祝巫卜筮不同，提出自己的易学主张是“观其德义”。孔子以德义解《易》，提出仁守而义行之，以德行求福，以仁义求吉，这是孔子解《易》的新路径，极大丰富了《周易》的思想，提高了《周易》的地位。

基于此，本文提出由“巫”而“史”而“道”，涉及三个层面的内容：巫之“幽赞”，史之“达数”和“观其德义”。与李泽厚先生提出的由“巫”而“史”而“德”“礼”的思路略有不同，由“巫”而“史”而“道”针对《周易》而言，有其特定的场域，涉及从“史巫之筮”到“君子之《易》”的思想转变，以及《易传》的产生和“易道”的阐发，关注人对世界的理解以及人在世界中的特殊位置，通过“顺于天地之心”实现天、地、人的生生不息。

---

* 作者简介：赵涵，安庆师范大学马克思主义学院讲师。

① 刘彬、孙航、宋立林：《帛书〈易传〉新释暨孔子易学思想研究》，中国社会科学出版社2016年版，第250页。

一、巫之"幽赞"

(一)巫文化和巫师

西方学术界对于巫术有着悠久的研究传统,如英国的泰勒、弗雷泽和马凌诺斯基等学者,从文化人类学的角度来研究巫文化,针对巫术与神话、宗教和科学进行了系统研究,取得了丰硕的研究成果。中国学者对于巫文化的研究则起步较晚,兴起于20世纪30年代前后,在近些年也取得了诸多成就,相关著作众多。学者们一般认为,巫术活动起源很早,历史悠久,渗透到当时社会生活的方方面面,是人类早期文明的一种形式,是原始初民的一种生活方式和生活常态,代表了早期人类对世界的理解,并且在今天也发挥着影响力。

王振复先生在《中国巫文化人类学》中说:

> 巫文化不是一个简单的迷信与丑陋之类的问题,它是人类也是中华童年文化的一个悠久而奇异的"怪梦",既灰暗又辉煌,既可怕又可爱,既迷茫又清醒,既是神灵的又是人智的,既是鬼鬼神神的,又是所谓"实用""实在"的,且以前者为主。它与原始社会的家国大事、科学宗教、哲学道德、文学艺术、医学养生和堪舆地理等,都具有千丝万缕的历史和人文联系。①

可知,巫术活动的产生具有很强的实用性,有特定的目的。原始初民淳质,尚不具备科学理性思维,无法解释自然界的很多现象,因此,对于无法掌控的事情会自然产生畏惧心理,而巫术的产生可以一定程度上消解这种畏惧心理。先民相信,通过巫术活动可以影响事物的进展,控制事态,这源于对趋吉避凶的渴望。以今人眼光视之,这种巫术活动并不具备实际效用,只能带来心灵上的短暂安慰,是一种不成熟的,乃至是愚昧的行为。但不可否认的是,巫文化在人类历史发展过程中占据着重要的地位,对后世文化的形成影响深远。

在巫文化中,由巫师来进行巫术活动,巫师扮演着重要的角色。金景芳先生说:

> 巫在社会中占有特殊重要的地位。这时的巫不仅是卜的职业家,而且还担任继承、传播与促进文化的责任。其中有不少人具有极为广博的知识。自今天看来,他们都是宗教家,同时也是哲学家,又是文学艺术家、自然科学家,而且还活动于政治舞台,实际他们是拥有没有分化的全部科学知识。②

巫师是中国最早的知识分子,渗透到中国早期文化的方方面面,是早期文化精神的主要缔造者,与文化有关的一切知识,如天文、地理、算术、历法、乐舞、医药等,都与巫师有关。巫师通过巫术活动,能预知未来、保佑丰产、消灾弭祸、治疗疾病、传播知识等。因

---

① 王振复:《中国巫文化人类学》,山西教育出版社2020年版,第58页。

② 金景芳:《学易四种》,吉林文史出版社1987年版,第144页。

此，早期的巫师常由有智慧的人担任，他们掌握着与鬼神有关的所有事情，并且较多参与政治生活，为人敬重。英国的文化人类学家马凌诺斯基认为“巫术又常和智慧及大人物结不解缘，故无论在何种社区中都有其地位”[①]。在早期中国，圣人与巫师也有关系，“‘圣’是‘巫’的理性化的延长和扩大”[②]。《史记·屈原贾生列传》记载贾谊说：“吾闻古之圣人，不居朝廷，必在卜医之中。”《汉书·艺文志》云：“蓍龟者，圣人之所用也。”可见，知识分子来源于巫师，这是“圣人以神道设教”的思想背景。

在巫文化的历史中，巫的身份也经历几大转折，最早的巫师是神，或者说半人半神，伏羲、女娲皆被认为是大巫者。夏商周时期，统治者担任巫者，殷商卜辞中常有“王占曰”，商王在具体的政治生活中事无巨细的卜问，既是询问神意，也是求得祖先神明的庇佑。在春秋战国时期，巫术进入了新的发展期，虽然上层统治者仍需要通过巫师去传达意志，但开始客观地看待巫术。当时的知识分子已对巫术进行质疑，《左传·僖公二十一年》记载：“夏，大旱。公欲焚巫尪。”鲁国大夫臧文仲对此反对，认为“非旱备也。修城郭，贬食省用，务穑劝分，此其务也。巫尪何为？天欲杀之，则如勿生。若能为旱，焚之滋甚”。巫尪是祈祷求雨的巫者，“焚巫尪”是古代的习俗。春秋时期对这种习俗的观念有所改变，认为国君要有所行动，而不是单纯依靠巫术。这正是孔子所生活的社会背景，“观其德义”诞生于此。

（二）“幽赞”——交通鬼神

“幽赞”，即与鬼神沟通。“赞”即《说卦传》“幽赞于神明而生蓍”之“赞”，荀爽注云：“幽，隐也；赞，见也。”韩康伯注云：“赞，明也。”孔疏：“赞者，佐而助成，而令微者得著，故训为明。”所谓“幽赞”，“即以一系列的技术与方法，控制环境（外在的宇宙）与想象中的鬼灵世界所使用的手段”[③]。巫之“幽赞”，就是巫师通过一系列的仪式活动从鬼神那里获取信息，达到人神交流的一种方式。瞿兑之在《释巫》中说：“巫也者，处乎人神之间，而求以人之道，通于神明者也。”[④]

颛顼命重、黎“绝地天通”之后，人与神的世界截然分离，巫者成为沟通天人的媒介。《国语·楚语下》对此有详细的记载：“古者民神不杂。民之精爽不携贰者，而又能齐肃衷正，其智能上下比义，其圣能光远宣朗，其明能光照之，其聪能听彻之，如是则神明降之，在男曰觋，在女曰巫。”这一段话是大夫观射父对楚昭王问题的回答，在“民神不杂”这一阶段，巫觋掌握着天地之间人神沟通的渠道，由祝、宗、卜、史等专职人员负责，起着沟通鬼神的重要作用。宋兆麟先生说：“巫师是人与神鬼之间的特殊人物，平时为人，降神时为神，亦人亦神，一身二任。……巫教认为巫师能通神，可以同鬼神说话，上达民意，下传神旨，能预知吉凶祸福，能为人除灾去病，从事预言、占卜、祭祀和招魂、驱鬼等巫术活动，于是巫师便成了人与鬼神之间的桥梁、媒介，具有半神半人的特点，这就是巫师的特殊性

---

① [英]马凌诺斯基：《文化论》，费孝通译，华夏出版社2002年版，第76页。

② 李泽厚：《说巫史传统》，上海译文出版社2012年版，第34页。

③ 赵容俊：《殷商甲骨卜辞所见之巫术》（增订本），中华书局2011年版，第24页。

④ 瞿兑之：《释巫》，《燕京学报》1959年第7期。

质和身份。”[①]与鬼神沟通事关重大，鬼神的意见不会直接显现出来，而是通过巫师之口传达。

可以说，巫师最重要的功能就是与鬼神沟通。与鬼神沟通的方式，有降神术、招魂术与驱逐术等，巫师通过特定的活动，或使鬼神附于自身，或驱使鬼神，或驱逐恶鬼邪祟，以此实现自己的目的，或消除恐惧，或引人向善，或治疗疾病，或寻求庇佑。这样的巫师，无疑是“知人之生死存亡，祸福寿夭，期以岁月旬日，若神”（《庄子·应帝王》）的存在。巫师与鬼神沟通，依靠的是自然界的启示，这一类巫术的例子在英国人类学家弗雷泽《金枝》一书中被称为“天启”巫术，“由于这种最原始的巫术以未经人力改造的自然现象为前兆，其灵感实乃来自‘天启’”[②]，弗雷泽认为某些特殊的自然现象是对人的启示和警告，如日食现象预示着灾变，乌鸦叫为凶兆，等等，此时尚处于巫术之萌芽阶段。

（三）巫术的意义

随着人类社会和思想的发展，巫术必然走向没落，“巫术无效的重大发现，必然会给那些聪明且坚定的人带来一场缓慢而彻底的思想革命。……人们逐渐意识到，原以为是动因的某些事物，其实并不是。他据此付出的一切，也就注定徒劳；他的心血和智慧被虚耗浪费，他曾努力地提拉过的，只是一条没有系住任何东西的绳索；他一直认为自己在朝目标前进，然而自己只不过是在一个狭小的空间里不停地转圈而已；他努力营造的效果仍会出现，不过他已经知道，那并不是他营造出来的”[③]。人们逐渐意识到，天朗气清，惠风和畅，甘露时雨，五谷丰登，日升月落，四季交迭，这些并不是巫术仪式所带来的结果，而是天地自然本来的样子，这些祥瑞之象与瓦釜雷鸣和凄风苦雨等灾异之象一样，并不因人的行为而转移。

在这种情况下，巫术对国家社会的影响力在减弱，但巫术并没有消失，也不会消失。因为巫术的适用范围在经验之外，适用于一些知识和理性无法起作用的特殊的情况。“无论有多少知识和科学能帮助人满足他的需要，它们总是有限度的。人事中有一片广大的领域，非科学所能用武之地。”[④]在这个知识和科学无能为力的领域里，巫术正在大显身手。如果是与相对容易的情况打交道，人们不必求助于巫术，“但是，假如出现了超过他个人力量所及的更为严峻和困难的任务，那么人就必须会去探求更高级和更有力的手段。他必须走极端，以便应付极端的境况”[⑤]。因此，在那些需要特殊、异常的努力的事件中，当结果不确定时，巫术是必要的。

在个人生活和国家社会生活的每一个重要步履中，这种巫术的“魔力的帮助”贯穿始终。古人并不需要去解释巫术仪式的理论依据，也解释不了，他们需要的是这些巫术仪式对人类行为所产生的影响。显然，巫术并不能根本解决问题，它所提供的更多是一种

① 宋兆麟：《巫与祭祀》，商务印书馆2013年版，第96页。

② 王振复：《巫术：〈周易〉的文化智慧》，浙江古籍出版社1990年版，第103页。

③ [英]弗雷泽：《金枝》，赵阳译，陕西师范大学出版总社有限公司2010年版，第62页。

④ [英]马凌诺斯基：《文化论》，第53页。

⑤ [德]卡西尔：《符号·神话·文化》，李小兵译，东方出版社1988年版，第198页。

心理安慰而已，它用希望来替代焦虑。但它毕竟在知识和科学之外提供了一种解决的方法，在人们没有其他更有效的办法时，只能求助于它。这种方法对人心有极大的作用，能够使人以一种积极的态度面对无端的现实，试图解决束手无策的难题。诚然，巫术仪式并不是一种理论活动，而是一种情感活动，关注的是生活在日常经验的狭小范围内的人类情感。

二、史之"达数"

(一)数乃筮之本

巫术发展到周代，逐渐制度化、官职化，有专门的职官来掌管卜筮和祭祀之礼，设祠祭祀、治病祷告和占卜等皆有专人负责。《周礼·春官·龟人》云："龟人，掌握六龟之属，各有名物。"《周礼·春官·司巫》云："司巫：掌群巫之政令。若国大旱，则帅巫而舞雩。国有大灾，则帅巫而造巫恒。祭祀，则共匰及道布及蒩馆。"这一时期，史官从巫师团体中分化出来，传承了巫的部分工作，逐渐掌握了包括占卜和祈禳在内的主要巫术活动，因此典籍中多以"巫史""史巫"连用。根据《左传》《国语》中的记载，春秋时期的史苏、史墨、史龟、史嚚等均擅卜筮。

史官所掌握的卜筮之法其实是两种不同的预测方式，"龟，象也；筮，数也"(《左传·僖公十五年》)，龟卜是借助甲骨裂纹的图案进行预测，而占筮是借助数的推演进行预测，虽然也借助易象，但成卦的根本原理在于数。史之"达数"，涉及的就是占筮这一预测方式，占筮是通过数的运算和应用来知晓吉凶的。巫之"幽赞"本身的非理性因素太多，孔子认为巫师"赞而不达于数"，史官在此基础上通过"明数"预测未来和影响人类行为，一定程度上具有人为的可操控性，可以弥补巫术的不足。

如果说《周易》源于巫术的幽赞活动，那么在史之"达数"阶段，巫史传统才真正与《周易》结合起来。《周易》古经因占筮而生，朱熹提出"《易》本卜筮之书"，《易》原本是为占筮而用，他说："据某解，一部《易》只是作卜筮之书。……若晓得某一人说，则晓得伏羲、文王之《易》本是作如此用，元未有许多道理在，方不失《易》之本意。今未晓得圣人作《易》之本意，便先要说道理，纵饶说得好，只是与《易》元不相干。"[①]在这里，朱熹强调《周易》本来是卜筮之书，伏羲画卦、文王重卦，皆是把《周易》当作一本卜筮书。朱熹又说："且如《易》之作，本只是为卜筮。如'极数知来之谓占''莫大乎蓍龟''是兴神物，以前民用''动则观其变而玩其占'等语，皆见得占筮之意。"[②]在这里，朱熹举《系辞》中的例子，以证明《周易》本为卜筮书，主要目的是明吉凶。高亨继承了朱熹此说，在《周易大传今注》中说："易经既是筮书，筮人自然要根据卦爻的象数来判断人事的吉凶。"[③]《易》本卜筮之书，这是《周易》的文化基质，不容忽视。

---

① (宋)黎靖德编：《朱子语类》卷六十六，中华书局1986年版，第1629页。

② (宋)黎靖德编：《朱子语类》卷六十六，第1621页。

③ 高亨：《周易大传今注》，齐鲁书社1979年版，第7页。

占筮是巫术的一种，而且是巫术发展的后期阶段，占筮不同于“天启”巫术，是一种“人为”巫术，有人的行为在里面。所谓“人为”巫术，即不再以特殊的自然现象为吉凶的征兆，而是掺入人为的操作因素，这就是“数”的运算，这是巫史的最大不同。相较于古朴的巫术仪式，史之“达数”无疑是很大的进步，因为这里面已经有人为的操作因素，与纯粹依赖天意的古老巫术有所不同。正如卡西尔所说，“我们不可能预见事实，但我们可以借助符号思维的力量为能理智地解释这些事实作准备”①。

根据今本《易传》的记载，数有大衍之数、阴阳之数和天地之数等，这里所说的史之“达数”主要针对的是大衍之数。大衍筮法十有八变而成卦，《系辞上》对这种以数的推演为机制的占筮操作过程有详细的记载，其曰：“大衍之数五十，其用四十有九。分而为二以象两，挂一以象三，揲之以四，以象四时，归奇于扐以象闰。五岁再闰，故再扐而后挂。”如此三变确定一爻，十八变始确定一卦，这里面涉及数的减法和除法，故《左传》说“筮，数也”。清代易学家陈梦雷在《周易浅述》中解释“极数知来之谓占”时说：“极天地之数而吉凶可以前知，此之谓占。”②赵法生先生说：“因为任何事物都有其数的规定，从理论上讲，这样一种数术体系可以凭借数的运算掌握宇宙间一切事物的运行规律，揭开天地间的一切奥秘。”③

王振复先生说：“从《周易》巫术占筮中数的来源来看，是在客观物象中蕴涵着数的因素，在以客观事物的物象为原型的卦象（兆象）中，数成了这种筮符的构架和灵魂，同时从占筮结果来看，数又是吉凶祸福、祆祥顺逆、人的命运的神秘象征。”④可见，在《周易》中，数有着最实用的用途，“极数”是为“知来”，这就是占。“数”把握着宇宙的奥秘，《系辞》说：“参伍以变，错综其数。通其变，遂成天下之文；极其数，遂定天下之象。”一个吉凶悔吝的世界就这样被“数”揭示出来。可见，数乃筮之本。

那么，数的运算为什么能揭示出包罗万象的大千世界呢？在古人看来，大到天地岁时，小到日常之事，无不蕴含着数。北大秦简《鲁久次问数于陈起》有“万物无不用数”的说法，表达了古人对数的理解，其曰：“天下之物，无不用数者。夫天所盖大也，地所生之众也，岁四时之至也，日月相代也，星辰之生与来也，五音六律生也，毕用数。”正是基于这种源于数的世界观，《周易》便试图用数的加减应用来解释这个数的世界，并产生了一套烦琐的占筮方法。

提到“数”，就不得不提及古希腊哲学和西方哲学观念中的“数”的概念。在古希腊，“毕达哥拉斯派思想家们最早把数设想为一种无所不包的真正普遍的要素”⑤。毕达哥拉斯说：“数是人类思想的向导和主人，没有它的力量，万物就都处于昏暗混乱之中。”毕达哥拉斯认为，数可以揭示出万物的本质，所有的事物都具有一个数，通过这个数可以认识到事物的本质原因。对于毕达哥拉斯学派有关“数”的概念，卡西尔总结道：“在毕达哥拉

---

① ［德］卡西尔：《符号形式的哲学》，李彬彬译，吉林出版集团股份有限公司 2018 年版，第 259 页。

② （清）陈梦雷：《周易浅述》，上海古籍出版社 1983 年版，第 1009 页。

③ 赵法生：《数、命与道——〈周易〉儒家世界观的形成与特质》，《宗教与哲学》第 1 辑，第 305 页。

④ 王振复：《巫术：〈周易〉的文化智慧》，浙江古籍出版社 1990 年版，第 172—173 页。

⑤ ［德］卡西尔：《符号形式的哲学》，第 249 页。

斯及其早期信徒的时代，希腊哲学已经发现了一种新的语言——数的语言。这个发现标志着我们近代科学概念的诞生。”[①]又说：“我们并不是生活在真理的世界中，而是生活在蒙蔽和错觉的世界中。在数中，而且只有在数中，我们才发现了一个可理解的宇宙。”[②]因此，欧洲 17 世纪主要的形而上学家和科学家，包括伽利略、笛卡尔、莱布尼茨和斯宾诺莎在内，都十分重视数学。

《周易》中的占筮之数与西方概念中的“数”不同，并不是真正意义上数学的数，它只是数的萌芽，而非成熟的数，尚不能被人完全抽象地把握住，因为其中残存有非理性的因素。李零先生说：“‘数术’这个词，很容易让人联想到‘数学’或‘算术’，但它所谓‘数’却并不限于数字概念，还包括‘理数’（逻辑）和‘命数’（机运）；所谓‘术’，也不是一般的推算，而是指占卜。”[③]在中国古代，人们比较关注的是命数，显然《周易》认为通过大衍之法的推演，可以知晓人之命数。

数为何与命有关系？因为古人认为，凡物皆有数，“物生而后有象，象而后有滋，滋而后有数”。数能反映世间万物，并对人的行为有规定，是人要遵循的准则，如《荀子·仲尼》云：“其霸也宜哉，非幸也，数也。”

但是，这种对“数”的理解，并不能从根本上实现趋吉避凶的目的。“数”并不是万能的，也不能解释一切。在复杂、多变的世界面前，“数”很难准确地解释事物之间的关系，不足以解释这个世界，不足以成为国家决策的依据，更不足以激励人向善。卡西尔在《人论》中分析近代思想家巴斯嘎对笛卡尔哲学的质疑时说：“有些事物由于它们的微妙性和无限多样性，使得对之进行逻辑分析的一切尝试都会落空。”[④]

（二）由“巫”而“史”

由以上分析可知，巫史之学的本质在于沟通鬼神，获得神意，是借助外在的工具来获知吉凶，将鬼神的意志和人事吉凶联系在一起，人事祸福很大程度上寄托在天意上。虽说“史与巫祝同是掌理天人之间各种事务”[⑤]，二者却不全然一致。“赞而不达于数，则其为之巫。数而不达于德，则其为之史”，这是孔子对巫史的区分。“幽赞”是巫术的特点，“达数”是史学的特点，前者有特定的巫术仪式，后者进行数的推演，具体的操作方式和原理是不同的。

在“史巫之筮”阶段巫之“幽赞”偏重于人之生命与天地自然的关系，关切的大抵是大地上的事情，包括风雨雷电等自然现象，以及农业生产的丰歉等，还包括帮助生产、防治疾病以及伤害敌人等与人类生活密切相关的事情。史之“达数”侧重的是人之生命在人类社会中的发展，在占筮盛行的时期，所关切的除了国家的存亡，还有人之生死。这一时期，人的觉醒引发了一系列思想上的变革。对于个体命运在成长的过程中所面临的挫

① ［德］卡西尔：《符号形式的哲学》，249 页。

② ［德］卡西尔：《符号形式的哲学》，第 250 页。

③ 李零：《简帛古书与学术源流》，生活·读书·新知三联书店 2004 年版，第 423 页。

④ ［德］卡西尔：《人论》，甘阳译，西苑出版社 2003 年版，第 19 页。

⑤ 李宗侗：《中国史学史》，中国友谊出版公司 1984 年版，第 3 页。

折、无奈和失意，如何平稳度过穷困时期，如何规避风险，如何实现生的希望和欢喜，如何彰显人的精神和价值，是当时普遍关注的话题。

巫之“幽赞”是主体与神建立一种神秘的联系，通过一定的仪式向鬼神求问吉凶，某人某事是吉是凶、是福是祸、是祥是灾，均可通过鬼神获知答案。这种人与神灵之间的沟通，其实是一种没有实际效用的技艺，巫术并不能为人类提供准确的行动准则，给予人的是一种虚假的心灵安慰，因而在一系列失败巫术的实践活动中，其地位和作用在慢慢消减。而史之“达数”是在巫术基础上的进一步发展，通过“数”的运算，来分析事情之间的联系，他们相信事物的变化发展是有规律可循的，通过分析事物发展的规律可以预测未来，这里面开始掺杂进一定的人为因素，使得非理性的成分相对减少。李泽厚先生说：“数的出现意味着替代巫的狂热的身体操作活动，人们开始以个体进行的远为客观、冷静和认知因素极强的数字演算，来明吉凶、测未来、判福祸、定行止。……‘巫术礼仪’通过‘数’(筮、卜、易)而走向理性化的具体历史途径。”①《周易》的占筮内蕴着数理的因子，而占筮和数理又是滋生德义的文化土壤。

在由“巫”而“史”的过程中，实现了“幽赞而达乎数”，在史之“达数”这一层面，人并非完全依赖神意，仍有人的力量和人的智慧的一席之地，人为的作用被保留下来。人的祸福吉凶不完全取决于占筮的结果，如穆姜并不以卦辞“元亨利贞”为吉，反而认为自身德性有亏，不会有好的结果，可见德行被一部分人认为是决定吉凶的关键因素。人认识到自己无力去影响自然进程，但人可以通过自己的努力改变自身的现状，使个人以及国家有更好的发展。以更加积极的心态和乐观的态度面对人生的困难和诸多不确定因素，不断调整自身，德义的力量就这样被凸显出来，这是孔子提出“观其德义”的内在原因。

三、“观其德义”与《易传》的产生

以上对巫史传统作了不厌其烦的介绍，这对于我们理解“观其德义”和《易传》的产生是十分有必要的。在孔子之前，巫史传统是主流的文化形态，在相当漫长的一段时间中，它主导着文化的主要形态，巫探寻神意，史纠察古今。我们知道，巫术不具备科学理性，虽然史巫之筮已经掺进人的行为，认为人的行为在巫术里面起到一定的作用，但将人的行为捆绑在一套严格的行为规范中，并不具有实际的效用，这是孔子不认可史巫之筮的原因。孔子认为真正能够发挥作用的是人的德性，而不是外在的天意，因此孔子在巫史传统的基础上，以德性为进路，向人的内心深处发掘，也就是说，数命开始向德命转换。

（一）孔子与《周易》

在“观其德义”和《易传》产生之前，《易》之主要功能在占筮，《易》本卜筮之书，实用性非常强，这是孔子之前的《易》。孔子之后的《易》，涉及《易传》的产生，《周易》因此成为一部哲理之书。

---

① 李泽厚：《说巫史传统》，上海译文出版社2012年版，第20—21页。

关于孔子前后的《易》，黄克剑先生说道：

> 孔子之前的《易》用于占筮，占筮乃是向着天人之际卜问当下人事之吉凶休咎的消息；由孔子肇其端，被重新诠释的《易》用于发明“德义”，从天人之际推绎人生意义之究竟。
>
> 《易》在孔子前后皆关联着人生的价值祈求：孔子之前，世人托重于《易》的价值诉求多在于人生有待维度上的利害趋避；孔子及其后学对《易》境的别具深致的开拓则在于启示人生无待维度的自觉，从而以义利之辨为契机，在终极意趣上导示一种人生当有的价值取向。[①]

那么，这就涉及一个既老且新的问题，即孔子与《周易》的关系。关于这一问题，在传统经学的说法中，孔子作“十翼”似乎已成定论。但这一说法始终无法得到确认，自欧阳修提出怀疑，到近代的古史辨派运动，不仅孔子作“十翼”的真实性受到怀疑，连带孔子与《周易》是否有关系也成为一个问题。

记录有孔子主要言论的《论语》一书中，关于孔子与《周易》的记录只有两处，材料之少，恐与其晚而喜《易》的事实有关。但是，虽然孔子提及《周易》的次数不多，但却揭露出重要的信息。

先看《论语・述而》，其曰：子曰：“加我数年，五十以学《易》，可以无大过矣。”

可知，孔子晚年学《易》，且对《周易》极为重视。关于这段话，20 世纪古史辨派学者根据陆德明《经典释文》“易，如字；《鲁论》读易为亦，今从古”的话，否定孔子读过《周易》。如今看来，显然是不成立的。

再看《论语・子路》，“南人有言”章曰：子曰：“南人有言曰：‘人而无恒，不可以作巫医。’善夫！”“不恒其德，或承之羞。”子曰：“不占而已矣。”

其中提到“不恒其德，或承之羞”，这是《恒》卦的九三爻辞，意思是说人没有恒久的德性，可能会受到侮辱。可见，事态发展的吉凶不取决于外在条件的优劣，而是以人内在的德性为本，强调恒久德性的优先性，这是首要原则。

《论语》中的这两则材料传递出两条重要信息，一是孔子晚年学《易》的事实，二是孔子读《易》的思路是以德代占。关于以德代占，在帛书《要》篇“观其德义”章中更进一步地充分解释。

《要》篇曰：

> 子曰：“《易》我后亓(其)祝卜矣，我观亓(其)德义耳也。幽赞而达乎数，明(明)数而达乎德，又□□者而义行之耳。赞而不达于数，则亓(其)为之巫。数而不达于德，则亓(其)为之史。史巫之筮，乡(向)之而未也，始(恃)之而非也。后世之士疑丘者，或以《易》乎？吾求亓(其)德而巳(已)，吾与史巫同涂(途)而殊归者也。君子德行焉求福，故祭祀而寡也；仁义焉求吉，故卜筮而希也。祝巫卜筮亓(其)后乎？”[②]

---

① 黄克剑：《孔子前后的〈易〉》，《河北师范大学学报》(哲学社会科学版)2021 年第 2 期。

② 刘彬、孙航、宋立林：《帛书〈易传〉新释暨孔子易学思想研究》，中国社会科学出版社 2016 年版，第 250 页。

在这里，孔子提出“观其德义”的主张，明确其与祝卜的不同。孔子说“吾与史巫同途而殊归”，“同途”即孔子与史巫都借鉴了占筮这一工具，即孔子对“史巫之筮”是“向之”“始之”。“殊归”即孔子以“史巫之筮”为非，转向求其德义。虽然人的行为已经掺进史巫之筮之中，且在里面起到一定的作用，但人的行为被捆绑在一套严格的行为规范中，并不具有实际的效用，这是孔子不认可史巫之筮的原因。在这里，孔子对以前流行的史巫之筮作了一次总结，即“赞而不达于数，则其为之巫。数而不达于德，则其为之史”，孔子想要超越幽赞和明数，以德义解释《周易》，这就是“吾与史巫同途而殊归”的意旨。

关于“□□者而义行之”句缺文，学者多补为“仁守”。“观其德义”的主要内容是“仁守者而义行之”“仁义焉而求吉”等内容，通过“德行”和“仁义”达到趋吉避凶的目的。具体而论，《缪和》篇言“古君子”，其曰：“古之君子，时福至则进取，时亡则以让。”此言君子善于掌握时机，待时而动，时来则进取，时亡则隐退，有龙隐之德。又曰：“古君子处尊思卑，处贵思贱，处富思贫，处乐思劳。”此言君子身处尊位，却始终保持谦卑的德行；身处安乐，却不忘忧劳，这是君子的品德。又云：“君子于仁义之道也，虽弗身能，岂能已哉？日夜不休，终身不倦，日日载载，必成而后止。”此言君子终身践行仁义之道，日夜不休。又曰：“夫古之君子，其思虑举措也，内得于心，外度于义，外内和同；上顺天道，下中地理，中适人心。”此言君子行仁义之道，合于天道、地理与人心。有如此德性的君子，行事自有一套法度，吉凶祸福已不是特别值得关注的事情了。正如孔子最欣赏的颜回一样，“一箪食，一瓢饮，在陋巷，人不堪其忧，回也不改其乐。”

孔子由卜筮转向德性，超越史巫之筮，贯通天地人，下学上达，极大转变了《周易》的功能，开创了德义解《易》的新传统。既然抛弃了史巫之筮，进行“观其德义”，那么大家最为关心的，也是《周易》最实用的功能，即如何趋吉避凶。孔子的解释是，“君子德行焉求福，故祭祀而寡也；仁义焉求吉，故卜筮而希也”，认为德行可以带来福气，仁义可以求得吉果，有德性自然可以趋吉避凶。其中吉凶二字，本属于巫学而非哲学，“观其德义”实现了巫学的理性化，也证明孔子并没有完全抛弃巫史传统，只是扬弃了其中的非理性因素。

所谓“观其德义”，是将吉凶的解释权完全掌握在人的手里，不再受天意约束，这是观念的极大进步。如果说“巫术使人在恶劣的自然和社会环境中具有盲目的自信力，似乎能保持心理上的平衡和精神的统一、清除心头的阴影”①，那么“观其德义”便不再具有盲目的特性，而是基于自身的德性修养，以及美好人格的养成，重塑人的价值和精神。在春秋战国时期天命信仰崩塌的思想背景下，巫史传统的权威受到挑战，不足以继续支撑对这个世界的解释，这时候就需要一种新的文化力量，重塑国人的精神品格。

事实上，“观其德义”和占筮都源于对未来的期待和担心。对未来的思考和关注是人之生活的一部分内容，“思考着未来，生活在未来，这乃是人的本性的一个必要部分”②。不管是占筮，还是德义，都是源于对未来的期待和对美好生活的期许，趋吉避凶是人的天性。无论是个人还是国家，都有趋吉避凶的需要。而二者的不同在于，“观其德义”不仅

① 王振复：《巫术：〈周易〉的文化智慧》，浙江古籍出版社1990年版，第228页。

② ［德］卡西尔：《符号形式的哲学》，第72页。

仅满足于预示未来事件，而是反求自身，关注当下的德性，以德义求得吉果，具有更多的主观能动性。如此一来，即使处于穷困不通的环境中，即使处于生死存亡之际，也能充满对自身的认可和对未来的希望，"使希望胜于失望、'坚定'胜于徬徨、'乐观'胜于悲观"[①]。人们相信依靠自己的努力，可以趋吉避凶，穷困只是暂时的，所谓"穷达以时"是也。

在此原则基础之上，"观其德义"不必与卦爻辞紧密贴合，而是可以有所发挥。对卦爻辞中的具体事物，《易传》可以进行德义的发挥。于《周易》而言，"观其德义"将《周易》从一本卜筮之书逐渐发展成为讲哲理的书，《易传》应时而生。传世本《易传》以"辞、变、象、占"总括圣人之《易》，《系辞上》曰："《易》有圣人之道四焉：以言者尚其辞，以动者尚其变，以制器者尚其象，以卜筮者尚其占。""尚其辞"便是《要》篇所言"观其德义"，这是《易传》对占筮之《易》的突破。对天命的外在信仰逐渐转向个体内在的道德修养，个人的祸福吉凶不再取决于上天，而是自身德性，这就将事情发展的主动权极大地掌握在自己的手里。春秋战国时期苦苦探索的，无疑就是个体生命如何安顿的问题，诸子百家重新解释天地，重新解释国家，以安顿个体生命。

（二）《易传》的产生与"易道"的提出

在春秋战国之前，巫文化可以是中国早期文化的内在因素。随着春秋战国时期人的觉醒、理性思维的萌发，人成为一个重要的研究对象，人不再依赖卜筮，逐渐转向追求德行。李泽厚先生说："西方由'巫'脱魅而走向科学（认知，由巫术中的技艺发展而来）与宗教（情感，由巫术中的情感转化而来）的分途。中国则由'巫'而'史'，而直接过渡到'礼'（人文）'仁'（人性）的理性化塑建。"[②]从巫史传统到"观其德义"，德义的力量取代了巫术的力量，人的生活从此不再围绕着自然和社会，而是面向自我、反躬自省。孔子所说"《易》我后亓（其）祝卜矣"，其实是对三代以来的文化做了一次全面总结，剥离掉其中非理性的成分，加入德性的因素。《易传》便在这种思想背景下逐渐成书，《周易》完成从一本卜筮之书到哲理之书的转变。

《易传》产生于春秋战国，经学的说法是"孔子作十翼"，此说自东汉以来成为定说，在"易历三古"中，孔子是三圣之一，伏羲画卦，文王卦辞，孔子作易传。《周易》也因此在汉代一跃而高居群经之首。《史记·孔子世家》云："孔子晚而喜《易》，序《彖》《系》《象》《说卦》《文言》。"班固的《汉书·艺文志》，说的是文王"重《易》六爻，作上下篇"，而"孔氏为之《彖》《象》《系辞》《文言》《序卦》之属十篇"[③]。班固又说："（孔子）盖晚而好《易》，读之韦编三绝，而为之传。"[④]孔颖达认为十翼"为孔子所作，先儒更无异论"，"孔子作十翼"遂成为传统经学的主流看法。

关于孔子是不是《易传》的作者的讨论在20世纪古史辨派那里达到了巅峰。经学时代的学者基本上都承认孔子作《易传》，只是从欧阳修开始对部分篇节有所怀疑。20世纪

---

① 王振复：《巫术：〈周易〉的文化智慧》，浙江古籍出版社1990年版，第228页。

② 李泽厚：《说巫史传统》，上海译文出版社2012年版，第17页。

③ （汉）班固：《汉书》，中华书局2012年版，第1517页。

④ （汉）班固：《汉书》，第3090页。

以来新史学认为孔子没有作《易传》。随着20世纪70年代帛书《易传》的出现，借助《要》篇文献，孔子与《周易》的关系又重新得到了肯定，但也只是证明孔子跟弟子讨论过《周易》，对《周易》文本性质的认识有独到之处。"孔子作十翼"作为经学家的旧说，仍无法证实。我们只能说，《易传》由孔门弟子编纂而成，其中有孔子的思想。《易传》与春秋战国时期的思想变革密切相关，这是没有疑问的。

《易传》的产生，为《周易》注入了新的活力，实现了由巫史传统向"道"的历史转变，无论是对《周易》而言，还是对思想史的发展而言，无疑都具有重要的意义。关于"道"，王振复先生在《中国巫文化人类学》"导言"中说："道，本义指介于人与神、人性与神性之际所选择的人生道路。道主要启蒙于巫文化的'实用理性'。"[①]可以说，"道"由巫史传统转变而来，成为中国思想中的一个核心概念。孔子说"朝闻道，夕死可矣"，老子说"道法自然"，《周易》说"一阴一阳之谓道"。""易道"的提出，是以仁义超越命数。

帛书《要》篇明确表示："故明君不时不宿，不日不月，不卜不筮，而知吉与凶，顺于天地之心，此谓易道。"在对损益之变的体察中，帛书《要》篇提出"易道"的概念，此中涉及"时""宿"、"日""月"、"卜""筮"三个层面的内容。关于"不时不宿"，邢文先生曰："时为先王应时的祭礼，或曰时享。"他认为："宿，祭祀前的斋戒。"[②]"不时不宿"，即不祭祀、不斋戒；"不日不月"，即不必以日月等天象断吉凶；"不卜不筮"，即不用卜筮来断吉凶。即君主不以祭祀、天象、卜筮等判断吉凶，而是顺于天地之心。这种对鬼神、卜筮的否定态度，是当时的思想共识，在传世文献中也多有记载，如《管子·白心》云："不日不月，而事以从；不卜不筮，而谨知吉凶。"《韩非子·亡征》云："用时日，事鬼神，信卜筮而好祭祀者，可亡也。"此为一意。显然，这个"易道"是针对史巫之筮而提出的。

此与《要》篇"德性亡者，神灵之趋；智谋远者，卜筮之繁"的主旨是一致的。在这里，更加强调人的主观能动性，人不再被动地接受神灵的指导，而是主动去体认天地之变，把握人事吉凶。《要》篇认为："《损》《益》之道，足以观天地之变。"掌握了《损》《益》的道理，就可以观天地之变，观人事得失。月有盈有亏，人事也有损有益，吉凶不是固定的，而是处于不断的变动之中，此是天地之理。人要"顺于天地之心"，生生不息，这是《周易》的思想旨趣。张克宾先生说："就目前所见文献而言，是《要》篇最早提出了'易道'的说法。与《系辞传》对易道的描述性说明不同，《要》篇所说的'易道'侧重于人法天而动的实践性内涵。易道既不是天道的代称，也不是人道的别名，也不是天人之道的统称，而是人顺应天地的实践之道。"[③]

"易道"的产生，是在自然天道观的发展基础上形成的，这个"道"既包含天地自然，也包含社会伦理，既有法则义，又有规范义。这样的"道"，首先存在于生生不息的大化流行中，当人们对天的认识还原到与风雨雷电等自然事物一样的地位时，当人们理解天地为天生地养等自然属性时，人们开始思考天不再赏善罚恶，那么内在的道德自觉要如何实

---

① 王振复：《中国巫文化人类学》，山西教育出版社2020年版，第16页。

② 邢文：《损益与君道》，陈鼓应主编：《道家文化研究》第18辑，三联书店2000年版，第337页。

③ 张克宾：《损益与易道及〈易〉书——帛书〈要〉篇"损益之道"章释蕴》，刘大钧主编：《长江学术文献大系：大易集旨》，上海科学技术文献出版社2016年版，第173—174页。

践的问题。《易传》并没有因此建立起一套诗书礼乐的人道秩序，而是认为既然天道顺应其自然运转的规律，那么人道也是如此，“易道”的前提是将天道作为人道的根本。

所以“观天地之变”的重要性就凸显出来，《要》篇曰：“故《易》又（有）天道焉，而不可以日月生（星）辰尽称也，故为之以阴阳。又（有）地道焉，不可以水、火、金、土、木尽称也，故律之以柔刚。”天道不可以用日月星辰完全地称述，所以用阴阳来概括；地道不可以用水火金土木之五行完全地称述，所以用柔刚来概括。在《周易》中，阴阳和五行表达的核心内容是生生不息，所谓“生生之谓易”，这是先秦易学最想表达的内容。人要效仿此天地之道，自强不息，厚德载物。如此，天地人就被涵摄在“易道”中，“易道”也因此成为表述天地人一切事情的最高概念。

从“易一名而含三义”看胡宏道学体系的建立

张一鸣*

《周易》有“易一名而含三义”说，出自《易纬·乾凿度》，其曰：“易者，易也；变易也；不易也，管三成为道德苞籥。”①其中提出“易”的含义有三，分别为“易”“变易”“不易”，此说在易学史中有重要影响。东汉经学家郑玄作《易论》《易赞》即采此说，孔颖达在《〈周易正义〉序》中论“易”之三名亦采此说，二人对此说各有总结与发展。至宋明时期，易学同道学联系紧密，互为贯通，《周易知识通览》中说：“同道学相适应，宋易的特征之一，即因经以明道，或明道以知经。无论是义理学派，还是象数学派，都不追求《周易》经传文字训诂方面的解释，不停留在经文的表面字义上，而注重探讨其中的义理。”②

湖湘学派的奠基人胡宏，借助传统的“易一名而含三义”说，提出“天下之道有三：大本也，大几也，大法也。此圣人事，非常人所知也”③。此是胡宏假借汉高帝与陆贾的对话，揭示出二帝三王之道，亦即对天下之道的理解。胡宏分“天下之道”为大本、大几和大法，后又继续阐发：“大本，一心也；大几，万变也；大法，三纲也。此圣人事，非常人所知也。”④胡宏对“大本”“大几”“大法”的定位，显然是在“三易说”中“易”“变易”“不易”的理论基础上创造出来的。本文拟就此讨论“易一名而含三义”在胡宏建立其道学体系过程中的重要影响。

一、何谓“易一名而含三义”

“三易说”最早见于《易纬·乾凿度》，其云：“易者，易也，变易也，不易也。管三成为道德苞籥。”此先是总言易有“易”“变易”和“不易”三个层面的含义，而后展开而言之。

第一义为“易”，其云：

> 易者，以言其德也。通情无门，藏神无内也。光明四通，效易立节。天地烂明，日月星辰布设；八卦错序，律历调列，五纬顺轨，四时和粟孳结，四渎通情，优游信洁；

---

* 作者简介：张一鸣，中国人民大学国学院博士研究生。

① 《易纬·乾凿度》，《景印文渊阁四库全书》第53册，台湾商务印书馆1986年版，第866页。

② 朱伯崑主编：《周易知识通览》，中央编译出版社2018年版，第309页。

③ （宋）胡宏：《胡宏集》，中华书局1987年版，第38页。

④ （宋）胡宏：《胡宏集》，第38页。

根著浮流，气更相实，虚无感动，清净照哲，移物致耀，至诚专密，不烦不挠，淡泊不失，此其易也。

首先，我们来看《易纬·乾凿度》对第一义“易”的解释。开始便提出“易者，以言其德也”，易道之大德曰生，生生不息既是天道之自然属性的表现，其在人世中又见为大德。“易”的第一义首先就站在了天人合一不二之境地，不二之表现即“通情无门，藏神无内”，其大无外，其小无内，内外至大、至小皆无碍畅达，遂可至于寂然不动，感而遂通天下之故。丁四新先生在《“易一名而含三义”疏辨》一文中，认为“德”又可训为“得”，由“德”而“得”是本体无失无得之“德”从无到有自得自为的生生的过程。[①] 内圣外王之过程固然有在因地中由本生末的前后逻辑顺序过程，然而在果地圆满境地之描述中，体用一如，显微无间方是真合一，真不二。不过，第一义中的“易”确实也是由“德“而“得”的过程，因为接下来“光明四通，效易立节”即是此“同情无门，藏神无内”之“易”的运用过程。就其外现而言，“天地烂明，日月星辰布设；八卦错序，律历调列，五纬顺轨，四时和粟孳结，四渎通情，优游信洁；根著浮流，气更相实”；就其内观而言，“虚无感动，清净照哲，移物致耀，至诚专密，不烦不挠，淡泊不失”。内外相因，无为有序，此为“易”之第一义。

第二义“变易”，其云：

变易也者，其气也。天地不变，不能通气。五行迭终，四时更废。君臣取象，变节相和，能消者息，必专者败；君臣不变，不能成朝，纣行酷虐，天地反，文王下吕，九尾见。夫妇不变，不能成家，妲己擅宠，殷以之破，大任顺季，享国七百。此其变易也。

其次，我们来看《乾凿度》对第二义“变易”的解释。“变易”在乎阴阳之气的运行流转，在天为四时、五行之更迭；在人为君臣取象，变节相和。唯变所适，消息一定。其后又以君臣、夫妇必变乃能成朝成家的历史事件加以佐证。第二义“变易”虽有变，然非随意之变，非万变之变，仍是强调在阴阳之中，消息之内，二元辩证中的变化，是一种有规律的变化。此“变易“一义乃易纬对孟京易学的发展。[②]《京氏易传》云：“八卦分阴阳，六位五行，光明四通，变易立节。若天地不变易不能通气，五行迭终，四时更废，变动不居。”[③]而“能消者息，必专者败”在《京氏易传》遁卦文中亦有化用：“阳消阴长，无专于败。《系》云：‘能消者息，必专者败。’”[④]

最后是对第三义“不易”的描述：

不易也者，其位也。天在上，地在下，君南面，臣北面，父坐子伏，此其不易也。故易者，天地之道也，乾坤之德，万物之宝。至哉易，一元以为元纪！

最后，我们再看《乾凿度》对第三义“不易”的解释。“不易”相较于“易”和“变易”理解

① 参见丁四新：《“易一名而含三义”疏辨》，《中国哲学史》1996年第3期。

② 参见朱伯崑：《易学哲学史》，昆仑出版社2005年版，第177页。

③ (汉)京房撰，(三国)陆绩注：《京氏易传》卷下，《四部丛刊》影印天一阁刊本。

④ (汉)京房撰，(三国)陆绩注：《京氏易传》卷上，《四部丛刊》影印天一阁刊本。

起来较为简单，由天地上下的自然属性，人世中的君臣父子的层级属性，强调“君君、臣臣、父父、子子”[①]的恒定性。丁四新先生在《“易一名而含三义”疏辨》中更指出“节”与“位”的不同，认为“节”具有当下性，是暂时持有的身份；而“位”则强调的是恒常不变的图式和天理。[②] “位”显然比“节”更突出固定性、不易性。朱伯昆先生认为：“以上的说法（‘不易’），来于《京氏易传》，但京房的本义都是讲变易。而《乾凿度》的作者，将‘变易立节’改为‘仿(简)易立节’，并增加了‘不易’一义。简易和变易，皆见于《系辞》，‘不易’之义乃《乾凿度》的阐发，其以‘不易’为《周易》的法则之一，目的在论证封建社会的等级秩序是不能变易的。”[③]

二、郑玄和孔颖达的理解

郑玄对“三易说”的理解主要体现在《乾凿度》的郑注和郑玄的《易论》两部分中。《乾凿度》中的第二义“变易”与第三义“不易”的郑注部分与原文内容出入不大，需要注意的内容主要在郑注第一义“易”中。

在第一义中，关于首句“易者，以言其德也。通情无门，藏神无内”，郑玄注：“效易无为，故天下之性，莫不自得也。”关于“光明四通，效易立节”，郑玄注：“效易者，寂然无为之谓也。”此以寂然无为解释“效易”。“天地烂明，日月星辰布设；八卦错序，律历调列，五纬顺轨，四时和粟孳结，四渎通情，优游信洁；根著浮流，气更相实”描述的是天地灿烂的场景，日月星辰有其运转的规律，八卦有序排列，节气顺布，五行顺轨，四时和顺。郑玄指出“五纬，五星也”，并进一步说道：“此皆言易道无为，故天地万物，各得以自通也。”关于“虚无感动，清净照哲”，郑玄注：“照，明也。夫惟虚无也，故能感天下之动；惟清净也，故能照天下之明。”认为虚无能感天下之动，清净能昭天下之明。关于“移物致耀，至诚专密”，郑玄注：“移，动也。天确尔至诚，故物得以自动；寂然皆专密，故物得以自专也。”此认为天道至诚，万物得以自动、自专。关于最后一句“不烦不挠，淡泊不失，此其易也”，郑玄注：“未始有得，夫何失哉？”指出“易”为寂然不动之本体。

通读郑注，发现其主要表达易道的无为、自得、无失、无得。确然，正如《论语·阳货》所言：“天何言哉？四时行焉，百物生焉，天何言哉？”郑注将易道这样的表现归结于“惟虚无”“唯清净”之德，唯有虚无清净，方能感天下之动，照天下之明。此时主语仍可为“易道”。然在第五句中，主语由“易道”变更为“天”，易道更分乾坤：“天确尔至诚，故物得以自动；寂然皆专密，故物得以自专也。”因天(乾)之至诚，寂然不动，退藏至密，故而物不仅能动，且可以自动自专，乾健坤顺，生生不息。其后郑注“不烦不扰，淡泊不失”中讲“未始有得，夫何失哉”无始无终，无得无丧，生生之圆融得以浑然彰显。

由郑注主语之转变(“易道”至“天”)，不难得出郑玄依此义作《易赞》及《易论》中，第二义“变易”、第三义“不易”总体不变，唯第一义由“易”更为“易简”，取“乾以易知，坤以简

① (三国)何晏注，(宋)邢昺疏：《论语注疏》，(台北)艺文印书馆1989年版，第108页。

② 参见丁四新：《“易一名而含三义”疏辨》，《中国哲学史》1996年第3期。

③ 朱伯崑：《易学哲学史》，第177页。

能”中的“易简”。下引郑玄《易赞》云：

> 《易》之为名也，一言而函三义，简易一也，变易二也，不易三也。故《系辞》云：乾坤其易之蕴邪。又曰：《易》之门户邪。又曰：夫乾确然示人易矣。夫坤隤然示人简矣。易则易知，简则易从。此言其简易之法则也。又曰：其为道也屡迁，变动不居，周流六虚，上下无常，刚柔相易，不可为典要，唯变所适。此言从时变易，出入移动者也。又曰：天尊地卑，乾坤定矣。卑高以陈，贵贱位矣。动静有常，刚柔断矣。此言张设布列不易者也。据兹三义而说，易道广矣大矣。[①]

郑玄的三易皆援引《系辞传》，又稍作归纳为：简易之法则、从时之变易、布设张列之不易。郑玄《易赞》中的“三易”与《乾凿度》中的“三易”较为相类，只是郑玄更依经依传发挥，《乾凿度》则更广博神化发挥；经纬之不同确实可由此体现出来。

丁四新先生认为，郑玄将第一义由“易“替换为“易简”，虽然替换了字词，但意思同《乾凿度》保持了一致：“从《乾凿度》下文来看，‘如似’义的‘效易’是用来说明易道本体的‘虚无无为’特性的，故‘易者，易也’的表述是符合《乾凿度》原意的。而郑玄在论述‘易一名而含三义’时即将此义改为‘易简’，以求与《系辞上》所谓乾坤两卦的特性——‘易简’相对应。从字面上来说，郑玄似乎改变了《乾凿度》的说法。不过，审读郑玄《注》，他其实正是以‘佼易’来训解《系辞上》‘乾以易知’的‘易’字的。因此郑玄之意与《易纬·乾凿度》一致。”[②]并且他进一步指出郑玄与孔颖达之间的联系，其云：“郑玄《周易注》的特别之处在于，通过换用‘简易’一语而将第一义‘易者，易也’与《系辞上》所说乾坤两卦的特性对应了起来。本来，在《乾凿度》中，此义着重论述易道本体之形上虚无特性，但是通过郑玄的推衍后，此第一义即变成了对于形下之二元本体——乾坤或天地特性的肯定。”[③]林忠军先生指出：“《易纬》与郑氏的三义说皆本自自然社会法则、反映自然社会法则，然郑氏三义说未离《系辞》，全引《系辞》之言为据，这与《易纬》用一般天道理论说明易之三义有明显的不同。”[④]而后林忠军先生又引胡自逢先生的观点（郑玄释“易”为“易简”，二者内部存有内在联系）进一步补充道郑玄与《易纬》在第一义上的差异：“《易纬》的易之义第一种‘易’是宇宙本原，这种宇宙本原的‘易’是一种‘通情无门、藏神无内’德性，它可以生成天地万物，具有寂然无为、不烦不挠、淡泊不失的特点，这个‘易’就是老子的‘道’或‘无’。而郑氏的‘易简’则不是宇宙的本原，当然也没有老子道家寂然无为的特点，而是天地生成万物的形式，这种形式容易简单，只不过是天地合气、阴阳交感而已。而且这种天地生物的形式极容易理解、认知和把握。”[⑤]郑玄对《乾凿度》的第一义“易”简化为乾坤阴阳之“易简”，对于纬书关于第一义“易”之“寂然无为，不烦不扰，淡泊不失”的描述不加分析。

---

① 张义生：《郑玄〈周易〉著作九种汇校》，中国社会科学出版社 2020 年版，第 167 页。

② 丁四新、费春浩：《〈周易〉的生生哲学及其诠释——以〈易传〉和“易一名而含三义”为中心》，《孔学堂》2021 年第 4 期。

③ 丁四新、费春浩：《〈周易〉的生生哲学及其诠释——以〈易传〉和“易一名而含三义”为中心》，《孔学堂》2021 年第 4 期。

④ 林忠军：《试析郑玄易学天道观》，《中国哲学史》2002 年第 4 期。

⑤ 林忠军：《试析郑玄易学天道观》，《中国哲学史》2002 年第 4 期。

孔颖达在《周易正义》首篇《论“易”之三名》一文中沿续了郑玄引《系辞》来解释三易说的做法，引述了多则《系辞》原文来作论证。相较于郑玄的“三易说”解读，孔颖达在《周易正义》序中的第一篇即《论易之三名》中，用四段梳理了郑玄至孔颖达时代诸家的看法，而对第一义“易”由《系辞传》的“易则易知，简则易从”理解为乾坤之“易简”则与郑玄较为一致。孔颖达《论易之三名》四段如下：

> 夫易者，变化之总名，改换之殊称。自天地开辟，阴阳运行，寒暑迭来，日月更出，孚萌庶类，亭毒群品，新新不停，生生相续，莫非资变化之力，换代之功。然变化运行，在阴阳二气。故圣人初画八卦，设刚柔两画，象二气也。布以三位，象三才也。
>
> 谓之为易，取变化之义。既义总变化，而独以易为名者。《易纬·乾凿度》云：易，一名而含三义。所谓易也，变易也，不易也。又云：易者，其德也，光明四通，简易立节，天以烂明。日月星辰，布设张列，通精无门，藏神无穴，不烦不扰，淡泊不失。此其易也。变易者，其气也。天地不变，不能通气，五行迭终，四时更废，君臣取象，变节相移，能消者息，必专者败。此其变易也。不易者，其位也。天在上，地在下，君南面，臣北面，父坐子伏，此其不易也。
>
> 郑玄依此义，作《易赞》及《易论》云：易一名而含三义，易简一也，变易二也，不易三也。故《系辞》云：乾坤，其易之蕴耶。又云：易之门户耶。又云：夫乾，确然示人易矣。夫坤，隤然示人简矣。易则易知，简则易从。此言其易简之法则也。又云：为道也屡迁，变动不居，周流六虚，上下无常，刚柔相易，不可为典要，唯变所适。此言顺时变易，出入移动者也。又云：天尊地卑，乾坤定矣。卑高以陈，贵贱位矣。动静有常，刚柔断矣。此言其张设布列，不易者也。
>
> 崔觐、刘贞简等，并用此义云：易者，谓生生之德，有易简之义。不易者，言天地定位，不可相易。变易者，谓生生之道，变而相续。皆以纬称，不烦不扰，淡泊不失，此明是易简之义，无为之道。故易者，易也，作难易之音。而周简子云：易者，易也，不易也，变易也。易者，易代之名。凡有无相代，彼此相易，皆是易义。不易者，常体之名，有常有体，无常无体，是不易之义。变易者，相变改之名。两有相变，此为变易。张氏、何氏并用此义，云：易者，换代之名，待夺之义。因于《乾凿度》云：易者，其德也。或没而不论，或云德者得也。万法相形，皆得相易，不顾纬文，不烦不扰之言，所谓用其文而背其义，何不思之甚。故今之所用，同郑康成等。易者，易也，音为难易之音，义为简易之义，得纬文之本实也。①

孔颖达的四段论中，首段为孔义，第二段引《乾凿度》之“三易”，第三段为郑玄《易赞》及《易论》的“三易”，第四段为郑玄后诸家（崔觐、刘贞简等，周简子、张氏、何氏等）对郑玄“三易”的分歧与讨论。

通读孔颖达的表述，孔颖达主要取“变化”为“易”：“夫易者，变化之总名，改换之殊称”，“谓之为易，取变化之义。既义总变化，而独以易为名者”。因此第一段孔氏的表述

① （唐）孔颖达：《影印南宋官版周易正义》，北京大学出版社 2017 年版，第 3 页。

中易之变化直接落到了阴阳二气上，圣人画八卦设二爻也是为了象阴阳二气，阴阳二气运行象易的论断较《乾凿度》落得较实较后了。其云：“盖易之三义，唯在于有。然有从无出，理则包无。故《乾凿度》云：夫有形者生于无形，则乾坤安从而生。故有太易，有太初，有太始，有太素。太易者，未见气也。太初者，气之始也。太始者，形之始也。太素者，质之始也。气形质具而未相离，谓之浑沌。浑沌者，言万物相浑沌而未相离也。视之不见，听之不闻，循之不得。故曰：易也，是知易理，备包有无，而易象唯在于有者，盖以圣人作易，本以垂教，教之所备，本备于有。”[①]《乾凿度》分气先气后，孔颖达言此“易理备包有无，而易象唯在于有”是对《易》的范围实际界定，孔颖达的“易”就不似《乾凿度》中的“易”虚无清净、至诚专密而更像是在描述有卦有象的“易”书了。而由于孔颖达对易变化的描述仅起于阴阳二气的运行变化，对《乾凿度》第一义“易”的引用乱序而并列，没有作本体意识层面的发挥，因此郑玄将第一义“易”直解为“易简”，孔颖达以为其得“纬文之本实”。

孔颖达引同用郑玄“易简”之义的崔觐、刘贞简之说，“易者，易也，音为难易之音，义为简易之义，得纬文之本实也”。然崔觐、刘贞简的表述中，显然将第一义“易”（“易简”）与第二义“变易”联系了起来，以为“易”为生生之德，而“变易”为生生之道，因此他们对郑玄将第一义“易”解为“易简”表示赞同，确信乾坤阴阳有生生之德与道。但这与《乾凿度》中神化缥缈的第一义“易”侧重之处有些不一样。

三、三易说对胡宏梳理道学观念的影响

胡宏在《知言》的十五篇中，有两篇出现“天下有三大”的表述。第一次表述在《复义篇》中，曰：

> 天下有三大：大本也，大几也，大法也。大本，一心也。大几，万变也。大法，三纲也。有大本，然后可以有天下。见大几，然后可以取天下。行大法，然后可以理天下。是故君先以天下自任，则皇天上帝畀付以天下矣。君以从上列圣之盛德大业自期，则天下之仁人争辅之矣。君以保养天下为事而不以自奉养，则天下之黎民趋戴之矣。上得天心，中得圣贤心，下得兆民心，夫是之谓一心，心一而天下一矣。天下之变无穷也，其大几有四：一曰救弊之几，二曰用人之几，三曰应敌之几，四曰行师之几。几之来也，变动不测，莫可先图，必寂然不动，然后能应也。其大法有三：一曰君臣之法，二曰父子之法，三曰夫妇之法。夫妇有法，然后家道正。父子有法，然后人道久。君臣有法，然后天地泰。泰者，礼乐之所以兴也。礼乐兴，然后赏罚中而庶民安矣。[②]

① （唐）孔颖达：《影印南宋官版周易正义》，第 3 页。
② （宋）胡宏：《胡宏集》，第 38 页。

第二次表述则出现在紧接着《复义篇》的《汉文篇》，假汉高帝征鲁二生的对话模拟中，曰：

> 上曰：吾生战国之末，不闻二帝三王之道，愿生以教我。二生对曰：天下之道有三：大本也，大几也，大法也。此圣人事，非常人所知也。上曰：何谓也？二生对曰：大本一心也，大几万变也，大法三纲也。此圣人事，非常人所知也。上曰：何谓也？二生对曰：陛下明达广大，爱人喜施，有长人之本矣。知人，好谋，能听，得应变之几矣。项王杀君，举军缟素，布告天下而伐之，知提纲之法矣。"维天之命，于穆不已。"王者法天，心不可怠放，怠则应变必失其几，放则三纲不得其正。几一失，则事难定；纲不正，则乱易生。陛下已定天下矣，其亦少怠矣乎！放者，其不可收矣乎……乾元统天，健而无息，大明终始，四时不忒，云行雨施，万物生焉。察乎是，则天心可识矣。是心也，陛下怠之则放，放之则死，死则不能应变投机，而大法遂不举矣。[①]

胡宏"天下有三大"中的核心"大本，一心也；大几，万变也；大法，三纲也"与《乾凿度》的"三易说"的三段架构相像，而又有新的内涵赋于其中。《乾凿度》中第一义"易"中的"虚无清净""至诚专密"与"大本，一心也"中的"心"取义相似。胡氏有言："天命为性，人性为心。不行己之欲，不用己之智，而循天之理，所以求尽其心也。"[②]又言："汉文之顾命曰：朕不敏，无以佐百姓，常畏过行，惟年久长，惧于不终。此乾之健，天行之所以无息也，此尧、舜、禹、汤、文、武之心所以万世不灭也。孔子作春秋不书祥瑞者，惧人君之自满。自满，则止失此心也。"在胡宏的《知言》体系中，心有这样的易道乾道特征，运行万世不息而圣人心心相传。《乾凿度》的第二义"变易"与胡宏的"大几，万变也"也有相近之处，主要表现在对于天道变化的揭示中。胡宏认为不变则不能通气，惟变所适，在变动中才具有各种可能性；而在《乾凿度》中，第三义"不易"与胡宏的"大法，三纲也"的相近之处则在于共同揭示了经学为常的核心，亦即"君君臣臣、父父子子、夫夫妇妇"伦常的不变与永恒性。

"易一名而含三义"显然影响了胡宏核心道学体系观念的建构，其三段论的取义方向已经说明。而胡宏受"易一名而含三义"的影响，又有对每一义内涵的充盈。对于"虚无感动，清净照哲，移物致耀，至诚专密，不烦不挠，淡泊不失"的第一义，不依易简强调一阴一阳之谓道之法则，而将之特性归于"一心"，可说是胡宏对《乾凿度》不依郑、孔，展现其侧重道学，讨论心性之学的倾向；其第二义的"大几，万变也"中，虽强调的也是万事万物阴阳往来之变化，然更揭示出变化中常常有"几"可循，有"几"可治，积善之家必有余庆，积不善之家必有余殃，重在强调变化中的警惕之处，可治之处是胡宏出于揭示"二帝三王之道"治理方面的考虑。胡宏的第三义"大法，三纲也"则于乾凿度中"天在上，地在下，君南面，臣北面，父坐子伏"中更添夫妇之道。宋易对于"三易说"背后易简之理的思辨由汉易关注形而下的具体变易提升至形上之理，即"变易"不再局限于琐屑而具体的事物，而

---

① （宋）胡宏：《胡宏集》，第 38 页。
② （宋）胡宏：《胡宏集》，第 38 页。

达到万事万物都含变易之理的高度。① 朱熹基于三易说的基础而谈“变易”“交易”，程颐的“易者，阴阳之道”也无不彰显此变易之理。而宋之易学所蕴含的道学源初创发中又常常会有偏重理学或偏重心学的趋向，胡宏无疑脱胎于周程而更见心性之学，靠拢于《乾凿度》第一义“易”的“虚无感动”“至诚专密”而将大本归之于一心。但是胡宏的心性之学非为空谈心性，胡宏基于对易学的总体把握，将识天等同于识心，因此识心必然受识天之乾体——亦即天之性情的指导，万物依此天理各正性命，各得其所。② 因此万物依天理而流行变易，万物依天理而各循其性不以物乱，是为“大几，万变也，大法，三纲也”。

结　语

胡宏从《乾凿度》的“易一名而含三义”中汲取三段架构，一方面将自身塑造的体系核心“大本、大几、大法”融贯于“易者易也，变易也，不易也”的三易之说中；另一方面，胡宏由易学推衍出道学观念，拓展出“大本，一心也；大几，万变也；大法，三纲也”。在三易说内涵的推衍与流变中，胡宏将第一义“易”延伸出较强的心性色彩，第二义的“变易”与“不易”则是落于治理国家的实地，谈把握万变中的变化之“大几”以及国家纲常伦理不更易的“大法”。胡宏的“大本、大法、大几”的道学观念核心效仿三易说而又有自身的独特之处。

---

① 参见刘彬：《易简・变易・不易——〈易〉之三义哲学刍议》，《理论学刊》2000年第3期。

② “欲修身平天下者，必先知天。欲知天者，必先识心。欲识心者，必先识乾。乾者，天之性情也。乾道变化，各正性命，命之所以不已，性之所以不一，物之所以万殊也。万物之性，动殖、小大、高下，各有分焉，循其性而不以欲乱，则无一物不得其所。非知道者，孰能识之？”［(宋)胡宏：《胡宏集》，第41页］

遁卦释义及《周易》古经定性研究

别慧军*

《周易》古经究竟是一部卜筮之书还是一部哲学经典，至今仍然聚讼纷纭，未能形成统一意见。当今学界，认为《周易》古经为卜筮之书、《易传》为哲学经典的代表人物有山东大学易学与中国古代哲学研究中心的林忠军教授和黄玉顺教授；认为《周易》本身就是一部系统性的哲学经典、《易传》是解释《周易》最恰当的著作的代表人物有清华大学哲学教授、曲阜师范大学特聘教授廖名春和中国周易学会第六任会长、山东大学易学与中国古代哲学研究中心副主任李尚信教授。另外，也有学者认为《周易》本身是一个空套子、人们可以依据自己的思想解读并建构独特理论体系。应该说，这三派理论观点基本上囊括了易学界的主流观点，也承续了自汉代以来易学发展形成的学术传统。本文试图从遁卦的释义入手，探寻《周易》古经的历史定位。

遁　亨，小利贞。

初六　遁尾，厉。勿用有攸往。

六二　执之用黄牛之革，莫之胜说。

九三　系遁。有疾，厉，畜臣妾，吉。

九四　好遁。君子吉，小人否。

九五　嘉遁。贞吉。

上九　肥遁。无不利。

“遁”，通“遯”，历来各家注本“遁”与“遯”通用，都是指的同一个卦。《故训汇纂》收录了“遁”的几十种文献解释，大体上都是隐退、避逃的意思；收录的“遯”也基本上跟“遁”的意思接近。

从阴阳消息的角度来看，遁卦卦象有阴气渐长、阳气渐消的意象。在十二消息卦中，遁卦在姤卦之后，二卦都是乾卦阳气极盛之后阳气渐衰、阴气渐长的表现。所以，遁卦被解释为君子隐遁之义，符合阳气渐消的卦象所表达的意思。

遁，亨，小利贞：亨即亨通；小利贞即隐退利于守正。李尚信教授主张先从整体上把握每一卦的卦义和象，然后解读每一爻，我非常赞同李教授的观点。卦辞就是把握每一

---

* 作者简介：别慧军，任职于山东乾策文化发展有限公司。

卦整体意义的关键，每一爻的解释必须遵循卦辞的整体意义表达。遁卦的卦辞，主要是讲君子主动隐退有利于坚守正道，是亨通的。所以，《周易本义》中朱熹的解释有些牵强、不通顺："故其占为君子能遁则身虽退而道亨，小人则利于守正。"翻译过来就是说"君子能遁而亨，小人不用遁而利于守正"，这个解释明显是有问题的。遁卦整体上就是讲需要隐遁、退守来保存坚守正道，这种做法是亨通的，有点类似"穷则独善其身，达则兼济天下"的意义。《周易正义》中孔颖达的解释基本可信："君子当此之时，若不隐遁避世，即受其害；须遁而后得通，故曰'遁亨'。"

大、小分别对应阳、阴，在《周易》中并非孤例。泰卦："泰，小往大来。"否卦："否之匪人，不利君子贞，大往小来。"从卦象上看，泰卦指阴气下沉、阳气上升，阴阳交合，故称小往大来；否卦指阳气上升、阴气下沉，阴阳不交，故称大往小来。大对应阳，表达进取之义；小对应阴，表达隐退之义。小，不能简单理解为小人或阴险阴柔之人。所以，小利贞，应该解释为隐退利于守正。

《彖传》曰："遁亨，遁而亨也。刚当位而应，与时行也。小利贞，浸而长也。遁之时义大矣哉！"这里说得很清楚，当阴气滋长的时候，阳气自然应该隐退，这就是"与时行也""时义"。以十二消息卦的圆图观之，一目了然，遁卦之后是否卦、观卦、剥卦、坤卦，都是阴气渐长、阳气渐消。阳气主动隐退，保存实力，等待发动的时机，这才是"小利贞"的真实含义。

《象传》曰："天下有山，遁。君子以远小人，不恶而严。"因为君子主动隐退，避免与小人发生冲突，所以才能做到"不恶而严"。

遁，竹书《易》作"豚"，当代著名易学家刘大钧先生在《周易纳甲筮法》中解释为小猪，刘彬教授是刘先生的弟子，也遵循老师的解释，将"遁"解释为"猪"。如果仅仅因为"遯""豚"字形相近而通假，将遁卦解释为豚卦或猪卦，明显割裂了遁卦在六十四卦中的意义链接，也与彖传和象传的解释大相径庭，实不可取。古代经典在传抄的过程中经常出现错漏或者异体字，帛书易与传世本的研究就证明了这一现象。因此，笔者相信，竹书"豚"实际上是古人在刻录过程中对"遯"的简化，或曰传抄错误。

初六　遁尾，厉，勿用有攸往。

"遁尾"，刘大钧先生解释为"猪尾有被割断之危险"。如果将"遯"或"遁"释为"豚"，的确很容易将"遁尾"解释为"猪尾"。后面诸爻也因循"猪"之义解释为"系猪""好猪""嘉猪""肥猪"，岂不贻笑大方？

象曰：遁尾之厉，不往何灾也。

遁卦的整体意义是卦辞所说的君子需要隐遁、收藏自己的光芒而坚守正道，等待时机。所以初六"遁尾"，实际上讲的是君子需要开始收敛行迹了；"厉"，指的是危厉，时局有艰险，所以不要去冒险，即"勿用有攸往"。面对时局不利、困难较大时，不能蛮干，需要暂时躲避风险，这既是人之常情，也是《周易》教给我们的智慧。尾，动物的尾巴；遁尾，就是把尾巴夹起来，实际上就是告诫我们现在时局不利，要"夹起尾巴做人"，即收敛行迹，不要显露锋芒。

六二 执之用黄牛之革，莫之胜说。

“说”，通“脱”。用黄牛皮捆住，挣脱不了。这段爻辞非常形象，黄牛之革是古代最坚韧的绳索，用来捆绑物体，肯定是难以挣脱的，即“莫之胜说”。

象曰：执用黄牛，固志也。

六二爻是在初六的基础上，进一步巩固君子遁隐的决心，诚如《象传》所言“固志也”。君子刚开始的时候只是收敛行迹，躲避风险，还没有实现真正的遁隐，遁隐的决心也未必很坚定，毕竟放下功名利禄或者抽身而退并不是很容易的事，所以需要进一步坚定遁隐的决心，需要如同用黄牛皮捆绑物体一样，不动摇。

九三 系遁。有疾，厉，畜臣妾，吉。
象曰：系遁之厉，有疲惫也。畜臣妾吉，不可大事也。

在六二君子坚固遁隐的决心之后，九三君子就已经正式遁隐了，就像牛被驯服以后，用绳系在树桩上一样。但刚开始隐遁，恐怕内心还不是很适应，故“有疾”，这是一个艰难的过程；能够把原先在庙堂之上处理政务的精力转移到在府中蓄养奴仆妻妾、自娱自乐上，就是很好的现象，即“畜臣妾，吉”。《周易》中的君子，是德和位的统一，君子如果在庙堂之上不得志，那么回到家里韬光养晦就是非常正确的策略，君子“畜臣妾”正是韬光养晦的具体体现。建功立业的将领为了避免帝王的猜忌，交出兵权后在府邸“畜臣妾”自娱自乐以保全自己的例子历朝历代都有，如唐朝郭子仪、北宋赵匡胤“杯酒释兵权”后解甲的将领等。

九四 好遁。君子吉，小人否。
象曰：君子好遁，小人否也。

君子在遁隐时也能怡然自得，故吉；小人则难以做到，故否。该爻也可以解释为君子因为隐遁而保全了自己，没有给小人伤害自己的机会，所以君子是吉利的，小人没有机会去伤害君子获得利益，因此于小人而言是不吉利的。结合卦辞的整体意思来看，恐怕第二种解释更符合九四爻的意义。

九五 嘉遁。贞吉。
象曰：嘉遁贞吉，以正志也。

阳爻居阳位、又居中，说明君子遁隐获得了巨大的社会效果，既保全了自己，又被社会所称颂，是“贞正”的吉利。东晋的谢安，就是通过遁隐获得良好社会声誉的例子。六二固志，上应九五，九五乘六二，故九五正六二之志。正志，实际上就是坚守了自己的立场，达成了自己的目标：既不与小人同流合污，又保全了自己。

上九 肥遁。无不利。
象曰：肥遁无不利，无所疑也。

上九处于卦体之极，无所阻碍，故曰“肥遁”。《庄子·逍遥游》曰：“若夫乘天地之正，而御六气之辩，以游无穷者，彼且恶乎待哉？”君子通过遁隐达到逍遥的状态，自然是无所不利的。肥，《周易正义》引《子夏传》曰：“肥，饶裕也。”《周易本义》释曰：“肥”者，宽裕自得之意。如此来看，如将“遁”解释为“豚”或“猪”，则“肥遁”必被解释为“肥猪”或“肥美的猪”，语义浅陋不说，且无任何实际意义，也延伸不出任何哲理。所以，遁的正确解释应该是遁隐、隐退；肥遁是指在遁隐的状态下游刃有余、悠然自得，有点陶渊明“悠然见南山”的味道。

《周易》各卦经常通过六爻表现事物发展的不同阶段，初爻表示刚开始的状态，到上爻则表现事物发展到最后的状态，如乾卦、遁卦、剥卦等。这种表现形式蕴含了丰富的哲理，体现了事物的发展变化，也符合“易”之根本——生生变化。李尚信教授在网络节目“东西问：两岸《周易》研究如何相参、与西哲互鉴？”中说：“如果用两个字来表达《周易》的核心思想，‘变通’最为准确。‘变通’的意思是‘顺应、适应世界的变化，并采取与之相应的行为。’”所以说，《周易》虽然具有卜筮的功用，但卜筮绝对不是成书的目的和根本，卜筮只是用来认识事物发展变化的手段和形式。朱熹关于“周易乃卜筮之书”的论断，是以偏概全的说法，我们应该辩证地看待。那么，《周易》古经究竟应如何定性？本文仍然以李尚信教授的观点来回应：“值得注意的是，《周易》思想是发展的，它分为《周易》古经与《易传》两个阶段。在《周易》古经阶段，它以占筮的形式，借助阴阳、八卦和六十四卦来观象以揭示天道的变化，进而以天道的变化来推明人事人生的智慧，是以德为统率的方方面面的社会生活智慧。在《易传》阶段，它以哲学的形式，通过揭示宇宙天地的生生之理（即‘生生之为易’），引导人们参赞宇宙天地之化育生命的智慧，是以仁为统率、成就生命，使生命圆满的哲学智慧。”

韩邦奇对河洛关系的阐释

毛珩宇*

韩邦奇(1479—1556),字汝节,号苑洛,陕西朝邑县(今陕西大荔县)人,正德戊辰年进士。在《明儒学案》中,被归于三原学派。韩邦奇终生好学不倦,所涉甚广,著述颇为繁复。目前,除去散佚及内容重复、不可考证者,能查到的涉及韩邦奇易学思想的文献有《启蒙意见》《易占经纬》《洪范图解》《易林推用》等,此外,其易学思想还散见于《苑洛集》《苑洛志乐》《正蒙拾遗》等著作,其中流传最广、影响最大的当属《启蒙意见》。《四库全书总目提要》称,韩邦奇在学术上,"独不相附和,以著书余事,发为文章。不必沾沾求合于古人,而记问淹通,凡天官、地理、律吕、数术、兵法之属无不博览精思,得其要领。故其征引之富,议论之核,一一具有根柢,不同缀拾浮华。……其他辨论经义,阐发易数,更多精确可传。盖有本之学,虽琐闻杂记,亦与空谈者异也"。根据"阐发易数,更多精确可传"一语,可知韩邦奇对易学有深入研究和独特见解。今以明代大儒韩邦奇为研究对象,探讨其对河洛关系问题的诠释。

一、河洛序言

"河图""洛书"作为天地自然之易,是象数的本原,作易的依据。其最早并见于《系辞》,据载:"是故,天生神物,圣人则之;天地变化,圣人效之;天垂象,见吉凶,圣人象之;河出图,洛出书,圣人则之。"[①]在先秦时期,河洛之名已有,但其内容尚不明晰。河洛只被当成吉祥之物,被视为文化精神的寄托和表现。从《系辞》所言,可知二者有一定关系,但这种关系是模糊不清的。《汉书·五行志》云:"《易》曰,天垂象,见吉凶,圣人象之;河出图,洛出书,圣人则之。刘歆以为虙羲氏继天而王,受河图,则而画之,八卦是也;禹治洪水,赐洛书,法而陈之,洪范是也。"[②]唐代颜师古注曰:"伏羲则'河图'画卦。"[③]刘歆将"河

---

* 作者简介:毛珩宇,曲阜师范大学政治与公共管理学院中国哲学专业博士研究生,研究方向为易学、中国哲学。

基金项目:本文系国家社科基金冷门绝学和国别史等研究专项"易图集成与研究暨数据库建设"(2018VJX003)阶段性成果。

① (魏)王弼、(晋)韩康伯注,(唐)孔颖达疏:《十三经注疏·周易正义》,上海古籍出版社1997年版,第82页。

② (汉)班固撰,(唐)颜师古注:《汉书》卷二十七《五行志》,中华书局1962年版,第1315页。

③ (汉)班固撰,(唐)颜师古注:《汉书》卷二十七《五行志》,第1315页。

图”与八卦联系起来，这使得大多数人认为，伏羲则“河图”画八卦，大禹则“洛书”叙九畴。河洛被视为作易之原，其与易学也被彻底联系起来，但其具体内容尚不可知。从魏晋到唐代，陈寿在《三国志・蜀书・先主传》中说：“二祖受命，图、书先著，以为征验。今上天告祥，群儒英俊，并进河、洛，孔子谶、记，咸悉具至。”①《旧唐书・五行志序》云：“昔禹得《河图》《洛书》六十五字，治水有功，因而宝之。”②在唐代，“河图”“洛书”被当成珍贵典籍，其内容依旧不明，也未出现以“数”表示“河图”“洛书”的现象。直到宋代，学者们开始摒弃汉唐注疏之学，注重从经文中引申义理。同时，象数易学在宋代得到发展，特别是得到朱熹的推崇，以易图学为主导的象数易学成为宋代易学的重要组成部分。图书学派用“数”表达易学内容，丰富河洛内涵，其内容也被正式确定，河洛与易学的关系也彻底贯通为一体。以具象的黑白点数所形成的“河图”“洛书”来寻求易学之原是宋代易图学的一个重要特征。彼时，用“数”表示“河图”“洛书”出现两种观点，即“河九洛十”说和“河十洛九”说。究竟孰为“河图”，孰为“洛书”，学者争论不休。刘牧、朱震、税与权等人主张“九数”为“河图”，“十数”为“洛书”；蔡元定、朱元升与此相反，认为“十数”为“河图”，“九数”为“洛书”。蔡元定的留世著作较少，其关于河洛的观点在《易学启蒙》中可见。这种争论，直到朱熹将“河十洛九”之图置于《周易本义》卷首，后世对“河图”之数的争论才渐渐平息。

朱熹在《周易本义》和《易学启蒙》中都列十数河图，九数洛书，看似强调二者的区分。实际上，仔细读其著作可发现，朱熹更注重二者的调和。《易学启蒙》是朱熹和蔡元定合编而成，“河十洛九”说实则蔡元定之观点，后来被朱熹所接受。从朱熹给蔡元定的回信中可见其端倪，他说：“前日七八九六之说于意云何，近细推之，乃自河图而来，即老兄所谓洛书者。欲于《启蒙》之首增此一篇，并列河图、洛书以发其端。”③可见，朱熹最初主张“河九洛十”说，但通过和蔡元定的商讨，被其说服，认为“河十洛九”更为可信。关于“河图”“洛书”孰先孰后的问题，他在给蔡元定的回信中进行了讨论。他说：“河洛辨说甚详，然皆在夫子作传之后，其间极有不足据以为说者，鄙意但觉九宫之图意义精约，故疑其先出。而八卦、十数、九畴、五行各出一图，自不相妨，故有虚中为易、实中为范之说，自谓颇得其旨。今详所论，亦是一说，更俟面论。然恐卒未有定论，不若两存以俟后人之为愈也。”④可以看出，朱熹和蔡元定关于这个问题的争论较大，各秉持己见，都未曾将彼此说服。蔡元定主张伏羲则河图作卦，大禹则洛书叙九畴。朱熹却认为，九宫之图并非出于大禹之世，当为先出，十数图为后出，根据“虚中为易、实中为范”的原则，作八卦和九畴。不知朱熹所谓的九数图先出，是否就是刘牧的河图、洛书同出伏羲之世的说法。

观《易学启蒙》和《周易本义》，看似朱熹接受了蔡元定的观点，主张十数为河图，九数为洛书。但实际上，朱熹并不主张将二者完全割离开来，对河洛之数，以及作易作范，也不必区分得如此具体、详细。在朱熹看来，河图可以为洛书，洛书亦可以为河图；则河图

---

① （晋）陈寿撰，（南朝宋）裴松之注，陈乃乾校点：《三国志》卷三十二《蜀书》，中华书局 1959 年版，第 888 页。

② （后晋）刘昫等撰：《旧唐书》卷三十七《五行志》，中华书局 1975 年版，第 1345 页。

③ （宋）朱熹《晦庵集》卷四十四，《景印文渊阁四库全书》第 1144 册，台湾商务印书馆 1986 年版，第 278 页。

④ （宋）朱熹《晦庵集》卷四十四，《景印文渊阁四库全书》第 1144 册，第 278 页。

可以成卦，则洛书也可以成卦。朱熹更想要调和长久以来关于河洛数之争论。故朱熹明确说道："是则洛书固可以为易，而河图亦可以为范矣。又安知图之不为书，书之不为图也耶？"[①]还进一步补充说："是其时虽有先后，数虽有多寡，然其为理则一而已……苟明乎此，则横斜曲直无所不通，而河图、洛书又岂有先后彼此之间哉？"[②]可见，朱熹并不主张严格区分河图、洛书，而是有意将二者融合，甚至认为，对二者名称和先后的区分都不必过于死板。图书二者一理相通，都是天地自然之理的显现。正如庹永在其论文中所说的那样，"总的来说，虽然朱熹最后认同了'河十洛九'与'河先洛后'的说法，但这只是局部细节上的认同，从根本上说，朱熹主张融合河图、洛书，而蔡元定则强调对河图、洛书的区分，他意图加强十数图与《周易》八卦的关联，九数图与《洪范》九畴的关联"[③]。圣人则河图故可以作易，但洛书未尝不包含作易之理。同样，圣人效法"洛书"可以作范，但是"河图"当中亦未尝不包含"洪范"之道。蔡元定之所以如此做，主要是因为蔡元定非常重视《洪范》与洛书中蕴含的数理思想，他如此强调"洛书"与《洪范》九畴二者的关联，目的就是将河洛之学作为桥梁，把《洪范》引入易学系统，进而发挥《洪范》之数，建立易范数体系。蔡元定之子蔡沈在《洪范皇极内篇 · 序》中说："先君子曰，洛书者，数之原也，余读《洪范》而有感焉。"[④]清代潘耒对此早有发觉，他说："季通父子尊尚《洪范》，自作一书，以九九积数，有卦有辞。复著《洪范皇极内外篇》欲以准《易》，故指九为洛书。"[⑤]蔡沈以传统易学为"象"学，除此之外，还认为有"数"学蕴藏于《洪范》之中，但没有得到很好的发挥，其著《洪范皇极》的目的就是要促使"范数"之学得到发扬。

对朱熹和蔡元定关于河洛关系的论述进行详细的探究，实则是为研究韩邦奇的河洛学说奠定基础。韩邦奇易学思想主要集中在《启蒙意见》一书中，该书的主旨是"因朱子《易学启蒙》而阐明其说"。因而，该书不论在结构还是内容上，都因循《易学启蒙》的路径。可知，韩邦奇的易学思想既是对朱熹、蔡元定易学思想的继承与发展，又是对邵雍易学思想的推崇和阐释。韩邦奇在诠释河洛学说时，其最大的特点就是以图释易，这明显是受到宋代图书派易学，尤其是朱熹的影响。虽然韩邦奇受到朱熹的影响，但他并非全盘接受朱熹的观点，而是在继承中有创新。韩邦奇在河洛观上遵循朱子的观点，认为河洛之间并非完全割裂，而是你中有我，我中有你，并没有强烈以十数或是九数来区分"河图""洛书"。实际上，可以看出，韩邦奇也想要调和河洛二者之间的矛盾，其意图与朱熹相比，尤为明显。故韩邦奇主要从三个方面来阐述河洛二者之间的关系：其一，河洛之序；其二，河洛之数位的分布；其三，河洛之体用关系。

"河图"和"洛书"有相生之序和运行之序，且有一定的规律。

韩邦奇河洛互易的观点也受朱熹影响。在朱熹看来，"河图""洛书"代表天地自然之

---

① （宋）朱熹：《易学启蒙》，刘彬主编：《易图文献选辑》第1辑第3册，线装书局2020年版，第210页。

② （宋）朱熹：《易学启蒙》，刘彬主编：《易图文献选辑》第1辑第3册，第211页。

③ 庹永：《蔡元定对河图洛书的区分——兼论蔡氏父子的范数之学》，《周易研究》2010年第6期。

④ （宋）蔡沈：《洪范皇极》，《四库全书存目丛书》第346册，齐鲁书社1997年版，第772页。

⑤ （宋）潘耒：《遂初堂集》文集卷二《九图十书论》（上），《续修四库全书》第1417册，上海古籍出版社2002年版，第406页。

易，这是象数的本原，作易的根据，其称之为画前之易，在九图中最为重要。他在《易学启蒙》中说："河图以生出之次言之，则始下次上次左次右以复于中，而又始于下也。以运行之次言之，则始东次南次中次西次北，左旋一周而又始于东也。其生数之在内者，则阳居下左而阴居上右也，共成数之在外者，则阴居下左，而阳居上右也。洛书之次，其阳数则首北次东次中次西次南，其阴数则首西南次东南次西北次东北也。合而言之，则首北次西南次东次东南次中次西北次西次东北而究于南也。其运行则水克火，火克金，金克木，木克土，右旋一周，而土复克水也，是亦各有说矣。"[①]朱熹指出河洛的生出之序是一样的，以此说明河洛二者之间具有相通性，但他未深入挖掘二者之间的关系，而韩邦奇发朱子所未发，明朱子所未明，创造性地指出河洛之间互相对立统一的关系。

朱熹认为，河图运行按照五行相生之序，洛书运行按照五行相克之序。韩邦奇说道："河图以运行之序言之，自左而旋，水生木，木生火，火生土，土生金，金复生水。以对待言之，北方一六水克南方二七火，西方四九金克东方三八木，是相克者寓于相生之中矣。"[②]河图一六为水位于北，三八为木位于东，二七为火位于北，四九为金位于西，五十为土居于中央。其运行之序按照水生木，木生火，火生土，土生金，金复生水的五行相生之序，即自北而东再南、中、西，又复自北而南五行循环相生之次。但从"对待"而言，北方水克南方火，西方金克东方木。可见，河图的运行之序是相克者寓于相生之中。关于洛书的运行之序，韩邦奇也进行了剖析。他说："洛书以运行之序言之，自右而旋，水克火，火克金，金克木，木克土，土复克水。以'对待'言之，东南四九金生西北一六水，东北三八木生西南二七火，是相生者寓于相克之中矣。"[③]洛书的运行之序是自右而旋，水克火，火克金，金克木，木克土，土复克水的五行相克之序。但是以"对待"言之，又是相生的。东南四九为金，生西北一六水；东南三八为木，生西南二七火。故而，韩邦奇指出，洛书"是相生者寓于相克之中矣"。以流行言，河图的运行是五行相生之序，洛书是五行相克之序。以"对待"言之，河图五行相克之序又寓于相生之中，洛书五行相生之序又寓于相克之中。河图左旋运行且"对待"相克，洛书右旋运行且"对待"相生。在韩邦奇看来，"河图""洛书"并非完全独立，而是既互相"对待"，又互相包含。

二、以河洛之体用言

韩邦奇认为"河图""洛书"非完全彼此独立之说，故而作图文以申明其义。他认为"河图""洛书"为体用、常变的关系。这是延续朱熹"河图常数，洛书变数"之说。相较朱熹而言，韩邦奇用图学，更加详细、全面、深入地对此进行了阐述。韩邦奇指出："河图数偶而主静，静为体，其用则动，故河图之行数合皆奇，而易之吉凶生乎动，此图为经而书为纬也。洛书数奇而主动，动为体，其用则静，故洛书之位数合皆偶，而范之吉凶见乎静，此

---

① （宋）朱熹：《易学启蒙》，刘彬主编：《易图文献选辑》第1辑第3册，第206页。

② （宋）朱熹：《易学启蒙》，刘彬主编：《易图文献选辑》第1辑第3册，第206页。

③ （明）韩邦奇：《启蒙意见》，刘彬主编：《易图文献选辑》第1辑第22册，线装书局2020年版，第78页。

书为经而图为纬也。”[①]韩邦奇和朱熹一样，同意刘歆的观点，认为“河图”“洛书”相为经纬、互为表里。从常与变的角度而言，二者亦互为体用。河图主全为十数，十数为偶，偶主静，静为体，动为用，故河图之数相加皆为奇，易之吉凶在动中显现，恰好与奇数“洛书”相合。这也正是刘歆所说的“此图为经而书为纬也”。“洛书”主变，为九数，为奇，为动。奇为体，其用为静，为偶，故“洛书”上下、左右、东南西北、西南东北相加皆为十数，正好与十数“河图”相合，即“此书为经而图为纬也”。由此可见，不只“河图”与“洛书”之间，河洛自身也含有动静体用的关系。

那么，“河图”“洛书”是如何互为表里、一义相通的呢？孔安国云：“河图者伏羲氏王天下，龙马出河，遂则其文以画八卦。洛书者，禹治水时，神龟负文，而列于背有数至九，禹遂因而第之，以成九类。”[②]刘歆云：“伏羲氏继天而王，受河图，则而画之，八卦是也。禹治洪水，锡洛书，法而陈之，九畴是也。”[③]可见，则“河图”作八卦，则“洛书”叙九畴似乎已经成为人们接受的事实。但是韩邦奇认为，则“河图”或是“洛书”，都可以作八卦、叙九畴。他在《启蒙意见》中说：“天一可以系五行，地二可以系五事，天三可以系八政，地四可以系五纪，天五可以系皇极，地六可以系三德，天七可以系稽疑，地八可以系庶征，天九可以系福极，此河图表为八卦，而里寓九章也。中为太极，四奇为阳，四偶为阴，一九为老阳而生乾兑，二八为少阴而生离震，三七为少阳而生巽坎，四六为太阴而生艮坤，此洛书表为九章而里寓八卦也。”[④]不仅十数“河图”可以作八卦，而且在十数“河图”中取九数，即天一地二天三地四天五地六天七地八天九，也可以与《洪范》九畴之五行、五事、八政、五纪、皇极、三德、稽疑、庶征、福极相匹配，这就是“河图”表为八卦而又内含九章。则“洛书”不仅可以叙《洪范》九畴，而且可以作卦。“洛书”九数，中央五为太极，四奇一三五七为奇，二四六八为偶。“洛书”一九之数为老阳，而生乾兑；二八为少阴，而生离震；三七为少阳，而生巽坎；四六为太阴，而生艮坤。此“洛书”表为九章而里寓八卦。

韩邦奇又详细指出：“河图数九而用十，九章有六极是也。洛书数十而用九，八卦止于坤是也。”[⑤]韩邦奇认为，“河图”本来是九数，现在画出来是十数，主要是因为九数为体，十数为用。十数之中，除了九数与《洪范》九畴要匹配之外，六极也要和十数相配。也就是说，“河图”十数实则是为了匹配六极，即“九章有六极是也”。所谓六极，《尚书・洪范》曰：“六极：一曰凶短折，二曰疾，三曰忧，四曰贫，五曰恶，六曰弱。”[⑥]“洛书”是十数而用九数，是为了和八卦相配。中央五为太极，故不参与匹配八卦的过程。由此可以看出，“河图”“洛书”互为体用、隐显。

---

① (明)韩邦奇:《启蒙意见》,刘彬主编:《易图文献选辑》第1辑第22册,第73页。

② (汉)孔安国传,(唐)孔颖达正义,黄怀信整理:《尚书正义》,上海古籍出版社2007年版,第448页。

③ (汉)班固撰,(唐)颜师古注:《汉书》卷二十七《五行志》,中华书局1964年版,第1315页。

④ (明)韩邦奇:《启蒙意见》,刘彬主编:《易图文献选辑》第1辑第22册,第74页。

⑤ (明)韩邦奇:《启蒙意见》,刘彬主编:《易图文献选辑》第1辑第22册,第75页。

⑥ (汉)孔安国传,(唐)孔颖达正义,黄怀信整理:《尚书正义》,上海古籍出版社2007年版,第448页。

三、以河洛数之分布言

韩邦奇认为,“河图”“洛书”从数的分布上看也是相通的。他还做了两幅图来详细阐释。(见图 1、图 2)

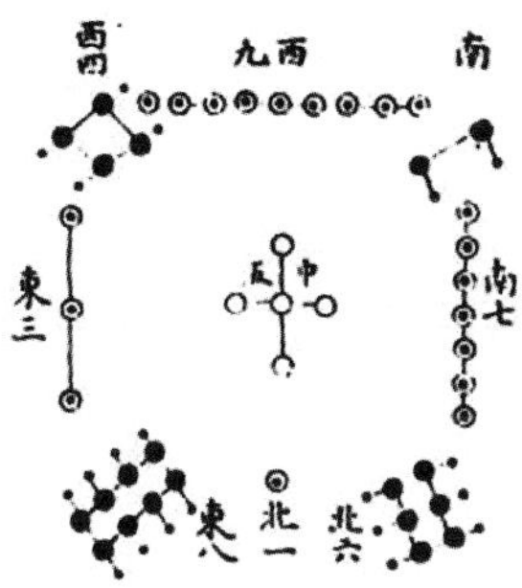

图 1　韩邦奇洛书

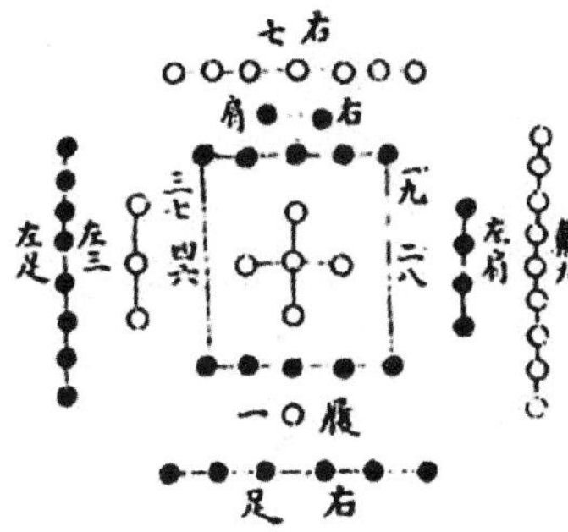

图 2　韩邦奇河图

韩邦奇作这两幅图,非常清晰明确地说明“图之可以为书”“书之可以为图”。首先,关于“河图”可以为“洛书”。韩邦奇说:“以天一为履,地二为右肩,天三为左三,地四为左肩,天五为中,地六为右足,天七为右七,地八为左足,天九为戴,而地十则散见于一九,二八,三七,四六之对待。此图之可以为书也。”①韩邦奇将“河图”相合之数拆分,随后将其分布于四正四隅,这样就形成了“洛书”。例如,“河图”之数,一六居北、二七居南、三八居东、四九居西、五十居于中央。韩邦奇把北方一六之数拆分,将一置于北,六置于西北;把南方二七火拆分,将七置于西,二置于西南;把东方三八木拆分,三置于东方,八置于东北;把西方四九金拆分,将九置于南方,四置于东南;五仍然居中央,位置不发生变化。如此一来,韩邦奇就将“河图”天一、地二、天三、地四、天五、地六、天七、地八、天九与“洛书”之九数匹配起来了。但是,“河图”地十之数还不见踪影。韩邦奇说:“十散之八方。”②何谓散之八方呢?即由“河图”变化之后的“洛书”,其北边一之数与南边九之数相加为十,东边三之数与西边七之数相加为十,东南四之数与西北六之数相加为十,西南二与东北八之数相加为十。如此,“洛书”九数与“河图”十数完全相合。

同理,“洛书”也可以为“河图”。韩邦奇指出,“以履一为天一,右足为地六,右肩为地二,右七为天七,左三为天三,左足为地八,左肩为地四,戴九为天九,八方对待之数为地十,此书之可以为图也”③。“河图”变为“洛书”是将“河图”之数拆分,而“洛书”变为“河图”是将“洛书”之数组合。将“洛书”四正四隅方向的数组合起来。比如,将“洛书”北边履一与西北右足六数相组合,置于北边,即“河图”中的一六在北;将“洛书”西南右肩二数

① (明)韩邦奇:《启蒙意见》,刘彬主编:《易图文献选辑》第 1 辑第 22 册,第 73 页。
② (明)韩邦奇:《启蒙意见》,刘彬主编:《易图文献选辑》第 1 辑第 22 册,第 71 页。
③ (明)韩邦奇:《启蒙意见》,刘彬主编:《易图文献选辑》第 1 辑第 22 册,第 73 页。

与西边的右七数相组合，置于南边，即“河图”中的二七在南；将“洛书”东边的左三与东北的左足八数相合，置于东边，即“河图”三八在东；将“洛书”东南的左肩四与南边的戴九相组合，置于西边，即“河图”四九在西；五居中央不变化位置。但是，“洛书”是九数，“河图”是十数，缺中央十数，如何相合呢？韩邦奇认为，十数散见于四方。“洛书”一九、二八、三七、四六相合均为十。韩邦奇通过把“河图”“洛书”之数拆分组合，从而指出“河图”“洛书”可以相互转换，符合自然之妙。但是，在转化的过程中，可以看出河洛之数与位有些许不一致。在“河图”中，二七居南方、四九居西方。但是在“洛书”中，四九与二七却变换了位置，此时四九位于东南与南方，二七位于西南与西方。二七与四九之数在河洛二图中却变化了位置，这是为何呢？这个问题就牵涉到河图之数与位的问题了。

韩邦奇还作了“河图洛书十与十五常相连图”(见图 3)来说明“河图”“洛书”可以相互转换。

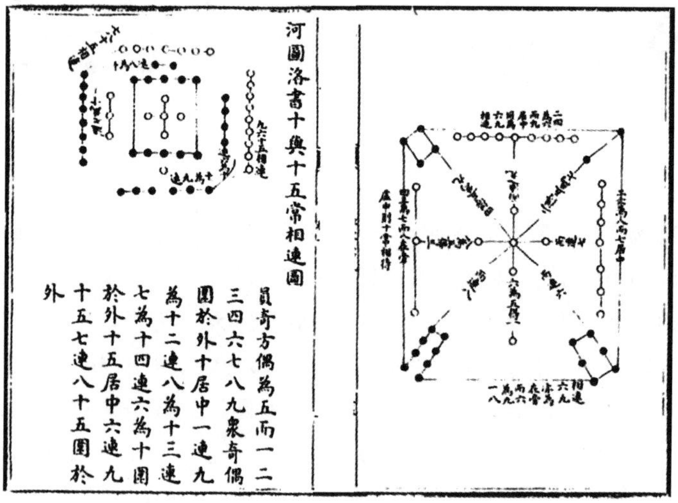

图 3　河图洛书十与十五常相连图

韩邦奇指出，“员奇方偶为五，而一二三四，六七八九，众奇偶围于外，十居中。一连九为十，二连八为十，三连七为十，四连六为十围于外，十五居中，六连九十五，七连八十五，围于外”[①]。“河图”“洛书”中间的五是“员奇方偶”之义，这应该是受朱熹的启发。朱熹认为，“一奇象圆而用其全”“二偶象方而用其半”。前者是三之数，后者为二之数，奇偶方圆相加为中央五之数。此外，韩邦奇还通过十数和十五之数，来说明河洛二者相互包含的关系，认为河洛十与十五常相连，并作图详细说明。对河图而言，三七相连为十，二八相连为十，七八相连为十五；四六相连为十，一与九相连为十，六九相连为十五；中央五十相连亦为十五。这是“河图”十与十五常相连之义。在“洛书”中，一八为九而六在旁，亦为六九相连为十五；二四为六而九居中，同为六九相连为十五；四三为七而八在旁，七八相连为十五；二六为八而七居中，七八相连为十五；虚中央五则十常相连。可见，“河图”“洛书”中都含有十与十五数，这也正说明，河洛是相互包含的。

① (明)韩邦奇：《启蒙意见》，刘彬主编：《易图文献选辑》第 1 辑第 22 册，第 80 页。

结　语

总而言之，韩邦奇从三个层面来说明河洛二者之间的关系。“河图”为体，“洛书”为用；“河图”主常，“洛书”主变；“河图”重合，“洛书”重分；二者之间阴阳相抱，方圆相藏，相互为用，不可分割。正如刘歆所言，河洛二者互为表里，互为经纬。韩邦奇经过深入研究，认为“河图”也可以为“洛书”，“洛书”也可以为“河图”，即九数可以为“河图”，也可以是“洛书”。十数可以是“河图”，也可以为“洛书”。二者之间并非完全对立不相干。从易学史的发展上来说，韩邦奇的这一研究，解决了长期以来学者们对河洛之数的争辩，将二者统一起来，“河图”可以为“洛书”，“洛书”也可以为“河图”，二者不分彼此，体现了对立统一、盛衰动静的包含关系。

在韩邦奇看来，“河图”“洛书”集理数辞象于一体。他说：“图书者，理之舆也，辞之方也，数之备也，象之显也。是故圣人观象以画卦，因数以命爻，修辞以达义，极深以穷理，易以立焉。”[①]因此圣人则河洛之数与理画卦。万物都可以呈象，但是呈象最显著者是河洛之数，由河洛数所呈现的象作卦，这也就构成了韩邦奇倡导的以数呈象，以象生卦的作易理路。

---

① (明)韩邦奇：《启蒙意见》，刘彬主编：《易图文献选辑》第1辑第22册，第7页。

刘牧对《河图》《洛书》的界定及其生成推演

安俐曈*

刘牧，字长民，彭城（今江苏徐州）人，宋代重要易学家，著有《易数钩隐图》《新注周易》《卦德统论》等易学著作。刘牧在《易数钩隐图》中认为前人解释天地之数“与《系辞》不偶”[①]，于是从开篇通过易数对《易传·系辞上》“易有太极，是生两仪”一节进行解释，建构了一个完备的、以《河图》《洛书》为基础的易数体系。作为首次画出明确“河洛”图式的易学家，刘牧的黑白点“河洛”图式及相关论述对宋代以后的“河洛”学有重要的开源意义。

关于刘牧的“河洛”学，廖名春、康学伟、梁韦弦的《周易研究史》对《易数钩隐图》中的“河洛”进行了讨论，认为刘牧“河洛”学中《洛书》与《洪范》相配，《河图》《洛书》为“易”的根源。[②] 林忠军在《象数易学发展史》中指出刘牧首次将太极八卦与“河图”“洛书”联系起来，认为其“河洛”学说是易数与汉代象数结合的产物，对研究刘牧“河洛”易数有较大的推进。[③] 詹石窗《刘牧〈易数钩隐图〉略析》指出在刘牧的易学观中，其一，《河图》先于《洛书》，有象而后有形；其二，刘牧为了揭示《易》本源于数，从太极开始推演，至两仪、天五等，最终导出《河图》《洛书》。[④] 詹石窗清晰阐明了《河图》《洛书》的先后关系，较早关注了刘牧用数对“河洛”的推衍，但没有具体展开。当下对刘牧《易数钩隐图》“河洛”观的研究集中在“河洛”关系上，主要对卷下“河洛”部分进行讨论，论证多从“河洛”本身出发，去解释从“河洛”中生发的问题。刘牧《易数钩隐图》卷上的易数部分涉及“河洛”，利用易数对“河洛”进行推导，卷下又从“河洛”出发诠释易数。其内容看似支离，但又有其内在逻辑，故需将书中易数与“河洛”相结合，梳理图文内在线索，将易数推衍与“河洛”阐发按照先天—后天的思路进行合并，从这一角度使《易数钩隐图》中的“河洛”图、数从逻辑发生到历史发现上得到完备的、互相呼应的阐发。

---

* 作者简介：安俐曈，曲阜师范大学政治与公共管理学院博士生，研究方向为中国哲学、易学。

① 参见（宋）刘牧：《易数钩隐图·序》，清康熙通志堂藏本，第 1 页。下引该书，仅随文标注书名、卷数与页码。

② 参见廖名春、康学伟、梁韦弦：《周易研究史》，湖南出版社 1991 年版，第 215—218 页。

③ 参见林忠军：《象数易学发展史》第 2 卷，齐鲁书社 1998 年版，第 158—183 页。

④ 参见詹石窗：《刘牧〈易数钩隐图〉略析》，《宗教学研究》1996 年第 3 期。

一、刘牧对《河图》与《洛书》的界定

北宋以来,“河洛”之学逐渐受到学者重视。刘牧较早关注到前代对《河图》《洛书》记载中的种种问题,重新厘定《河图》《洛书》的概念、性质、出现时间和作用,对宋代“河洛”学发展起到了肇始作用。

(一)《河图》《洛书》均为图式

《河图》《洛书》之名由来已久,在很长一段时间里,其原本形态并无定说。《周易·系辞》记载:“是故天生神物,圣人则之;天地变化,圣人效之;天垂象,见吉凶,圣人象之;河出图,洛出书,圣人则之。”[①]《系辞》仅称《河图》《洛书》是“天生神物”,并未具体说明《河图》《洛书》的内容。汉唐学者多认为《河图》《洛书》为文字。《尚书·洪范》中载《九畴》出现在大禹时期,并且由大禹所第:“天乃锡禹洪范九畴,彝伦攸叙。”[②]《洪范九畴》的内容为“初一曰五行”至“威用六极”六十五字。[③] 汉儒将《洪范》视为《洛书》,称:“凡此六十五字,皆《洛书》本文。”[④]由此来看,汉代认为《洛书》是文字形态。唐代孔颖达同样以《尚书》中所记载的神龟负文为《洛书》,但关于《洛书》内容,孔颖达并未给出明确结论,而是将班固六十五字说、刘向三十八字说和刘歆二十字说并存。[⑤]

至宋代,陈抟传“河洛”于后世,其后刘牧将“河洛”以黑白点易图的形式呈现出来,对《河图》《洛书》的性质作出明确界定,认为“河洛”是包含易数的图式而非文字。他说:

> 观今龙图,其位有九,四象八卦皆所包韫。且其图纵横皆合天地自然之数,则非后人能假伪而设之也。(《易数钩隐图》卷下,第 6 页)
>
> 乃是古者河出龙图,洛出龟书……今《河图》相传于前代,其数自一至九,包四象八卦之义,而兼五行之数;洛书则惟五行生成之数也。然牺皇但画卦以垂教,则五行之数未显,故禹更陈五行而显九类也。今诸儒以禹受《洛书》,书载天神言语,陈列字数,实非通论。天何言哉,圣人则之必不然也。(《易数钩隐图》卷下,第 8 页)

《龙图》即《河图》,《龟书》即《洛书》。刘牧在《易数钩隐图》中明确规定了黑白点《河图》图式。其文言“以五为主,六八为膝,二四为肩,左三右七,戴九履一”(《易数钩隐图》卷下,第 1 页)。

---

① (魏)王弼、(晋)韩康伯注,(唐)孔颖达疏:《十三经注疏·周易正义》,上海古籍出版社 1997 年版,第 82 页。下引该书,仅随文标注书名与页码。

② (汉)孔安国传,(汉)孔颖达正义,黄怀信整理:《十三经注疏·尚书正义》,上海古籍出版社 2007 年版,第 448 页。下引该书,仅随文标注书名与页码。

③ 参见《尚书正义》,第 449—450 页。

④ (汉)班固传,(唐)颜师古注:《汉书·五行志》,中华书局 1962 年版,第 1315 页。

⑤ 孔颖达认为:“《五行志》悉载此一章,乃云:‘凡此六十五字,皆《洛书》本文。’计天言简要,必无次第之数。上传云‘禹因而第之’,则孔以第是禹之所为,‘初一曰’等二十七字必是禹加之也。其‘敬用’‘农用’等一十八字,大刘及顾氏以为龟背先有总三十八字。小刘以为‘敬用’等亦禹所第叙,其龟文惟有二十字。并无明据,未知孰是,故两存焉。”(《尚书正义》,第 451 页)

至于《洛书》，刘牧认为历代学者对《洛书》的论证并不完善。他首先对《龟书》与前代所记《洛书》内容相左的问题进行探讨：

> 《春秋纬》曰“《洛书》六篇”，孔氏云“《洛书》，神龟负文而出，列于背，有数一至九”，今代之所传《龟书》，惟总五行生成之数，未知孰是。（《易数钩隐图》卷下，第 8 页）

刘牧认为，《春秋纬》记《洛书》六篇、汉孔安国称《洛书》有数一至九，均与其所见包含五行生成数的《龟书》不符。刘牧不以汉代所传《洛书》为准，反而通过一系列论证，力辩《龟书》即《洛书》，《洪范》之《九畴》非《洛书》。

《易数钩隐图》中关于《洛书》的分析，是基于《洛书》有天垂自然之数一至十而言的。刘牧指出，《洛书》既然由数构成，那么前人论说中未言明《洛书》五行数的均有待商榷。《春秋纬》仅记载了《洛书》篇幅，未知其义，故不可信。孔安国称《洛书》“有数至于九”（《尚书正义》，第 448 页），刘牧则言“一至九”为《九畴》，而《九畴》中只有“五行”包含天地自然之数，其余八法皆是禹参酌天时、人事补充而来，非龟负之文，故孔安国之说亦不可信。这与《易数钩隐图》中伏羲从《河图》之数推衍八卦、重六十四卦的思路一致：

> 五行是天垂自然之数，其文负于神龟，余八法皆大禹引而伸之，犹龙图止负四象八纯之卦，余重卦六十四皆伏牺仰观俯察，象其物宜，伸之以爻象也。（《易数钩隐图》卷下，第 8 页）

所以，刘牧指明《河图》《洛书》皆由数设，并非记载天神之语的后天文字作品，今所传只有五行生成数的《龟书》当为原本之《洛书》。

在刘牧看来，《河图》《洛书》绝非“陈列字数”的“天生神物”，不可能有文字言语，《河图》九数包四象八卦，《洛书》十数陈五行生成。故刘牧列黑白点《河图》，同时用《五行生数图》和《五行成数图》陈列《洛书》之旨。刘牧肯定了“河洛”图式，认为“河洛”中数位各有其旨，“非人智所能设”，故用易图从天一至地十十数生成推衍“河洛”的生成逻辑。

（二）《河图》《洛书》同出伏羲之时

刘牧对《河图》《洛书》的出现时间的论证基于《系辞》“河出图，洛出书，圣人则之”的记载。他认为“圣人”即伏羲，《河图》《洛书》在出现时间上并没有先后之分，且都在伏羲之时发挥了作用。他说：

> 且经无载图书之事，惟《易・系辞》云“河出图，洛出书，圣人则之”，此盖仲尼以作《易》而云也。则知《河图》《洛书》出于牺皇之世矣。（《易数钩隐图》卷下，第 6 页）

《易数钩隐图》对《洛书》出现时间的讨论，是针对《尚书・洪范》禹作《九畴》和《尚书正义》中关于《洛书》《九畴》的注解展开的。刘牧认为，前人多依经书之旨，以为《洛书》由大禹所第便默认《洛书》出于大禹之时，虽集中对“禹叙‘洛书’”进行讨论，却忽略了一个重要问题——“神龟负书”这一事件是否真正出现在大禹时期？《尚书》箕子虽言“天乃锡禹洪范九畴”，却未涉及神龟负书一事，至汉代孔安国言“天与禹《洛书》，神龟负文而出”

(《尚书正义》,第448页),方有《洛书》出于大禹之时这一说法。孔安国以箕子之语断定《洛书》为大禹所叙。对此,刘牧则认为,《系辞》既载"河出图,洛出书,圣人则之",说明古时河出《龙图》,洛出《龟书》,伏羲则之作《易》,因此《洛书》应出现于伏羲之时。《尚书》中"天乃锡禹洪范九畴"并未说明《洛书》与大禹的关系,只是汉儒将其理解为禹第《洛书》。对于"禹受《洛书》之后,始有常道次叙"(《易数钩隐图》卷下,第7页)之说,刘牧则引"唐法九畴"来反驳,认为《九畴》之法唐虞之前已行,尧任九子,唐虞之世设司空、司徒之官,已有制法,因此《洛书》当非大禹之功。《河图》与《洛书》同出伏羲之时,只是当时五行之数未显而已。

刘牧将"河洛"的出现和阐发看作两个独立的事件。他一方面指出"河洛"同出伏羲之时;另一方面认为伏羲申"河洛",大禹演《九畴》,以此区分《河图》《洛书》的出现时间和阐发时间。刘牧对伏羲申《洛书》之数、大禹演《洛书》为《九畴》的明晰,使《洛书》与《九畴》的关系更为明确。现代学者崔伟认为,"刘牧在论证河图、洛书当出自伏羲之世时所涉及的《九畴》之数,为后世学者探索《九畴》之源起到了重要的引发作用"[①]。同时,刘牧对《河图》陈位无需文字、《洛书》中的五行需要用文字分类的看法,也论证了《河图》陈象、《洛书》示形的特性。

随后,刘牧在《易数钩隐图》中用设问的形式,对细节问题进行补充。首先,对于"河洛"皆出于伏羲之时而《九畴》第于大禹的问题,刘牧指出,在伏羲之时文字未出,仅有"河洛"之数,到大禹时将《洛书》演绎为九类,遂垂为世范。其次,对于《龙图》已含五行之数,为何还要用《龟书》这一问题,刘牧从位与数、象与器的角度去分辨《河图》《洛书》的关系:《河图》数四十五,虽有中位,但无土数,只有其"象"而其形不全,故唯见四象、八卦于内,至地数十出现在《洛书》中,土数足而五行生成数俱全,才能相生而得"器"。再次,既然大禹之前没有《九畴》文字,那么当时的社会秩序是如何维持的?[②] 对此刘牧反问:大禹之前也没有《九畴》,但《尧典》九法又如何"坦然明白"呢?此问说明了《九畴》与《洛书》的关系,即《九畴》之法蕴含于《洛书》,在大禹以前已经有了应用,只是没有留下文字而已。最后,对于《河图》《洛书》图式为何在宋代以前经书中没有明确记载这一问题,刘牧肯定"河洛"图式的存在,明言"河洛"图式为前贤传授,自有其传承,且"数与象合,位将卦偶,不盈不缩,符于自然,非人智所能设之"(《易数钩隐图》卷下,第9页),从而确信确有其图。

综上,刘牧《易数钩隐图》考辨了"河洛"的出现时间,证明了《龟书》即《洛书》,并对《九畴》与《洛书》的关系进行分析。《洛书》虽仅表现为五行之数,但《九畴》之法已经蕴含于《洛书》,并在唐虞之世已经应用了,只是当时文字未作,故未得传,至大禹时《洛书》复出,禹方作《九畴》。《易数钩隐图》中关于《龙图》《龟书》的论证不仅证明了"河洛"同出于伏羲之时,还阐明了《河图》《洛书》的演绎过程和先后顺序,从历史上、逻辑上明确了其易

---

① 崔伟:《李觏易学视野下的经世之学》,山东大学哲学与社会发展学院博士学位论文,2012年,第31页。

② 刘牧原文:"《书》云'天乃锡禹洪范九畴',必《洛书》,今臆说破之,无乃□□□。答曰:仲尼称'河出图,洛出书',于宓牺画易之前,不当云出夏禹之世也。如曰不然,是《洛书》复出于夏禹之时矣。诚如是,禹之前无九畴也,又何以《尧典》之九法坦然明白乎哉?""无乃"后缺字,依后文"又何以《尧典》之九法坦然明白乎哉"之意,当为论《尚书》"帝王之制"一句。参见《易数钩隐图》卷下,第9页。

数体系中"河洛"的关系与地位，证明"河洛"图式存在的合理性，为其用易数推衍黑白点《河图》《洛书》提供了历史依据。

(三)《河图》九数陈象，《洛书》十数示形

在《易数钩隐图》中，刘牧提出九数《河图》与十数《洛书》为道与器的关系，《河图》陈象，《洛书》示形。

首先，刘牧对道器、象形的内涵和外延进行界定。《系辞》云："形而上者谓之道，形而下者谓之器。"刘牧以此来解释道器，以"未著乎形体"为"形而上"的道，以"著乎形数"为"形而下"的器。天一、地二、天三、地四只是四象，未有形体，经天五运作产生水数地六、火数天七、木数地八、金数天九、土数地十，此时已显于形体，所以刘牧把易数一至五看作道，把易数六至十称作器。至于象形，刘牧认同《系辞》"见乃谓之象""形乃谓之器"的说法，并认为《河图》所示为象，《洛书》所陈为形。

其次，明确道器、象形的概念后，刘牧对"河洛"的关系作出具体阐释：

> 所谓象之与形者，《易》云"见乃谓之象"，《河图》所以示其象也；"形乃谓之器"，《洛书》所以陈其形也。本乎天者亲上，本乎地者亲下，故曰"河以通乾出天，洛以流坤吐地"。易者，韫道与器，所以圣人兼之而作《易》。《经》云"河出图，洛出书，圣人则之"，斯之谓矣。(《易数钩隐图》卷中，第11—12页)
>
> (龙图)虽兼五行，有中位而无土数，唯四十有五，是有其象，而未著其形也，唯四象、八卦之义耳。龟书乃具五行生成之数五十有五矣。易者包象与器，故圣人资图、书而作之也。(《易数钩隐图》卷下，第11页)

刘牧关于"河洛"关系的论述，实际上包含了两层意思，一则点明"河洛"属性，二则表明"河洛"为易之本。《河图》是形而上的道、象，《洛书》是形而下的器、形，而圣人兼采"河洛"作易，易即是"韫道与器"的"制而用之"的"法"(参见《易数钩隐图》卷中，第12页)。随后，刘牧进一步从易数的角度对"河洛"关系作出解释。《河图》数四十五，《洛书》数五十五，《河图》较《洛书》缺少地数十，所以《河图》中不具备土之成数，不可显形，只显四象、陈八卦。相反，由于《洛书》中土之成数地十显现，著乎形器，可入于用，故《洛书》可演五行，却无法示四象。刘牧从易数的角度来解释这个问题，必然要对"河洛"中的易数作出区分。由天五变化而来的七、八、九、六为四象之数，即《河图》少阳、少阴、老阳、老阴之数，亦即《洛书》火、木、金、水之成数。那么，如何去区分四象数和五行数呢？两者的本质区别在于，四象是完完全全的"象"，由于缺少土数，它无法成为有形的"质"，故四象之数是并未显形的七、八、九、六，五行之数则是具有形质的七、八、九、六。如此，四象数与五行数在本质上被区别开来，《河图》《洛书》的属性也就因各自所包含的易数不同而有了区别。

《易数钩隐图》卷下所列易图，也体现了《河图》为道、《洛书》为器，并且进一步用易图的形式展示了《河图》何以陈象，《洛书》何以示形。刘牧从《河图》与《洛书》论及天地之数、四象、八卦和五行生成数。这里的"数"，不再是泛泛的天地之数，而是蕴含于"河洛"

图式里的、为圣人所则出的易数。圣人即是从这些数中,总结出《河图》陈四象,《洛书》演五行的规律。

关于《河图》三图涉及四象、八卦,几乎都与卷上重复。“河图天地数图”与“天地数十有五图”、“河图四象数图”与“两仪生四象图”、“河图八卦图”与“四象生八卦图”,这三组易图除命名不同外,其余均未变。如果说卷上三图是从易数出发,补充天地之数的生成以及“河洛”在逻辑上的生成过程,那么卷下冠以《河图》之名的三图,则是重新从《河图》出发,解释圣人如何由“图”到“数”,再对“易有太极,是生两仪,两仪生四象,四象生八卦”进行建构的过程。

关于《洛书》的三个图式,均与“五行”有关。五行生成数二图,实际上是《洛书》的拆分。《洛书》不仅包含五行生成数,五行生数与成数两两相配,合生五行,还可以推导出五行生克的过程,五行生克一旦确立,便能够继续进行易数生成之后的万物生成:

> 十日者,刚日也。相生者,金生水,水生木,木生火,火生土,土生金也。相克者,金克木,木克土,土克水,水克火,火克金也。(《易数钩隐图》卷下,第 4 页)

《十日生五行并相生图》是在《洛书》十数的基础上加配“甲乙丙丁”等十天干而成的,这是强调圣人伸《洛书》五行生成的结果。

二、刘牧对《河图》《洛书》逻辑生成的推衍

(一)《河图》九数的逻辑生成

刘牧主张太极是万物的本原,也是数生出的前提。对于“易有太极,是生两仪”中的“太极”,刘牧认为,太极本无数与象之分,是二仪之气混而为一的元气,数蕴含在气中。此时,阴阳二气混而不交,数还处于幽隐未发的状态,但构成天地之数所需的十个数已经蕴含于太极之中,太极是数生发的起点。

对于两仪,刘牧认为是太极元气分判为二的结果。原本混沦的气有了阴阳、清浊之分,阴阳二气向不同的方向运动,就有了天地之象。“气之上者轻清,气之下者重浊。轻清而圆者,天之象也;重浊而方者,地之象也。兹乃上下未交之时,但分其仪象耳”。(《易数钩隐图》卷上,第 1 页)此二气已蕴含数。在“两仪之体”始分后,天一、地二、天三、地四便显现出来,刘牧称为四象生数[①]。此时,黑白数点不再是表示“气”的浑然的组合,而是能够分别表示具体的“数”的个体。刘牧通过黑白数点之间的排列组合对易数的生成、交互进行演示。《太极生两仪图》(《易数钩隐图》卷上,第 1 页)中的四组黑白数点,既可以看作以黑白数点表示二仪之气未交之态,又是具体的天一、天三与地二、地四,是“太极生

① 天一、地二、天三、地四在《易数钩隐图》中有两层含义。一方面,刘牧以天一、天三象征天,地二、地四象征地,故刘牧用天一、天三和地二、地四从太极元气中生出阐释“太极生两仪”。另一方面,在“两仪生四象”及之后的论述中,为了与“四象成数”对应,刘牧主要将天一、地二、天三、地四看作生出四象“六七八九”的“四象生数”。本文研究重点在于梳理刘牧通过四象生成数的产生推衍《河图》形成的思路,故主要从四象生数方面阐释。

两仪”与易数的巧妙联合。(见图 1)

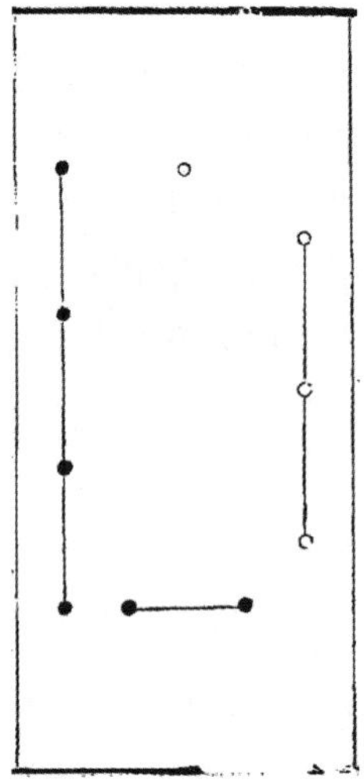

图 1　太极生两仪图

值得注意的是,《太极生两仪图》(图 1)中呈现的数点方位与图下文字描述中的数的方位是相矛盾的。图中天一居上,地二居下,天三在右,地四在左;而配文中取天一、天三的位置画天左旋,取地二、地四的位置画地右动。对此,北宋李觏及清儒张惠言提出质疑。李觏言:“夫所谓左旋者,如斗柄自寅向卯也;右动者,如月五星自丑向子也。今以自午向酉而为右动,何哉?”[①]在李觏的论述中,左旋当自寅向卯,即逆时针,右旋当自丑向子,为顺时针,因而《易数钩隐图》中以自天一旋向天三为左旋,自地二旋向地四为右动是错误的。但是,在刘牧看来,只有在未交之时将天一、天三之位置于右,地二、地四之位置于左,才能在两仪之气进行交互时,右一、三与左二、四产生相反的动势,方可天左旋而地右动。这里,李觏在左旋右旋问题上的理解与刘牧《易数钩隐图》有所出入,因此,他对刘牧的批评并不成立。清代学者张惠言称:“刘氏此图,一南二北,三西四东……不知一三立阴方,二四立阳方,阴阳之位已错。”[②]张惠言并没有区分《易数钩隐图》中“交”与“未交”的状态。关于“交”与“未交”,刘牧指出,所画之图是未交之时,即静态的方位,而文字描述为左旋、右旋,是动态的路线,由此图文相配,将四生数旋动过程悉数说明。

四象生数出现之后,刘牧并没有急于阐释四象成数,他认为,四象生数需经过“变易”才能生出成数。因此,刘牧引出“天五”作为四象成数生出的中间条件。天五“居中而主乎变化,不知何物也,强名曰中和之气”(《易数钩隐图》卷上,第 2 页)。在刘牧的易数体系中,天五是“交接乎天地”的特殊存在。一方面,天五并非明确的四象生成之数,它本身不能生成任何数,却是天一、地二、天三、地四生出地六、天七、地八、天九的必要媒介。另一方面,天五的出现,使天地生数俱全,从而产生变化:

---

① (宋)李觏:《盱江集 · 删定易图序论》,《景印文渊阁四库全书》第 1095 册,台湾商务印书馆 1982 年版,第 57 页。

② (清)张惠言:《易图条辨》,《续修四库全书》第 26 册,上海古籍出版社 2002 年版,第 701 页。

> 天一、天三、天五成九，此阳之数也，故乾元用九；地二、地四成六，此阴之数也，故坤元用六。（《易数钩隐图》卷上，第 3 页）

天地之数自天一至天五相加共得十五，此十五数已经包含了阳数九和阴数六，故《周易》乾元用九，坤元用六，以此生成万物。正因为天五的特殊性，刘牧用《系辞》“阴阳不测之谓神”来形容天五，天五虽非明确的四象五行之数，却是“退藏于密”的“神”。

至于四象成数，刘牧认为，四象生数一至四与天五通过“参伍以变，错综其数”这一过程，生出四象成数六、七、八、九。关于《系辞》中“参伍”，历来有不同的解释。孔颖达将“参伍”解释为数：“参，三也。伍，五也。”（《周易正义》，第 81 页）朱熹将“参伍”解释为揲蓍方式，曰：“参者，三数之也；伍者，五数之也……此亦皆谓揲蓍求卦之事。”[①]刘牧没有将“参伍”理解为单纯的“数”，也并未将这句话作揲蓍之解，而是将其看作是四象成数的生成过程。“参，合也；伍，为偶配也，为天五合配天一，下生地六之类是也”（《易数钩隐图》卷上，第 6 页），如此，则四象生数各得五，那么四象成数七、八、九、六便顺然而成了。此处，天五充当了阴阳转换的角色，五作为“偶配”，在参合的过程中使数的阴阳属性发生了变化。

在《易数钩隐图》中，四象生数合天五而生四象成数的过程也是“两仪生四象”的过程。关于《系辞》中的四象，刘牧首先驳斥了孔颖达等人对四象的注解。孔颖达以金、木、水、火为四象，认为“金、木、水、火禀天地而有，故云：‘两仪生四象’”（《周易正义》，第 82 页）。刘牧却认为金、木、水、火是有形的，当与“象”区别开来。刘牧尤为重视“四象”在不同条件下的区别，将四象之义分而为二，一为两仪所生之四象，二为《易》有四象所以示之四象。

对于两仪所生四象，刘牧解释：

> 夫五上驾天一，而下生地六；下驾地二，而上生天七；右驾天三，而左生地八；左驾地四，而右生天九，此河图四十有五之数耳，斯则二仪所生之四象。（《易数钩隐图》卷上，第 7 页）

由于《易数钩隐图》中对两仪所生之四象的解释稍显模糊，后人对其所释四象的理解存在争议。程大昌在《易原》中，将刘牧所言四象释读为一、二、三、四。[②] 并且，程大昌进一步批判了刘牧将七、八、九、六视为四象成数的做法，认为刘牧用生成论四象是“得其然而不究其所以然”[③]，然而现代学者朱伯崑、林忠军、郭彧、崔伟等认为刘牧所言四象即为七、八、九、六。

实际上，刘牧一直坚持七、八、九、六为四象，故在《两仪生四象图》中仅画出七、八、九、六而非一、二、三、四。刘牧之所以将七、八、九、六解释为四象成数，一为对应四象生数，二为使“象由数设”能够得到更为完备的阐释，将“两仪生四象”与“易数”体系建构结

---

① （宋）朱熹撰，廖名春点校：《周易本义》，中华书局 2009 年版，第 237—238 页。

② 程大昌：“古今通以七、八、九、六为四象，则在地六以后，独刘牧取诸天五以前是二说也，固皆祖天地而本五行矣。”参见（宋）程大昌：《易原》，《景印文渊阁四库全书》第 12 册，台湾商务印书馆 1982 年版，第 558 页。

③ （宋）程大昌：《易原》，《景印文渊阁四库全书》第 12 册，第 564 页。

合。刘牧在构建其易数体系的过程中，对易数的命名是具有灵活性的，例如，《七日来复图》中，刘牧又说四象“亦金、木、水、火之成数也”（《易数钩隐图》卷中，第12页）。可见，刘牧易数体系中的四象就是“两仪所生之四象”，即七、八、九、六，并非程大昌认为的一、二、三、四。同时，为了能够更好地以数释象，用易数构建“两仪生四象，四象生八卦”的体系，刘牧又强调四象是金、木、水、火之成数，而非金、木、水、火之形。这也为《易数钩隐图》后面论述《河图》四象、《洛书》五行作了铺垫。

对于“易有四象，所以示也”中的四象，刘牧则认为是《系辞》中圣人设卦的吉凶、悔吝、变化、刚柔四象。[①] 在这里，刘牧引孔颖达之疏[②]，将象与辞看作相对的两个概念，刘牧指出，既然辞是爻卦之辞，象是爻卦之象，那么，《系辞》中圣人设卦所观吉凶、悔吝、变化、刚柔四象即为所示四象了。同时，刘牧虽然认同孔颖达对象与辞的看法，却并不赞同孔颖达以七、八、九、六为“爻卦之象”，认为这是孔颖达理论中不完善的地方。

四象成数七、八、九、六生成之后，《河图》九数全部出现，也就具备了推出《河图》的前提。刘牧称“此《河图》四十有五之数耳”（《易数钩隐图》卷上，第7页），并附黑白点《河图》于卷下。

（二）《洛书》十数的逻辑生成

《易数钩隐图》中并未出现完整的黑白点《洛书》，但已涉及《洛书》图式。书中提及“此乃五行生成数，本属‘洛书’，此画之者，欲备天地五十五数也”（《易数钩隐图》卷上，第9页）。刘牧本欲将五行生成数留至《洛书》处，此处为备天地之数方提前画出，这透露出《洛书》图式或许原本与《河图》图式同样，与生成数图式分开，存在于《易数钩隐图》中的其他部分。并且，北宋李觏《删定易图论》中保留了《易数钩隐图》中的《洛书》，南宋朱震也继承了刘牧黑白点《洛书》。由此推断，《易数钩隐图》中应当是存在黑白点《洛书》的，但在流传过程中出现缺失，导致今本未能保留明确《洛书》图式。但是，通过梳理书中天一至地十的生成过程，可以看出其中包含《洛书》画法，刘牧对于《洛书》十数在逻辑上的生成阐释是完备的。《洛书》比《河图》多一数“十”，同时，《洛书》十数在属性上也有所转变。“《洛书》《九畴》，惟出于五行之数”（《易数钩隐图》卷下，第4页），因此刘牧以五行生成数论《洛书》。

关于五行生成数，《尚书·洪范》记载：“一曰水，二曰火，三曰木，四曰金，五曰土。”孔安国传曰：“皆其生数。”（《尚书正义》，第452页）在此基础上，孔颖达明确将《系辞》中的天一、地二、天三、地四、天五看作五行生数，地六、天七、地八、天九、地十看作五行成数，并以天一至地十为“天地阴阳自然奇偶之数”（《周易正义》，第81页）。刘牧五行生成数的理论受到孔颖达的影响，但他又认为，自孔颖达以来，学者对生数与成数的阐发不够深入，未能揭示其所以生成之义。因此，刘牧从道器的角度对五行生成数进行解释，将其运

---

① 刘牧认为：“‘吉凶者，失得之象’，一也；‘悔吝者，忧虞之象’，二也；‘变化者，进退之象’，三也；‘刚柔者，昼夜之象’，四也。”（《易数钩隐图》卷上，第7页）

② 孔颖达曰：“‘《易》有四象，所以示也’‘系辞焉，所以告也’。然则象与辞相对之物，辞既爻卦之下辞，则象为爻卦之象也。上‘两仪生四象’，七、八、九、六之谓也。”（《周易正义》，第82页）

用到黑白点《洛书》上。

五行生数和四象生数皆有天一、地二、天三、地四，但二者属性有所区别。天一、地二、天三、地四在《河图》为老阳、老阴、少阳、少阴之数，在《洛书》则为金、木、水、火之数。此外，五行生数和四象生数所处方位也有所不同。《河图天地数图》(见图 2,《易数钩隐图》卷下，第 1 页)中，天一上，地二下，天三右，地四左，而《洛书五行生数图》(见图 3,《易数钩隐图》卷下，第 3 页)中，天一下，地二上，天三左，地四右，恰与《河图天地数图》相反。

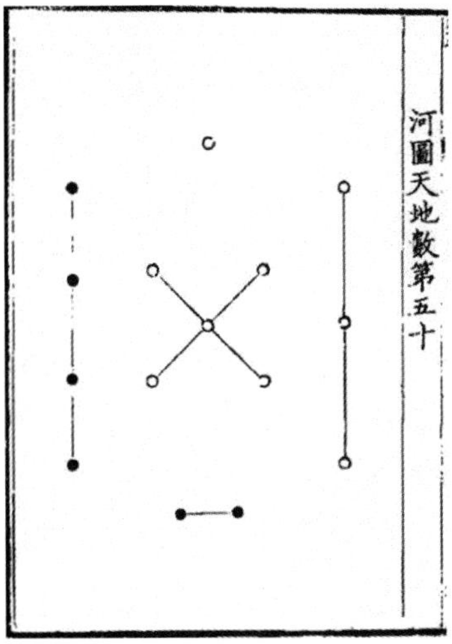

图 2　河图天地数图

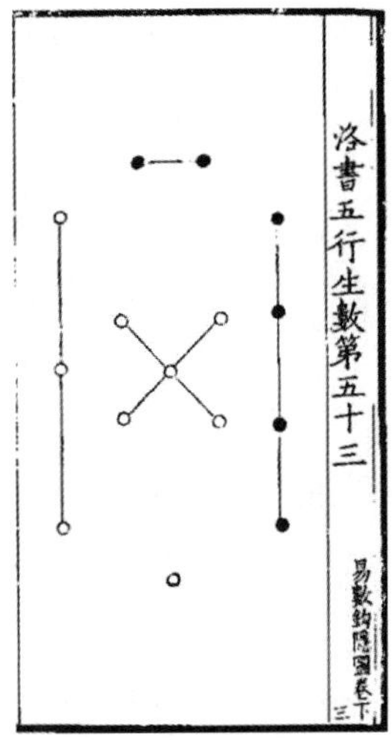

图 3　洛书五行生数图

天一至天五在两图中方位之所以不同，是因为二者分别处于已交和未交两种状态。刘牧认为，《洛书五行生数图》是要“陈生数”：

> 虽则陈其生数，乃是已交之数也。……且夫《洛书》《九畴》，惟出于五行之数，故先陈其已交之生数，然后以土数足之，乃可见其成数也。(《易数钩隐图》卷下，第 4 页)

《河图天地数图》中四数为四象数，各司其位，静而不动，重点不在于“陈其生数”，而在于展现天地数的本位，故为未交之象。至于《洛书五行生数图》，因《洛书》演五行，故天一、地二、天三、地四实为五行数，金、木、水、火之数必须是已交的状态，所以应处于与其本来位置相反的方位。《洛书五行生数图》中，天一处于下方才会产生向上的动势，地二位于上方才会产生向下的动势，天三在左方产生向右的动势，地四在右方产生向左的动势，由此，在土数天五同生数相交时才能见其成数。

五行成数与四象成数的生成过程是类似的，只是在属性上不论阴阳而论五行。在五行成数中，地十是较为特殊的数，《河图》九数与《洛书》十数区别就在于《洛书》有土数“十”。刘牧用易图展示了数一至九的生成，但并未有图式推演地“十”的生成。同时，刘牧在《二仪得十成变化图》中默认了“十”的存在，也并未对“十”的出现详加解释。在《易数钩隐图》中，十究竟是直接生出，还是由天五自加而成？若按照四象成数七、八、九、六的生成方式，地十由天五自加而成，而天五是“中和之气”，那么地十究竟与四象一样是“象”还是同天五一样是“气”？刘牧均未在书中对这些问题作出说明。

尽管如此，刘牧在阐释《天地数十有五图》时对天地之数中的地十及其功能作了解释：

> 天地之数，何以由天五而生变化？答曰：天地之生数足，所以生变化也。……兼五行之成数四十，合而为五十有五，备天地之极数也，所以能成变化而行鬼神。（《易数钩隐图》卷上，第 3 页）

由“兼五行之成数四十”可知，地十是五行成数之一。《易数钩隐图》将天地之极数看作天地之数与五行成数的总和，由天数一、三、五和地数二、四合而为天地数十五，能“生变化”后，并六、七、八、九、十之总和四十，两数相加得五十五，由此天地之极数备全，继而能够“成变化”。这种观点在刘牧易图中也能够看出，如《二仪得十成变化图》（见图 4），刘牧既言“二仪得十成变化”，说明地十与天五具有某种类似的作用：天五居中而“主变化”，同理，二仪得十方能“成变化”。所以，刘牧虽未明说地十的性质，但他在易数体系的建构上有别于前人的“终九遗十”，将地十作为易数体系的重要组成部分。

随着地十的出现，土数足，五行成数俱全。刘牧同样用黑白数点表示出来（见图 5，《易数钩隐图》卷下，第 3 页）：

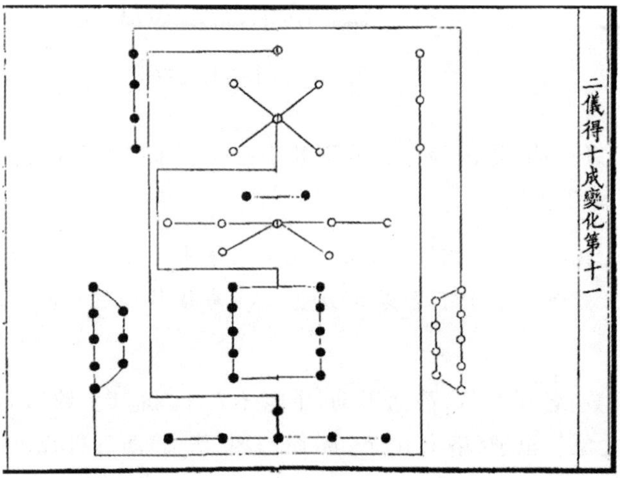

图 4　二仪得十成变化图

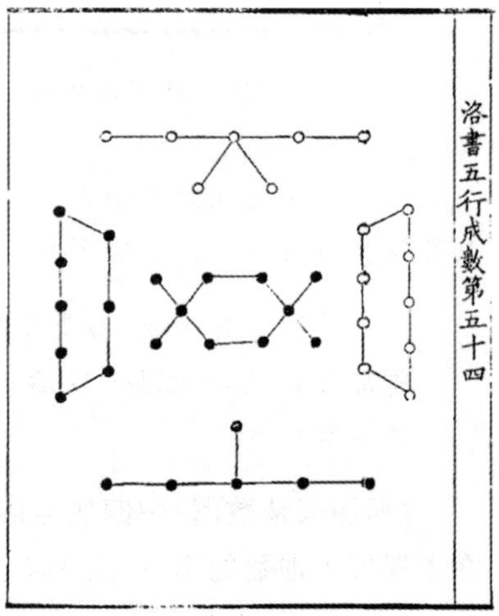

图 5　洛书五行成数图

十数俱备，《洛书》在元素上是五行生数与成数的组合，黑白点《洛书》自然能够画出。刘牧以《系辞》“天数五，地数五，五位相得而各有合”（《周易正义》，第 80 页）来规定五行生成数的配合。他认为《系辞》记载的就是五行生成数的应合之位，若生成数不合，便无法生出五行。《二仪得十成变化图》（《易数钩隐图》卷上，第 9 页）虽不是最终的黑白点《洛书》，但已经具备“五位相得而各有合”的内涵。并且，《易数钩隐图》中虽未呈现黑白点《洛书》，但是，将《洛书五行生数图》与《洛书五行成数图》重叠在一起，即可得到完整的黑白点《洛书》,并且,黑白点《洛书》在南宋朱震《汉上易传·卦图》中已然出现,朱震称此图“刘牧传之”[①]。

三、刘牧“河洛”学的影响

《易数钩隐图》作为第一部明确呈现“河洛”图式的儒家易学著作,对“河洛”学的贡献是不可忽视的。首先,刘牧在建构易数体系的过程中,从逻辑生成和历史两个角度阐释了《河图》《洛书》的生发原理,解释了《河图》言四象,《洛书》言五行,第一次以黑白数点的形式展示了《河图》。与其相近时代的著述,或有“河洛”之述而以图示之,或有“河洛”之图而以文释之,而极少如刘牧这般通过体系化的易图对整个“河洛”学进行推阐解释。可以说,刘牧解决了“河洛”一个十分基础的问题——《河图》《洛书》在逻辑上是怎样形成的。他从易数的角度论证了“河洛”图式的合理性,为后人直接列出“河洛”图式提供了极大的便利。其后易图学著作在进行“河洛”阐释的时候,极少再对“河洛”的生成进行推衍。不仅如此,刘牧在“数”上认为《河图》四十五数而《洛书》五十五数,首次用易图的形式明确论证“河九洛十”。随后,宋代阮逸伪作《关朗易传》将刘牧《河图》《洛书》互相颠倒,提出“河十洛九”说,就此开启“河洛”九十之争。在此基础上,“河洛”之学不断得到发展。“河九洛十”的支持者或反对者都受到刘牧影响。总之,刘牧对《河图》九数、《洛书》十数的论定开启了两宋“河九洛十”之争,对“河洛”图式的确定也加剧了历代学者对“河洛”性质的争论。四库馆臣说:“至宋而象数之中复歧出图书一派,牧在邵子之前,其首倡者也。”[②]

其次,刘牧对“河洛”的图式演绎极大地促进了以图释易的新解易模式的系统化,使抽象化的数、象、理得到了具象化的表达。在易图运用上,刘牧将黑白数点与《系辞》中的易数相结合,依靠图解形式建立了独特的解易方式,对后世产生了深远的影响。

总之,刘牧《易数钩隐图》认为“易”本于《河图》《洛书》。刘牧作《易数钩隐图》的原因固然与其不满于先儒对《系辞》之数的解释有关,但更深层次的原因则在于其探寻“易”发生之本、追寻“河洛”的初衷,故刘牧推衍易数的根源目的是明确《河图》《洛书》在逻辑上的生成,从而为“河洛”的本源地位提供合理性依据。刘牧对“河洛”内在组成理路进行推衍,明确“河洛”中所包含的数,并以“河洛”解释易数与易数之间的关系,进而阐释八卦、五行。黑白点“河洛”图式是刘牧易数体系能够建构的根基:从“河洛”之数延伸出天地之数、大衍之数,从“河洛”的象形关系延伸到易数体系内部的体用关系。在宋以前,易图已然存在,但并非无图不可言“易”。作易图者亦甚寥寥,成体系者更少。而宋代易图之兴盛,或源于学者们对新的易学语言的尝试,或受启于当时道教的图式表现手法,或试图用一种更为直观的手段对汉代及以前的易学进行解释来探寻“易”原,越来越多的易学家用图阐释易学,刘牧当为最先对此进行系统性尝试的学者。

---

① (宋)朱震撰,种方点校:《汉上易传》,中华书局2020年版,第547页。

② (清)纪昀总纂:《四库全书总目提要》,河北人民出版社2000年版,第61页。

元代朱子后学论先天八卦与《河图》相通之理

——以胡方平、熊禾为中心的考察

邓小伟*

在画卦作《易》之所由这一易学根源性问题上，宋代推崇图书之学的易家多以《大传》"河出图，洛出书，圣人则之"为初始文献依据，深信《河图》中自然蕴含画卦之理。"特气数之自然形于法象，见于图书者，有以启于其心，而假手焉耳"①，圣人正是在此内蕴自然之"气数"的图书的启发下领会画卦之理，继而不假思索地将八卦之象呈现出来，故倡言圣人乃"则图画卦"。宋儒对"则图画卦"之理的探讨，实质是为了证明先天八卦与《河图》（以下简称《图》）内在理路具有相通性、一致性，或者说《河图》内蕴画卦之理、八卦之象。在《易学启蒙》中，朱熹围绕卦、《图》关系，以"则图画卦"之理示人，但其"析合补空"之说理路剖析尚欠周详，以致遗惑于后学。

李秋丽认为，元代易学发展体现在对程朱易学尤其是朱子易学不同的诠释。② 对于先天八卦与《河图》关系的探讨，元儒无论持河十洛九观者抑或河九洛十观者，都曾提出过或详或略的说解。就"河十洛九"一派而言，解说较详者有胡方平、熊禾、王申子等人，本文主要以胡、熊二儒为中心进行考察。胡方平（？—1289），字师鲁，号玉斋，婺源梅田人。熊禾（1247—1312），字位辛，一字去非，号勿轩，晚号退斋，福建建宁府人。二儒之学根柢于朱熹一脉，置身宋元世变之际，以其遁隐心态与致思精神，缀补圣学，《易学启蒙通释》（以下简称《通释》）与《勿轩易学启蒙图传通义》（以下简称《图传通义》）分别为二儒易学体系建构集大成之作。二人接续朱熹关于先天八卦与《河图》关系之探讨，以四象之数为切入点，深入剖析卦、《图》内在之数理联系，发朱子之蕴、广朱子之学。

一、朱熹的"则图画卦"之说与"析合补空"之惑

在朱熹的易学世界中，图书之学占据着极为重要的地位，他对"《易》本卜筮之书"的判释肇端于图书之学。《河图》《洛书》对朱熹的意义，不惟是其象数思想建立的基础，大

---

* 作者简介：邓小伟，曲阜师范大学政治与公共管理学院博士生，研究方向为中国哲学、易学。

① （宋）朱熹：《易学启蒙》，《朱子全书》第1册，上海古籍出版社、安徽教育出版社2002年版，第209页。

② 参见李秋丽：《元代易学史》，齐鲁书社2020年版，第5页。

而言之，更是其以自然哲学、人生哲学、道德观为内核的哲学体系建构的基石。[①]《大传》说："河出图，洛出书，圣人则之。"对于圣人"则"的目的，自孔安国、刘歆、关朗以至邵雍，多以画卦作《易》之事观解，朱熹亦持此说。[②]

朱熹著有《易学启蒙》(以下简称"《启蒙》")一书，这是他系统阐述自身图书象数之学的代表性著作。朱熹初成《启蒙》时，对此书颇为自喜，"自谓学《易》而有意于象数之说者，于此不可不知，外此则不必知也"[③]。《启蒙》综罗众家之长，论象数确有精新独到之处，惜为梗概之书，言语稍逊周详。如论先天八卦与《河图》之间的联系时，朱熹在《易学启蒙》《本图书》《原卦画》篇中试图融通河洛之学与先天之学，借以证明图书为《易》之本原的观点，他认为可由《河图》推导出先天八卦，其过程是这样的：

> 《河图》之虚五与十者，太极也。奇数二十偶数二十者，两仪也。以一、二、三、四为六、七、八、九者，四象也。析四方之合，以为乾、坤、离、坎；补四隅之空，以为兑、震、巽、艮者，八卦也。[④]

这段话出自《本图书》篇，通过将《河图》之数与太极、两仪、四象、八卦做形式对应以说明《河图》内蕴画卦之理。按朱熹的说法，《河图》之出是伏羲仰观俯察的结果，八卦之画是主要受《河图》之数的启发[⑤]，这样，就将"则图画卦"纳入"仰观俯察"的宏大体系中，化解了《易传》所载"仰观俯察"与"则图画卦"两种易学起源并立的矛盾，同时突显了《河图》之数在画卦过程中的根本作用。

此处提示了《河图》虚五与十，即是"易有太极"。太极为"象数未形而其理已具之称，形器已具而其理无朕之目"[⑥]之本体，混沦无状而象数之理完具，故太极为有、无统一之超越实体或实理，并非绝对之虚无。太极在动静之妙用下发而为形器而又寓于形器之中，彰显自身功用，此八卦、六十四卦象数之形成即是太极本体逻辑展开之进路。朱熹于《周易本义》中又说："伏羲仰观俯察，见阴阳有奇偶之数，故画一奇以象阳，画一耦以象阴。"[⑦]奇偶之数为《河图》所特有，《河图》奇数一三七九与偶数二四六八各为二十，奇、偶之数可转化为象征阳的奇画"—"和象征阴的偶画"--"，意即象、数之间可互相转化，此是"则图画卦"说得以成立之关键。一二三四分别得五即为六七八九四象阴阳太少，其中六为太阴，

---

① 余敦康认为："在朱熹的易学思想中，《河图》《洛书》占有极为重要的地位，是他的一整套象数之学所赖以建立的理论基石。"(余敦康：《汉宋易学解读》，华夏出版社 2006 年版，第 469 页)陈超从自然哲学、人生哲学、道德观三方面阐述了《河图》《洛书》对朱子哲学体系产生的影响。(陈超：《河图、洛书与朱熹哲学》，《周易研究》1995 年第 4 期)

② 如朱熹尝言："盖圆者《河图》之数，方者《洛书》之文，故羲、文因之而造《易》，禹、箕叙之而作《范》也。"[(宋)朱熹：《易学启蒙》，《朱子全书》第 1 册，第 211 页]

③ (宋)朱熹：《晦庵先生朱文公文集》，《朱子全书》第 21 册，上海古籍出版社、安徽教育出版社 2002 年版，第 1683 页。

④ (宋)朱熹《易学启蒙・本图书》，《朱子全书》第 1 册，第 215 页。

⑤ 朱熹说："《系辞》虽不言伏羲受《河图》以作《易》，然所谓仰观俯察、近取远取，安知《河图》非其中之一事耶？……至于《河图》之出，然后五十有五之数奇偶生成粲然可见。此其所以深发圣人之独智，又非泛然气象之所可得而拟也。"[(宋)朱熹：《晦庵先生朱文公文集》，《朱子全书》第 21 册，第 1659—1660 页]

⑥ (宋)朱熹：《易学启蒙・本图书》，《朱子全书》第 1 册，第 218 页。

⑦ (宋)朱熹著，廖名春点校：《周易本义》，中华书局 2009 年版，第 29 页。

七为少阳，八为少阴，九为太阳。由太极至四象《河图》之数与卦爻象对应尚属清晰工整，至八卦一环却说“析四方之合，以为乾、坤、离、坎；补四隅之空，以为兑、震、巽、艮者，八卦也”[①]，模糊隐晦，不免令人心生疑惑。元儒王申子对朱子“则图画卦”之理有过一段质疑：

> 以《河图》五与十为太极是矣，然虚而不用，却用四旁奇偶各二十为两仪，则是太极自太极，两仪自两仪，而非太极生两仪也。以六、七、八、九为四象是矣，然外之而取卦于四方，则是四象自四象，八卦自八卦，而非四象生八卦也。且谓“析四方之合以为乾、坤、坎、离”，不知如何析其合以为坎、离于西、东，而其位不可易。谓“补四隅之空以为兑、震、巽、艮”，不知如何惟兑可以补东南，惟艮可以补西北，而他卦不可补。[②]

从这段话我们大致看出王氏认为朱子“析合补空”之说意思即将先天八卦方位规整地配至《河图》之数中的，但如此配卦之所以然，正是王氏疑惑之处。王氏之惑，亦是后世之疑，我们可以归纳为三点：其一，太极之数至四象之数各自为政，缺乏明显的前后生成关系的说明；其二，如何“析”、如何“补”方能造成所谓的先天八卦方位与《河图》位、数的形态黏合，关涉“象”之层面；其三，“析合补空”后，卦、数之间的对应如何体现合理性，即此数与此卦对应之内在理路为何，直指理之剖析。

在《原卦画》篇中，朱熹以《易传》“易有太极，是生两仪，两仪生四象，四象生八卦”为根据，结合邵雍“一分为二”之说，通过卦画叠加的方式解释生卦过程，同时将各环节卦爻画与《河图》之数一一对应，仍未能系统周详地说明《河图》之数与先天八卦的内在数理关联。朱熹之失，在于对直观之“象”与内在之“理”缺乏具体而微的分析，这项任务其实留给了朱熹后学，此议题也在后学多方诠释下内涵不断丰富。元初，胡方平著《易学启蒙通释》，回答了如何“析”“补”的问题；熊禾则将阐释重点放在《河图》与先天八卦图内在数理如何融通以及《河图》之数如何体现太极至八卦的生生之义这两个问题上。

二、胡方平对“析合补空”的深入解析

胡方平曾受学于朱子高徒黄榦之弟子董梦程以及董梦程的门人沈贵瑶，是为朱子的三传或四传弟子。其所著《易学启蒙通释》，肯认图书为画卦作《易》之源，并绍继朱子河十洛九之说。胡方平之世，“诚以去朱子才百余年，而承学浸失其真。如图书已厘正矣，复仍刘牧之谬者有之”[③]。故维护朱子易图学成为当务之急。元初朱子后学往往通过探讨朱子《河图》《洛书》的本原形态或者从《河图》《洛书》中推导出八卦卦象来证明朱子河洛形制的合法性。胡方平正是借接续朱子“则图画卦”之理的诠释来维护朱子易学的。

在论及具体的画卦原理时，胡方平采用的是“以卦配数”的方式。胡方平指出，“圣人

① (宋)胡方平、(元)胡一桂著，谷继明点校：《易学启蒙通释》，中华书局 2019 年版，第 63 页。

② (元)王申子：《大易缉说》，《景印文渊阁四库全书》第 24 册，台湾商务印书馆 1986 年版，第 24 页。

③ (元)胡一桂：《周易启蒙翼传》，《景印文渊阁四库全书》第 22 册，台湾商务印书馆 1986 年版，第 200 页。

之则《河图》也，亦因横图卦画之成以发圆图卦气之运耳”[①]。其对“则图画卦”过程的分析，是以横图生成为逻辑起点的，最终落脚于圆图展开及卦、《图》相配。在这一过程中，胡氏将《河图》之数与先天方圆图相融合，试图实现河洛之学与先天之学之融通（见图 1）。

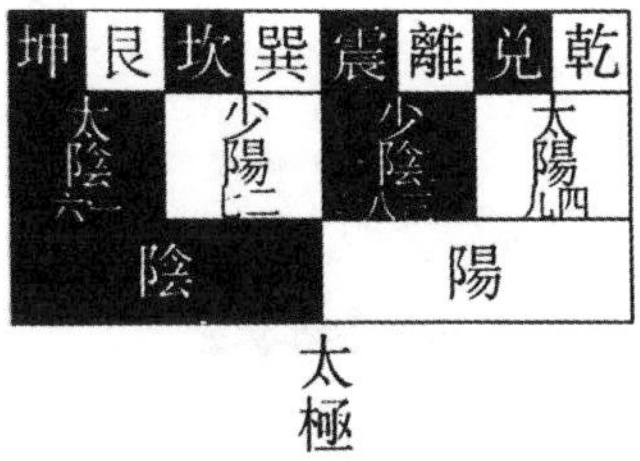

图 1

朱子认为，《易传》“易有太极”章兼有卦画生成与揲蓍成卦之意涵。朱子《周易本义》注此章曰：“一每生二，自然之理也。……此数言者，实圣人作《易》自然之次第，有不假丝毫智力而成者。画卦揲蓍，其序皆然。”[②]“一每生二”是太极本体生生之妙的逻辑展开过程与规律性表达，亦是朱子对周子太极动静之说、邵子“一分为二”之法的创造性诠释。如图所示，胡氏先天八卦生成之次序，正是由太极之“一”以“加一倍法”化生阴阳奇偶，继而以卦画叠加的方式而生四象以至八卦、六十四卦，不离邵子先天之学与朱子的“一每生二”之义。朱子在《易学启蒙》中指出，“（四象）其位则太阳一，少阴二，少阳三，太阴四。其数则太阳九，少阴八，少阳七，太阴六”[③]。胡氏则以先天四象各配以《河图》之生成数，凡言先天四象之于《河图》，则以太阳配四九、少阴配三八、少阳配二七、太阴配一六，以此模糊位、数之界限，以数统位。如此，其实已符示了先天四象与《河图》相通之可能性。

朱子“则图画卦”说因“析合补空”语焉不详而遗惑于后世，故胡氏在“以卦配数”时，主要从“析合补空”字意诠释与操作路径入手，将先天八卦与《河图》统合观之，并绘制新图（见图 2）以提供直观性的象数诠解。胡氏认为，“析合补空”的具体操作应该是这样的：

> 析二七之合，则七居南为乾，而二补东南隅之空以为兑；析三八之合，则八居东为离，而三补东北隅之空以为震；析四九之合，则九居西为坎，而四补西南隅之空以为巽；析一六之合，则六居北为坤，而一补西北隅之空以为艮者。此则之以成八卦也。[④]

---

① （宋）胡方平、（元）胡一桂著，谷继明点校：《易学启蒙通释》，中华书局 2019 年版，第 64 页。

② （宋）朱熹著，廖名春点校：《周易本义》，中华书局 2009 年版，第 240 页。

③ （宋）朱熹：《易学启蒙》，《朱子全书》第 1 册，第 219 页。

④ （宋）胡方平、（元）胡一桂著，谷继明点校：《易学启蒙通释》，第 64 页。

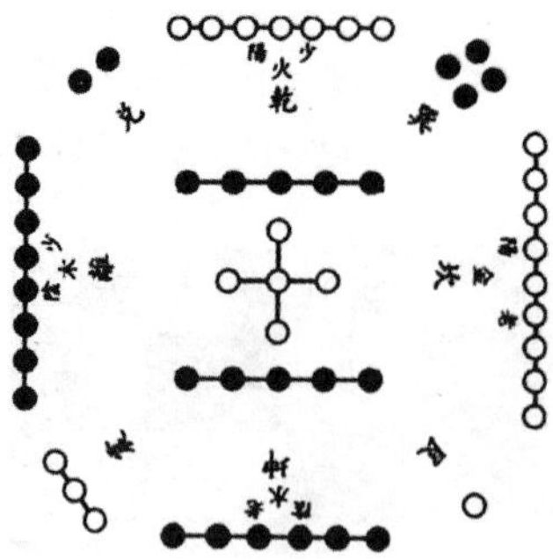

图 2

《河图》中，二合七居南、三合八居东、四合九居西、一合六居北，皆处四正之位。由图1可知，乾、兑生于太阳之四九，离、震生于少阴之三八，巽、坎生于少阳之二七，艮、坤生于太阴之一六。依胡氏“析合补空”之解说，以先天八卦配《河图》数、位，则七、八、九、六之数，分别配以乾、离、坎、坤四卦，居于四正。东南、东北、西南、西北四维则分别“补”以所“析”之二、三、四、一，分别为兑、震、巽、艮四卦。如此则形成图 2 所示的卦、图浑然一体、规整有序的新图式。但若从四象之数的角度以图 1 比照图 2，可见由太阳四九所生之乾、兑与少阳二七所生之巽、坎在卦位上发生了互换，笔者称之为“西南易位”。

胡氏对“则图画卦”过程中所出现“西南易位”现象是这样解释的：

> 盖《河图》二象之居于东、北者，阴之老少也。阴主静而守其常，故水木各一其象，不能他有所兼。……《河图》二象之居于西、南者，阳之老少也。阳主动而通其变，故金火互通其象，实能两有所兼。①

此处，胡氏从阴阳动静及五行属性的角度解释老阳、少阳“西南易位”的问题。阳动阴静，《河图》东北之老阴、少阴具备静与常之特性，此特性亦赋予其所属之水、木二行。阳大阴小，阴气往往承阳而动，未知变通，故在老阴则水、少阴则木，二者不可互通，其对应之卦各居本数之位。老阳、少阳则涵有动与变的因子，往往伺机而动、穷变知通。图 2 老阳之乾居于南方火位，少阳之坎居于西方金位，《说卦》言乾为金、坎为赤，所以胡氏认为金、火其象可通，故其所属之卦位置可易。

胡氏对先天八卦与《河图》关系的讨论，以接续朱子“则图画卦”理路之诠释而展开，通过对“析合补空”之说的深入解读，以先天四象各配《河图》之生成数，将《图》、卦合而为一，深化了人们对河洛数理、卦爻结构的认识，“探索发展了河图之数与先天八卦之间的关系，很显然是对朱熹易学的发展与完善”②。元代以降，学者对胡氏《通释》及其“则图画卦”理路的评价褒贬不一。明人杨士奇称赞道：“朱子《易学启蒙》，惟胡方平本最善。”③肯定其系统注释《启蒙》，传续朱子心意的扶掖之功。蔡清在其著《易经蒙引》释“析合补空”

① （宋）胡方平、（元）胡一桂著，谷继明点校：《易学启蒙通释》，第 64—65 页。

② 参见李秋丽：《元代易学史》，第 174 页。

③ （明）杨士奇：《东里续集》，《景印文渊阁四库全书》第 1238 册，台湾商务印书馆 1986 年版，第 579 页。

一节时沿用胡氏说解。元代学者鲍宁则指斥胡氏“西南易位”之说“拘拘于求合，非法象之自然，故有窒塞而难通”①，认为胡氏牵强比附，已经违背朱子本意。朝鲜李滉则站在中间立场，对鲍宁批评胡方平之语作出表态，认为胡氏之说“虽非朱子本意，亦可备一说，而非附会无据”②。清人方孝标则指责胡方平混淆《河图》四象位、数，完全偏离朱子之遗教。笔者认为，尽管胡氏对“西南易位”问题做出巧妙的化解，但这一问题其实也暴露出《河图》之数与先天八卦之间逻辑的天然非一致性。

三、熊禾以“阴阳相交”之法贯通卦、《图》

熊禾易学上承蔡渊（朱子门人）、徐几（蔡渊门人，熊禾之师），算来亦是朱子的三传弟子。熊禾对卦、《图》关系的探索，就其动因来看，是针对和解决当时部分学者“以先天圆图四象之位合《洛书》不合《河图》，复墨守刘牧之说”③的问题。因此，证明先天圆图四象之位合《河图》，从而维护朱子图书之学，成为熊禾的首要任务。《图传通义》一书中，熊氏论及先天八卦与《河图》关系时，在继承朱子遗说的基础上提出了新的思路。

熊氏早年尝应胡方平之子胡一桂之请为《易学启蒙通释》作跋，对胡方平图书之学有所了解且赞誉有加，但在熊禾《图传通义》一书中却一反往态，对胡氏“以卦配数”的做法避而不谈，而是采用“阴阳相交”之法会通卦、《图》。朱熹在《启蒙》《原卦画》中以卦画相重的方式说明生卦次序，熊禾进一步发扬了朱子的易道阴阳思想，其释横图八卦之生成、《河图》之象数，首重阴阳之交。他认为：“易，交易也，变易也，非交固不能变也。”④“交”是先天阴阳的升降，“变”是后天阴阳的流行，卦则“交”而后“变”。这种“阴阳相交”的诠释进路，也贯穿在他对卦、《图》关系的考察过程中。

熊氏论阴阳交易不仅重视其在先天卦画生成过程中的前后一贯，亦创造性地将《河图》位、数相交纳入先天卦画交易体系中，与卦画生成分置而观，使先天卦画与《河图》的关系一目了然。关于“易有太极”，熊氏与朱子并无二致，亦以《河图》虚五与十为太极。就“太极生两仪”而言，凡数皆起于太极之〇所衍生的一与二，故他以阳一阴二为两仪，在《河图》天一为阳数之始，三、五、七、九之阳数皆为一；地二为阴数之始，四、六、八、十之阴数皆为二。自两仪生四象始，熊氏的阴阳相交观逐渐凸显。“两仪生四象”即天一上升而为天三，地二下降而为地四，四交一而成五，阴降交阳，即先天阴下交于阳生四象之太阳、少阴，于数为九、八；三交二亦成五，阳升交阴，即先天阳上交于阴生四象之少阳、太阴，于数为七、六。

熊氏四象生八卦过程的核心理念，以先天言，是阴阳老少之交，就《河图》来看，则是位、数之交（见图3）。依熊氏之意，先天四象与《河图》四象各自的内部交易是存在对应机

---

① （宋）鲍云龙著，（明）鲍宁辨正：《天原发微》，《景印文渊阁四库全书》第806册，台湾商务印书馆1986年版，第214页。

② ［朝鲜］李滉：《启蒙传疑》，刘彬主编：《易图文献选辑》（第3辑）第30册，线装书局2020年版，第410页。

③ （元）熊禾《勿轩易学启蒙图传通义》，《续修四库全书》第2册，上海古籍出版社2002年版，第446页。

④ （元）熊禾《勿轩易学启蒙图传通义》，《续修四库全书》第2册，第450页。

制的，卦、图相通之理路是建立在“交”的基础上的。由图 3 检视，《河图》四、九居西，太阴之位交太阳之数，先天则太阴交太阳而生乾、兑，余下诸卦之生皆仿此。从先天之学来看，这种四象相交的生卦模式，可以直接推导出先天横图乾一、兑二、离三、震四、巽五、坎六、艮七、坤八的八卦次序。以《河图》观之，则是五行的生成过程。

图 3

注：“四太阳之位”中“阳”字误，应为“阴”。《勿轩易学启蒙图传通义》为抄本，或为抄写错误。

熊禾“阴阳相交”之论其实不出朱熹《启蒙》的范畴。《启蒙》中，关于卦画之生成有两套系统，一为卦爻叠加式的相重说，一为相交生卦说，熊禾此处即舍相重说而取相交说。正如《启蒙》所言：

> 太极既分，两仪立矣。阳上交于阴，阴下交于阳，而四象生矣。阳交于阴，阴交于阳，而生天之四象；刚交于柔，柔交于刚，而生地之四象。八卦相错，而后万物生焉。是故一分为二，二分为四，四分为八，八分为十六，十六分为三十二，三十二分为六十四，犹根之有干，干之有枝，愈大则愈小，愈细则愈繁。[①]

太极展开为八卦六十四卦的过程其实是比较复杂的，它是依据先天图左右阴阳爻画的往来交易以及“一每生二”的法则来操作的。太极既判，分而为一阳之奇画，一阴之偶画，即是先天八卦圆图左第一画之阳爻，右第一画之阴爻。所谓的“阳上交于阴，阴下交于阳”，朱熹解曰：“此一节以第一爻生第二爻而言也。阳下之半上交于阴上之半，则生阴中第二爻之一奇一偶，而为少阳、太阴矣；阴上之半下交于阳下之半，则生阳中第二爻之一奇一偶，而为太阳、少阴矣。”[②]也就是说，“阳上交于阴”是先天圆图左下初爻之二阳爻，上交于右上初爻之二阴爻，右上得第二画之少阳，右下保持阴性为第二画之太阴；“阴下

① (宋)朱熹：《易学启蒙》，《朱子全书》第 1 册，第 238 页。

② (宋)朱熹：《晦庵先生朱文公文集》，《朱子全书》第 21 册，第 1662 页。

交于阳"，即右上初爻之二阴爻下交于左下初爻之二阳爻，左下得第二画之少阴，左上保持阳性为第二画之太阳。这是四象阴阳老少的生成方式，即所谓的"四象生矣"。

四象生八卦一环则涉及邵雍、朱熹对四象的不同分法。我们知道，朱熹易学四象的内容及其在先天八卦圆图上所对应的位置与邵雍并不相同。邵雍以阴、阳、刚、柔细分两仪，朱熹则以阴阳老少分阴、阳、刚、柔，其中太阳为阳，太阴为阴，少阳为刚，少阴为柔。所以，朱熹所谓的"阳交于阴，阴交于阳"，是太阴、太阳之间的相互交易。太阳交太阴生艮、坤二卦，太阴交太阳生乾、兑二卦，此四卦为朱熹的"天之四象"。"刚交于柔，柔交于刚"是少阳交少阴生离、震，少阴交少阳生巽、坎，此四卦为"地之四象"。八卦继续以上述方式相交，经过数轮则可推出六十四卦，这是朱熹阴阳相交生卦的模式，通过上述，可知这一模式中的四象相交生卦过程显然为熊禾所继承和阐发。

横图中分展开，是为圆图。关于先天八卦与《河图》的配对问题，熊氏表达了自己异于前人的观点，并绘有先天圆图配《河图》之图式(见图 4)。熊氏认为：

> 中间太极，即是虚五与十。第一画左一阳右一阴即是一与二，第二画阴阳之交即是一二三四，第三画阴阳老少之交即是一二三四交七八九六，其序皆自内而外，无有不同。但河图四象之交相依而同居其方，先天四象之交相对而各居其所。[①]

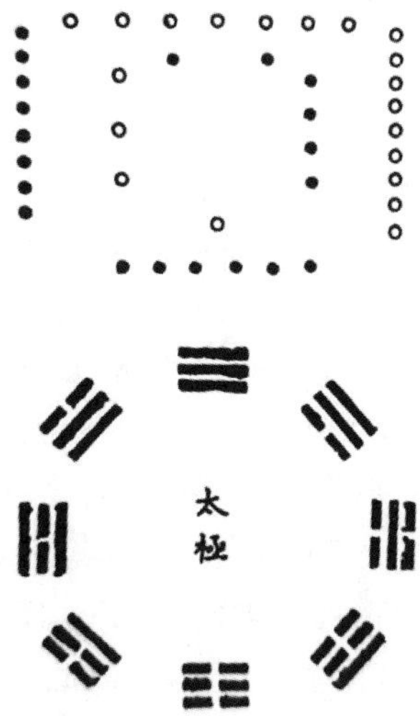

图 4

胡方平论卦、《图》关系，是采取先天八卦与《河图》浑然一体的形式，熊氏巧设卦、《图》分置之法，以八卦、《河图》分置互观的形式，从先天八卦第一画始，探寻二者的内在象数理路。熊氏认为八卦、《河图》的对应是先天卦画一画至三画之象与《河图》之数的隐契，即先天阴阳、阴阳老少、八卦与《河图》阴阳、四象之数、四象位数之间的暗合，而"交"近乎贯穿整个过程。可以说，"交"是熊氏实现先天八卦与《河图》贯通的主体性媒介，非

① (元)熊禾:《勿轩易学启蒙图传通义》,《续修四库全书》第 2 册,第 450 页。

"交"无以生卦,非"交"无以统卦、《图》。既然生卦过程存在对应,按此理,是否成卦之后亦存卦、数对应? 笔者认为,熊氏此处论说之重,集中于四象阴阳之交,意在说明卦画可由先天四象与《河图》位、数相交而来,其所绘之图,更多的是对先天圆图与《河图》内在关联及其理路的揭举,故并未像胡方平那样混淆《河图》位数,将八卦置于《河图》内作硬性的配对。

其实熊禾的先天四象与《河图》生成数的对应与胡方平并无差异,只不过为四象阴阳相交的提法所遮蔽而已。故以熊氏相交之法,就象、数方位视之,先天阳之老少与《河图》阳之老少同样会出现"西南易位"的情况,这是时人所谓的先天圆图四象之数、位合《洛书》不合《河图》的症结所在。对此,熊禾解释道:

> 河图一六交而为七,二七交而为九,九与七老阳少阳之数也。其交也,成老阳少阳之数而不成老阴少阴,所以先天圆图视河图,老阳少阳则相交,而老阴少阴不交也。然则河图之七已自变而为九,先天妙处正自相吻合。[①]

熊氏释"西南易位",亦参之以"交"之义。首先,从阴阳交变的角度来看,交是变的基础,变是交的结果,当交达到一定临界点时,数的性质则发生变化。如一、六交则六变为七,二七交则七变为九。《河图》位、数之交,只成老阳、少阳,而不成老阴、少阴,说明阳之老少自有其特殊性。其次,以阴阳动静的角度来看,阳主动,阴主静,阳者通其变,阴者守其常,这点与胡方平相类。《河图》中,老阳、少阳动而太阴、少阴静,动则进,静则守常,故七可进变为九,九极则退变于七位,八、六恒而不动。

熊氏"说法在本质上与胡方平以数配卦之说,实际并无差异"[②],与胡方平相较,却有其新意,能体现出先天阴阳、《河图》数位内部各自相交而生八卦之义,解时人之一惑。熊氏严格区分《河图》位、数之阴阳属性的做法及其阴阳交易思想,又表现出对朱子易学思想的尊崇。另外,以熊氏"阴阳相交"之法并不能推导出先天各卦在《河图》中的确切方位,所以他并未将八卦配至《河图》之数中,而是以一种隐性的数理对应来说明卦、《图》之间的联系,这一点相较胡方平严谨不少。但正因为熊氏不采朱子"析合补空"说,未将八卦配于《河图》之中,这种背离朱子之意的做法,使得其配卦之法、"西南易位"之说并未得到后世的认可,亦未能引起后世的重视。当然,对卦、《图》关系的探索,本身就是多元开放的,熊氏之法虽偏离朱子本意,但并非全无义理,故此也可备为一说。

结　语

胡方平重构"析合补空"之说,以先天四象各配《河图》之生成数,在变动图式的基础上将卦、《图》合而观之,其卦、《图》对应相对直观有序,使人一目了然。熊禾则越过"析合补空"说,尊重《启蒙》中河图的既定图式,其"以卦配数"之义通过由太极至八卦统摄性的"阴阳相交"之法,最终以八卦、《河图》分置互观却理路暗合的形式呈现。二人都是在继

① (元)熊禾:《勿轩易学启蒙图传通义》,《续修四库全书》第2册,第451页。
② 谢辉:《元代朱子易学研究史》,人民出版社2020年版,第249页。

承朱子"穷理"精神的基础上，将画卦、布卦过程分解为先天横图和先天圆图两个循序渐进的阶段，继而通过对八卦、《河图》内在的阴阳、四象之数理的分析以及脱胎于"三同二异"说的"西南易位"自洽性开解，探寻二者之契合所在，发朱子之蕴，广朱子之学。但在二儒论证过程中"西南易位"问题的出现恰恰已经暴露了先天卦象与《河图》之数的内在非一致性。所以，经验表明，企图以四象之数融通先天八卦与《河图》是行不通的。后来元人王申子、清人江永等在讨论"则图画卦"时，未再采用胡、熊之说。

《周易本义》“九图”的版本考证

杨明慧*

朱熹撰《周易本义》源于其对传统易学象数、义理两大派别的反思，并以此探寻《易》之本原。《周易本义序》认为“极其数以定天下之象，著其象以定天下之吉凶，六十四卦、三百八十四爻，皆所以顺性命之理，尽变化之道也”①。朱熹以“象、占”为《易》之本义，于《周易本义》卷首列“九图”、《筮仪》。但是，由于《周易本义》一书的成书背景较为复杂，其卷首“九图”的真伪问题，一度成为学者争论的热点。② 因此，考证卷首“九图”的真伪问题，是进一步研究《周易本义》“九图”文献及其思想的首要前提。

一、《周易本义》“九图”为朱熹所作的版本依据

朱熹于《周易本义》卷首列“九图”，依次为《河图》《洛书》《伏羲八卦次序图》《伏羲八卦方位图》《伏羲六十四卦次序图》《伏羲六十四卦方位图》《文王八卦次序图》《文王八卦方位图》《卦变图》，每幅易图后附有简略的说明文字。收集、考证《周易本义》流传过程中的诸多版本，并结合朱熹及其门人往来书信等相关文献作进一步的研究，是证明卷首“九图”为朱熹所作的重要依据。

---

* 作者简介：杨明慧，曲阜师范大学孔子文化研究院硕士研究生。

① 刘彬主编：《易图文献选辑》第1辑第3册，线装书局2020年版，第163页。

② 关于“九图”的真伪，学界目前有两种观点。一派认为《周易本义》卷首“九图”非朱熹所为，例如清儒王懋竑《朱子年谱考异》认为卷首“九图”非朱子之作，是后人结合己意，附《易学启蒙》中的易图；郭彧《易文献辨诂》一书认为九图全为朱熹编纂之图，当为《易学启蒙》初版旧图，是朱熹门人将《易学启蒙》初版旧图，辑入《周易本义》卷首，门人转帖可能始于吴革刊本。笔者认为郭氏“九图为《易学启蒙》初版旧图”的观点似有不妥之处，结合白寿彝《〈周易本义〉考》一文中对于《周易本义》卷首九图与《易学启蒙》易图的对比考察可知，《周易本义》“九图”与现传版本《易学启蒙》易图，存在较多不同之处，且缺少文献依据。另一派则认为《周易本义》卷首“九图”为朱熹所作，余敦康在《朱熹〈周易本义〉卷首九图与〈易学启蒙〉解读》及《汉宋易学解读》中针对清儒王懋竑的观点一一辩驳，就画卦次序、先天之学的思想渊源、黑白之位代奇偶之画三个方面，力证《周易本义》卷首“九图”确为朱熹所作；张克宾《朱熹易学思想研究》同样认为《周易本义》卷首易图为朱熹所作，并提出如果以《周易本义》卷首易图是否与《易学启蒙》易图完全一致为标准，判断《周易本义》之图的真伪，这种做法是不恰当的，可通过考察除《周易本义》卷首外，朱熹是否对这些易图有直接表述，以及考察易图与说明文字是否与朱熹之意相合的方式进行判断。这一观点在将《周易本义》易图与《易学启蒙》易图比较研究之外，提供了另一条解决思路。此外，束景南的《朱熹佚文辑考》引用《朱子文集》中数条相关书信材料，以证明《周易本义》卷首九图并非伪作，是了解朱熹图书象数易学思想的重要材料。

《周易本义》自宋代刊布以来，至今仍广泛流传，在其较为复杂的流传背景下，曾出现诸多重要的版本，据传世文献记载，目前可考的宋代刻本有淳熙十五年(1188)至绍熙二年(1191)期间盗印本[①]、《晦庵先生文集》淳熙本、胡泳刻本、朱鉴刻本、兴化军学刻本、七行本、吴革刻本，据学者考证，朱熹生前《周易本义》可能并未正式刊布，但在其朋友、门人间应有抄本。[②]

目前现存的宋代刻本有《晦庵先生文集》淳熙本、七行本、吴革刻本，值得注意的是，此三种宋代刻本均有易图文献，虽然图式的图名、数量及其画法存在一定差异，但可以证明早期刊布的宋刻本存在易图文献，其中《晦庵先生文集》淳熙本可见"六图"，依次为《河图》《洛书》《八卦次序图》《六十四卦次序图》《文王八卦方位图》《变卦图》，而七行本、吴革刻本两版本卷首均列"九图"，此三种版本虽得以流传于后世，但对后世《周易本义》版本的影响大有不同，《晦庵先生文集》淳熙本、七行本虽时间较早，但其影响力远不及吴革本，以吴革刻本为代表的十二卷本系统，与始于董楷至后世逐渐成熟的四卷本系统，共同形成《周易本义》两大重要的版本系统，对后世《周易本义》的流传版本影响深远。此外，根据《朱子语类》中朱熹和弟子、门人的问答之语，及其往来书信等文献，可考证已失传的一些版本中，存在"九图"文献。

(一)现存的三种《周易本义》宋刻本易图图式

1.《晦庵先生文集》淳熙本的"六图"图式

《晦庵先生文集》淳熙本，藏于台北故宫博物院。昌彼得考其当属淳熙十六年(1189)朱熹无职住于临安时，闽间书坊所搜得而随时付刻的版本。此本是朱熹在世时刊行且迄今存世的唯一文集刻本。《晦庵先生文集》淳熙本包括前集十一卷、后集十八卷。在其后集第十二卷《易赞》部分，列《原象赞》《述旨赞》《明筮赞》《稽类赞》《警学赞》《河图》《洛书》《八卦次序图》《六十四卦次序图》《变卦图》，其目录中列出"五图"，实则"六图"，书中另有一幅显示文王八卦空间方位的图式，尚未命名，笔者按其图式下方的说明文字，暂称为《文王八卦方位图》。据此可证，朱熹此时已作《周易本义》七行本、吴革刻本中的部分易图，虽然"六图"图式的名称、数量及其画法，与七行本、吴革刻本存在差异，但不可否认的是，"六图"确为朱熹所作。以下即为《晦庵先生文集》淳熙本的"六图"图式(见图 1—图 6)。

---

① 参见(宋)朱熹撰，廖名春点校:《周易本义》，中华书局 2021 年版，第 3—5 页。

② 参见王风:《从〈朱子语类〉看〈周易本义〉的成稿过程》，《中国哲学史》2003 年第 4 期；谢辉:《朱子易学著作宋刻考略》，《古籍整理研究学刊》2019 年第 1 期。

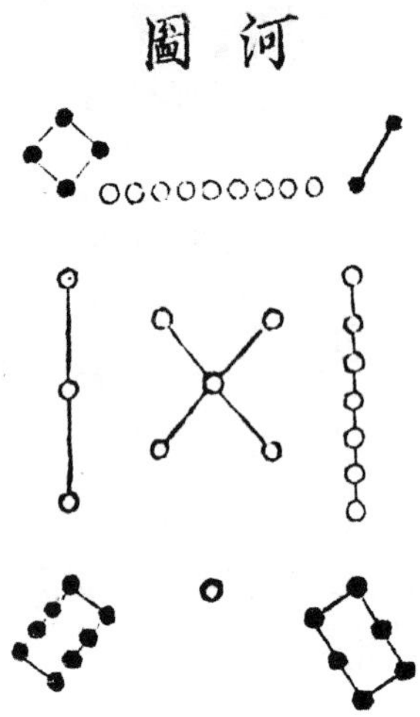

图 1 河图

资料来源：(宋)朱熹撰：《晦庵先生文集》，淳熙绍熙年间福建刊本。

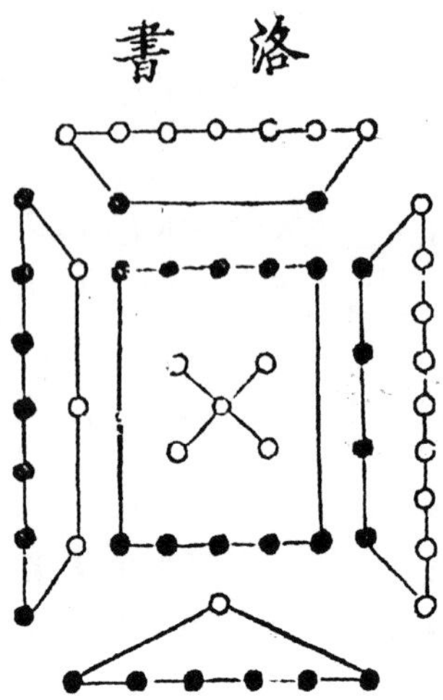

图 2 洛书

资料来源：(宋)朱熹撰：《晦庵先生文集》，淳熙绍熙年间福建刊本。

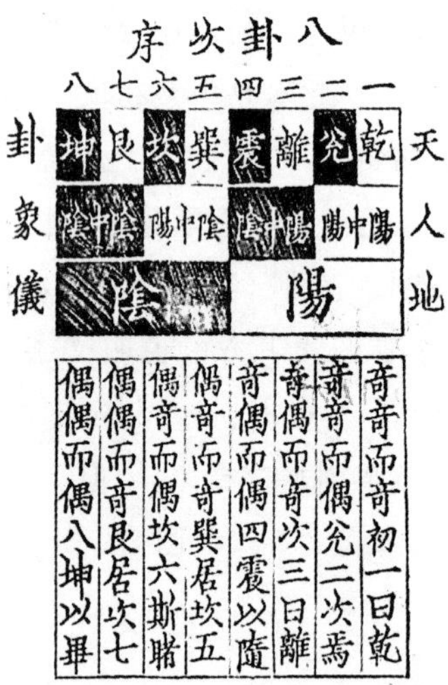

图 3 八卦次序图

资料来源：(宋)朱熹撰：《晦庵先生文集》，淳熙绍熙年间福建刊本。

图 5 文王八卦方位图

资料来源：(宋)朱熹撰：《晦庵先生文集》，淳熙绍熙年间福建刊本。

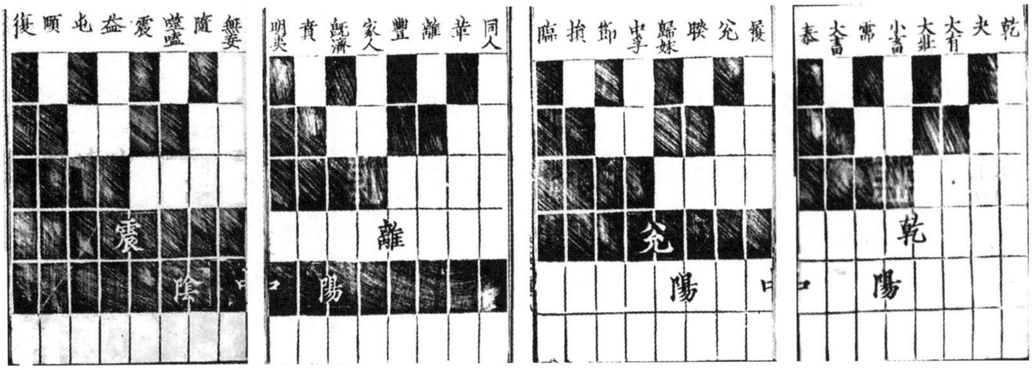

图 4-1 六十四卦次序图

资料来源：(宋)朱熹撰：《晦庵先生文集》，淳熙绍熙年间福建刊本。

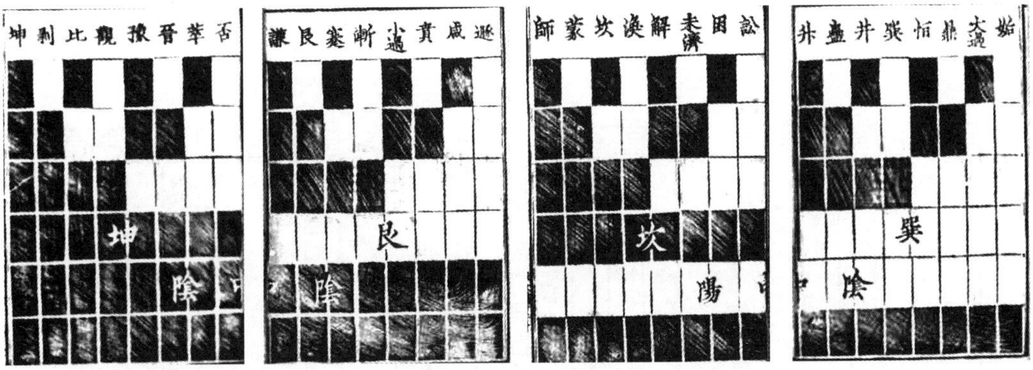

图 4-2 六十四卦次序图

资料来源：(宋)朱熹撰：《晦庵先生文集》，淳熙绍熙年间福建刊本。

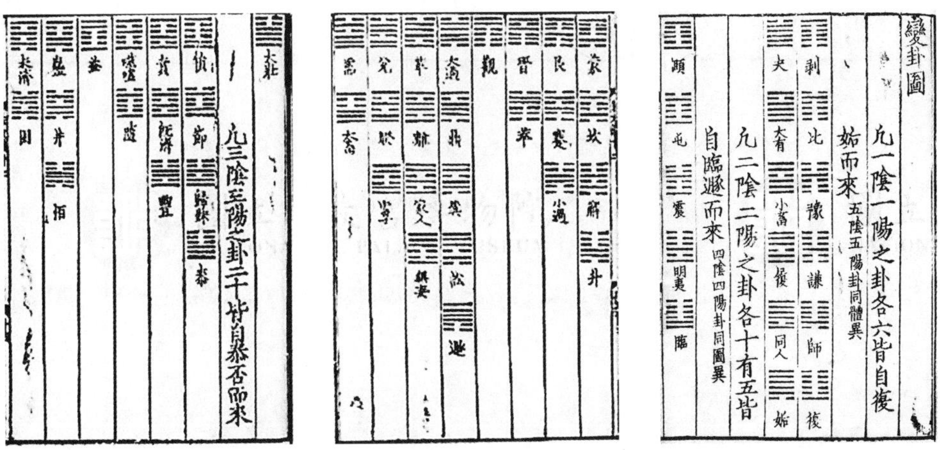

图 6-1 变卦图

资料来源：(宋)朱熹撰：《晦庵先生文集》，淳熙绍熙年间福建刊本。

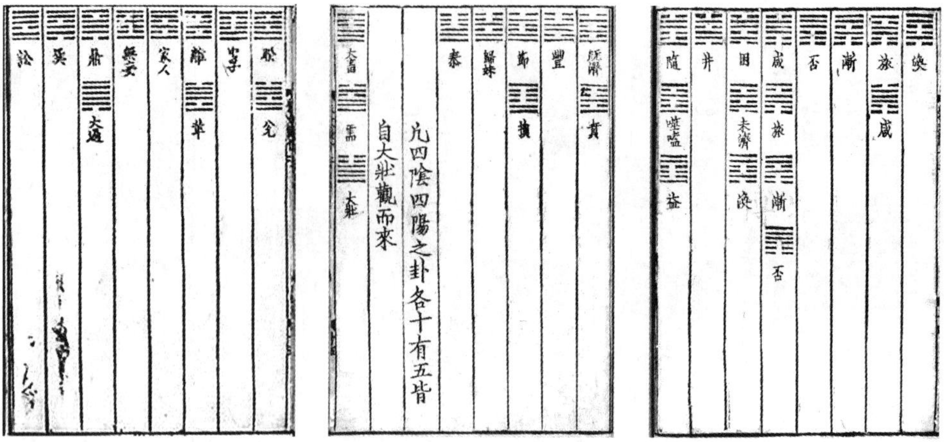

图 6-2 变卦图

资料来源:(宋)朱熹撰:《晦庵先生文集》,淳熙绍熙年间福建刊本。

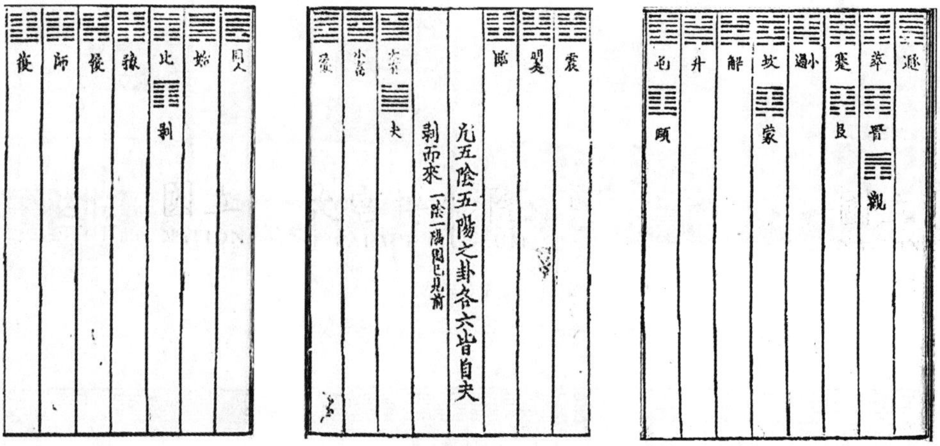

图 6-3 变卦图

资料来源:(宋)朱熹撰:《晦庵先生文集》,淳熙绍熙年间福建刊本。

2.《周易本义》七行本的"九图"图式

七行本是因不详其刊刻时间与地点,以其每半页七行的行款命名的一种《周易本义》

宋刻本。学界对其命名及版本流传等问题，已有不同观点。[①]《周易本义》七行本共十二卷，附《易图》一卷、《五赞》一卷、《筮仪》一卷。列《易图》九幅在前，后《周易》《五赞》《筮仪》。中国国家图书馆现藏《上经》一卷、《传》十卷、《五赞》一卷、《筮仪》一卷，辽宁省图书馆现藏《下经》一卷，兆兰堂现藏《周易图》一卷。[②] 此外，台湾傅斯年图书馆藏有一部，台湾新文丰出版公司曾将此部影印出版。[③] 该版本中“九图”依次为《河图》《洛书》《伏羲八卦次序图》《伏羲八卦方位图》《伏羲六十四卦次序图》《伏羲六十四卦方位图》《文王八卦次序图》《文王八卦方位图》《卦变图》。据此可证，现存《周易本义》最早的七行本已有“九图”。以下即为《周易本义》七行本卷首的“九图”图式(见图 7—图 15)。

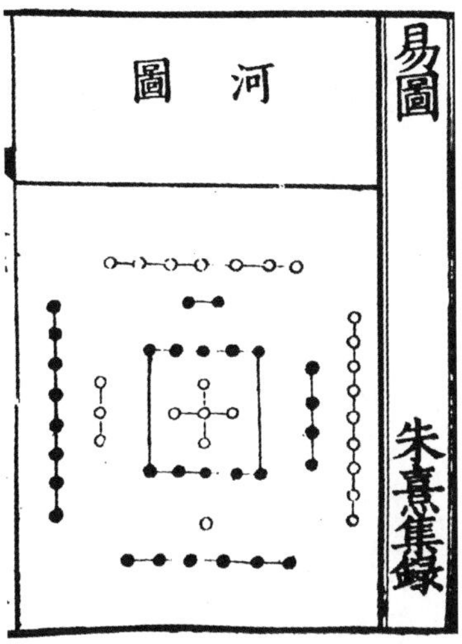

图 7 河图

资料来源：(宋)朱熹撰：《周易本义》，(台北)新文丰出版公司 1979 年版，第 1 页。

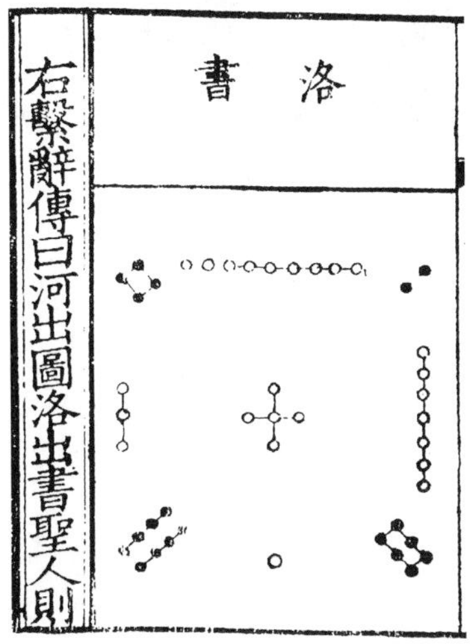

图 8 洛书

资料来源：(宋)朱熹撰：《周易本义》，第 2 页。

---

① 王铁认为，“一无年月题识，因而不详何时何地所刻，傅增湘、王文进都以为是临安刻本。这一种宋本，本世纪前叶尚存两部。……这一种宋本从版心所记刻工姓名看，应早于吴革本。我们暂称之为‘宋甲本’”。廖名春在其《周易本义・前言》中也持此观点，王氏此处“宋甲本”即本文“七行本”；谢辉认为“其中学界知之较少的一种，未署具体刊刻的时间与地点，暂以其行款称为七行本”。且谢氏认为七行本晚于吴革本，应在宁宗、理宗之间，原书未佚，台北新文丰出版公司曾影印出版；刘蔷在《天禄琳琅知见书录》中详细记载有关七行本的版本情况。笔者认为，首先，就此种宋刻本命名而言，若因该刻本曾被毛氏所藏，用“宋本”印，更著“甲”字印，而命名为“宋甲本”，不如七行本更为合适，七行本以其行款命名，更能体现其版本特点；其次，就七行本与吴革本的时间先后问题，按谢氏说法，七行本应在宁宗、理宗之间，而王氏、廖氏认为七行本早于吴革刻本。本文就版本命名，按谢氏七行本的观点；就两个版本的时间问题，按王氏、廖氏七行本早于吴革刻本的观点。参见王铁：《〈周易本义〉校点说明》，《朱子全书》第 1 册，上海古籍出版社、安徽教育出版社 2002 年版，第 3 页；(宋)朱熹撰，廖名春点校：《周易本义》，第 6 页；谢辉：《朱子易学著作宋刻考略》，《古籍整理研究学刊》2019 年第 1 期；刘蔷：《天禄琳琅知见书录》，北京大学出版社 2017 年版，第 24—25 页。

② 刘蔷：《天禄琳琅知见书录》，北京大学出版社 2017 年版。

③ 谢辉：《朱子易学著作宋刻考略》，《古籍整理研究学刊》2019 年第 1 期。

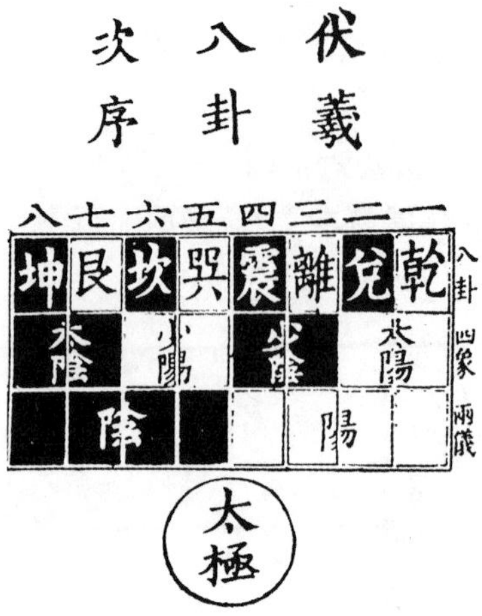

图 9 伏羲八卦次序图

资料来源:(宋)朱熹撰:《周易本义》,第 5 页。

图 10 伏羲八卦方位图

资料来源:(宋)朱熹撰:《周易本义》,第 7 页。

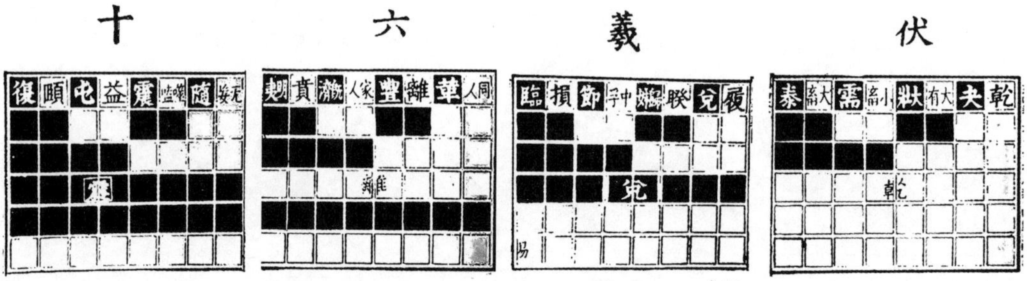

图 11-1 伏羲六十四卦次序图

资料来源:(宋)朱熹撰:《周易本义》,第 9—12 页。

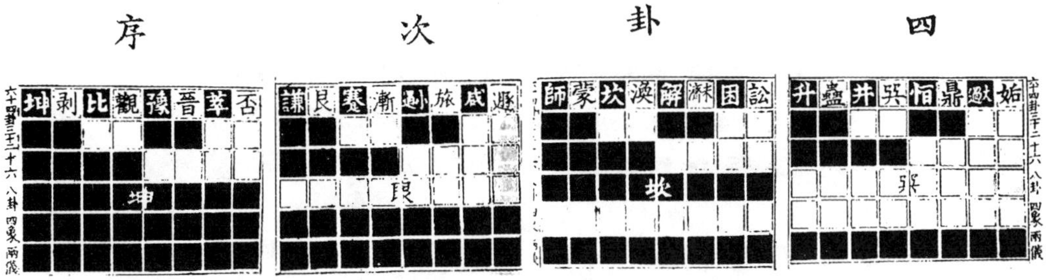

图 11-2 伏羲六十四卦次序图

资料来源：(宋)朱熹撰：《周易本义》，第 13—16 页。

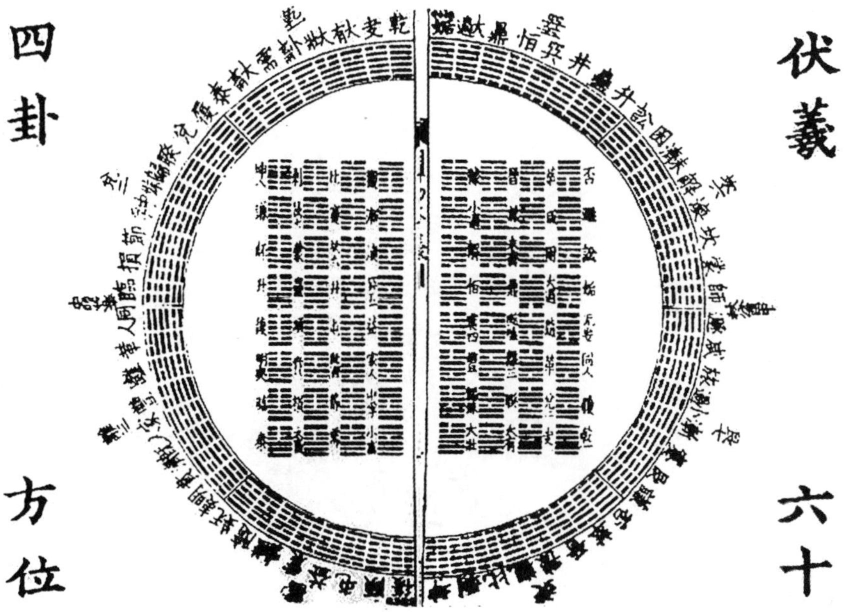

图 12 伏羲六十四卦方位图

资料来源：(宋)朱熹撰：《周易本义》，第 19—20 页。

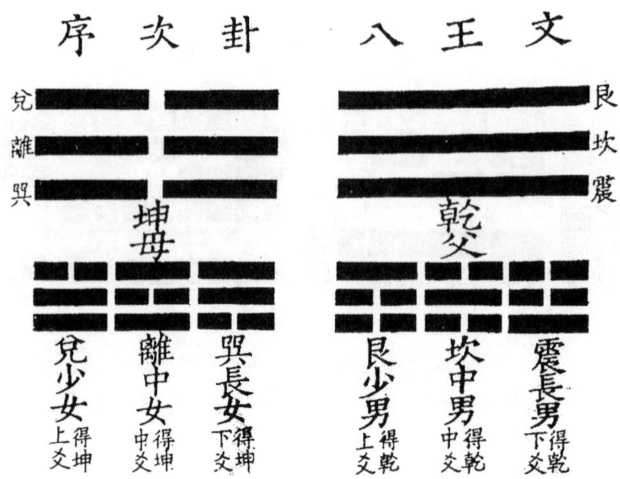

图 13　文王八卦次序图

资料来源:(宋)朱熹撰:《周易本义》,第 23—24 页。

图 14　文王八卦方位图

资料来源:(宋)朱熹撰:《周易本义》,第 25 页。

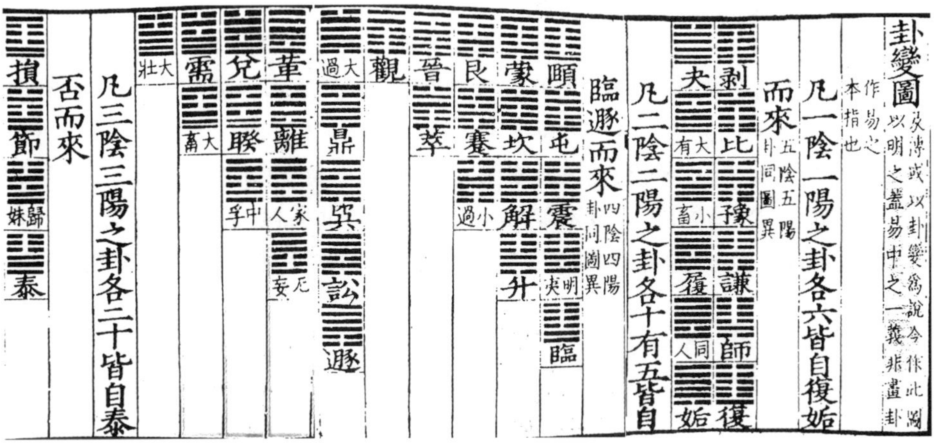

图 15-1 卦变图

资料来源:(宋)朱熹撰:《周易本义》,第 27—29 页。

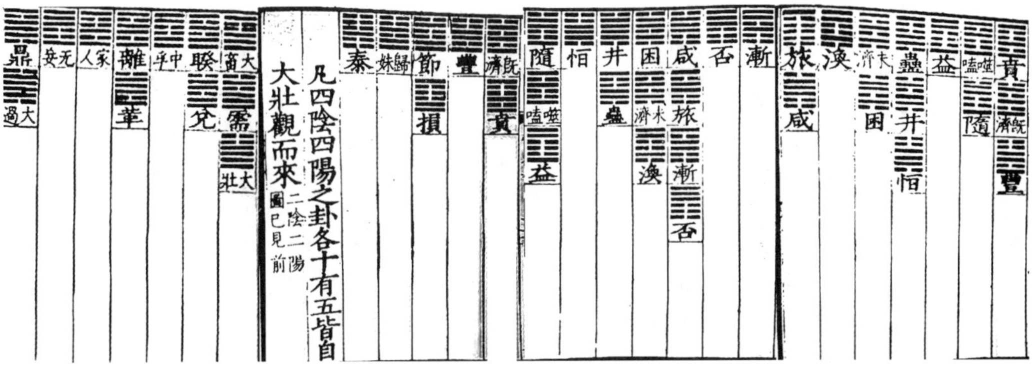

图 15-2 卦变图

资料来源:(宋)朱熹撰:《周易本义》,第 30—33 页。

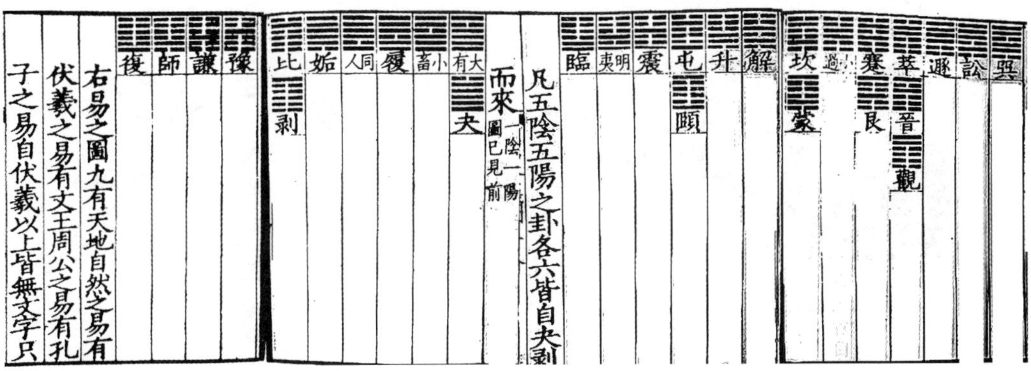

图 15-3 卦变图

资料来源:(宋)朱熹撰:《周易本义》,第 34—37 页。

3.《周易本义》吴革刻本的“九图”图式

吴革刻本是南宋咸淳元年(1265)的吴革建宁府刻本。《周易本义》吴革刻本共十二卷,前有吴革序,卷首列九图,卷末《周易五赞》《筮仪》。吴革本“九图”依次分别为《河图》《洛书》《伏羲八卦次序图》《伏羲八卦方位图》《伏羲六十四卦次序图》《伏羲六十四卦方位图》《文王八卦次序图》《文王八卦方位图》《卦变图》。此版本卷首“九图”图式,亦可证明刊布的《周易本义》宋刻本中已有“九图”,且该版“九图”文献对后世《周易本义》诸多版本中的易图图式影响深远。以下即为《周易本义》吴革刻本卷首的“九图”图式(见图 16—图 24)。

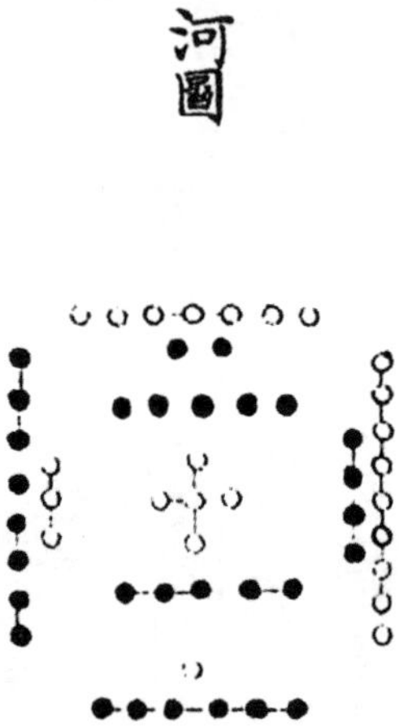

图 16　河图

资料来源:(宋)朱熹撰:《原本周易本义》,上海古籍出版社 1990 年版,第 3 页。

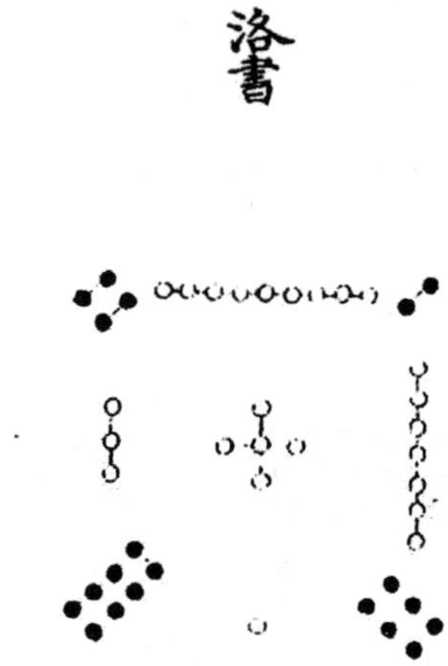

图 17　洛书

资料来源:(宋)朱熹撰:《原本周易本义》,第 3 页。

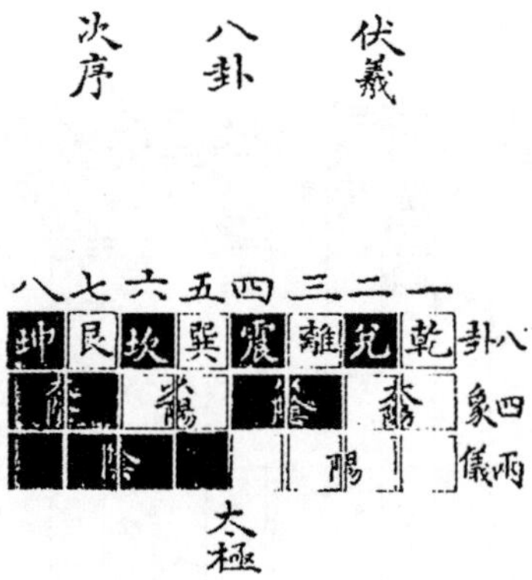

图 18　伏羲八卦次序图

资料来源:(宋)朱熹撰:《原本周易本义》,第 4 页。

图 19　伏羲八卦方位图

资料来源:(宋)朱熹撰:《原本周易本义》,第 5 页。

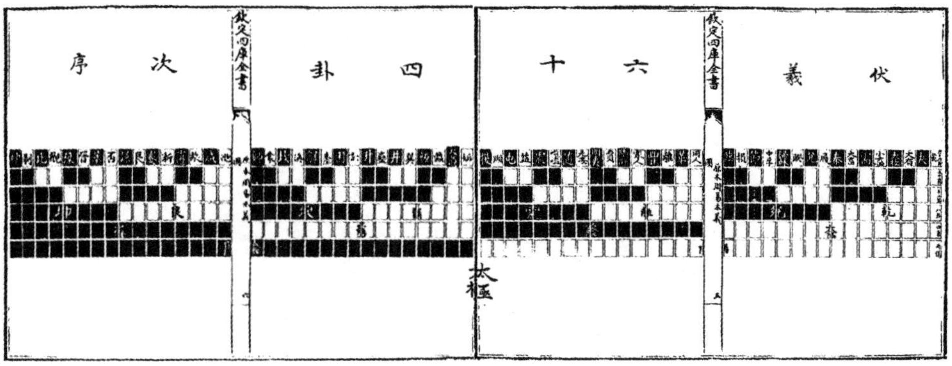

图 20　伏羲六十四卦次序图

资料来源：(宋)朱熹撰：《原本周易本义》，第 5 页。

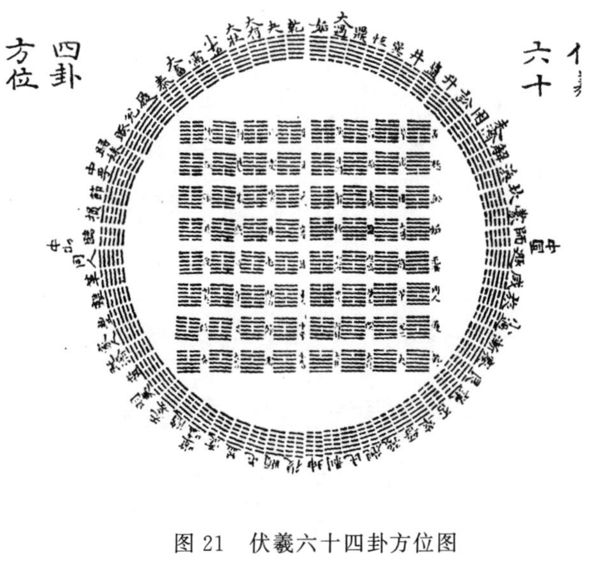

图 21　伏羲六十四卦方位图

资料来源：(宋)朱熹撰：《原本周易本义》，第 6—7 页。

图 23　文王八卦方位图

资料来源：(宋)朱熹撰：《原本周易本义》，第 8 页。

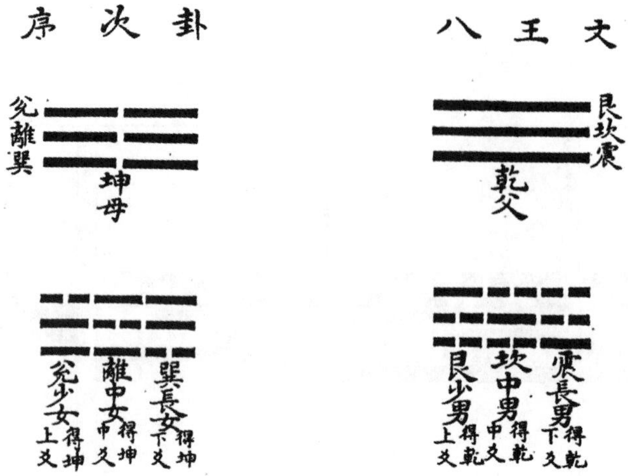

图 22 文王八卦次序图

资料来源:(宋)朱熹撰:《原本周易本义》,第 8 页。

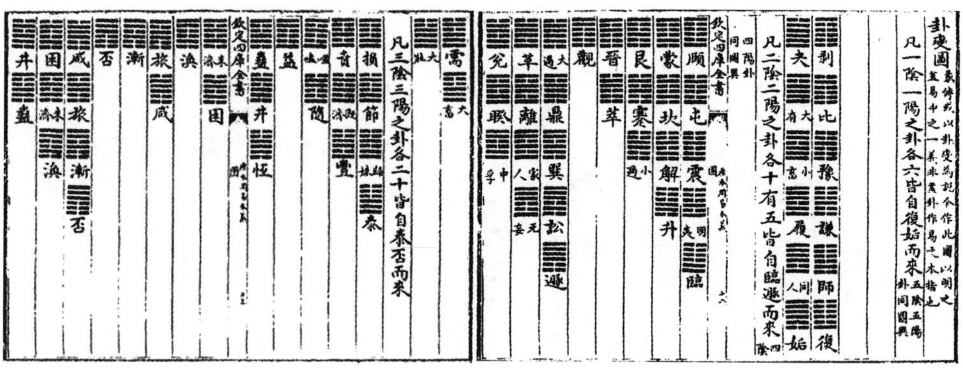

图 24-1 卦变图

资料来源:(宋)朱熹撰:《原本周易本义》,第 9 页。

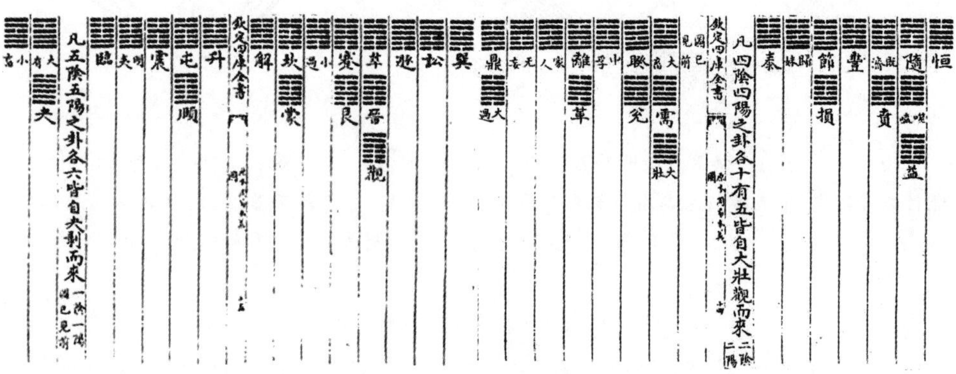

图 24-2 卦变图卦变图

资料来源:(宋)朱熹撰:《原本周易本义》,第 10 页。

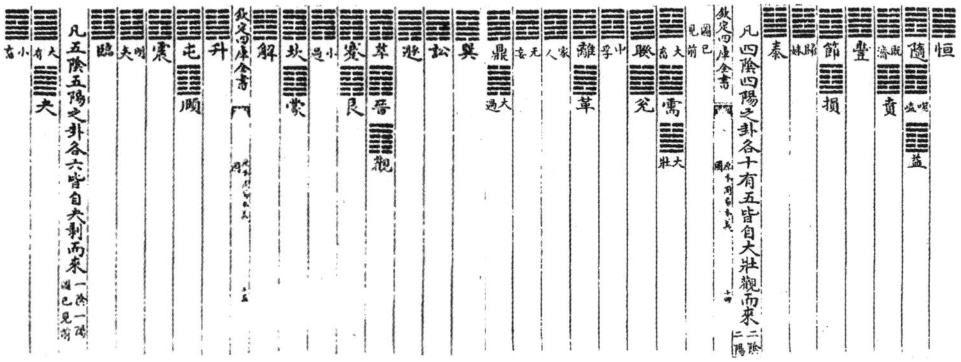

图 24-3 卦变图

资料来源：(宋)朱熹撰：《原本周易本义》，第 11 页。

4.小结

《周易本义》卷首易图现存的三种宋刻本，即《晦庵先生文集》淳熙本、七行本、吴革刻本，此三种版本卷首易图之所以存在差异，究其根本，在于朱熹作《周易本义》历经漫长、复杂的过程。[①] 三种宋刻本虽然在易图图式的图称、数量及其画法上存在差异，但是，正因其三者之间的不同，体现出朱熹作《周易本义》卷首易图及其书的过程是漫长的且在不断修改。

就三种宋刻本刊刻的时间[②]，《晦庵先生文集》淳熙本作为目前现存最早且在朱熹生前刊布的版本，其中所刻“六图”体现出朱熹早期对易学的认知及易图的建构尝试；七行本稍早于吴革刻本，此本所见卷首“九图”与吴革刻本卷首“九图”，两版本在易图的图称、

① 目前学界关于《周易本义》成书问题的讨论，同时涉及该书与《易传》《易学启蒙》两书的关系问题，对此争议较大。南宋陈振孙《直斋书录解题》卷一中，将《易传》十一卷、《周易本义》十二卷、《易学启蒙》一卷分别著录，其认为朱熹所著《易传》与《周易本义》，两书“大指略同”，其区别在于《易传》采用王弼本，《周易本义》则用吕祖谦《古易经》，且两书的成书时间有先后之分，朱熹作《易传》在前，《周易本义》在后。白寿彝《〈周易本义〉考》认为《周易本义》初稿，大概在淳熙二年(1175)即朱熹四十六岁时开始，初稿称为《易传》，于淳熙四年(1177)即朱熹四十八岁时完成，其定稿为《周易本义》，白氏认为《易传》与《周易本义》是一书，两书只是初稿与定稿的区别。束景南、廖名春则与白氏观点不同，两者皆认为《易传》与《周易本义》为两书，与白氏初稿、定稿的观点不同。束景南《朱熹年谱长编》认为“《周易本义》之于《易传》，犹《诗集传》之于《诗集解》”，并且二书既有联系，又有区别；并认为朱熹于四十八岁作成《易传》，五十九岁作成《周易本义》。廖名春同意束氏观点，廖氏于《周易本义 · 前言》中认为“与其说《易传》是《周易本义》事实上的初稿，不如说《易传》是《周易本义》的前身。它们虽有联系，但显然是二而非一”，详细说明两书的不同，以《周易本义》为朱熹易学思想的代表。清儒王懋竑《朱子年谱》卷二认为《周易本义》作于朱熹四十八岁。林忠军《象数易学发展史》结合朱熹《年谱》，认为《周易本义》成书于淳熙四年(1177)。朱伯崑认为《周易本义》定稿于朱熹晚年。张立文《朱熹评传》认为《周易本义》于淳熙四年(1177)完成。王风在《从〈朱子语类〉看〈周易本义〉的成稿过程》一文中根据《朱子语类》有时间标志的十几项材料，认为朱熹曾长期修改《周易本义》底稿，于庆元四年(1198)完成。理清《周易本义》的成书时间，更应先梳理好朱熹其他易学著作《易传》《易学启蒙》的成书时间。目前可以确定的是，朱熹撰写《周易本义》经过了一个较为漫长的过程，且在朱熹晚年时，《周易本义》才最终定稿。按王玉德、朱志先的观点，《周易本义》一书始于淳熙八年(1181)，成书于庆元四年(1198)。

② 关于此三种宋刻本的时间问题，可参看上文版本部分，按本文以《晦庵先生文集》淳熙本最早，其次七行本，再次吴革刻本。

数量及其画法上相同，相比于《晦庵先生文集》淳熙本的“六图”，七行本、吴革刻本则体现出朱熹在不断修改底稿之后，其易学及易图学思想的成熟，若以底稿、定稿言之，淳熙本“六图”为底稿，七行本、吴革刻本“九图”则为定稿。

就三种宋刻本所见易图图式而论，淳熙本为“六图”，七行本、吴革刻本为“九图”，且七行本、吴革刻本的“九图”，两者易图的图称、数量及其画法相同，所以此三种版本易图图式的对比，主要集中在以淳熙本为代表的“六图”和以七行本为代表的“九图”上。

首先，就《河图》《洛书》两图而论，淳熙本与七行本图式存在不同，其不同之处体现在对河图、洛书基本观点的不同理解，淳熙本中《河图》《洛书》以九数图为《河图》，以十数图为《洛书》(见图 1、图 2)；七行本、吴革刻本则以九数图为《洛书》，以十数图为《河图》(见图 7、图 8)，淳熙本两图采用“河九洛十”的观点，七行本、吴革刻本则体现“河十洛九”的观点，结合此三种版本“河洛”图式，可看出朱熹对河洛基本观点的改变。

其次，就先天易图式而论，淳熙本可见两图，分别为《八卦次序图》《六十四卦次序图》，而七行本、吴革刻本均可见四图，分别为《伏羲八卦次序图》《伏羲八卦方位图》《伏羲六十四卦次序图》《伏羲六十四卦方位图》，对比可知，图称、数量差别较大，淳熙本两图为次序图，可对照七行本的《伏羲八卦次序图》《伏羲六十四卦次序图》，总体上看，次序图均由文字、数字、黑白色块三种构图元素组成，结合两幅八卦次序图式(见图 3、图 9)，七行本图名加入“伏羲”二字，且图式正下方有一圆圈，内有“太极”二字，图式中“四象”一行，依次为“太阳”“少阴”“少阳”“太阴”，除此三点与淳熙本不同外，其他七行本图式元素均可在淳熙本图式中找到，此外，淳熙本图式下方表格为其所特有，且图式上方最右侧有“天、人、地”三字分别与“卦、象、仪”对应，两版本图式后所附的说明文字，亦有不同；结合两幅六十四卦次序图式(见图 4、图 11)，其差异不大，主要表现在两幅图式左右两侧的文字不同，七行本图式右侧列“两仪、四象、八卦、十六、三十二、六十四卦”，而淳熙本图式左侧列“一阴、二阴、四阴、八阴、十六阴、三十二阴、六十四卦”；淳熙本只有次序图，无方位图，七行本、吴革刻本均有次序两图、方位两图。

再次，就后天易图式而论，淳熙本可见一图，即《文王八卦方位图》，七行本、吴革刻本可见两图，即《文王八卦次序图》《文王八卦方位图》，结合图式比较可知，七行本多出一幅《文王八卦次序图》，淳熙本无；对比两幅方位图，两图式均由文字、卦画两种构图元素组成，除去淳熙本对此图无命名之外，图式中各构图元素的画法相同，故三种版本的文王八卦方位图式无本质差异(见图 5、图 14)。就孔子易图式，淳熙本与七行本、吴革刻本图式名称不同，淳熙本为《变卦图》，而七行本、吴革刻本均作《卦变图》，除此之外，图式在构图元素、画法上，并无实质区别(见图 6、图 15)。

最后，就三种宋刻本易图图式的影响而言，淳熙本“六图”、七行本“九图”对后世《周易本义》易图版本的影响，远不及后来者居上的吴革刻本“九图”，造成这种差异的原因，与《周易本义》特殊的成书背景、后世的版本流传有很大的关系。第一，由于朱熹对《周易本义》不断地修改，在其生前刊布的《晦庵先生文集》淳熙本，不可避免地被后来成熟的版本所淘汰，因此对后世《周易本义》卷首易图版本的影响不大；第二，七行本“九图”或因受到后世版本流传等原因，以至于不如稍后的吴革刻本“九图”流传广泛。

上文所述三种现存宋刻本的易图文献,《晦庵先生文集》淳熙本“六图”、七行本“九图”、吴革刻本“九图”,从版本的角度,结合《周易本义》特殊的成书背景,均可证明“九图”为朱熹所作。笔者通过对三种易图版本文献的研究,决定采用七行本卷首“九图”图式,为本文的研究底本。

(二)失传宋刻本应有“九图”的文献依据

除上文所涉及的三种现存宋刻本之外,根据《朱子语类》《朱子文集》《朱文公易说》等文献,其中记载大量朱熹及其门人问答、往来书信等史料,通过这些史料,可考证一些已失传的《周易本义》宋刻本,已有“九图”。

黄榦在与胡泳的书信中,提及两个重要的宋版本。黄榦《复胡伯量书》中记载:

> 《易本义》不暇细观,但先天六十四卦圜图已大错缪,所谓有小圈者特其小失耳。今以印策论之,则印策中缝之左即乾卦,其右即姤卦,乾、姤二卦夹在策缝左右。乃今所印本恒、巽之位,即先天乾、姤之位也。乾、姤居正南,坤、复居正北,故曰冬至子之半是也。若今所印,则冬至在亥子之间矣。知乾、姤在策缝之中,则伏羲八卦图以乾为南,以坤为北,可以类推矣。此乃《易》之宗祖,宜亟正之。又圜图后语有圜布者,有方布者,则六十四卦圜图之中当有方图,岂可有其语而无其图耶?榦以贫故无笔力,且在考亭借书以读,以故无本。然此大节目则可以默识,不可便流转以误后学也。[①]

据束景南考证,此书信约作于嘉定四年(1211)前后。[②] 黄榦于此处提及他所见过的两个版本,即“考亭借本”和“今所印本”,以“考亭借本”的易图图式为底本,详细指出“今所印本”的图式错误,“今所印本”的图式错误主要有两处:一是“先天六十四卦圆图”中恒、巽两卦位置错误,应为乾、姤两卦之位;二是“先天六十四卦圆图”中无方图,圆图中间应当有方图。结合黄榦对“考亭借本”和“今所印本”的不同态度,可知“考亭借本”或许为朱熹家藏定稿本[③],且这两种宋本中,均有易图图式。此处的“今所印本”当是胡泳刻本。

此外,陈淳在《答廖师子晦书》中涉及胡泳刻本:

> 今所刊《本义》,六十四卦方位,以乾一八卦居东南,兑二八卦居正东,又蹉退了,不合自然之位。且以复居北之初隅,姤居南之初隅,则是十一月节气便为冬至,而五月节气便为夏至矣。又无方布,与图后说不相应,为误无疑。书坊所货《六经图》有先天象图,位次恰如此。注出康节,未必果康节。胡本其出此欤?[④]

陈淳此处的“今所刊《本义》”,当为胡泳刻本。陈氏指出,胡泳刻本的“六十四卦方

---

① (宋)黄榦:《复胡伯量书二》,《全宋文》第288册,上海辞书出版社、安徽教育出版社2006年版,第59页。

② 参见束景南:《朱熹作〈周易本义〉与〈易九图〉、〈筮仪〉真伪考》,《朱熹佚文辑考》,江苏古籍出版社1991年版,第639页。

③ 束景南认为,“黄榦贫时在考亭所见本,为朱熹家藏定本《本义》”(束景南:《朱熹作〈周易本义〉与〈易九图〉、〈筮仪〉真伪考》,《朱熹佚文辑考》,第639页)。

④ (宋)陈淳:《答廖师子晦书三》,《全宋文》第295册,第9—10页。

位”图式存在两处错误：第一，乾、夬、大有、大壮、小畜、需、大畜、泰八卦与履、兑、睽、归妹、中孚、节、损、临八卦，在圆图中位置不对；第二，图式中没有方图。陈氏认为胡泳刻本“六十四卦方位”图式的错误，应该是受到当时《六经图》图式的误导。

黄榦和陈淳作为朱熹的门人，应当是看过《周易本义》的定稿本，结合两人对胡泳刻本易图图式的态度，《周易本义》的定稿本应有易图图式。

综上，《周易本义》宋刻本包括《晦庵先生文集》淳熙本、七行本、考亭借本、胡泳刻本、吴革刻本、朱鉴本、兴化军学刻本等，其中《晦庵先生文集》淳熙本、七行本、吴革刻本作为现存的宋刻本，此三种版本中均有易图图式，虽然淳熙本“六图”与七行本、吴革刻本的“九图”，在易图的图名、数量及画法上存在差异，但均证明早期《周易本义》宋刻本中已有易图；对于已失传的考亭借本、胡泳刻本，结合朱熹门人书信中对其中易图图式的简略论述，亦可证明考亭借本、胡泳刻本中已有易图；由于朱鉴本、兴化军学刻本的相关史料较少，无从考证其中是否有易图，故本文不涉及此两种版本。

二、《周易本义》“九图”的易图类别

朱熹在《周易本义》卷首列“九图”，充分体现出其易学体系的独特之处，《周易本义》卷首“九图”与《易学启蒙》的易图，两者共同构成朱熹完整、成熟的易图学体系。朱熹通过对传统易学象数、义理两大派别的反思，认为《周易》为卜筮之书，以“象、占”为《易》之本义，在此思想前提下，朱熹采用传统文字和易图相结合的方式，建构其易学体系，以易图的形式，弥补传统文字表达的不足。《周易本义》是朱熹阐发易学思想的著作之一，朱熹曾长期反复修改《本义》，可见其重要地位，因此，卷首列“九图”乃是朱熹刻意为之，“九图”是其易学体系的关键线索。关于“九图”易图类别的问题，根据易图表现的主题，大致可划分为两类，即数图和象图。①

数图是指采用黑白数点的形式，代表易数，并阐发与易数相关的概念、观点。《周易本义》“九图”中《河图》《洛书》，即为数图。两图的构图元素只有黑白数点，黑白数点与阴阳数、天地数、奇偶数、生成数的概念相对应。

象图通过文字、黑白色块、卦爻画等构图元素及其分布，表示八卦、六十四卦的生成次序、空间方位及卦与卦之间关系等与此相关的命题。“九图”中《伏羲八卦次序图》《伏羲八卦方位图》《伏羲六十四卦次序图》《伏羲六十四卦方位图》《文王八卦次序图》《文王八卦方位图》《卦变图》属于象图。

---

① 林忠军认为，“所谓象，是就卦而言的，它指《周易》卦爻符号所象征的世界上各种事物及事物的属性、形态。它包括卦爻象两种。凡以六爻或三爻组合而象征的事物及事物的属性、形态，称为卦象；凡以一爻所象征的事物及事物的属性、形态，称为爻象。所谓数，得之于筮法，是指用来确定卦爻象和表征卦爻象的数字。它包括蓍数（天地之数、大衍之数、老少阴阳之数、策数等）、五行之数、九宫之数及河洛之数”（林忠军：《象数易学发展史》第一卷，齐鲁书社1994年版，第1页）。

从“心”探微《周易》古经的思想特质

吴宝麟*

本文原载于《中国哲学史》2023 年第 4 期第 27—33 页，以《〈周易〉古经“心”论探赜》为题，收入时有修订和增益。撰写过程中，章伟文教授的修改意见颇有帮助，在此谨表谢忱。

引　言

“心”在《周易》卦爻辞中多见，徐仪明以“心法”概括之，并进行了心理学和政治思想层面的讨论。[①] 近来有学者关注到了与“心”相关的概念，如任蜜林认为“带有‘心’符的‘德’字至少在西周初期就已经形成了”，这标志着“从外在行为到内在心性的变化”，“‘性’字应该也经历了一个从‘生’到从心从生‘性’的过程”[②]。王中江认为，“从对外在超自然神灵和规范的信仰到对人的道德能力和主体的自觉，人的自我和‘心灵’概念在东周特别是在战国子学中，被充分关注、思考和认知”[③]。孔子说西周“郁郁乎文哉”，文礼灿然的“文”就有带“心”的写法（能匋尊，西周早期，《金文集成》5984），这种对自我和心灵的自觉在西周就已经肇始了。[④] 杨庆中曾专门讨论过“卦爻辞中的‘德’性意识”，他认为“就主体修养层面说，《易经》主张勤勉、敬惧、谨慎、谦卑、节制、恒之以德”[⑤]，“就政治理念的

---

* 作者简介：吴宝麟，中央民族大学哲学与宗教学学院讲师。

基金项目：本文系国家社科基金青年项目“春秋史官哲学的多元通和传统研究”(21CZX028)阶段性成果。

① 参见徐仪明：《试论周公的政治哲学思想与〈周易〉“心法”之关系》，《广西大学学报》（哲学社会科学版）2015 年第 1 期；《〈周易〉“心”范畴心理学疏解》，《周易研究》2005 年第 6 期；《〈周易〉心法简论》，王中江、李存山主编：《中国儒学》第 8 辑，中国社会科学出版社 2013 年版，第 10—19 页；《试论〈周易〉的心法》，《地方文化研究》2014 年第 5 期；徐仪明、余海舰：《〈周易〉立心恒志说与儒家理想人格的塑造》，《齐鲁学刊》2012 年第 3 期。以上诸文，侧重于从心理学、心理情感、忧患意识的角度对《周易》古经中的“心”的范畴做梳理，也是本文得以继续开展的基础。本文进行的补充主要在于，围绕“心”出现的几个关键的卦，从卦义、卦爻辞和卦爻象的对应关系，来讨论心的哲学意义。

② 任蜜林：《心、生为性——早期“性”观念的发生学考察》，《哲学研究》2022 年第 11 期。

③ 王中江：《“心灵”概念图像的多样性：出土文献中的“心”之诸说》，《哲学研究》2019 年第 12 期。

④ 《诗经》《尚书》中，“心”亦多见，如《尚书·酒诰》“惟曰：我民迪小子惟土物爱，厥心臧”，“用燕丧威仪，民罔不衋伤心。惟荒腆于酒，不惟自息乃逸，厥心疾很，不克畏死”。又如《诗经·小雅·巧言》“他人有心，予忖度之”，“往来行言，心焉数之”；《诗经·大雅·皇矣》“维此王季，帝度其心”；《诗经·周颂·昊天有成命》“单厥心，肆其靖之”。

⑤ 杨庆中：《〈周易〉中的神鬼信仰与“德”性意识——兼及〈易经〉成书的年代》，氏著：《易学与儒道哲学》，人民出版社 2022 年版，第 64 页。

层面说,《易经》主张诚信、忧患、明察、谦虚、任用君子、广泛和同、赏罚分明等”[①]。杨庆中还着重研究过《易经》中的诚信观,对中孚等卦的卦爻辞中的“孚”进行了系统的讨论[②]:初爻强调“安守诚信”;二爻强调“以诚相感”;四爻强调“诚信不二”;五爻强调“广施诚信”,并认为“诚信之道的具体应用,会因时位的不同而有所差别,但差别之中也有相同之处,那就是‘中孚’——即诚信发于内心”[③]。这就不仅讨论了卦爻辞中零星或孤立出现的德性观念,还结合了卦型符号的结构,对本文有重要参考价值。

本文收集了通行本《周易》古经卦爻辞直接出现“心”的案例,论述“心”的内涵:艮卦突出了个体生命在限制性境遇中心的能动性,并落脚于心的敦厚之德,从而揭示出经验、情感之万千变换之下心更稳定、根本的性能;临、复二卦强化了敦厚之心的重要性,注重“甘”的心意动机,也指出“忧”的益处;井卦“心恻”是心走出个体自身,在政治活动和社会关系中展现力量;坎卦直接点出了孚信、祗敬之心的普遍意义;益卦则将“心”与“德”紧密相连,注重孚信的品质是卜问吉凶的根本尺度;“立心”“恒”更提示了修养此心之工夫的意志能动性、历程性和成果,“心”之“德”在纷繁复杂的卜筮语境中彰显了一以贯之的作用。

卦爻辞中“心”的概念已经成为思想反思的对象,它既展现出内在固有价值,也被置于与身体、外在世界的关系之中;它既是一个思想、行动的发动主体,也是身体和外在世界的受动者。本文的讨论包含上文提到的心中之“德”,也包括心灵的情感、心理意识、身心关系等内涵,并将“心”的各层次内涵分别与一卦的中心卦义和相应爻位结合起来研讨。这样做是为了从思想实质和文本表达形式两方面探析《周易》的特质。在艮卦中,心的多层含义和作用在艮限处境之始终都有较完整的呈现,也可为后文渐次深入的“心”的意蕴作铺垫,因此我们从艮卦开始探究。

一、“心”的灵明与能动

艮卦中,心在被动与主动两种处境中交错,容纳了不同情感、情绪体验和身心关系,最终显示出心的根本作用。艮为重山之义,山有艰险、险阻、停止之义,又有坚定、稳定之义。卦义可引申为两层意境:一是因外境艰险阻挠而遭到限制、被迫停止[④];二是主动自觉保持身心坚定不移、谨慎不妄动。先训释卦爻辞:

䷳艮其背,不获其身;行其庭,不见其人。无咎。

---

① 杨庆中:《〈周易〉中的神鬼信仰与“德”性意识——兼及〈易经〉成书的年代》,第 68 页。

② 参见杨庆中:《〈周易〉诚信观析义》,原载于《通亨集——吕绍刚教授古稀纪念文集》,吉林大学出版社 2003 年版。后收入杨庆中:《易学与儒道哲学》,人民出版社 2022 年版,第 97—104 页。学界对《周易》中“孚”“有孚”含义的讨论多有歧见。如张玉金认为“孚”应释为应验,由此表明《周易》卜筮之书的性质。参见张玉金:《〈周易〉“有孚”新探——兼论〈周易〉卦爻辞的性质》,《出土文献》第 3 辑,中西书局 2012 年版,第 239—248 页。又如谢向荣认为“孚”应训为“保”,参见谢向荣:《〈周易〉“有孚”新论》,《周易研究》2008 年第 2 期。张氏、谢氏二文中都列举了学界关于“孚”的各自意见。兹不赘述。本文仍遵从传统的易学的意见,以“孚”为诚信。

③ 杨庆中:《易学与儒道哲学》,人民出版社 2022 年版,第 101 页。

④ 参见王化平:《〈周易〉卦爻辞校释》,西南师范大学出版社 2020 年版,第 364 页。

初六：艮其趾，无咎，利永贞。

六二：艮其腓，不拯其随，其心不快。

九三：艮其限，列其夤，厉熏心。

六四：艮其身，无咎。

六五：艮其辅，言有序，悔亡。

上九：敦艮，吉。

卦辞：一人遭逢背部被限制的困境，可能是双手被人从背部捆绑、受刑、将被幽禁。“获”即捕获，“不获其身”是转折句，即虽被限制上半身，但终究未被擒获捉拿、完全控制以至殒没全身。他人行走于其庭中见不到此人。“庭”暗示了这个被限制者的身份，可能与文王身陷囹圄的典故有关。卦辞最后点出虽遭灾但最终却没有过患。[①]

初六：初被禁足，利于坚守正固之道。六二：腿肚被限止。王弼注“随”即脚趾，“拯”，马王堆帛书《周易》写作“登”。张政烺先生说：“汉石经作‘不抍其☞’，王弼本作‘不拯其随’。《说文》云：‘抍，上举也。撜，抍或从登’。”[②]帛书整理者认为“登、抍、拯古音同，可以通假。”[③]腿肚活动被限制，双足不能继续登高以改变目前的困苦，故失望沮丧，内心不快。旅卦九四爻辞也有“旅于处，得其资斧，我心不快”，以自述口吻记录了羁旅途中不畅快的情绪。王弼说，“以斧斤斩除荆棘，得以安居于屋舍”[④]，旅九四在上卦最下，不敢冒进而有谦退精神；但旅卦九四以阳爻居阴位，不能平坦却有坎坷；又是客居之位，无法充分发挥才能，因此内心不舒畅、快活。两次出现的“心不快”，都在关注心绪的起伏波动。

九三：腰被限止，脊肉撕裂[⑤]，身体枢纽部位遭受剧烈创伤，身心如焚。六四：躯干都被限止，彻底失去活动自由，但仍可无过患。六五：面颊被控制，刑罚伤及脸部，殃及身体较细小部位，但仍言语有序，保持清醒的理智，说话有条不紊，故无憾。上九：以敦厚笃实的内心应对身体限止，吉。

艮卦卦爻辞中人体部位自下而上与爻位基本对应：初六脚、六二小腿肚（腓）和随、九三腰部（限、夤）和作为生理器官的心[⑥]、六四之身、九五脸颊（辅）。六二、九三关注内心情

---

① 廖名春认为，这是说艮于其为背之时，即在他人背弃时仍有所坚持，不会辱没自身；行走庭中（王庭、朝中），此等人少见，无过患。参见廖名春：《〈周易〉真精神：六十四卦爻辞新注新释》，广东高等教育出版社 2019 年版。陈鼓应、赵建伟认为是“谨慎其背后”之义。参见陈鼓应、赵建伟：《周易今注今译》，商务印书馆 2016 年版，第 354 页。

② 裘锡圭主编，湖南省博物馆、复旦大学出土文献与古文字研究中心编纂：《长沙马王堆汉墓简帛集成》（叁），中华书局，第 16 页。以下简称《长沙马王堆汉墓简帛集成》（叁）。

③ 《长沙马王堆汉墓简帛集成》（叁），第 16 页。

④ （魏）王弼注，（唐）孔颖达疏，卢光明、李申整理，吕绍刚审定：《十三经注疏·周易正义》，北京大学出版社 2000 年版，第 270 页。以下简称《十三经注疏·周易正义》。

⑤ 参见陈鼓应、赵建伟：《周易今注今译》，商务印书馆 2016 年版，第 466 页。

⑥ 六十四卦中明夷卦六四爻辞揭示了心的生理位置和结构：“人于左腹，获明夷之心，于出门庭。”张闻玉认为这是说比干遇难于商纣王刀下，“用刀刺进他的左腹，得到那操守光明而受到损害的人的心。这一切，都发生在门庭所出之处”[张闻玉：《〈易·明夷卦〉探微》，《贵州大学学报》（社会科学版），1995 年第 4 期]。何益鑫认为这与“比干谏而死，微子去之”，“明夷鸟（笔者按，明夷鸟，即鸣鹈鸟，即鸣叫的鹈鸟之意）被剖开左腹，挖出心脏。而‘于出门庭’，是说君子见同类被杀，出门避害”（何益鑫：《〈明夷〉的叙事本义与义理阐释》，《周易研究》2017 年第 6 期）。帛书《周易》此卦六四爻辞的写法稍有异同，主语更显豁：“明夷，夷于左腹，获明夷之心，于出门庭。”帛本写法说明传世本可能删去了重复出现在卦爻辞句首的中心词“明夷”，其意为光明受损，而鸣鹈鸟心腹受伤为光明受损的具体情境。

绪，六五对应面部言语。身形受桎梏，心自始至终与身体被限制的状态相随活动。初六“利永贞”直接勉励禁足伊始或灾祸乍现端倪时内心坚守贞正[①]；六二“其心不快”，说明心有所谋划又落空，加深了失落和无奈，若无企盼就谈不上不快，只是麻木不仁罢了。九三达到最严峻限制时刻，心被险恶境况熏染几近迷失，情绪反应剧烈至极。凡此都是作为身心并存共生的人的真实反应。

分言之，内外卦的“心”各有侧重。尚处内卦时倾向于被动接受、感知变化并做出灵敏的反应。进入外卦后心的能动性提升，九三至六四，身体徘徊于被动险阻之境，但极致忧困也是转折——六四简略称“无咎”。六五开始，限止中的主体性更突显——面容、言语是心的传达，两者都得到有序控制和发挥。“言有序”是“心”自我提振的初步效果，以至于能“悔亡”。可能是之前的抗争中出现急迫、亢进或过激，痛定思痛之后，镇静笃定的心扭转了困局。

进一步，上九之“敦”指出内心更深层的敦厚笃实之德，将外在行动的限止升华成了内心的静定与平稳，也呼应卦辞“无咎”。《小象传》说“敦艮之吉，以厚终也”，以敦实笃厚的心境来面对和化解被限制的境遇，就能够以厚道的品德争取好结果。内在笃定，向外处事宽大。五、六转逆为顺，但层层递进：五爻仍依傍言语，六爻则以稳健静定心境为念，安忍中淬炼益淳，不凭借强力抗衡，终究吉祥。

由此可知，艮卦卦爻辞同时观照行动主体的身、心两方面及其互动。外在境遇作用于身和心，“心”也在时刻敏锐感知身体感受和环境起伏。艮止愈演愈烈，“心”也愈发显现其言行核心枢纽角色，并始终发挥作用。“心”的功能总与卦爻辞的核心义理“止”紧密相关：身形止而“心”亦受制约，“心”定止却终于创造走出艮止的契机。

二、敦笃之心的内在价值

承上所言，“敦”在卦爻辞中的位置很有规律性：无一例外出现在五、六爻。五爻处上卦之中，可与内心的地位相比拟；六爻则是整卦之终，是事态终局；并且“敦”出现的卦爻辞都是无灾无凶的好结果。我们可以将此种辞例的形式特质理解为一个条件句：内心意识的真挚恳切、实践德行的敦厚笃实是行动终始圆满的条件之一。如临卦：

> 六三：甘临，无攸利。既忧之，无咎。
>
> 上六：敦临，吉，无咎。

临卦主要讨论处于高位者治理民众的各种状态和原则。其中九三的“甘”是意动用法(如节卦有“苦节”“甘节”)，以临为甘，也是对心意和动机的关注。此条爻辞旨在警戒在位者自恃位高权重而贪恋权势，欺压百姓，没有益处。反之，如内心有所忧患、对权力保持警惕，则无咎。上六恰好与六三的告诫形成对比：若以敦厚真诚的德性治理民众，就吉且无患。《小象传》强调“敦临之吉，志在内也”，吉的原因正是以内在真诚志向作为政

---

① 若“利永贞”释为“利于长久贞问”，文意似不通。

治行动的保障。笃实真切地临民才能节制权力。历数各种治民的原则后，“敦”是点睛之笔，渐进突出为政者内心真诚爱民的重要性。又有复卦六五爻辞说：

六五：敦复，无悔。

能够以敦厚、忠厚的心境复归正道，就没有小过与遗憾。《小象传》总结说“敦复无悔，中以自考也”，无悔是内心自我省察的结果。敦的善果被置于五、六爻位，一方面说明心的作用随着境遇推进而越发凸显出来，越是逼近终了，心的实在性越彰明；另一方面也说明心的功效必须建立在主体一定程度抽身事外、自觉澄明的谛观之上，以便由果推因、由终返始，清晰了解心在行动中的力度。

《系辞上》进一步将仁作为敦实之德的实质内容：“安土，敦乎仁，故能爱。”行为上安居于土地、审慎迁徙，重视农业生产和生活需要，不随意侵扰社会规律，同时内心敦厚真挚地持守仁德，才说得上真正关爱他人。博爱要落实在具体行动上，而不是仅限于纯粹动机。经和传对心的独立性、主体性的注重，都未导致极端的唯动机论，而是兼顾动机与效果。《系辞下》说“《易》之为书也，原始要终，以为质也”，追溯和考察事物开始的端倪、原因，同时追索和期待其终局，有始有终，终始皆求条理。“其道甚大，百物不废，惧以终始，其要无咎”（《系辞下》），之所以能百物无弃，各得安身立命之所，就在于始终忧惧、警惕，兢兢业业、避免过失。行动越是想长期、深入，越需要内心诚意作为基础，“敦”也是忧患戒惧之心的自然延伸。

三、“心恻”连接道德意识与政治实践

前文所论之心、敦、忧，都更侧重于主体心灵内部和个人处境，实际上心也广泛作用于政治和社会实践。卦爻辞以“井”表达君子自况，赞誉了君子恒常之德进入现实、心忧天下、德智养民、独立不惧的人格。卦辞说：

井：改邑不改井，无丧无得，往来井井。汔至，亦未繘井；羸其瓶，凶。

“改邑不改井”是说城邑往往会迁移，但一地水井通常不会变动，总是不断地滋养农田、百姓，具有较强稳定性。“邑”是基层社区，也是“心”活动的一阶社会空间。不论环境如何变迁，井本身无失无得，才会有络绎不绝、井井有条的社区。王弼说：“此卦明君子修德养民，有常不变，终始无改。养物不穷，莫过乎井，故以修德之卦取譬……‘井’体有常……德有常也。”[①]以井譬喻常德不移，孜孜不息地养护百姓。《系辞下》“三陈九德”说“井，德之地也”，也称赞井是蓄德之域。“汔”是干涸，“繘”是汲水绳索，也可作动词表汲水，“瓶”即汲水容器。“汔至，亦未繘井”喻示环境恶劣。“羸其瓶，凶”告诫若随意损坏装水容器，会导致凶险。井水干涸是暂时困局，此时应妥善保全井体完整，不能自暴自弃，等井水恢复又可见用于世。九三爻辞说：

---

① 《十三经注疏·周易正义》，第232页。

井渫不食，为我心恻。可用汲，王明，并受其福。

“渫”指井壁的污泥已经被淘去。井已修缮却还没被人汲水使用，引发“我”内心的恻怛悲伤。这是暗示政治昏暗引发正直贤良者的深切忧思、同情。王弼注曰“修己全洁而不见用”[①]，爱惜保全高洁志向与声誉，尚无法施展抱负。井水虽不被饮用，但九三与上六相应，还是可以用从下往上汲水，象征君王明察民情，上下可交通，因此众人仍能得王福佑。虽恻隐于眼前危殆，又能更宏观地照察到“王明”，即整体政局的清明，作出得福的预判。“恻”表现了心自然涌现的道德关切与自主的道德意志，勾勒出君子的责任和忧患精神，也寄托入世愿望。[②] “汲”的积极参与接通了恻隐与受福：尽管井水暂时干涸、井壁污泥泄漏，枯水期一旦过去，污泥一旦清除，井的功能就会恢复，上下重新交通，可入世发用。

心始终因应着不同境遇。“心恻”是个体自省、自修从而能不偏不倚、“无丧无得”，有恒定的持守；“用汲”是行为自勉；“王明”是主体对整体境况的照察与判准结果，三者综合是得福的保证。卦爻辞一方面注重个体千差万别的感情体验，如“我心不快”等，同时也锐意求取万千变换之下“心”更为恒定、根基性的道德意识，且赞扬心处变之中的独立性。同时“心”的恒定道德意识又不是孤悬于具体人生境遇之外的，而是经由卦的发展趋势和卦爻结构的牵引，与鲜活的感情和人的自然需求相融。

四、孚敬之心的果效

除了“恻”“忧”“敦”，卦爻辞也称颂心的孚信与敬德。这与西周思想背景一致：《诗经》说“成王之孚，下土之式”，成王的孚信，是下土万民效法的典范。习坎卦卦辞肯定了有孚之心跨越艰险最终得助佑的功效：

习坎：有孚[③]，维心，亨，行有尚。

习是因袭，习坎是上下两个三位坎卦的重叠，即陷入多重坎窞，暂无法拔足。卦辞给出了警戒，也给出了希望：处于坎陷更应维系内心诚信，不论是与天、神明沟通的诚意，还是人伦秩序中的诚信，终究会亨通、得道多助。但综观整体卦爻辞，还是以凶险结尾：

初六：习坎，入于坎窞，凶。

九二：坎有险，求小得。

六三：来之坎坎，险且枕，入于坎窞，勿用。

六四：樽酒、簋贰，用缶，纳约自牖，终无咎。

---

① 《十三经注疏·周易正义》，第235页。

② 徐仪明论述了“心恻”与忧患意识的深切关系，参见徐仪明：《〈周易〉心法简论》，王中江、李存山主编：《中国儒学》第8辑，中国社会科学出版社2013年版，第18页。

③ 马王堆帛书《周易》“孚”写作“复”，参见《长沙马王堆汉墓简帛集成》（叁），第37页。《论语》有“信近于义，言可复也”。笔者疑“复”为可重复、可验证之意，即言行相符。

九五：坎不盈，祇[①]既平，无咎。

上六：系用徽纆，寘于丛棘，三岁不得，凶。

《说文》：“徽，三股绳也。”《玉篇·糸部》：“纆，索也。”上六险峻至极，被多股绳缠缚，还置身荆棘丛之中，以至于三年未必能挣脱坎陷。初六初入多重坎窞，九二阳爻刚正处中，相对顺遂，但也仅小有所得。王弼说：“刚正在内，有孚者也。”[②]六三处两坎重叠，进退皆坎陷，因此“来之坎坎”。“枕”，孔颖达认为是“枝而不安之谓也”[③]，有所支持、依靠但仍如鲠在喉、惶惑不安，无法见用于世。六四叙述在极简陋的情况下仍坚持祭祀：深陷窗牖极为受限，只能得到简约绵薄的祭品（一樽酒、一对簋、一缶）。王弼说：“纳此至约，自进于牖，乃可羞之于王公，荐之于宗庙。”[④]爻辞断言无咎，暗示物资简陋的情况之下，祭祀仍达到预期成效，使先祖鬼神得以悦享。也即有德、孚信才是与神明交通最根本的保证，说明险境中更要保持刚毅、自强、诚信、守中的品格。与此祭祀原则相类似的还有既济卦九五爻辞：“东邻杀牛，不如西邻之禴祭，实受其福。”牛乃最尊贵的祭品，东土商人宰牛进行隆重祭祀，还不如西土周人简约的禴祭那样更受上天福佑。习坎卦是陷落的谷底，既济卦则是大势已成，一逆一顺，但都崇尚祭祀之孚信真诚，且二者的叙述笔法都是介乎具体一时一地的祭祀事件与抽象的道德原则之间，以“夹叙夹议”的风格提示孚信原则。其余卦爻辞对“有孚”也多有表彰，如萃卦：

初六：有孚，不终，乃乱乃萃。若号，一握为笑。勿恤，往无咎。

萃是聚集、召集之义。王弼注认为号哭、混乱、不终的原因是“心怀嫌疑”，“不能守道以结至好，迷务竞争”。[⑤] 廖名春也说“有诚信而不能保持至终，就会搞乱所聚会的队伍，如果改而坚持诚信，整个地方的人就有欢笑……坚持诚信，前往，必无咎害”[⑥]。由号哭到笑，吉凶境况的转换原因在于群体关系的改善与孚信的维系。

九五爻辞“坎不盈”，指坎窞尚未盈满填平，未能出离坎陷。“祇”，帛书《周易》作“堤（堤）”[⑦]。王引之认为“祇”为“疷”，即病；他又据《诗经》“丧乱既平”等句式为证，故“祇既平”意即病痛平息。[⑧] 则九五爻辞意为：虽然坎陷尚未盈满、填平，但病痛平息，如此也是没有过患的。笔者认为王引之的解释文意通顺。九二、九五皆阳刚守中，因此能“求小得”“既平”“无咎”。这与艮卦六四爻类似，都处在内卦升入外卦的阶段，都以“无咎”为断

---

① 王弼本原作“祗”，《十三经注疏·周易正义》据阮元校对意见改为“祇”。参见《十三经注疏·周易正义》，第156页。

② 《十三经注疏·周易正义》，第152页。

③ 《十三经注疏·周易正义》，第155页。

④ 《十三经注疏·周易正义》，第156页。

⑤ 《十三经注疏·周易正义》，第222页。

⑥ 参见廖名春：《〈周易〉真精神：六十四卦爻辞新注新释》，第309页。

⑦ 《长沙马王堆汉墓简帛集成》（叁），第19页。

⑧ 参见（清）王引之撰，虞万里主编，虞思征、马涛、徐炜君校点：《经义述闻》（一），上海古籍出版社2017年版，第49—50页。廖名春也持此见，不过以障碍为引申义。参见廖名春：《〈周易〉真精神：六十四卦爻辞新注新释》，第225页。另，王引之结合《说卦传》“坎为心病，为耳痛”和互卦解释此爻的“祇既平”：“三至五成《艮》，坎为疾病，艮以止之，故其病平复也。”[（清）王引之撰，虞万里主编，虞思征、马涛、徐炜君校点：《经义述闻》（一），第50页]

辞，化险为夷都与心的智谋、镇定与孚信等品质相关联。值得指出的是，《说卦传》所列八卦卦象中，只有三位坎卦的意象与心直接相关：

> 坎为水……为心病……为亟心……其于木也，为坚多心。

坎的基本物象是水，同时也象征心的忧虑、急迫，孔颖达说“忧其险难，故心病也”，“亟，急也”。“坚多心”是指“取刚在内也”[①]，此“心”将人的信实移情于木，贯通人心和自然事物。这些象征物都与卦义——坎窞之险，或中爻阳刚所象征的强健、主干性的事物有关[②]。

坎卦九二爻辞所展现的是陷落简陋之中，内心没有颓丧，不怠慢祭祀的刚健品格。若把眼光投向其他卦爻辞，也会发现有直接主张修养敬德而得到善好结果的例子：

> 需上六：入于穴，有不速之客三人来，敬之，终吉。
>
> 离初九：履错然，敬之，无咎。

需卦上九处于等待的最终阶段，境遇与坎卦相似而稍轻微：入于洞穴之中，有多位不速之客造访，可能引发无妄之灾，此时仍应保持内心镇定坦荡，对对方持有敬意，不主动进犯，终将走出洞穴之困得吉。“终”标识了历程性，更暗示了敬德在曲折世事发展中不变的重要性。离卦初九则处在离的开端，王弼说：“‘错然’者，警慎之貌也。处离之始，将进而盛，未在既济，故宜慎其所履，以敬为务，辟其咎也。”[③]亦即不论是面临困难之伊始，还是即将迎来盛大开局，戒惧、敬慎、敬畏的心灵状态与一以贯之的精纯修德意识都是值得提倡的。

五、内心之德超越盲目卜问

以上分析了卦爻辞中“心”的意涵，本节进一步探讨，对心的观照也展现出对卜筮的自觉反思，卦爻辞中甚至以道德原则来衡量卜筮效果，如：

> 益卦九五：有孚，惠心。勿问，元吉。有孚，惠我德。

九五处于上卦之中的尊位，享受“益”的各种增益、荣耀、赠与（十朋之龟），也有兴土木（大作、利涉大川）、建城邑之功（利用为衣迁国），而获得收益的要义在于心、德的孚信。王弼认为：

> 为益之大，莫大于信。为惠之大，莫大于心。因民之所利而利之焉，惠而不费，惠心者也。信以惠心，尽物之愿，固不待问而“元吉有孚惠我德”也。以诚惠物，物亦

---

① 《十三经注疏·周易正义》，第391—392页。

② 辛亚民则提出“‘坎’字本义为坑、穴”，“卦爻辞中无以‘坎’字具备‘水’的含义，以坎为水属于后起的一种‘赋值’”。参见辛亚民：《略论易学中思想诠释与文献实证之间的张力——以坎卦为例》，《中州学刊》2023年第2期。

③ 《十三经注疏·周易正义》，第159页。

应之,故曰“有孚惠我德”也。[①]

王弼将“问”解释为一般性询问,将“惠”解释为实词恩惠,即认为最伟大的增益莫过于诚信的稳固与增益,最伟大的恩惠赐予莫过于对人心的润泽与提升。因顺人民利益需求而博施恩惠,所施不至过度耗费精神与财力,就能恩及人心、成人之美。因此不需要询问卜筮结果,必定会大吉,且必定能惠及人心、人民也会有积极响应,同时增益恩施者的德性,双方皆得惠。

本文认为,结合本卦出现的“益龟”“元吉”,应将“问”理解为求问、卜问行为。[②] 另外,根据殷商卜辞的语法结构,“惠”之后的“心”“我德”为两名词,“惠”当为发语词(马王堆帛书《周易》无异文),疑与“唯”的用法相近。[③] 准此,则“有孚,惠心”和“有孚,惠我德”是谓语前置结构,相当于“惠(唯)心有孚”“惠(唯)我德有孚”。“惠”起到了强调作用,指示句子焦点是“心”和“我德”。爻辞是说:正是我心有孚信,因此不必等待向龟甲、神明占问,就会是大吉。接着爻辞再次直陈我的德行有信实、诚信,这是对道德意识的明确自我肯定。这样训释,也能使六二之“益龟”合乎九五之“问”:

> 六二:或益之十朋之龟,弗克违,永贞吉。王用享于帝,吉。

有人赠予自己价值十朋贝的大宝龟,此时不宜违背他人美意,恭敬不如从命。接受了贵礼,则当永守贞正,就会吉;接着王用此国之重器大宝龟向上帝进行享祭,也吉。六二阴爻虚以受人馈赠,先受龟、后献龟;九五阳爻居尊位,自身充满孚信与诚意,不必被动等待馈赠,也不必问龟,其诚信之德已然能够解疑。然而物极必反,上九增益殆尽即将走向减损。爻辞说:

> 上九:莫益之,或击之,立心勿恒,凶。

此时将不会有给与、增益,反而会有人攻击、打击。然而困厄不足为惧,最重要的仍然是持恒地守住心的底线,唯有如此才不会有“凶”。“立心”的动作值得注意,它提示了自我意志的挺立,也彰显修养此心之工夫的起始、过程与成果。

---

① 《十三经注疏·周易正义》,第 209 页。又王《经义述闻》根据《尔雅》认为“惠”为“顺”,“有孚惠心”是说“我信于民,顺民之信也”(“惠我德”同之)。参见(清)王引之撰,虞万里主编,虞思征、马涛、徐炜君校点:《经义述闻(一)》,上海古籍出版社 2017 年版,第 57 页。

② 对“勿问元吉”的这种解释,笔者与徐仪明的观点也接近。参见徐仪明:《〈周易〉“心”范畴心理学疏解》,《周易研究》2005 年第 6 期。

③ 陈家宁、王芷璇列举了甲骨文中“惠”之后接名词的其中一种用法:

(六)惠(+数词)+名词

(39)己未卜:兄庚祼、岁惠羊。(《补编》8762)

(40)𢀛、卯惠牛,王受佑。(《补编》9723)

(41)惠豚。(《补编》9665)

(42)惠犬,三(?)(《补编》9684)

(43)惠黑牛……吉(《补编》10156)

例(39)中的“祼”和“岁”是祭祀动词,“兄庚”指祖庚(以祖甲的口吻),是祭祀对象,“羊”是“岁”祭所用的牺牲,在“惠”后为焦点。例(40)中的“𢀛”和“卯”是祭祀动词,“卯”祭用“牛”。参见陈家宁、王芷璇:《甲骨文“惠”与“唯”词性再探——以〈甲骨文合集补编〉为依据》,《国学学刊》2021 年第 2 期。

从六二受龟“永贞吉”、九五“有孚”“勿问”，到上九转益为损而以更强口吻训诫“立心勿恒凶”，心逐渐脱离外物羁绊，显现出独立与尊贵。最难得、宝贵的增益并不是财富、荣誉和权力的累加，而是勤积诚信、以贞正之德与神明相通，从而挣脱以物质点缀门楣的束缚，彰显心德之尊严。持恒立心才是最大的“益”。如此则不论如何占问，都将大吉；若无恒德，顺境转瞬即逝。“惠心”“惠我德”尤其直接表彰了道德自觉的独立意义，超越了被动接受卜筮结果的处境。我们也很容易想到《论语》中孔子直接引用的恒卦九三爻辞及相关辞例：

> 恒卦九三：不恒其德，或承之羞，贞吝。
>
> 六五：恒其德，贞妇人吉，夫子凶。[①]
>
> 需卦初九：需于郊。利用恒，无咎。

恒卦九三从反面说明恒德的重要性，警示若无恒德就会承受羞耻，根据《系辞上》，“吝”是小疵、忧虞之象。九五则是正面说守恒德的好处（尤其女子之事）。两处都将“恒”与“德”相关联，说明在卦爻辞作者来看，心的恒定修养工夫是一种重要的品德。需卦初九说处于郊野之地，无法主动争取，只能被动等待，更需要恒心，才能无过或补过。

六、心行兼照：再思《周易》古经的思想特质

《周易》卦爻辞在历史发生学上脱胎于占筮活动，在周文初立的承上启下时代，周人尚无法完全抛开“殷先人”留下的这笔文化遗产，也不可能在既有的文化语言之外完全另起炉灶；且周人也需要借助卜筮来建立继承天命的威严感和塑造政权合法性[②]。然而，在这种形式上的“连续”或“渐变”之下，卦爻辞本身的思想内容提示我们，《周易》正在完成一场哲学的“突变”，我们不应该将卜筮作狭窄扁平化的理解。首先，先民在貌似雷同的占筮行为之下，其实在不断增加解疑、追问、思索的理性色彩，使卜筮越来越不同于一种完全被动接受偶然结果的活动。[③] 其次，在不断规则化、制度化的趋势下，这一活动还包括对占筮结果以及占筮行为本身的诠释、参合、斟酌，其中包含着权力结构的博弈，也就是“人谋”。尤其值得注意的是，一些卦爻辞本身就是在对卜筮行为及其根据进行反思，这就很自然会触及心对行为的影响与主导作用。这是商周转变的浓重一笔——继承殷商卜筮这一文化形式的同时，开启对人内在心灵世界的探索。越是变动不息、危殆困厄，越是要发掘心的作用。同时，卦爻画符号与卦名、文辞相配的特殊形式特征，恰好形成了一种独特自觉——“心”的普遍意义不以脱离经验世界为代价，恰恰是要落实到“心—情”

---

① 两句爻辞的“贞”疑为判定、判断之意，而不是占问之意，因为卜筮不仅是在发问，也是在分析卜筮结果与并做出综合判断。饶宗颐认为“贞”为“人、神沟通之共理”，“贞有决定的意义”。参见饶宗颐：《“贞”的哲学》，《华学》第3辑，紫禁城出版社1998年版，第1、7页。

② 这一点在《尚书》“周初八诰”展露无疑。

③ 这方面的证据可参见李雪山、韩燕彪：《嬗变与重构：商代甲骨占卜流程与卜法制度研究》，科学出版社2022年版。其中详细列举了殷商先民的各自卜筮制度与操作规范，这说明，即便在一般印象中“沉迷卜筮”的殷商，其龟卜也并非只是一项盲目的、毫无规则可循的迷信活动。

“心—物”“人—我”“心—行”“心—境”“心—德”等多重结构和关系中去。心不离具体鲜活的生存体验和时空境遇——卦爻结构与卦序排列；对“心”的关注也未脱离行动效果而落入纯动机主义空谈——“吉凶悔吝”就是对效果的关切。心灵与行动之间相互发动、相互影响，心的内在价值有相对的独立性，但又不能完全抛开心灵在行动上表现出的、可检验的功用。这种功用也并非狭义的私利，而是指自我的提升和对现实世界的改善。

《系辞上》对这种以卜筮来探索规律、真相、至理的要义有很好的概括：

> 易无思也，无为也，寂然不动，感而遂通天下之故。非天下之至神，其孰能与于此？
>
> 圣人以此洗心，退藏于密，吉凶与民同患。

易道无多余思虑和过分造作营为，看似寂然无声、静默不动，却能与天下万物的特性或规律高度感通融洽，这是最高的神妙。寂然不动并非无所作为，无思无为是因为遵循平实的正道——让精密、细微、深邃的心去发生作用。圣人以易道来净化己心，退守奥秘之境，以天下忧患为虑，体贴民心。“退藏于密”[①]即守护、修为内心至密、至深的精神世界，不轻易外显却在现实中随时感通、发用。易道精义并不在于严守占筮家法，而是持恒守正、秉持孚信之心，深察道几，无私研几，在世担当。“寂然”可理解为一种对沉迷占筮、祭祀神明行为所持有的中立、疏离、淡然态度，因为一旦极尽体认、贯彻心之德，则自然感通，前者是因，后者是果。“心”是打开古《易》的一把灵钥，《易》可谓一部“心的交响”，焕发着亘古不朽的生命力。

---

① 朱伯崑认为“洗心”是“先心”，即“开导心意”；“退藏于密”指“藏《易》道于内心”，“无事藏于胸中”。参见朱伯崑：《易学哲学史》(一)，昆仑出版社2009年版，第79页。

太宰春台的易道观

廖海华*

太宰纯(1680—1747,号春台),乃是日本江户时代古文辞学派创始者荻生徂徕(1666—1728)的弟子。在徂徕诸多弟子中,春台最擅长经学。尤其是就易学而言,徂徕并无专门的《周易》注释作品,而春台则有两部易学专著,即《易道拨乱》与《周易反正》,因此在对古文辞学派易学进行研究时,春台的著作是避不开的。就笔者管见所及,日本学者滨久雄有论文专论太宰春台的易学思想,另外,陈威瑨《日本江户时代儒家易学研究》与王鑫《日本近世易学研究》两书均专设章节讨论春台易学。其中,滨久雄强调了春台对汉代象数易学的吸收①;陈氏对《周易反正》的解释模式及其基于"时、数、阴阳的要素"而展开的哲学观念进行了探讨②;而王氏则围绕春台学说中"易道与政道"之关系,强调了其易学的"政治性"③。通过这些成果,我们对春台易学的基本特征和历史定位已有相当深入的认识。

春台两部易学著作一名"拨乱",一名"反正",两者应当是一脉相承的;现有研究也在此前提下,更重视贯串春台的不同著作,从中归纳出其整体易学思路。然而,在笔者看来,对春台易学整体特色的归纳固然重要,但对其不同著作之间的差异进行分析也是必不可少的。"易道"是春台易学的一个核心概念,但在《易道拨乱》与《周易反正》两书中,此概念的用法其实有相当大的差异。这表现在,《易道拨乱》一书以朱子的《易学启蒙》为主要辩论对象,着重在"象数"上说明"易道";而《周易反正》对于"易道"的阐发,则是以《易传》十翼的文本内容为中心,对其义理内涵有更多的挖掘。本文将对此两部著作中的"易道"概念分别加以剖析,呈现春台易学所具有的复杂面向。

---

* 作者简介:廖海华,复旦大学哲学学院博士后。

① 参见滨久雄:《太宰春台の易学思想》,《东洋研究》2010年第175集,第1—22页。

② 参见陈威瑨:《太宰春台与〈周易反正〉》,氏著:《日本江户时代儒家易学研究》,(台北)政大出版社2015年版,第86—111页。

③ 参见王鑫:《易道与政道——太宰春台的易学研究》,氏著:《日本近世易学研究》,北京大学出版社2017年版,第96—122页。

一、易道与常道

春台的《易道拨乱》一书，采取了与朱子《易学启蒙》进行对话的形式。《易学启蒙》分为《本图书》《原卦画》《明蓍策》《考变占》四篇，而《易道拨乱》也同样分成这四篇。之所以会采用这种著述形式，是因为春台对朱子的“易道”观有着高度的认同，因此选择在朱子著作的基础上对“易道”进行探索。《易道拨乱·序》首先对“易道”以及其演变有如下判断：

> 夫《易》之道在象数，明于象数，然后可以言《易》也。孔子作十翼以赞《易》，其要在象数。孔氏之《易》，传自商瞿，以至汉儒。汉儒专门之学，无非唯象数是传。东汉之末，诸儒辈起，人自为说，而专门废。于是孔氏之《易》遂失其传。①

春台认为，“易道”的根本在于“象数”，必须以“象数”为前提才能理解“易道”的实质。“孔子之《易》”的根本也在于“象数”，而汉儒所传的“专门之学”是“孔氏之《易》”的正宗。但是，到了东汉末年，这种“专门之学”衰废，而马融、郑玄等诸儒兴起，导致“孔氏之《易》”的失传。由此以下，春台继续历数魏晋隋唐以至北宋的程颐的易学，认为历代的易学均未能真正触及“易道”。直至朱子，情形才有所改观。《易道拨乱·序》分析朱子易学的功过云：

> 夫晦庵之于《易》也，依晁、吕二家说，正其简编，以复孔氏之旧，其功一也。著《启蒙》以明象数，其功二也。解经辞而专以象、占为说，易道庶几复古，其功三也。然其于《启蒙》，未免牵合附会。其所为《本义》者，亦唯六十四卦之解，文简而义精，至于《系辞》则以其家言解之，无可取者。②

按春台的理解，朱子易学之“功”主要在于其大方向的正确，如将卦爻辞视为“卜筮之书”，而“专以象、占为说”，以及专门发明“象数”之原理，都是在根本上把握住了“易道”的大体。但是，其具体学说则往往有“牵合附会”之处。而且，春台认为朱子对《系辞》的解说不过是抒发理学的“一家言”，不能合于《系辞》之本旨。《易道拨乱·序》又云：

> 晦庵在宋人之中，独能究象数之原，而易道复古者，不啻十五。惜也义理之学，累其知识，不觉路头之差。③

可见，春台对朱子能够“究象数之原”，也就是对“象数”的原理进行探究，是非常欣赏的。但是，朱子对“象数之原”的探究，最终仍要导向“义理之学”，这就导致“路头有差”。为何如此？这是因为，如果将“象数”与普通的“义理之学”混为一谈，那么就错失了“易道”的特殊性质。在春台看来，理解“易道”，一方面是要从“象数”入手，不可脱离“象数”而空谈，另一方面则是必须注意“易道”的特殊性，不可将“易道”与“常道”相混。《易学拨

---

① 太宰春台：《易道拨乱》，《日本儒林丛书》，凤出版 1978 年版，第 51 页。

② 《易道拨乱》，第 1—2 页。

③ 《易道拨乱》，第 2 页。

乱·序》云：

> 夫《易》自有《易》之道，与他经异。故《系辞》所云，皆易之道耳。晦庵乃常道视之，且专以理气心性说之，所以谬也。[①]

春台在此明确提出了“易道”与“常道”的区分。这又包含两个层面：在“经”的层面，《易》与其他经典不同，因此“易道”从根本上就有其特殊性；在“传”的层面，《系辞》中所讲的种种内容，都是围绕《易》这部经来展开的，乃是“《易》之道”，而不是与《易》无关的独立论述。

综上所述，《易道拨乱》对于“易道”的阐述有两个要点：一是以“象数”为焦点，二是注意区分“易道”与“常道”。将两者放在一起，我们就得到了《易道拨乱》要处理的一个关键问题：如何以“象数”为焦点讲清楚“易道”与“常道”的区别？面对这个问题，春台的主要解答，就是借助朱子《易学启蒙》中最为重视的“河图”与“洛书”这两个象数图式，通过辨析河图与洛书之相异，来刻画“易道”与“常道”之区别。

《系辞》讲“河出图，洛出书，圣人则之”，这就是“河图”与“洛书”之说的主要经典依据。自汉代以来，“伏羲则河图而作八卦，大禹则洛书而作九畴”的说法颇为流行。到了宋代，以河图与洛书数字图式为中心的“图书易学”蔚然成风，成为易学史中的重要派别。朱子《易学启蒙》则从理学的角度，对河图与洛书的意义进行了全面系统的梳理。汉代的刘歆曾说：“河图、洛书相为经纬，八卦、九章相为表里。”[②]朱子对此观点非常重视，其《易学启蒙》的一项主要内容，就是对河图与洛书进行会通，并且说：“河图、洛书又岂有先后彼此之间哉？”[③]

春台对于《易学启蒙》中的河图洛书说，主要有两方面的意见：一方面，他认同“伏羲则河图而作八卦，大禹则洛书而作九畴”的这一基本观念，因此，“易道”所寄寓的“象数”，其根本源头就得落实到河图这一图式上来；另一方面，春台反对朱子会通河洛的观点，认为河图与洛书之间有着本质的区别，不可随意牵合附会。《易道拨乱》首先叙述河图与洛书这两种“数”各自的特点：

> 夫数之本，一也。故河图、洛书，皆本于一。然河图成于二五，洛书成于三三。河图极于十，洛书极于九。故河图，偶数也；洛书，奇数也。[④]

河图之图式，乃是由一至十，共十个数字；洛书之图式，则是由一至九，共九个数字。河图是生数与成数为一对，共有五对，所以说“成于二五”；洛书是九个数字构成三纵三横的魔方图，所以说是“成于三三”。总的来说，河图突出的是“偶数”，即两两相对，洛书突出的是“奇数”，即三三成组。那么，河图的这种“偶数”性质，为何可以成为《易》之根据呢？这是因为，《易》之根本乃是“阴阳”，而阴与阳的相对正与河图数的两两相对吻合。

---

① 《易道拨乱》，第2页。

② （汉）班固：《五行志上》，《汉书》卷二十七上，中华书局1962年版，第1316页。

③ （宋）朱熹：《易学启蒙》卷一，《朱子全书》第1册，上海古籍出版社、安徽教育出版社2002年版，第216页。

④ 《易道拨乱》，第2页。

《易道拨乱》解释云：

> 《易》则河图而作，故其道有阴阳。阴阳者，天地之道也。故时有寒暑，日有昼夜、昏明，人有君子小人，事有吉凶，行有可否。《易》者，所以占人事之可否也。占者，所以决嫌疑、定犹豫也。……河图之数，五奇五偶，阴阳分矣。故伏羲则之以作《易》。《易》既成矣，则用之以占决人事。及其占之也，不吉则凶，不凶则吉，二者必决于一。此所谓"开物成务"之道也。①

这是从"《易》本卜筮之书"这一认识出发，认为"易"之主要功能是"占决人事"，而要实现这一功能，就必须以"二"为根基之"数"。"二"的根本是"阴阳"，同时也可对应于时节的寒暑、人品的优劣，以及人事的吉凶、可否。正因为《易》以"阴阳"为根本，所以才能在"吉"与"凶"之间截然二分，"不吉则凶，不凶则吉"。这种"二者必决其一"的系统，才能为占筮求问者提供确切的指引。而这种以"阴阳"之"二"为主要特征的数字系统，其根源恰恰是河图之数。因为河图数乃是五奇数与五偶数两两相对，正是"阴阳"之"二"的完美体现。

与河图相比，洛书的数字图式则完全不能用以表现"阴阳"之"二"。洛书的根基性数字是"三"，这就造成其与河图之间的诸多区别。《易道拨乱》云：

> 洛书之位，纵横斜交皆三，而五常在中。二者，吉凶也，故《易》可以占决人事之疑。三者，若以为一善一恶，则其一为善恶相半，何以占决？故《洪范》不可以占。②

洛书图式，纵、横、斜三个方向都是三个数字为一组，因此其根基性数字为"三"。《易》之"二"代表着吉与凶的截然两分，因此可以帮助占筮者作出明确决断；相反，洛书之"三"意味着除了一善一恶之外，还会有一个介于中间的"善恶相半"者，这就造成了判断的模糊性和不确定性。当然，洛书与《洪范》不能用于占筮，并不代表其无用。《易道拨乱》云：

> 故九畴，其五为皇极。皇极者，大中也，人君所建以导民也。夫《易》者，阴阳变化之道也。《洪范》者，人君莅天下、不易之大法也。③

洛书与《洪范》以"三"为根本数字，即是在相对立的"两"之外还有一个处在中间的"一"，这导致其不能适用于占筮。但是在与占筮无直接关系的"人君立法"这一领域，中间的"一"却恰恰意味着"大中"，也就是"皇极"。因此，以"三"为根基的《洪范》才能成为"不易之大法"。如此一来，《易》与《洪范》就形成了鲜明的对比：《易》以"二"为根基，适用于占筮，乃是"变化之道"；而《洪范》以"三"为根基，不适用于占筮，乃是"不易之法"。前者强调"变化"，后者强调"不易"，两者之间的差异不可谓不大。

综上所述可知，春台对河图与洛书的辨析主要的哲学意义在于，从数的角度出发，对"易道"和"常道"做出了区别，并且对这两种"道"进行了较为具体的描画。春台云："八卦

---

① 《易道拨乱》，第2—3页。

② 《易道拨乱》，第3页。

③ 《易道拨乱》，第3页。

者,变化之物也。九章者,常道也。"[①]所谓"常道",并不仅仅是指"人伦日常之道",还有"不易之大法"的涵义。"常"不仅是"日常",更重要的含义是"常而不变"。而所谓"易道",一方面是强调此"道"与《易》的特殊关联,另一方面也是强调其"变易"的特性。

春台通过对"易道"与"常道"的辨析,刻画出了两种不同的"道",并且强调在两种"道"之间不必强行牵合,而应使之各成其用。这与朱子的易学思想就形成了鲜明的对比。朱子《易学启蒙》引用蔡元定之语:"天地之理一而已矣,虽时有古今先后之不同,而其理则不容于有二也。故伏羲但据河图以作易,则不必预见洛书,而已逆与之合矣。"[②]从朱子、蔡元定等人的立场来看,河图之数与洛书之数虽然在形式上有所不同,但在"理"的层面则是一致的。由于这种"理一",他们认为河图和洛书之间应该是相互通用的,细推其数,可以"无所不通"。对"理一"的重视乃是理学思想的一个基本原则,即在"理"或"道"的层面必须是统一的,不可能存在相互差异、不可通约的"道"。而春台则完全不同,他完全不介意存在两种截然不同的"道"。两种"道"截然不同,反而使得两者在相互对比中各自突显自身,获得了具体内容。当然,这两种截然不同的"道",也并不是毫无关联的。对于刘歆所谓"河图洛书相为经纬,八卦九章相为表里",春台《易道拨乱》解释为:

> 此言《易》《范》二者可并行而不可相无也,岂谓图、书二者相通其用哉?……八卦者,变化之物也。九章者,常道也。所谓"相为表里"者,言动静迭为宾主也。非谓河图可以为《易》,亦可以为《范》;洛书可以为《范》,亦可以为《易》也。[③]

在春台看来,"易道"与"常道"的联系,只在于两者可以相互配合,在不同的场合交替运用,"迭为宾主",而绝不在于将两种"道"强行化约为一种。

二、"自然"与"制作"之间的易道

我们知道,在春台之师荻生徂徕的道论思想中,有一个著名的区分,即认为"先王之道"是"先王所造"之"礼乐刑政",而不是"天地自然之道"。这就带来一个重要的关于"道"的观察视角,即考察"道"到底是"自然"而有,还是"制作"所成。身为徂徕的得意门生,春台无疑也对这个"自然"与"制作"的视角了然于心。那么,具体到"易道"而言,问题就变成:易道在"自然"与"制作"的对举关系中,占据一个什么样的位置?关于这个问题,春台的《易道拨乱》几乎未曾涉及,但在《拨乱》之后所写作的《周易反正》中,却通过对《易传》的诠释而大量触及这一问题。

这个问题的实质在于,"易"作为一部经典,其中的卦爻画和卦爻辞无疑都是圣人"制作"的结果;但是,"易"的阴阳刚柔关系以及相应的变化,又似乎包含了大量非人为的、"自然"的要素。由此,"易"很难被断定是人为制作的结果,还是自然而有的变化之道。其在"自然"与"制作"之间的位置,需要根据《易传》的叙述,在具体语境中加以诠释。

---

① 《易道拨乱》,第4页。

② (宋)朱熹:《易学启蒙》卷一,《朱子全书》第1册,第211页。

③ 《易道拨乱》,第4页。

《周易反正·自序》中有一段提纲挈领的话，解释了“易”究竟是什么：

> 夫易者，阴阳变化之道也。斯道也，无物无之，而常人不能知也。故圣人作六十四卦以象之，命之曰易。易者，象也。然象之所示微妙，非智者不能达之，故后之圣人系之以辞，以发其意，易于是乎成。[①]

从春台的这段话中，我们看到了三种不同意义的“易”。最初的“易”，乃是一种“阴阳变化之道”，这是一种“无物无之”的普遍性之“道”。第二种“易”，则是指圣人为了模拟“阴阳变化之道”而制作出来的六十四卦，也就是“易卦”或“易象”。第三种“易”，则是“后之圣人”担心“易卦”本身过于微妙，为阐发其意而创作出来的“易辞”。这三种“易”之间构成了一种递进层累的关系：前一种“易”是后一种“易”的根基，而后一种又对前一种起到补充完善的作用。若着眼于“自然”与“制作”的区分，则上述“易”的三种意义又可以分为两类，即“自然”而有的“易道”，以及圣人“制作”而成的“易卦”和“易辞”。

对于“自然”而有的“易道”，春台一直都将之明确地定义为“阴阳变化之道”。如《周易反正·凡例》云：

> 易之所谓道者，阴阳变化之道也。阴阳变化者，天地万物之消息、盈虚、往来、消长，皆是也。故《系辞》曰：一阴一阳之谓道。先王作礼乐以经天下，必取则于此。若违易道，则小事尚不行，况天下国家之事乎？[②]

“易道”是“阴阳变化之道”，而“阴阳变化”则是天地万物所固有的普遍性运动方式。此“易道”对于人的行为有着重要的典范意义：先王之“作礼乐”是以“易道”为法则的，同时，其治理“天下国家之事”也不能“违易道”。从春台这一表述可以看出，“易道”有着非常崇高而超然的地位，不但不是“制作”的结果，反而是“制作礼乐”时所必须遵循的典范或法则。

若从“易道”之崇高性的角度来看，似乎可以说，“易道”即“天道”。在春台的论述中，也确有这种意思。《周易反正》中，春台总结《系辞上》第一章时说：“此章言有天地，斯有易道行于其间。所谓易与天地准，能弥纶天地之道。”[③]有天地，则有“易道”运行于天地之间。这种“易道”，无疑可视为“天地自然之道”，因为其中完全没有人为“造作”的因素在。春台又说：“百姓日用而不知，唯圣人能知之。”[④]对于这种“天地自然”而有的“易道”，圣人的贡献也并不是“制作”之，而是“知之”。就此天地自然之“易道”而言，圣人之高于常人者，只在于“知”的方面。圣人“知”此“易道”之后，“画卦爻以予人”。如果说，“卦爻”就是“易”，那么可以说，“易”确实是由圣人所制作出来的。这就是说，“易”与“易道”有所区别：“易”是圣人之制作，而“易道”则是天地自然而有。

又如《系辞》：“仰以观于天文，俯以察于地理，是故知幽明之故。”《周易反正》解释此

---

① 太宰春台：《周易反正》卷首自序，早稻田大学附属图书馆所藏抄本，抄手与抄写年代不明。春台自序作于延享三年（1746 年）。

② 《周易反正》“凡例”第 20 条。

③ 《周易反正》卷七，第 3 页。按：此抄本原无页码，本文所标页码据笔者自行计数，下同。

④ 《周易反正》卷七，第 3 页。

句云："包牺仰观俯察，而知阴阳刚柔进退变化之道，然后作易，以示后之君子。"[①]我们知道，春台对"易道"的基本定义就是"阴阳变化之道"。此处的"阴阳刚柔进退变化之道"乃是伏羲"仰观俯察"而得以有所"知"的，即是"天道"。两者综合起来，就可知道，"易道"即"天道"。伏羲对于"易道"也只能是"知"，而无法"作"。伏羲之"作"，乃是在对"阴阳变化之道"有所"知"之后，再"作易"。可见，单独讲"易"，则是指卦爻画和卦爻辞，这确实是圣人制作所成。但是，如果讲"易道"，则无法说是圣人制作。

然而，在春台的《周易反正》中，我们还可以看到另一些论述，其中对"易道"与"天道"仍是有所区别的。例如，《系辞上》云："是故君子所居而安者，易之序也。所乐而玩者，爻之辞也。"春台解释云："合易道，则合天道矣。"[②]可见，"易道"也不能直接就完全等同于"天道"。对于后世之"君子"而言，只能是通过"合易道"来间接地达到"合天道"的目的。

为什么"易道"一方面是"自然"而有的"阴阳变化之道"，但另一方面又仍与"天道"有细微的差距？这是因为春台对于非人为的"天地自然"有着比较复杂的认识。这可以通过与其师徂徕的对比来加以说明。徂徕思想中，"天"有着高度的神秘性。徂徕强调，"天"与"鬼神"都是不可测、不可知的。因此，徂徕甚至反对"鬼为阴之灵，神为阳之灵"这类说法。在徂徕看来，这类说法都是试图以常人的理智去把握鬼神的本质，注定不可能成功。[③] 与徂徕不同，在春台对于"天"与"鬼神"的认识中，他承认了以阴阳等概念对其加以认识的可能性。如《周易反正》解释《系辞上》的"成变化而行鬼神"云："变化、鬼神，皆阴阳之为也。"[④]

正是因为在春台思想中"阴阳"概念具有极强的解释力，可以对"天"和"鬼神"这类对象进行说明，所以春台才会不时将"天道"解释为"阴阳变化之道"，也就是"易道"。但是，另一方面，春台毕竟受到徂徕思想的影响，其观念中的"天"与"鬼神"仍然包含神秘不可测的性质。《系辞上》："知变化之道者，其知神之所为乎。"春台解释云：

> 变化之道，即易道也。圣人知变化之道，故其言信而有征，似知神之所为者也。[⑤]

在此解释中，春台区分了"知变化之道"与"似知神之所为"，这一区别颇具意义。从其表述来看，"阴阳变化之道"乃是圣人所可以确实"知"道的；而对于"鬼神之所为"，则其实圣人也并不真的确切有所"知"，而只是其行为暗与鬼神相合，"似知"而已。

在徂徕思想中，"天"与"鬼神"被强调为不可测、不可知的，因此，对于"天"与"鬼神"，唯有"敬"字可行。而到了春台这里，"天"与"鬼神"则包含两种性质：一方面，"天"与"鬼神"都遵循"阴阳变化之道"，在一定程度上是可以理性认知的；另一方面，"天"与"鬼神"

---

① 《周易反正》卷七，第 6 页。

② 《周易反正》卷七，第 4 页。

③ 徂徕云："夫天也者，不可知者也。且圣人畏天，故止曰'知命'，曰'知我者其天乎'，而未尝言'知天'。"（见其《辨名》下篇"天命帝鬼神"第 4 条，收入《日本思想大系》第 36 册《荻生徂徕》，岩波书店 1973 年版，第 236 页）又云："惟天也，不可知矣。惟鬼神也，不可知矣。"（《辨名》下篇"天命帝鬼神"第 12 条，收入《日本思想大系》第 36 册《荻生徂徕》，第 238 页）

④ 《周易反正》卷七，第 15 页。

⑤ 《周易反正》卷七，第 19 页。

又仍然包含不可知、不可测的性质，即使是圣人也只能是“似知”而无法“确知”。

在“天道”中，遵循“阴阳变化之道”的部分，也就是圣人可以“确知”的部分，就通过圣人所作之“易”而呈现为“易道”。而“天道”中不可知、不可测的那个部分，则又使得“易道”与“天道”之间仍然存在细微的差距。

以上是从“圣人之知”的角度来说明“易道”与“天道”之间的分合异同。若从“后人取法”的角度来看，“易道”也呈现出与“天道”不同的独特价值。《系辞下》云：“神而化之，使民宜之”，《周易反正》解释云：

> 阴阳之变，神之所为，民不能宜之。圣人以神道设教，财成之、辅相之，以赞化育，所以使民宜之也。①

我们知道，“易”所象征的就是“阴阳变化”。此处又说，“阴阳变化”的背后还有一个“神”的作用。此“神之所为”乃是“民”无法直接加以把握的，因此只有通过圣人的“神道设教”之后，“民”才能以“阴阳变化”为“宜”。这就是说，“天道”对于平凡之“民”而言乃是不可直接触及的，“民”必须借助圣人之“教”，才能间接地合于“天道”。

其实，不单是平凡之“民”，即使是“圣人”之中，最初作易之圣人伏羲与“后世圣人”之间也有所差别。《系辞下》有一章讲“观象制器”的故事，认为历代圣人之制作器物礼乐，往往有取于易象。在讲完此种“观象制器”故事后，《系辞下》接着说：“是故易者，象也。象也者，像也。”对此，《周易反正》解释云：

> 此承上文，言易本象天地之道，而后圣制作，又取象于易。像，形像也。……此章言包牺作易。及后圣继作，凡利用厚生之事，皆有取于易象。②

伏羲作“易”，是指创作出六十四卦之卦象。这六十四卦卦象，乃是“象天地之道”。也就是说，伏羲所制作的“易”是以“天道”为典范的。但是，到了“后圣制作”之时，伏羲所创作的“易”本身又成为一个新的典范。在这个作为“制作”之典范的意义上，“易象”直接就被称为“易道”。春台解释《系辞上》“形而上者谓之道，形而下者谓之器”云：

> 而上、而下，犹言以上、以下也。道，谓易道也。器，即制器之器，谓器用也。茂卿云：“器未成形之前，唯有易道。及其成形，乃始有器。”……纯谓，此言圣人制器利用，必有取于易象也。③

对于《系辞》的“道器”关系，春台采纳其师荻生徂徕（字茂卿）之说，认为“道”是指“易道”，“器”是指圣人所制之“器用”。“道”在形上而“器”在形下，就是说在“器”成形之前只有“易道”。此处的“易道”，春台又将之称为“易象”。

综上所述，在《周易反正》中，春台所说的“易道”有着丰富的内涵。从“易道”与“天道”的关系来讲，“易道”即“阴阳变化之道”，这种“道”乃是“有天地”，即有“易道行乎其间”的。因此，“易道”乃是天地之间“自然”而有的。但是，“易道”主要是指“天道”之中可

---

① 《周易反正》卷八，第4—5页。

② 《周易反正》卷八，第7页。

③ 《周易反正》卷七，第26—27页。

为圣人所确知的那个部分,似乎无法含括“天道”中不可测、不可知的那种神秘性质。从“易道”与“圣人制作”的角度来讲,春台认为,伏羲制作“易卦”,乃是取象于“天地之道”,而“后世圣人”制作礼乐器用,则是取法于“易卦”。相对于后世圣人所制作的内容而言,“易卦”即是“形而上”之“道”,也就是“易道”。在这个意义上,“易道”一方面是伏羲制作的结果,另一方面又是“后世圣人”取法的典范。

小　结

从本文的论述可知,无论是《易道拨乱》还是后来完成的《周易反正》,在太宰春台的易学著作中“易道观”一直都是一项非常重要的内容,而春台的论述也都表现出浓厚的个人特色。然而,细加对比可以看到,《易道拨乱》的重点放在说明“易道”与“常道”的不同,也就是强调“易道”的特殊性上;相反,《周易反正》中所叙述的“易道”,则同时是“天地之道”与“人事之则”,强调的是“易道”的普遍性。究其原因,或许是因为两部著作的解释对象根本不同。《易道拨乱》是与朱子《易学启蒙》进行对话的作品,其论述的重点在于《启蒙》所提出的河图、洛书等象数形式。春台有感于朱子对河图、洛书的会通是“牵合附会”,因此着力将河图与洛书截然分开,由此才得出“易道”与“常道”截然不同的结论。《周易反正》则是对于《周易》经传文本的注解,必须尊重经传原本的思想脉络。《易传》十翼本来就强调“易道”的崇高与普遍,因此春台也就顺着这一脉络而从自己的角度说明“易道”何以崇高而普遍。也就是说,春台虽然对于“易道”有着独特的看法,但他并未试图将自己的观点统合为具有一贯性的理论,更多的是采取一种“解释学”的态度,尊重所要解说的文本对象,并沿循文本脉络而提出自己的观点。

试析海昏汉简《卜姓》中的卦、爻关系与取象思路

易萧*

2015 年 7 月，考古工作者在江西南昌西汉海昏侯刘贺墓内发现一大批汉代简牍，其中有一篇名叫《卜姓》的易占类文献颇引人注目。《卜姓》共由 5 枚竹简组成，其内容则是按照乾、坤、艮、兑、坎、离、震、巽的顺序依次列出八经卦之卦画及各卦、爻（简文写作"肴"）对应的姓氏。每卦又皆以黑色实心圆点作为起始标志，首简黑点之下有"卜姓"二字，应为篇题，故整理者即称该篇作《卜姓》。① 从用法上看，筮者参考其中卦、爻与姓氏的配比，就可以反过来由占得的某卦、某爻推断出相应的姓氏。整理者已公布了清晰的图版和精准的释文，极大地方便了学者使用。

《卜姓》简文以秀美的隶书抄写，文字清晰，内容也比较简洁，但其中仍有一些问题值得探讨。故笔者试作进一步探究，希望对读者理解简文有一定帮助。如所论有错谬之处，尚祈方家不吝指正。

一、《卜姓》中的卦、爻关系

为方便讨论及省去读者翻检之劳，先抄录整理者的释文如下：

> ·卜姓：☰为载（戴）是（氏），高是（氏），董是（氏），任是（氏），卫是（氏）；肴（爻）为于是（氏），范是（氏），石是（氏），吕是（氏）。·☷为伥（张）是（氏），王是（氏），宗是（氏）；肴（爻）为赵是（氏），马是（氏），成是（氏）。·☶为郭是（氏），左是（氏），张是（氏），任是（氏），樊是（氏），庄是（氏），山丘是（氏），□李是（氏）。·☱为李是（氏），史是（氏），昆是（氏），丁是（氏），梁是（氏），脱是（氏），朱是（氏）；肴（爻）为周是（氏）。·☵为只虚丘是（氏），□是（氏），林是（氏），郭是（氏），垣是（氏）；肴（爻）程是（氏），井完田是（氏），韩是（氏），陈是（氏）。·☲为苏是（氏），冯是（氏）；肴（爻）为□是（氏），□□马是（氏），夏侯是（氏），魏是（氏），桑是（氏）。·☳为陈是（氏），程公孙是（氏），田是（氏），任桑是（氏）；肴（爻）为贵是（氏），荣是（氏），公孙是（氏），俞载（戴）

* 作者简介：易萧，辽宁师范大学历史文化学院讲师。

① 释文及图版参见赖祖龙：《海昏竹书〈卜姓〉〈去邑〉初释》，朱凤瀚主编：《海昏简牍初论》，北京大学出版社 2020 年版，第 268—278 页。

是(氏),娄是(氏),起是(氏)。·☴为淳于是(氏),射是(氏),□是(氏);肴(爻)为陈是(氏),吴是(氏),虞是(氏)。[①]

简文篇题作《卜姓》,而全篇所涉姓氏皆曰"某是(氏)",且所涉多数姓氏确实属于传统定义的"氏"而非"姓",可见当时氏、姓已常常混称而不分。《史记》中习见"姓某氏"之说法,如"姓姒氏""姓赵氏""姓刘氏"之类,正可与简文相参照。

《卜姓》简文皆是先抄写某一经卦之卦画,再抄若干姓氏,该经卦显然是与其统领的各姓氏相对应。换言之,一卦对应的若干姓氏都是此卦之象,这种形式与《周易·说卦传》"乾为天,为圆,为君,为父,为玉,为金"之类相似。之后,简文又列举"肴"对应的姓氏。整理者将"肴"读作"爻",可从,如清华简《筮法》及马王堆帛书《系辞》《衷》《要》中"爻"即写作"肴"。因此,"肴"所配之姓氏应即取自爻象,且应与前面对应的某一经卦相关。

我们知道,"爻象"含义十分广泛,举凡爻之筮数、阴阳、爻位、所配干支等皆可称作"爻象",细而论之则如下:

其一,筮数。术者先利用各种占筮方法进行演算,然后得出九、八、七、六、五、四等数字,再由这些数字组成卦来占测吉凶。清华简《筮法·爻象》中分别记载了八、×(五)、九、四等筮数之象,并明确称之为"肴(爻)象"。[②]

其二,阴阳。无论是以今本《周易》使用的长、短横作爻,还是"数字卦"以筮数作爻,爻皆分阴阳,并由此推衍出《系辞》所论刚柔、进退、昼夜、男女、动静之象。

其三,爻位。《系辞》曰:"是故列贵贱者存乎位。"又曰:"二与四同功而异位……三与五同功而异位。"从初爻到上爻,代表事物由始至终、由小至大、由低到高、由卑至尊的不同状态或发展阶段。如以爵位而言,初爻为元士,二爻为卿大夫,三爻为三公,四爻为侯,五爻为帝位,上爻为宗庙。另外,易学中常说的"乘""承""比""应""据""隔"之类爻象,也多是就爻位而言。

其四,爻所配之天干、地支。我们知道,重卦六爻可分别与天干、地支相配,此即后世所谓"纳甲法"。以天干而论,乾下卦配甲,上卦配壬;坤下卦配乙,上卦配癸;震配庚,巽配辛,坎配戊,离配己,艮配丙,兑配丁。以地支而论,阳卦配子、寅、辰、午、申、戌六支,乾、震起子,坎起寅,艮起辰,从初爻至上爻依次推排;阴卦配未、巳、卯、丑、亥、酉六支,坤起未,巽起丑,离起卯,兑起巳,从初爻至上爻依次推排。以数而论,甲己子午为九,乙庚丑未为八,丙辛申寅为七,丁壬卯酉为六,戊癸辰戌为五,巳亥为四。[③] 这样一来,重卦每一爻皆可与天干、地支对应,那么天干、地支的阴阳、五行、数目及其所代表的各种物象,则皆是"爻象"的内容。

---

① 赖祖龙:《海昏竹书〈卜姓〉〈去邑〉初释》,朱凤瀚主编:《海昏简牍初论》,第268—269页。

② 释文参见李学勤主编,清华大学出土文献研究与保护中心编:《清华大学藏战国竹简》(肆),中西书局2013年版,第120页。

③ 目前所见文献中,有关此说之记载以清华简《筮法》为最早,不过与传世文献不同的是,《筮法》中未以乾、坤配地支,也未见以十天干配数。参见李学勤主编,清华大学出土文献研究与保护中心编:《清华大学藏战国竹简》(肆),第114、118—119页。

占筮中需要用到的爻象有很多，如三卷本《京氏易传》还以五星、二十八宿配爻，则对应星、宿之情况亦可作为“爻象”，但举其大要，则一般仍以上述四种为主。

《卜姓》简文先列举配经卦之氏，后列举配爻之氏，则相应卦、爻之间当有紧密联系。而在实际占筮中，一般推演所成皆为重卦（即六画卦），那么，按照我们所掌握的占筮理论，重卦中卦、爻之间可通过以下两种方式建立联系。

第一，重卦的上、下经卦或互卦（由二三四或三四五爻组成）中出现某一经卦，则构成此经卦三爻中的任何一爻皆具有该经卦之象。具体来说，一方面，该爻处于经卦之中，故带有此经卦之象；另一方面，该爻与筮数、爻位、干支等相配，又兼具其自身所特有的爻象。

《周易·系辞下》中讲“六爻相杂，唯其时物也”，李鼎祚《集解》引干宝曰：

> 一卦六爻，则皆杂有八卦之气。若初九为震爻，九二为坎爻也。或若见辰戌言艮，巳亥言兑也。或若以甲壬名乾，以乙癸名坤也。或若以午位名离，以子位名坎。

所谓一爻杂有八卦之气，其本质上即此爻带有相应的八卦之象。干宝于此处一共总结了四种情况，其中一种是爻本身即在构成经卦的三爻之内，另外一种则是爻独立于经卦三爻之外，其他两种情况后文讨论。所谓“若见辰戌言艮，巳亥言兑也”，上文已论艮初、四爻分别纳辰、戌，兑初、四爻分别纳巳、亥，故艮卦内的辰、戌爻自然有艮象，兑卦内的巳、亥爻自然有艮象；“若以甲壬名乾，以乙癸名坤也”，即上文所论乾卦内、外卦分别纳甲、壬，坤卦内、外卦分别纳乙、癸，故甲、壬爻有乾象，乙、癸爻有坤象。这两种情况是就经卦内部之爻而论，即某一爻因处于某经卦之中而带有此卦之象。①

这种取象方式在清华简《筮法》中也有体现。《筮法·祟》中列举了占筮中八卦对应之“祟”的情况，其中乾、坤两卦的内容如下②：

> 倝（乾）祟：屯（纯）五，宆（灭）宗。九乃山。肴（淆）乃父之不㱙＝（葬死）。莫（暮）屯（纯）乃室中，乃父。③
>
> 臾（坤）祟：门、行。屯（纯）乃母。八乃奴（奴）以死，乃西祭。四乃䋣（缢）者。

不难发现，这里八、五、九、四等爻应为经卦内部三爻之一，爻不脱离于相应的经卦，爻要结合其所属的经卦来取象。从《筮法·爻象》可以看出，爻象本来是灵活多变的，而这里有了卦象的限制，其取象范围便大大缩小，取象也变得明晰一些。

---

① 或许还可以作另外一种理解，即今日之“纳甲法”中以辰戌配艮，巳亥配兑，则主要以此二支分别配初、四爻，然后依次将六个爻全部配上地支。而类似清华简《筮法》等文献的记载，皆只笼统地说辰戌配艮，巳亥配兑，未言地支要配六个爻，故也有可能早期只有辰戌配艮（无午、申、子、寅），巳亥配兑（无卯、丑、酉、未）。若果如此，即便重卦中没有出现艮、兑，则爻中见辰、戌皆可看作艮卦，见巳、亥皆可看作兑卦。

② 参见李学勤主编，清华大学出土文献研究与保护中心编：《清华大学藏战国竹简》（肆），第 115 页。另，引文句读据其他学者之研究稍作调整。

③ 按，李守奎先生将“宆”读作“祖”，“肴”仍读作“爻”，详见氏著《清华简〈筮法〉文字与文本特点略说》，《深圳大学学报》（人文社会科学版）2014 年第 1 期。

汉唐以来,《易》注中常用“体”来表示一爻所属之经卦。今举数例如下:

《鼎》初六“鼎颠趾”,郑玄注曰:“爻体选(巽)为服(股),爻在服(股)之下,足象也。”①

《易纬乾凿度》卷下曰:“孔子曰:《复》表日角。”郑玄注曰:“名《复》者,初,震爻也。”同卷又曰:“《姤》表耳参漏,足履王,知多权。”郑玄注曰:“姤,初爻在巽。”

《屯》上六“泣血涟如”,李鼎祚《集解》引《九家易》曰:“体坎为血。”

《蒙》上九“击蒙”,李鼎祚《集解》引虞翻曰:“体艮为手,故击。”

《丰·彖》“王假之,尚大也”,李鼎祚《集解》引姚信曰:“四体震。”

上述《易》注或曰“某爻体某卦”,或直接曰“某卦某爻”,其用法相同,皆论说某一爻因处于某经卦之中而带有此卦之象。如《屯》上六爻在坎体之中而具血象,《蒙》上九爻在艮体之中而具击打之象(艮为手)。

第二,重卦上、下卦及互卦之中,皆未出现某一经卦,但重卦中某一爻可以代表相应的经卦。也就是说,某一爻不在构成某一经卦的三爻之内,但同样可以代表此经卦。上引干宝所论爻有“卦气”之说一共包含四种情况,前文已经讨论了其中两种,剩余两种即属于这种情形,今释之如下:

(1)“以午位名离,以子位名坎”,午、离皆位正南且五行属火,子、坎皆位正北且五行属水,故午爻具有离象,子爻具有坎象。

(2)“初九为震爻,九二为坎爻”,此即所谓“爻体”说。在现存汉魏《易》注中,郑玄是最早且较多运用此说的。对于其规律,清人张惠言《周易郑氏义》总结曰:

阳爻在初、四则震爻,二、五则坎爻,三、上则艮爻;阴在初、四则巽爻,二、五则离爻,三、上则兑爻。《贲》注云“六四巽爻”,《颐》《损》云“二五离爻”,《萃》云“四本震爻”,《井》云“九二坎爻”,《中孚》云“二五皆坎爻”是也。又以爻卦取值宿为象,《离》九三云“艮爻也,位近丑,丑上值弁星,弁星似缶”是也。②

按照“乾坤生六子”之说,乾、坤二卦通过爻自下而上的变化来生出其余六个经卦,而各卦的属性主要通过某一“主爻”的阴阳和爻位来确定。③ 例如震卦的主爻为初爻(阳爻),巽卦的主爻也为初爻(阴爻)。“爻体”说即利用这种观念,就重卦而言,凡阳爻在初、四即为震爻,阴爻在初、四即为巽爻。这样一来,一爻便可代表一个对应的经卦,并同时具有相应的卦德、卦象。④ 例如引文中所列举的《贲》卦,其下卦为离,上卦为艮,中间则有震、坎两个互卦,而无巽卦,但四爻为阴爻,又是上卦之初爻,故六四为“巽爻”;《颐》卦,其

① (宋)李昉等撰:《太平御览》卷一百四十六,中华书局1960年版,第711页。

② 张惠言:《周易郑荀义》卷上,续修四库全书编纂委员会编:《续修四库全书》第26册,上海古籍出版社2002年版,第675页。

③ 宋以来学者常用“主爻”一词,其含义则不尽相同,且或就经卦而言,或就重卦而言,相关问题较为复杂,故此处暂不讨论。本文所指“主爻”,皆就经卦而言。

④ 如果从“互卦”的思路出发,“爻体”说就相当于利用一个爻互出一个新的经卦,故清代方申即称之为“一画互卦之法”,参见方申:《周易互体详述》,《方氏易学五书》卷四,续修四库全书编纂委员会编:《续修四库全书》第30册,上海古籍出版社2002年版,第45页。

下卦为震，上卦为艮，中间有互卦坤，而无离卦，但二、五爻为阴爻，又各在经卦之中爻，故皆为“离爻”。

这里还有一个问题，即乾、坤二经卦三爻同阴阳，不像其余六个经卦皆有一个“主爻”，那么其“爻体”便不好划定。对此，清代方申补充曰：

> 乾，下乾上乾。初九、九二、九三、九四、九五、上九皆乾爻。初九震爻，九二坎爻，九三艮爻，九四震爻，九五坎爻，上九艮爻。
>
> 坤，下坤上坤，初六、六二、六三、六四、六五、上六皆坤爻。初六巽爻，六二离爻，六三兑爻，六四巽爻，六五离爻，上六兑爻。[①]

按照方氏之解释，则乾、坤二经卦中的爻既具有本卦之象，又具有相应的“六子”之象。不过，《卜姓》简文中各卦与爻似乎是单独对应，没有混杂，所以不像是采用此类方法。另外值得注意的是，上论某卦为某爻之“体”以及张惠言定义的“爻体”，在郑玄的《易》注中皆有所使用。但从上引诸例中可以清晰看出，两者在用法上是不一样的，故不能混淆。[②] 当然，我们以为，张惠言实际将“爻体”的含义窄化了，单就郑玄《易》注而言，两种方法皆可称作“爻体”。

总结前文，知目前所见传世及出土文献中卦、爻关系主要有上述两种：其一，重卦上、下卦及互卦之中出现某一经卦，该爻为构成此经卦的三爻之一；其二，重卦上、下卦及互卦之中，皆未出现某一经卦，但某一爻可以代表相应的经卦。那么，《卜姓》中的卦、爻关系是属于哪一种呢？

从历代筮法理论的发展与使用情况来看，第一种卦爻关系更为流行、常见。然而，《卜姓》中仅笼统地于某经卦之下说“爻为……”，未注明究竟是何爻。一经卦由三爻组成，每一爻的爻位及对应的天干、地支、数目又不同，若笼统地列举爻象（即姓氏）而不注明其他内容，必然会引起混乱和误解。因此，从常理推测，《卜姓》的作者应该不会这样编写文本。也就是说，《卜姓》的内容可能符合第二种卦爻关系，即某一爻可以独立代表相应的经卦。例如，一重卦的上、下、互卦中即便都未出现乾这一经卦，但只要出现了代表乾卦的某一爻，就可推断为乾卦代表的姓氏。同时，《卜姓》中一对卦、爻所配姓氏几乎都不重复，这又意味着一爻一定不是单独使用，而可能是和其所代表的经卦配合使用；如果是单独使用，那么一定会出现其对应的姓氏与经卦对应的姓氏重复的情况。

综上所述，《卜姓》中的卦、爻很可能是兼有上述两种关系。即一般以经卦之象判断姓氏，而当该经卦中又同时出现代表该经卦之爻，则又要结合爻象作进一步判断。我们发现，《卜姓》中有一些配卦之氏与配爻之氏是有联系的，也刚好可以证明这一点（详见下文）。

---

① 方申：《周易互体详述》，《方氏易学五书》卷四，续修四库全书编纂委员会编：《续修四库全书》，上海古籍出版社2002年版，第54页。

② 如刘玉建即以为郑玄注中只有张惠言定义的“爻体”说，参见刘玉建：《两汉象数易学研究》，广西教育出版社1996年版，第392—394页。

二、《卜姓》的取象思路

中国古人经常将五行(五音)、八卦、十天干、十二地支(及“十二神”“十二将”等)及音律等与姓名进行配比,并将之运用于占筮之中,与人事的吉凶联系起来,我们统称这种占筮方法或活动为“姓名之占”。[①]《卜姓》的内容显然也可置于中国古代姓名之占的大框架下进行考察。

以《周易》八卦卦象来占卜姓名,在先秦文献中已可见到。如《左传·庄公二十二年》载曰:

> 周史有以《周易》见陈侯者,陈侯使筮之。遇观䷓之否䷋,曰:“是谓‘观国之光,利用宾于王’。此其代陈有国乎?不在此,其在异国;非此其身,在其子孙。光远而自他有耀者也。坤,土也;巽,风也;乾,天也。风为天于土上,山也。有山之材,而照之以天光,于是乎居土上,故曰‘观国之光,利用宾于王’。庭实旅百,奉之以玉帛,天地之美具焉,故曰‘利用宾于王’。犹有观焉,故曰‘其在后乎’。风行而著于土,故曰‘其在异国乎’。若在异国,必姜姓也。姜,大岳之后也。山岳则配天。物莫能两大,陈衰,此其昌乎?”[②]

此为陈完(即田敬仲)少时,周史以《周易》为之筮。杜预注曰:“姜姓之先为尧四岳……变而象艮,故知当兴于大岳之后。”这是以互卦中有艮,艮为山、为大岳,而姜姓为“大岳之后”,将艮卦卦义、卦象与姜姓对应起来,由此推断出陈完后人必兴于姜姓之国。

不难理解,这种占筮技术中,最核心的内容就是通过卦义、卦象将八卦与姓氏配比起来。有了这种配比之后,筮者就可以按图索骥,根据卦象推断姓氏。

在海昏汉简《卜姓》出土之前,相对详细地记载八卦所配之具体姓氏的文献最早只能追溯到唐宋时期。敦煌出土数术文献中有不少八卦配姓氏的内容,一卦常常对应多个姓氏,也即若干个字。例如,《推人病》(P.3081V)篇中《推人八卦游载所至厄法、得病轻重吉凶》一节曰:

> 行载立乾,大厄二、六、十三日,不可南行及前南方人,吉。付(多)逢病家,姓马、冯,向人生气,若己卯、己丑、己酉、己亥、己巳,此时日得病者,十死一生。
>
> 行载立坎,大厄正月七、十四日,不可西南行,多逢鬼家,姓宗字非明,向人生气,若乙未、乙卯、癸丑、癸亥、癸酉,此日得病,十死一生。
>
> 行载立艮,大厄四、十月十五日、廿三日,不得东南行及前东南[人],必逢怨家,姓张、周、武,向人生气,若辛丑、辛亥、辛酉,此日得病,十死一生。
>
> 行载立震,大厄三、九月一日,不可东行及前东方人,多逢怨家,姓通字仲明,向人生气,若庚子、庚寅、庚申、庚戌,此日病者,十死一生。

---

① 笔者曾对传世及出土文献中有关姓名之占的方法进行总结,文繁不录。读者想进一步了解相关问题,可参考拙文《海昏汉简易占类文献研究》,清华大学博士学位论文,2023年。

② 浦卫忠等整理:《春秋左传正义》卷九,北京大学出版社2000年版,第308—312页。

行载立巽，大厄六月、十二月九日、十七、廿五日，不可东北行及前东北人，必逢怨家，姓索，向人生气，若丙午、丙申、丙寅、戊子，此日得病，十死一生。

行载立离，大厄五、十一、八日、十八、廿八日，不可西北行及前西北人，逢怨家，姓韩、莫、耗，向人生气，若壬辰、壬午、壬申、壬戌，此日病，十死一生。

行载立坤，大厄五月、十一月十五、廿五日，不可北行及前北方人，必见怨家，姓任、杨、武，向人生气，若戊申、戊寅、戊辰、戊戌、戊子，此日病，十死一生。

行载立兑，大厄八、五月二、八日，不得东行及前东北[人]，多逢怨家，姓王、谈、张，向人生气，若丁巳、丁丑、丁亥、丁酉、丁未，此日得病，十死一生。

以前凡人避病，以月德及生气上吉，亦可看生气、色衣，若生得悉，即移向月德避之，吉。①

虽然"行载"（即"行年"）的用法在《五行大义》等文献中有记载，但我们仍搞不清其详细用法，好在可以看出文中需要避忌的方位与姓氏是对应的。如"行年立乾"，其要避忌的干支为"己卯、己丑、己酉、己亥、己巳"，此皆为离卦所纳之干支，离为南方，正与文中"不可南行及前南方人"相一致，相应地，所逢姓马、冯之"病家"亦属离卦。② 由此，我们可将文中八卦与姓氏的对应关系总结如下：

乾：姓韩、莫、耗。　坤：姓宗字非明。
震：姓通字仲明。　巽：姓张、周、武。
坎：姓任、杨、武。　离：姓马、冯。
艮：姓索。　兑：姓王、谈、张。

与推断"行年"吉凶相近，推断"游年"吉凶中也涉及八卦与姓氏的对应。例如敦煌出土《推人游年八卦图》(P.2830)残卷一种，其文曰：

☲离家火……游年在离，南方。其年之中，宜姓侯、吕、董交通，吉……离神姓马，家(字)仲□……

☷坤家土……游年在坤，西南。六月未日不可西南行，一年之中，宜与姓马、侯、□□□□、苏、许、吕、郭交……

☱兑家金……游年在兑，忌八月酉日，不宜正西。其年之中，宜与姓强、许、□□□□、郭、乐往还，凶……

☰乾家金……游年在乾。忌九月戌日，一年之中，宜与姓张、□□□……乾神姓高，字伯龙……③

其中适宜交往之姓显然也可与八卦对应起来，但各姓具体对应哪一卦却不好判断，

① 篇名及释文皆据关长龙辑校：《敦煌本数术文献辑校》，中华书局 2019 年版，第 1252—1253 页。又，黄正建据文书中"行年"写作"行载"，"生年"写作"生载"，即凡"年"均写作"载"，疑其为唐玄宗天宝年间改"年"为"载"时的作品。其说可从。参见黄正建：《敦煌占卜文书与唐五代占卜研究》(增订版)，中国社会科学出版社 2014 年版，第 129 页。

② "行载立兑"时要避忌的干支为"丁巳、丁丑、丁亥、丁酉、丁未"，这是兑卦所纳之干支，根据全篇体例，知所避忌的方位为西方，故"不得东行及前东北[人]"有误，当改作"不得西行及前西方人"。

③ 释文据关长龙辑校：《敦煌本数术文献辑校》，中华书局 2019 年版，第 1350—1352 页。

故只能存而不论。而且,即便能像《推人病》中知道八卦与姓氏的对应,我们也仍无法弄清楚其取象的思路,即“知其然而不知其所以然”。

目前所见较为系统地记载八卦与姓氏对应的资料,且我们又可以理解其取象思路的文献,以传为宋初麻衣道者所著《火珠林》为最早。该书《占姓字》篇曰:[①]

以日配用,四象谁胜?若无象用,姓字何证?

卦之克字,以日配用爻,兼内外互卦,正、化体象,取胜为主,然后合成字象。(原注:以上阙)。此必是钱字,不然则成刘字,盖钱有两戈,刘有竖刀,故也。再如甲乙日占贼姓,得纯艮卦,土爻体见寅,[②]寅属木,木鬼配甲乙日,亦属木,三体相兼,为林字姓也。他仿此。但以干配姓,以支配合,以纳音配字,取象度量,尽其妙理,当慎思之。[③]

八卦类:

乾为圆象,为点,为马,为金、玉,为言旁,为头。

坎为雨头,为点水,为水目,为小弓旁,为内实外虚、屈曲之象。

艮为横画,为口、手,为门人,为己田,为山、水、易旁,上尖下大,上实下虚。

震为木象,为二七,为竹、木,为立画、偏拔,上大下尖,下虚上实。

巽为廿[④]头,为揵服,为长举,为绞丝,上长下短,为下点。

离为日旁,外实内虚,为中,为戈,为日,为心,为火。

坤为横画,为土,为方,为木旁。

兑为金,为日,为钩,为八字,为巫,为微细。

相比于前述两种敦煌文献,《火珠林》不再列举八卦对应的具体姓氏,而是介绍八卦对应的文字、笔画、偏旁以及文字结构,取象思路十分清楚。同时,文中还列举了天干、地支、五行等其他元素与文字笔画、结构的对应关系,以辅助于八卦卦象。[⑤] 一个个笔画或偏旁组合成文字,姓氏自然也就出来了。实际上,无论人名、官名、地名、年号乃至一切有名之物,总是由文字组成,故理论上说凡有名之事物无不可占。因此,从技术层面来说,这实际是一个重大转折,占卜姓氏完全发展为对文字的占筮了。其核心内容,则由卦象与具体姓氏的配比,转变为卦象与文字的配比了。从《火珠林》本身出发,虽然原文中也提到“以纳音配字”,但主要还是从字义、字形出发,而不涉及字音。

---

① (宋)麻衣道者撰,程芝云校正:《火珠林》,《故宫珍本丛刊》第 30 册,海南出版社 2000 年版,第 178 页。又,传世《火珠林》有两个版本系统,一为宋本系统,一为通行本系统,两个版本在内容上几乎完全不同,赵为亮《〈火珠林〉考略》(《周易研究》2022 年第 1 期)已有详细考证。据笔者所见,现有宋本系统以日本蓬左文库藏室町末期钞本最为完整。本文引述的相关内容只见于通行本系统,而不见于宋本系统。通行本的产生年代还难以确定,但从其知识体系来看,亦当有较早的来源。

② 艮卦纳甲仅上爻为寅,故疑“土”为“上”之讹。

③ 以上文字亦见于《卜筮元龟》《断易天机》等占筮书,分别见佚名:《占知贼男女姓名章》,《大易断例卜筮元龟》卷上,日本京都大学藏抄本;佚名:《鼎锲卜筮鬼谷源流断易天机大全》卷下,《故宫珍本丛刊》第 421 册,海南出版社 2000 年版,第 143 页。

④ 巽为木,故“廿”当作“艹”。

⑤ 相关内容,参见(宋)麻衣道者撰,程芝云校正:《火珠林》,《故宫珍本丛刊》第 421 册,第 178 页—179 页。

明清之际的易占类文献中，也有不少涉及八卦配姓之资料，其内容与《火珠林》之说大同小异。如明清以来流传最广、影响最大的《梅花易数》中即有相关记载。[①] 清秣陵德聚堂刻本《梅花易数》卷一《八卦万物属类占》载八卦配姓如下：

> 【乾】姓字：带金傍者，商音，行一四九。
>
> 【坤】姓字：宫音，带土姓人，行位八五十。
>
> 【震】姓字：角音，带木姓氏，行位四八三。
>
> 【巽】姓字：角音，草木傍姓氏，位行五三八。
>
> 【坎】姓字：羽音，点水傍之姓氏，行位一六。
>
> 【离】姓字：徵音，带次及立人傍姓氏，位行三二七。
>
> 【艮】姓字：宫音，带土字傍姓氏，行位五七。
>
> 【兑】姓字：商音，带口带金字傍姓氏，位行二四九。[②]

同书卷三《卦应》中又有所补充，其大旨如下：

> 【乾】字：方圆形字，有头者须旁八卦。
>
> 【坤】字：圭、金、门、牛旁。[③]
>
> 【震】字：走、竹旁，立画偏。
>
> 【巽】字：草木竹旁。
>
> 【坎】字：两头点水、全水、月、小弓之属。
>
> 【离】字：火、日旁。
>
> 【艮】字：土、牛、田傍。[④]
>
> 【兑】字：家、金、钩、口傍。[⑤]

此外，明代杨向春《皇极经世心易发微》、明喻有功《周易数》（又名《周易悬镜》）及清道光年间王通瑞编《邵子易数》（又称《新镌易数》，系删订增补《周易数》而成）等，也载有相近的内容。[⑥] 它们与《梅花易数》显然有着千丝万缕的联系，只是目前尚无法考证孰先孰后。

那么，《卜姓》中的卦、爻是如何取象的呢？经过我们的观察，发现可以从离卦所配之卦、爻象中找到一个突破口。

---

① 该书之版本，以笔者目前所见，似以韩国藏（韩国学中央研究院藏书阁藏）明景泰间刻本《家传邵康节先生心易卦数》为最早，后世最为流行的则是经过增补的德聚堂刻本。就八卦配姓之数据而言，两个版本大略相同，不过德聚堂本新增之卷三《卦应》的内容则为景泰本所无。就书名而论，该书又有《新镌增订相字心易梅花数》《新刻增定邵康节先生梅花观梅拆字数全集》《先天后天观梅拆字梅花数》《观梅数》等名。后世版本虽多，但皆可追溯到上述两版，其版本系统并不复杂，故本文不再详论。

② （宋）邵雍：《梅花易数》，《故宫珍本丛刊》第415册，海南出版社2000年版，第15—22页。

③ "圭"字原作"主"，据民国广益书局石印本《新刻增字邵康节先生梅花观梅拆字数全集》校改。

④ "田"原作"出"，据民国广益书局石印本《新刻增字邵康节先生梅花观梅拆字数全集》校改。

⑤ （宋）邵雍：《梅花易数》，《故宫珍本丛刊》第415册，第54页—56页。

⑥ 参见（明）杨向春：《八卦取象》，《皇极经世心易发微》第二卷，《四库全书存目丛书》第57册，齐鲁书社1995年版，第3—506页；（明）喻有功：《八卦形象镜》，《新镌周易数编》第三卷，日本内阁文库藏明李洪宇刻本，第57—64页；（明）喻有功撰，王通瑞删订：《八卦形象镜》，《邵子易数》第二卷，《故宫珍本丛刊》第415册，第304—307页。

离卦配氏中有“冯氏”，此为卦象。按，马于十二地支配午，于八卦可配离。十二属及三十六禽中皆以马配午，午为正南方，又对应离卦，故《晋书·苻融传》曰：“《周易》坎为水，马为离。”《晋书·索紞传》曰：“马属离，离为火。”“冯”字从“马”，故亦可与离卦相配。郭璞《洞林》卷上“冯马之师乃寡妪”注曰：“马，午。午为火，冯亦马。”可以为证。同时，离卦之下又云“肴(爻)……□□马是(氏)”，简文“马是(氏)”前阙两字，疑“马是(氏)”应单独作为一氏配离爻，正好与离卦所配之“冯氏”相对应。由此可见，《卜姓》中所列举的一对卦、爻的确是有关系的，这又可以证明我们在前文中有关卦爻关系的推论。巧合的是，上引敦煌文献《推人病》篇中离卦对应的姓氏也正好为马、冯，正与《卜姓》中的配比相一致。这也反映了后世数术文献在思想内容上对早期文献的传承。

由此可见，《卜姓》中卦、爻与姓氏的配比，可能主要就是从卦象、字义出发。据此，我们又可对《卜姓》中一些姓氏的取象进行分析。试举三例如下：

(1)乾爻所配之“石氏”。《说卦》曰：“乾为玉。”玉为“石之美”者，则石自然可以配乾。又《左传·昭公二十年》日“八风”，孔颖达《正义》引贾逵曰：“乾为石，为不周风也。”《国语·周语下》“而行之以遂八风”，韦昭注引传曰：“西北曰乾，为石，为不周。”对此，清人李贻德解释道：“其乾之为石者，《易·说卦》：‘乾为玉。’《诗·商颂·那》‘依我磬声’，《笺》云：‘磬，玉磬。’《尔雅·释乐》‘大磬谓之毊’，郭注：‘以玉石为之。’是石即为玉之义也。”[①]此皆说明“石”可配乾。

(2)坤爻所配之“马氏”。按，《易纬乾坤凿度》曰：“坤为马。”《易·坤》卦辞曰“利牝马之贞”，《集解》引干宝曰：“行天者莫若龙，行地者莫若马，故乾以龙繇，坤以马象也。”《旧唐书》卷五十一《太宗文德皇后长孙氏传》载曰：“龙，乾之象也；马，坤之象也。”故知“马”可配“坤”。

(3)兑卦所配之“丁氏”。按，前文已论，兑卦于天干配丁。《系辞上》“在天成象”，《集解》引虞翻曰：“兑象见丁。”《系辞上》“五位相得”，《集解》引虞翻曰：“丙艮、丁兑相得。”故“丁氏”为兑卦之象。

另外，我们发现巽爻之氏中有“吴”“虞”二氏。《释名·释州国》：“吴，虞也。太伯让位而不就，归，封之于此，虞其志也。”二字音近，字形中皆有“吴”，古又互通，则自然可归入同一爻象之下。《卜姓》并举二者，显然是作为不同的姓氏著录，这同时也反映了取象会考虑到字形偏旁，与前论“冯”“马”二氏的情况相近。

综上所述，可知《卜姓》中所见之“氏”可能主要是从字义、偏旁等角度与卦、爻象进行配比。慎重起见，我们只根据文献记载，对上述几个卦象、卦义比较明显的姓氏进行解读，其取象思路相对较为明晰；至于其他姓氏，是否也可以这样解读，目前还不能给出确切的答案，但我们倾向于采用同样的思路进行分析。

① 李贻德：《春秋左氏传贾服注辑述》第二卷，清同治五年朱兰刻本。

余 论

《卜姓》简文虽然简单，但完全弄明白其文本背后的理论并不容易。由于文献不足，我们勉强可以从部分简文中，找出配爻之氏与所属经卦之间的一些联系，其本质还是取卦象，却很难发现爻本身的一些象意。因此，相关简文仍值得学者进一步探索。

简文中有不少姓氏如“只虚丘”等，在目前所见传世及出土秦汉简帛中皆很难发现，很可能是有讹字，而其他一些复姓还有可能是抄脱“是(氏)”字而引起的误解。

此外，我们发现《卜姓》中的许多姓氏都见于汉代流行的《急就篇》中，如载(戴)、高、董、任、卫、狂、范、石、赵、马、成、郭、左、樊、史、朱、周、程、韩、陈、冯、田、荣、公孙、淳于、宋、吴、虞等等。从理论上说，《急就篇》中的姓氏大多是当时为人们所熟知的，由此也可看出《卜姓》是针对当时常见姓氏的占筮，简文中所载的“卫”“吕”“张”“王”“李”“陈”等皆是当时大姓。至于汉代大姓“刘”为何没有出现在简文中，是由于避讳而略去，还是简文所据之底本原无，尚不确定。总之，不考虑其迷信色彩，可以说《卜姓》比较贴合当时实际生活的需要，而非不切日用的空浮理论。

汉代《周易》文本形态分析

——马王堆帛书《周易》与《说文》《周易》对比

江咏*

《说文》所引《周易》文本与马王堆帛书本《周易》同出于汉代，都是汉代《周易》的早期版本，从中可窥见汉代《周易》的流传形态。《说文》用孟氏《易》，研究《说文》引《周易》与孟氏《易》的关系，有助于理解汉代今古文学派与今古文字之争。除了传世的《周易》各个版本以及《经典释文》《周易集解》记录的各家异文，《马王堆帛书周易》等出土文献也为研究汉代《周易》不同时代的异文提供了新的材料。

《说文》中的《周易》文献保留了《周易正义》之前的《周易》文本形态，由此可从中研究汉代经学的形成和文献流传的方式，也可以通过《说文》中的《周易》文献探究汉代今古文学派传承的文本形态。孟氏《易》作为今文学派，其易说如今已佚失，由于许慎在《说文解字叙》中提到"称《易》孟氏"，今人多以《说文》中的《周易》文献为孟氏《易》，研究《说文》中的《周易》文献就是研究孟氏《易》。然而孟氏《易》在《说文解字》中被称为古文，在传统认知中则被归为今文经学派，又引发了后人对孟氏《易》和《说文》中《周易》文献关系的讨论。同时，《马王堆帛书》中的《周易》文本虽然不能确定为今古文的任何一学派，但是因文本未经过后世文字的规范化，所以可以作为汉代《周易》经文的另一参考文本。

汉代已形成固定的《周易》文本。但因为文字形体处于时代变革之中，字形有变化，所以目前看到各个历史时期的《周易》有各种不同的文本，这与各本处在不同的时代有关。但《说文》的文本有其依据的经文来源，可知当时已有固定的版本，传抄者头脑中的《周易》文本不会随字形的变易而发生改变。马王堆帛书的异文与《经典释文》所载各家异文有一定的传承关系。

一、《说文》引《周易》与孟氏《易》今古文辨析

许慎《说文解字叙》："其称《易》孟氏，《书》孔氏，《诗》毛氏，《礼》《周官》，《春秋》左氏，《论语》，《孝经》，皆古文也。"[①]此文引发了孟氏《易》为今文还是古文之争论，有学者认为

* 作者简介：江咏，中国人民大学国学院博士。

① （汉）许慎撰，（清）段玉裁注：《说文解字注》，上海古籍出版社1988年版，第765页。

孟氏《易》为古文《易》学派，如陶方琦、宋翔凤、马宗霍、王葆玹；有学者认为孟氏《易》为古文字，古文字与古文学派当分别，如皮锡瑞、钱穆、李树军、陈居渊。徐芹庭认为，当在《春秋》左氏后句读，言古文者指《论语》《孝经》。然而，整句话中孔氏古文《尚书》、毛《诗》、《周礼》、《左传》皆是古文经，与后面的“皆古文也”[①]可以相通，而这段话前文“今叙篆文，合以古籀。博采通人，至于小大，信而有证，稽撰其说……分别部居，不相杂厕”列出了用字来源为古籀等古文字，在“其称”之后，则另说明许慎引经的来源，《易》《书》《诗》《礼》《论语》等都是经书，而“皆古文也”是对前列经书性质的说明，不当在中间断开。因此，此句“皆古文也”，应包括前面“称《易》孟氏，《书》孔氏，《诗》毛氏，《礼》《周官》，《春秋》左氏”。孟氏《易》在许慎被归为古文一类，与孟喜的今文经学家身份扞格，此问题仍有讨论的空间。

陶方琦《汉孳室文钞》认为孟氏乃古文之《易》，“发挥多合《仓颉》籀古文，因取经之作古文者证之”[②]，即以孟氏《易》为古文《易》。宋翔凤《过庭录》认为孟喜传焦延寿，焦延寿传京房，刘向言施、孟、梁丘经或脱去无咎悔亡，而不言京氏，故知京氏不脱无咎悔亡，与费氏《易》同，言费氏《易》乃源于京氏，孟氏、京氏《易》为费氏《易》古文的源头。[③] 盖此推测，没有证据可证明费氏《易》来源于京氏《易》，刘向不言京氏《易》，或省略言之，但唯强调了费氏《易》，说明只费氏《易》一家与中古文同，不能以此推测费氏《易》与京氏《易》同。马宗霍《说文解字引经考》认为孟氏《易》为古文经学，并为孟氏《易》推导出古文经学的师承，称费氏《易》与高氏《易》并举，而高氏《易》称得自丁将军，当得丁古义，故所执之本必为古文，孟喜之学本于田王孙，其学亦受之丁宽，亦得见古义。[④] 然而，高氏《易》无传本，高氏《易》与费氏《易》俱为民间之学，《汉书·儒林传》言其专言阴阳灾异，不能因自称得于丁将军就判断高氏《易》为古文字写成，马氏说亦不可从。

王葆玹称易类文献未经焚烧，故无论是帛书本还是孟喜的写本都是古文经的写本。京房《易》不是出自田何学派，京房得自焦延寿，而非田何学派，京氏自托孟氏，故《说文后序》有孟氏《易》为古文的论断。[⑤] 但此论断建立在京房、施雠、孟喜、梁丘之中必有一家是古文的前提上，是以施雠、孟喜、梁丘都是今文，而京氏只能是古文，此前提并不可靠。而京氏《易》并非出于田何，孟氏《易》出于田何，将《说文》序中孟氏《易》解为京氏《易》则自相矛盾。同时，王葆玹认为“古文”是秦代以前的六国文字。“今文经”仅限于汉武帝元朔五年或稍迟写定的经书今文本子，而古文经未必用古文抄写，今文经亦可能有古文祖本。[⑥] 此说亦太武断，“古文”的范围还应包括两周时期的篆籀文字，壁中书与出土的器铭为汉代获取古文字的来源，《说文解字叙》中“郡国亦往往于山川得鼎彝，其铭即前代之古文”，段玉裁称其所得铭文即“三代古文”。[⑦] 而将“今文经”本子限定于汉武帝元朔五年也

① 参见徐芹庭：《汉易阐微》上册，中国书店 2010 年版，第 127 页。

② 《清代诗文集汇编》编纂委员会编纂：《清代诗文集汇编》第 758 册，上海古籍出版社 2010 年版，第 136 页。

③ 参见（清）宋翔凤：《过庭录》，清咸丰浮溪精舍刻本，第 20—21 页。

④ 参见马宗霍：《说文解字引经考》，台湾学生书局 1977 年版，第 24 页。

⑤ 参见王葆玹：《西汉经学源流》，四川人民出版社 2021 年版，第 298 页。

⑥ 参见王葆玹：《今古文经学新论》，中国社会科学出版社 1997 年版，第 58—60 页。

⑦ （汉）许慎撰，（清）段玉裁注：《说文解字注》，第 762 页。

是将今文经学派和今文的文本相混淆，今文文本处在不断的演变之中，有汉武帝之后留存下来的本子，也有在汉武帝之前就出现的本子，同一时代可以保存不同时代的文本。今文经文本随着今文经学派的发展而呈现出变化。

皮锡瑞《经学通论》认为孟氏《易》亦有古文："东汉人重古文，盖但据其本文，而说解各从其意。"[①]此说将今古文学派与今古文字相区分的观点，孟氏《易》虽为今文学派，而仍用古文字。钱穆也认同将学派与文字相区分的观点，以治章句者为"今学"，即博士立官各家有师说之学；将司马迁所言"古文"理解为《诗》《书》六艺，为王官之学，古文仅指文字，而无关学派。[②] 今古文字是相对而言的概念，是在文字不断发展的过程中产生的，而今文经和古文经在汉代则是特有的名词概念，与当时的学人、学派有密不可分的关系，具有强烈的政治色彩。李树军认同钱穆的观点，司马迁所用"古文"是孔子儒家文献，刘歆的古文观念承袭自司马迁，古文是孔子学派的"古文"，为儒家文献书写的字体。且他从文字学流变的角度论证：古文不是与今文构成古今关系，而是作为特殊的字体与当时的文字系统构成古今关系。今文是指当时的"八体"书写系统，"古文"与当时的"八体"相对。[③] 陈居渊以郑玄《礼》注与出土文献对比，研究郑玄注所言今古文的可靠性，结果发现郑玄的今古文文本有误。此说未必准确，郑玄所见的古文本或今文本与今天所看到的出土文献本未必相同。但对比的结果是郑玄注与出土文献文本之间并无必然关系，汉代学者以古今文字混杂的方式研究经学，不能以汉石经为模板判定文字。[④] 此结论亦有可借鉴之处。叶国良认为《说文解字》兼采今古文经说。[⑤] 孟琢从汉代历史、《说文》引《诗经》、《说文》引篆书古文的角度研究发现，《说文》对今文经学的吸收体现了"小学"与经学兼顾的二元标准[⑥]，而不将今古文字与学派混同。此说甚为合理，许慎引《孟氏》《易》当取其文字，而非其今文经说。

孟氏《易》属今文《易》，而其用字或为古文。汉代只有费氏一家称古文《易》，近代学者多认为费氏《易》的古文《易》特征在于以《彖》《象》《系辞》解上下《经》[⑦]，费氏《易》文本并没有流传下来。而秦焚书并不包括《易》，《易》的古文字文本或保留至汉代，孟氏《易》是史籍记载最早的《易》学派，最有可能记录《易》的古文字。许慎《说文》多引用古字，何琳仪云："《说文》所收古文应基本取材于壁中书。"[⑧]许慎《五经异义》引《易》不云今古，皆"《易》曰"，引其他则云今古，如"古《春秋左氏》说""古《周礼》说"。亦有云《易》孟氏、京氏者，如："《易》孟氏、韩诗说：年二十行役，三十受兵，六十还兵。""《易》孟、京说，《易》有君人五号：帝，天称，一也。王，美称，二也。天子，爵号，三也。大君，兴盛行异，四也。大人

---

① （清）皮锡瑞：《经学通论》，中华书局 2018 年版，第 64 页。

② 参见钱穆：《两汉经学今古文平议》，九州出版社 2011 年版，第 236—256 页。

③ 参见李树军：《汉代文字古今观念与今古文经学理论》，《学术界》2021 年第 3 期。

④ 参见陈居渊：《郑玄注〈仪礼〉今古文正误考略》，《复旦学报》（社会科学版）2016 年第 4 期。

⑤ 参见叶国良：《论许慎经学的几个问题》，彭泽林主编：《中国经学》第 8 辑，广西师范大学出版社 2011 年版，第 31—40 页。

⑥ 孟琢、尹梦：《〈说文解字〉取今文经学考》，《民俗典籍文字研究》2016 年第 2 期。

⑦ 参见（清）皮锡瑞著，周春健校注：《经学通论》，华夏出版社 2011 年版，第 42 页。

⑧ 何琳仪：《战国文字通论》，上海古籍出版社 2017 年版，第 42 页。

者，圣人德备，五也。是天子有爵。”“《易》孟京、《春秋公羊》说：天子驾六。”“今《易》京氏说：“臣动养君，其义理也。必望利下，弗养以道，厥妖，国有被发于野祭者。”①许慎引用孟、京时用“说”，而引用《周易》则用“曰”，许慎用孟氏、京氏对《易》的解释并引用《周易》文字的时候，则没有加上孟氏、京氏，可见许慎引《周易》经文不分今古，而用今文经说。

辨析汉代的经学记载可见，今古文之分并不在于文字，而在于学派学说，今古文学说与今古文字并没有必然联系，不能通过文字的今古判断学派的今古。今古学派的文本差异更多应从文字的角度来研究，不能以文本的差异论断今古文学派的传承。《说文》中的《周易》文献文本能够体现的孟氏《易》经文文本，指孟氏《易》古字的文本。《说文解字叙》中的“古文”指的是古文字，而非古文学派。

二、《说文》引《周易》与孟氏《易》参验

（一）孟氏《易》的辑佚问题

孟氏《易》除了被记载在《说文》中，还保留在《乾凿度》《汉书》《魏书》《经典释文》等文献中，为清代、近代学人所辑。这些文献中的孟氏《易》材料可作为参照，验证《说文》中的《周易》文献是否与其他孟氏《易》的版本相同，是否在引用孟氏《易》的同时也引用了其他版本的《周易》。

惠栋《易汉学》②将《乾凿度》《汉书》《魏书》中关于卦气说的材料辑出，编成《孟长卿易》二卷，其失在于未辨孟氏、京氏、郑氏、《乾凿度》卦气说之别，未审材料与孟喜的直接关系，将卦气说皆归之孟喜。实则卦气说是汉代学术通用之背景，不一定皆为孟喜所作。吴玉搢对《说文》引《易》有所关注，其《说文引经考》将《说文》所引“易”按照《周易》文本顺序罗列。张惠言《易义别录》③将《释文》《汉上易传》《周易集解》《说文解字》中和孟喜注相关的材料辑出，且注意虞氏《易》与孟氏《易》的异同，只辑出下经（《经典序录》云：孟喜章句十卷，无上经。《七录》云：下经无《旅》至《节》，无上《系》④）。其辑佚精审，但所辑材料犹有未全，《说文》引《易》仅辑出部分。孙堂《汉魏二十一家易注》⑤辑《孟喜周易章句》一卷，取《释文》《集解》《汉上易传》《晁氏易》孟喜注，又加上许慎《说文解字》引《周易》的部分与两条从《正义》辑出的《五经异义》《易》孟京说，辑而不论，非孟喜注不录，搜罗详审。然其《说文》引《易》犹有未全者，如许慎引经未解字义，则未收录。王谟《汉魏遗书钞》⑥未取《汉上易传》《晁氏易》，引《说文》亦有未全者。马国翰《周易孟氏章句》⑦所辑最详，在前述辑佚范围之外，又辑入蔡邕《石经》与虞翻《易》注。其辑录根据是蔡邕书《石经》用三

① （清）陈寿祺撰：《五经异义疏证》，中华书局2014年版，第12页、第198页、第204页、第257页。

② （清）惠栋：《易汉学》，严灵峰辑：《无求备斋易经集成》第119册，（台北）成文出版社1976年版。

③ （清）张惠言：《易义别录》，严灵峰辑：《无求备斋易经集成》第184册，（台北）成文出版社1976年版。

④ （唐）陆德明：《经典释文》，上海古籍出版社2013年版，第21页。

⑤ （清）孙堂：《孟喜周易章句》，严灵峰辑：《无求备斋易经集成》第169册，（台北）成文出版社1976年版。

⑥ （清）孙堂：《孟喜周易章句》，严灵峰辑：《无求备斋易经集成》第173册，（台北）成文出版社1976年版。

⑦ （清）马国翰：《周易孟喜章句》，《续修四库全书》第1200册，上海古籍出版社2002年版。

家，故而将蔡邕石碑引《易》五条辑入。其缺在于有不当收录者，如《释文》引《说文》字义，而《说文》未引《易》者，则未必为《说文》解《易》之文，也当非孟氏《易》，如为孟氏《易》，何《释文》称《说文》而非孟氏？又如《集解》引虞翻注，皆算作孟氏《易》，此说未审，虞翻《易》与孟氏《易》亦有异。黄奭《孟喜易章句》[①]所收亦详，且没有将虞翻《易》辑入，在目前辑佚中较为准确可信。近代沈瓞民《周易孟氏学》不但将前人的辑佚成果吸收，还对辑佚的来源有所辨析，关注孟氏《易》与虞翻、荀爽《易》的比较，同时探讨词义，对比版本优劣，是孟氏《易》研究的集大成者。他认为《说文》《五经异义》中许慎对《周易》的引用即孟氏《易》，并将《周易集解》《经典释文》中与孟氏学相关的虞翻《易》、京氏《易》、荀爽《易》与孟氏《易》对比，其认为虞翻承袭孟氏《易》，但也存在不遵家法的情况，虞、孟二者之《易》多相异之处，如虞翻得《参同契》而以旁通纳甲取象。[②] 沈氏注重学说传承脉络，但对异文的解释较为简单，以讹误、今文改古文的说法为主。马宗霍《说文解字引经考》注重阐释文字训释，吸收了惠栋、宋翔凤、段玉裁的成果，引用同时期的文献石经和《一切经音义》引《说文》的内容，利用异文分析文字的本义，分析本字与借字，取得丰富的训诂成果。本文根据清人的辑佚成果，收集历代文献所引孟氏《易》的文本，虞氏《易》、京氏《易》则不收入其中，同时期的石经文献、蔡邕石经等亦不收入。

（二）孟氏《易》与京氏《易》、虞氏《易》的关系

张惠言认为京氏注孟，依据是《汉书·艺文志》有《孟氏京房》十一篇、《灾异孟氏京房》六十六篇。据《汉书·儒林传》，京房受《易》焦延寿，焦延寿从孟喜问《易》。沈瓞民认为虞氏治孟义，间存孟义，但不等同孟学。虞氏引旧作某者，取诸孟氏，而虞氏作某，则非出孟氏。[③] 此说可从，而“旧作某”亦未必指孟氏，虞氏还能看到其他版本的经文。《三国志》裴松之注引《虞翻别传》云，虞翻高祖父少治孟氏《易》，曾祖父、祖父、父亲皆传其业，至虞翻五世。虞翻论荀爽、马融、郑玄、宋忠注得失，以为舛错颇多，如郑玄以“冃”为“同”，训为酒杯，以“颒”为“澣”，训为浣衣，以“玼”为“昧”，皆为不通古字而误。[④] 虞翻能看到多个版本的《易》注，不一定全用孟氏《易》。且虞翻还提出了卦变说、旁通说、互体说、半象说，亦不出于孟氏，则据此推断虞氏《易》不等于孟氏《易》。

章句与经文应分论。《汉书·艺文志》著录：“《易经》十二篇，施、孟、梁丘三家。《孟氏京房》十一篇，《灾异孟氏京房》六十六篇。《章句》施、孟、梁丘氏各二篇。”[⑤]《易经》有数家，经文与章句分列，且篇数不同。《孟氏京房》亦与章句分列，与章句相区别。目前孟氏《易》被辑佚出来的章句并不多，多来自许慎《五经异义》：“《易》孟氏、韩诗说：年二十行役，三十受兵，六十还兵。”“《易》孟京说，《易》有君人五号：帝，天称，一也。王，美称，二

① （清）黄奭《孟喜易章句》，严灵峰辑：《无求备斋易经集成》第173册，（台北）成文出版社1976年版。

② 参见沈瓞民：《周易孟氏学跋》，严灵峰辑：《无求备斋易经集成》第173册，（台北）成文出版社1976年版，第116页。

③ 参见沈瓞民：《周易孟氏学跋》，严灵峰辑：《无求备斋易经集成》第173册，第117页。

④ 参见（晋）陈寿撰，（南朝宋）裴松之注：《三国志》，中华书局2011年版，第1322—1323页。

⑤ （汉）班固：《汉书》，中华书局1962年版，第1703页。

也。天子，爵号，三也。大君者，兴盛行异，四也。大人者，圣人德备，五也。是天子有爵。”“《易》孟京、《春秋公羊》说：天子驾六。”[①]此外，还有《周易正义》“风雷益”注疏中引：“《子夏传》云：‘雷以动之，风以散之，万物皆益。’孟僖亦与此同。”[②]《释文》“好”，孟云：“好，小也。”“偏，孟作徧，云周匝也。”“耒耨之利，孟云耘除草。”“杂卦，孟云：杂，乱也。”[③]朱震《汉上易传》：“孟喜曰‘小狐济水，未济，一步下其尾’。”[④]《周易集解》：“孟喜曰：‘天降下恶祥也。’”[⑤]从孟氏章句看，孟喜和虞翻章句仍有差异，如“小狐汔济”，孟喜云“坎，狐”，《集解》引虞翻注：“否艮为小狐。”也有相同之处，“偏辞也”，孟喜云“周匝也”，《集解》引虞翻注也是“周匝也”。

《释文》与《集解》保留了孟氏、虞氏、京氏的异文（见表1）。

表1 孟氏《易》与虞氏《易》京氏《易》对比

经文	传世本[⑥]	孟氏	虞氏	京氏
日中见斗	斗	主	斗	
阒其无人	阒	窒	阒	
失得勿恤	失	矢	矢	
君子以惩忿窒欲	窒	恎		
咸其辅颊舌	颊	侠		
偏辞也	偏	徧	徧	
日中则昃	昃	稷		
遇其配主	配	妃	妃	
利物足以和义	物	之		之
晋卦	晋	齐		
系辞焉而命之	命	明		
夫坤隤然示人简矣	隤	退		
圣人之大宝曰位	宝	保		
包牺氏	包牺	伏戏		伏戏
象也者像也	像	象	象	象

从各家异文对比看，孟氏《易》与京氏《易》相关度较高，虽然材料有些不足。而孟氏《易》与虞氏《易》有较大相关性，但也有虞氏《易》不遵孟氏《易》的情况：如“斗”，孟氏作

① （清）陈寿祺：《五经异义疏证》，第12页、第198页、第204页。

② （魏）王弼，（晋）韩康伯注，（唐）孔颖达疏：《南宋初刻本周易注疏》，上海古籍出版社2014年版，第414页。

③ （唐）陆德明：《经典释文》，上海古籍出版社2013年版，第118页、第104页、第128页、第135页。

④ （宋）朱震：《汉上易传》，中华书局2020年版，第387页。

⑤ （清）曹元弼著，吴小锋整理：《周易集解补释》，上海人民出版社2019年版，第696页。

⑥ 传世本《周易》文本引自《影印南宋官版〈周易正义〉》影印日本足利学校藏越刊八行本及傅增湘旧藏单疏本。

"主",虞氏从众家作"斗";"阒",孟氏作"窒",虞氏从各家作"阒"。这两种情况都是孟氏独有异文,虞氏从各家。而在孟氏"异文"与多个版本相同时,虞氏从孟氏,如:"矢",孟、马、郑、虞、王肃本作"矢";"徧",敦煌古写本亦作"徧"[①];"妃",郑亦作"妃";"象",京氏、董姚作"象"。可见,虞氏并非照搬孟氏,而是在众版本基础上作了校勘。如果是孟氏独有的异文,则改从多数的本子;孟氏异文如有别本为依据,则从孟氏。

(三)孟氏《易》和《说文》中《周易》文献的关系

孟氏《易》和《说文》引《周易》无重合,而许氏对孟氏《易》所用字的解释与孟氏相同。《益卦》上九《象传》:"偏辞也。"《释文》:"偏辞,孟作'徧',云:周匝也。"[②]《说文》:"徧,匝也。"[③]孟氏"偏"作"徧",且释义为"周匝"。许慎收"徧"字,亦解释为"匝",沈瓞民认为许慎守孟氏家法。或者其时诸家皆作"偏",许慎不以"徧"为主流版本,故不引为经文。

由上节对比可知孟氏《易》与京氏《易》、虞氏《易》有较大相关性,京氏、虞氏传孟氏《易》。故可借用京氏《易》和虞氏《易》与说文引《周易》相比较,以说明孟氏《易》和《说文》引《周易》文献的关系。

《困卦》九五:"劓刖,困于赤绂。"《释文》:"刖,京作劓劊。"[④]《说文》:"劊,断也。"[⑤]京氏"劓刖"作"劓劊",孟氏《易》或同京氏《易》,《说文》未引《周易》,而解释"劊",其字义与在经文中之义相近,则《说文》或见孟氏《易》作"劊",而此字非《易》的主流版本,故只释其义,而不作为《易》的经文引用在"劊"字之下。《咸卦》上六:"咸其辅颊舌。"《释文》:"辅,虞作酺,云耳目之间。"[⑥]《说文》:"酺,颊也。"[⑦]虞氏"辅"作"酺",孟氏或亦作"酺",许氏见其版本,而以为非主流,则仅释其义,不引经文于其后。

综上可见,虽然辑佚材料有限,不能直接看出孟氏《易》和说文引《周易》文献的联系,但从《说文》对孟氏收字和注释来看,许慎看到了孟氏《易》的版本,并把字作为条目,加以注释。虞氏、京氏传孟氏《易》,而虞氏、京氏《易》的异文来源可能是孟氏《易》。《说文》收列虞氏、京氏《易》异文,且解释和经义相近,许慎或看到了孟氏的版本,而不引"《易》曰",则可能是其时另有占主流的经学版本。许慎用孟氏章句,而未必用孟氏文字。

三、汉代《周易》流传形态

因《汉代》文字系统的历时变化,《周易》形成了不同的版本。由传抄产生的形近讹误字来看,当时已形成了固定的版本,抄手在抄写经文文本时会参照固定的版本。不同时

---

① 上海古籍出版社,法国国家图书馆编:《周易王弼注》,《法藏敦煌西域文献》第 26 册,上海古籍出版社 2001 年版,第 185 页。

② (唐)陆德明:《经典释文》,第 104 页。

③ (汉)许慎撰,(宋)徐铉校定:《说文解字》,中华书局 1963 年版,第 43 页。

④ (唐)陆德明:《经典释文》,第 108 页。

⑤ (汉)许慎撰,(宋)徐铉校定:《说文解字》,第 91 页。

⑥ (唐)陆德明:《经典释文》,第 97 页。

⑦ (汉)许慎撰,(宋)徐铉校定:《说文解字》,第 184 页。

期形成的文本有不少的异文,抄手根据时代习惯选择字形。在传授经文的学者圈子里已形成了固定的经文理解,文字的变化不会影响经文的理解,“书概念存在于学者脑子里,但他的脑子具有社会性,因此也可以说书概念如同语言,既在个人脑中,又存在于社会上”[①]。汉代的学者已形成了固定的“书概念”,不随着经书版本、文字的不同而发生变化,异文的选择不会影响对“书概念”的理解。许慎《说文解字》引《周易》的不同版本,体现了当时学者已形成了对《周易》经文的“书概念”。

(一)《说文》异文与各家《周易》文本异文相同的情况

《说文》除引用孟氏《易》以外,其文字版本与其它各家的异文有相同来源。如马融本,《履卦》九四“愬愬终吉”,《经典释文》“愬愬”马本作“虩虩”[②],《说文》引亦作“虩”;又京本,《坎卦》九五“祗既平”,《经典释文》作“祇”,京作“禔”[③],《说文》引亦作“禔”;《既济卦》六四“繻有衣袽”,《经典释文》“袽”,京作“絮”[④],《说文》引作“䋈”,“絮”“䋈”二字形近,且可互相通用,此本或从京本。《蒙卦》初六“以往吝”,《经典释文》《说卦》作“吝,京作遴”[⑤],《说文·辵部》:“以往遴。”《说文》《易》与京氏《易》有多处相同者。可见,许慎能够看到各家的经文文本,并且兼采各家。

(二)《说文》自身引用多个版本的《周易》文本

《说文》引《易》自身也存在异文,说明许慎在兼收各家版本的同时并没有对各个版本的优劣下判断。在他看来虽然存在异文,但不影响对经义的理解。

如《骨部》引《易》为“夕惕若厉”,《夕部》引《易》为“夕惕若夤”。《四下·骨部》:“𩪩。骨间黄汁也。从骨,易声。读若《易》曰:‘夕惕若厉。’”[⑥]小徐本:“臣锴曰:当言‘读若《易》曰’也。”[⑦]徐锴所见版本无“读若”,徐铉在校定时或参照了徐锴的说法,将“读若”加上。《七上·夕部》:“夤,敬惕也。从夕寅声。《易》曰:‘夕惕若夤。’”[⑧]宋翔凤以《夕部》“夕惕若夤”为孟氏古文《易》,以《骨部》“夕惕若厉”为施、孟、梁丘博士所传之《易》。[⑨] 此说盖调和今古文之说,实则未有实据,许慎用的两个版本,是否为孟氏《易》与其他学派所传之《易》已不得而知。

《二上·口部》:“吝,恨惜也。从口,文声。《易》曰:‘以往吝。’”段玉裁曰:“许《易》称孟氏,或兼称他家,或孟《易》有或本,皆未可知也。”[⑩]《二上·辵部》:“遴,行难也。从辵粦

---

① [日]乔秀岩:《北京读经说记》,(台北)万卷楼图书公司 2013 年版,第 108 页。

② (唐)陆德明撰:《经典释文》,第 82 页。

③ (唐)陆德明撰:《经典释文》,第 95 页。

④ (唐)陆德明撰:《经典释文》,第 120 页。

⑤ (唐)陆德明撰:《经典释文》,第 133 页。

⑥ (汉)许慎撰,(宋)徐铉校定:《说文解字》,第 86 页。

⑦ (宋)徐锴校定:《说文解字》,四部丛刊景述古堂景宋钞本,第 311 页。

⑧ (汉)许慎撰,(宋)徐铉校定:《说文解字》,第 142 页。

⑨ (清)宋翔凤:《过庭录》,第 28 页。

⑩ (汉)许慎撰,(清)段玉裁注:《说文解字注》,上海古籍出版社 1988 年版,第 61 页。

声。《易》曰：‘以往遴。’”李富孙引《释文》《说卦》异文，“吝啬”作“吝，京作遴”，认为当时汉人多假“遴”为“吝”[①]，《汉地理志》云：“民以贪遴。”师古曰：“遴与吝同。”宋翔凤认为“遴”即京氏古文，又云：“《说文》又引‘以往吝’，乃博士所传之《易》，今传荀虞《注》文皆作‘吝’。无‘遴’者，经字虽用古文，传注自为今字……盖唐时诸家《易》微，其古文辄以今字改之。惟京《易》于《说卦》存此‘遴’字。”[②]则许慎亦用京氏《易》亦可知。

《十三上·糸部》：“繻，缯采色，从糸需声。读若《易》‘繻有衣’。”“缯，帛也。”（《说文·糸部》）“帛之有色者曰采。”《十三上·糸部》：“絮，絜缊也。一曰敝絮，从糸，奴声。《易》曰：需有衣絮。”[③]“絮，敝缊也。”（《易·既济》江藩述补）[④]“絜，麻一端也。”（《说文·糸部》）“缊，绋也。”（《说文·糸部》）“绋，乱系也。”（《说文·糸部》）“絮，敝绵也。”（《说文·糸部》）《集解》引虞氏《易》：“乾为衣，故称繻，袽，败衣也。乾二之五，衣象裂坏，故‘繻有衣袽。’”[⑤]此处经文歧异较多，而其义皆相似，“絮”和“袽”为异体字，都是敝缊败衣的意思。“需”和“繻”为古今字，意为彩色的布帛，全句即彩色的布帛变成了破败的衣絮，虞氏《易》与说文《易》同，许慎亦用虞氏《易》。

《六上·木部》：“柝，判也。从木㡿声。《易》曰：‘重门击㯞。’”《六上·木部》：“櫜，夜行所击者，从木櫜声。《易》曰：‘重门击櫜。’”[⑥]陆德明《经典释文》：“马云：‘两木相击以行夜。’《说文》作櫜。”[⑦]帛书本作“枳”，张政烺注：“枳，从木，尺声，古音与柝相同，盖即柝之异体。”[⑧]“㯞”与“櫜”其声不近，而义近，在当时可能是通用字，而不影响对经文的理解。

《七上·日部》：“旳，明也。从日勺声。《易》曰：‘为旳颡。’”《十上·马部》：“馰，马白额也。从马，的省声。一曰骏也。《易》曰：‘为的颡。’”[⑨]段玉裁《说文解字注》：“旳者，白之明也。故俗字作的。‘《易》曰：为旳颡。’《说卦》传文。旳颡，白颠也。《马部》又有馰篆，云‘马白领也。’引《易》‘马馰颡。’”[⑩]《经典释文》：“的，丁历反，《说文》作‘馰’。”[⑪]此处“旳”与“的”字形上很接近，而其义则有别，当为当时传抄过程中产生的讹字，又或形近而通用，许慎一并引之。

由上分析可知，许慎取京氏《易》，异文是异体字，字义接近。“旳”“的”字形相近，音义不近，当出于传抄错误，说明当时许慎有版本的根据，是按照各种版本加以编纂。但是，许慎对于各家版本的文字，并未加以区分，说明当时的家法并非建立在文字的基础上。今古文学之争也不是建立在经文文字版本之上，许慎对《周易》的文字版本取用不以今古文家法为限制。许慎对孟氏说的采用更多指的是孟氏《章句》，而非孟氏的经文文本。

---

① （清）李富孙著，吴辛丑导读：《易经异文释》，华龄出版社 2021 年版，第 50 页。

② （清）宋翔凤：《过庭录》，第 36 页。

③ （汉）许慎撰，（宋）徐铉校定：《说文解字》，第 274 页，第 276 页。

④ 武汉大学古籍所编纂：《故训汇纂》，商务印书馆 2003 年版，第 1729 页。

⑤ （清）曹元弼著，吴小锋整理：《周易集解补释》，上海人民出版社 2019 年版，第 764 页。

⑥ （汉）许慎撰，（宋）徐铉校定：《说文解字》，第 119、121 页。

⑦ （唐）陆德明：《经典释文》，第 128 页。

⑧ 裘锡圭主编：《长沙马王堆汉墓简帛集成》（叁），中华书局 2014 年版，第 76 页。

⑨ （汉）许慎撰，（宋）徐铉校定：《说文解字》，第 137 页，第 199 页。

⑩ （汉）许慎撰，（清）段玉裁注：《说文解字注》，上海古籍出版社 1981 年版，第 303 页。

⑪ （唐）陆德明：《经典释文》，第 133 页。

许慎当时可以看到多个版本的《周易》,各个版本异文并不影响人们对经文的理解,许慎引用了不同版本的经文异文来解释不同文字的意思,并不是指经文意思会随着异文而改变,而是传达出当时流传的文字形态还处在动态变化之中。近代廖平已辨汉代经学今古文之分并非文字之分,其《今古学考》云:"夫文人制词,多用通假,既取辟熟,又或随文,其中异同,难言家法。两汉碑文,杂著异字,已难为据……石经以前,经多译改,今、古之分,不在异文。"[①]将孟氏《易》与《说文》《周易》对比可发现,许慎乃兼采今文经学家与古文经学家之文字,在经文的文字选取上不作区分,区分主要体现在今古文学说上。

四、《说文》引《周易》与马王堆帛书《周易》对比

《周易集解》和《经典释文》保留了大量《周易》异文,另外,《熹平石经》《上博简》《马王堆帛书》《阜阳汉简》《敦煌周易注》等出土文献异文可以与《说文》《易》的异文相对照,而这些异文在《马王堆帛书》《上博简》中较为集中。故本文主要将《说文》《易》与《马王堆帛书》《上博简》的异文作对比。《上博简》为战国中晚期楚简,保留了大量先秦异文,与马王堆帛书本《周易》可互相参照,故虽非汉代文本,亦列入比较。

汉学家重视传世文献和出土文献文本异文的对比。他们的方法对于研究《周易》传世文本与出土文献的异文有借鉴意义。柯马丁研究《诗经》的异文,主要把汉代的异文分为九类:代表同一个词的异体字、形旁不同但属于同一谐声系统的字、语义有联系且发音相同或相近的词、用途相近的语气词、字形相近的词、字义相近但字形发音不同的词、形音义皆不同的词、漏字、衍字。[②] 他以此为依据统计出土文献"引诗"和传世《毛诗》中的异文,发现出土文献有超过三分之一的文字与传世《毛诗》存在差异,而且仅仅十分之一的异文不能用声韵解释。其统计异文的方法有参考价值,但是只把声韵的相似作为文字讹误之外的异文的区分标准,没有考虑到字形和文字演变的规律。

另外一些汉学家认为简帛传播以抄写为主要方式,福岛由美子指出马王堆帛书《战国纵横家说》中异文是形近而误。[③] 鲍则岳认为《诗经》《论语》《老子》易于记忆和背诵,但像《左传》《仪礼》《商君书》《管子》这样记载日期、礼仪和技术的文本,不太可能背诵和口传。《左传》引用《诗经》,早期文本为后期文本引用,这更像在抄写编纂过程中出现的情况,而非口授中出现的情况。[④] 夏含夷根据上博简六《天子建州》《郑子家丧》《君人者何必安哉》《凡物流形》甲乙本特殊形式的文《周公之琴舞》中的《敬之》与今天的版本都分成了两部分,"启"有六行,通行本"乱"六行而清华简是七行,两首诗的形制十分接近,抄写格

---

① (清)廖平著,杨世文编:《今古学考》,巴蜀书社 2018 年版,第 169—170 页。

② 参见[德]柯马丁:《方法论反思:早期中国文本异文之分析和写本文献之产生模式》,伊沛霞、姚平主编:《当代西方汉学研究集萃》,上海古籍出版社 2012 年版,第 362 页。

③ Yumiko Fukushima, "*Textual Approach to 'Zhanguo zonghengjia shu': Methods of Determining the Proximate Original Word Among Variants*", *Early China*, vol.16(1991), pp.187-202.

④ William G.Boltz, in Martin Kerned., *Text and Ritual in Early China*, Seattle: University of Washington Press, 2005, pp.50-787.

式也相近，说明在传抄过程中可以看到文本的形式特征。[①] 夏含夷还指出《缁衣》的错简应是在抄写过程中产生的错误。[②] 如上述汉学家所言，口传的理论并非适用于所有的文献。

柯马丁用统计的方法研究与读音相关的异文数量也不能说明异文仅仅是因读音相近而发生替代，也有可能是因为当时文字音义密切结合，通常从一个字的形体变化中产生许多字音相近的字，后来分化出不同的字。音近的字字义也相近，故而发生了通假。刘钊云："音义兼顾，是指声符兼有表义或意符兼有表音的作用而言，这是早期文字的一个特点。"[③]文字的形音关系通过声符联系，文字的演进使字原来所从的声符消失，旧的构形不复存在。一些读音相近的字由同一个形体分化出，其声符读音一开始是相同的，后来逐渐产生了分化，音随义转，字义上有较大相关性，声音的相关性记录了文字演变的历史。大量异体字产生的原因更可能是古今形义的变化，这些字在历时层面有自身之义，而非读音相近的通假字。

声韵相似的异文可分为不同类型。吴辛丑《简帛典籍异文研究》将异文分为：通用字、通假字、古今字和异体字。其中通用字包括异体字，也包括在特定时间段上通用的古今字，指几个字字义相同或相近，且同音。通用字各有本义，但在某个意义上可以彼此换用。通假字是相对本字而言临时替代本字而出现，音近即可借用。古今字是从造字角度（今字多是在古字基础上增加偏旁或改换古字偏旁）和时间差异两方面上说的，但在今字产生之后，古字不会马上废止，这就会导致一个古今字通用的阶段出现。异体字是几个字形共表一词，包括减省字（省去原字的偏旁）、繁化字（增偏旁为繁构）[④]。在这种分法中，古今字、异体字虽然读音相同，但是字形不同。通用字之间的联系更多是从字义的角度出发，如同义替代、异文同义，还有同源词（即声音相同或相近，具有共同意义来源的词）。因为在字义上有联系，字与字之间读音的联系在很早之前便已形成。通假字之间则完全是借声音相同或相近而联系起来的，与字义无关。因此，除了只因为声音联系起来的通假字，在声韵相似的异文中还包括因字形的变化产生的古今字、因字形构成不同的异体字和有共同意义来源的通用字。

此外，王贵元认为还有一种异文是形近混用字，是由于二字"相混已成习惯，索性混写"[⑤]。李零认为形讹字经常重复发生，"被当时的书写习惯和阅读习惯所认可，属于'积非即是''将错就错'"[⑥]。此类混用字或因形近而讹，但已形成通用的习惯，不会影响字义的理解，也应列入通用字的分类中。

本文将异文分为通用字、通假字、古今字、异体字、形近混用字、乙文脱文等，统计《说

---

① Edward L.Shaughnessy, "*Unearthed Documents and the Question of the Oral Versus Written Nature of the Classic of Poetry*", *Harvard Journal of Asiatic Studies*, vol.75, no.2(2015), pp.331-375.

② 参见[美]夏含夷：《重写中国古代文献》，上海古籍出版社 2012 年版，第 64—82 页。

③ 刘钊：《古文字构形学》，福建人民出版社 2011 年版，第 90 页。

④ 参见吴辛丑：《简帛典籍异文研究》，中山大学出版社 2002 年版，第 39—46 页。

⑤ 参见王贵元：《简帛文献用字研究》，《西北大学学报》（哲学社会科学版）2008 年第 3 期。

⑥ 参见李零：《郭店楚简校读记》，北京大学出版社 2002 年版，第 193 页。

文》引《易》与出土文献产生异文的类型。分析汉代的异文产生类型有利于了解汉代产生大量《周易》异文究竟是因为字形系统历时变化，还是因为共时的字形系统有版本偏好，从而研究当时《周易》的文本流传情况，具体分析见表 2。

表 2 《说文》引《周易》和传世本、马王堆帛书本、上博简本《周易》的异文类型分析

说文	传世本[①]	传世本异文类型	上博简	马王堆帛书	出土文献异文类型
忼龙有悔	亢龙有悔	古今字		抗龙有悔	古今字
夕惕若夤（《夕部》） 读若"夕惕若厉"（《骨部》）	夕惕若厉	通假字		夕沂若厉	沂形近混用字[②]
泣涕𢡟如	泣血涟如	古今字		汲血连如	汲通假字 连古今字
乘马驙如	邅如，乘马班如	驙古今字 乙文		坛如，乘马烦如	坛古今字 烦通假字
匪寇婚媾	匪寇婚媾			非寇，闽、厚	非古今字 闽通假字 厚通假字
再三黷	再三渎	古今字		再参擅	参古今字 擅古今字
以往吝（《口部》） 以往遴（《辵部》）	以往吝	通假字		已往閵。	已古今字 閵通假字
或锡之鞶带	或锡之鞶带			或赐之般带	赐古今字 般古今字
舆脱輹	舆说辐	说通用字 辐通假字		车说緮	车通用字 緮通假字
履虎尾，虩虩	履虎尾，愬愬	通假字		礼虎尾，朔朔	礼通假字 朔异体字
城复于隍	城复于隍			城复于湟	湟古今字
包巟	包荒	异体字		枹妄	枹古今字 妄通假字

① 传世本《周易》文本引自《影印南宋官版〈周易正义〉》影印日本足利学校藏越刊八行本及傅增湘旧藏单疏本。

② 据廖名春考证："沂"应为"析"，为形近混用，"析"与"惕"为一字之异写。参见廖名春：《〈周易〉乾坤两卦卦爻辞新解》，《古汉语研究》1999 年第 2 期。

续表

说文	传世本	传世本异文类型	上博简	马王堆帛书	出土文献异文类型
噬乾𩛍	噬乾胏	通假字		筮乾遭	筮古今字 遭通假字
贲如皤如	贲如皤如			蘩茹蕃茹	蘩通假字 茹古今字 蕃古今字
不菑畬	不菑畬	异体字	不畜之	不菑余	畜形近混用字① 之通假字 余古今字
僮牛之告	童牛之牿	童古今字 告古今字	僮牛之槔	童牛之鞫	僮古今字 槔异体字② 鞫通假字
禔既平	祗既平	通用字		塭既平	塭形近混用字③
入于坎窞	入于坎窞			人赣阎	人通用字 赣通假字 阎异体字
日𣅡之离	日昃之离	通用字		日禝之罗	禝形近混用字④
咸其脢	咸其脢		钦丌拇	钦其股	钦通假字 拇通假字 股通假字
榰恒凶	振恒凶	通假字	叡亙贞凶	夐恒凶	叡通假字 夐通假字 亙异体字
巩用黄牛之革	执之用黄牛之革	通用字⑤	巩用黄牛之革	共之用黄牛之勒	巩通假字 勒通假字

---

① 丁四新认为楚简本“畜”为“菑”字之形讹。参见丁四新:《楚竹书与汉帛书〈周易〉校注》,上海古籍出版社2011年版,第218页。

② 何琳仪认为“槔”“牿”乃一字之异体。《楚竹书〈周易〉校记》:“‘槔’右所从偏旁乃‘牿’之初文。”(何琳仪:《楚竹书〈周易〉校记》,《第二届传统中国研究国际学术讨论会论文集》(一),2007年9月,第36页)

③ 于豪亮《〈六十四卦〉校勘记》:“塭字误为禔、祇、祗诸字,盖因‘塭’字所从之‘昷’与‘禔’所从之‘是’形近,遂误作‘禔’,又因‘禔’与‘祇’音近而误为‘祇’,后更误为‘祗’。”(于豪亮:《马王堆帛书〈周易〉释文校注》,上海古籍出版社2013年版,第60—61页)

④ 于豪亮:“‘稷’亦与‘昃’音近通假。”《穀梁经·定公十五年》“日下稷”,《集解》云:“稷,昃也。”《左氏》《公羊》均作“日下昃”。(于豪亮:《马王堆帛书〈周易〉释文校注》,第91页)丁四新:“‘禝’从‘禝’省,殆为‘禝’之混讹字,二字形近。‘禝’为‘稷’之或体。”(丁四新:《楚竹书与汉帛书〈周易〉校注》,第426页)

⑤ 于豪亮:“‘共’有‘执’义,则‘巩’为‘共’之假借字,宜训‘执’,不当训为‘固’。”(于豪亮:《马王堆帛书〈周易〉释文校注》,第89页)

续表

说文	传世本	传世本异文类型	上博简	马王堆帛书	出土文献异文类型
有孚裕无咎	罔孚，裕无咎	脱文①		悔亡，复浴，无咎	复通假字
明夷于南狩	明夷于南狩	脱文		明夷，夷于南守	
抍马，壮吉	拯马壮，吉	通假字		撜马床，吉	撜异体字 床通假字
天且劓	天且劓	异体字		且埶	埶通假字
其牛𢳚	其牛掣	通假字		丌牛讘	乙文②
目事遄往	已事遄往	通用字		巳事端往	端古今字
读若《易》曰“勿恤”之“恤”	勿恤	古今字			
有陨自天	有陨自天		又恴自天		又异体字 或异体字 恴形近讹混字③
𠃓升大吉	允升大吉	古今字		允登大吉	登通用字
槷𣑥	鯢卼	通假字	劓□	貳掾	劓通假字 貳掾通假字
井冽，寒泉食	井洌，寒泉，食		汬𦉥，寒湶飤	井戾寒湶，食	汬𦉥、井戾通假字 湶古今字 飤通用字
巩用黄牛之革	巩用黄牛之革		巩用黄牛之革	共享黄牛之勒	巩古今字 共、勒通假字
笑言哑哑	笑言哑哑			芺言亚亚	芺异体字 亚古今字
不丧匕鬯	不丧匕鬯			不亡鈚肠	亡通用字 鈚古今字 肠通假字

① “今本之‘罔’或应作‘悔罔(悔亡)’，脱‘悔’字。”(吴新楚：《〈周易〉异文校证》，广东人民出版社 2001 年版，第 108 页)

② 丁四新：“帛本‘挈’与下‘讘’字互倒。《〈六十四卦〉校勘记》：按‘挈’可假为‘犎’，即‘掣’，‘讘’可假为‘曳’，王弼本与帛书本用字相通，而二字位置互易，盖抄写时笔误。”(丁四新：《楚竹书与汉帛书〈周易〉校注》，第 446 页)

③ 丁四新：“‘恴’‘陨’二字韵部(幽文)有隔。疑本作‘恴’字，后讹作‘埙’或‘陨’字。‘恴’从‘忧’省。‘忧’通‘㥑’。《说文·心部》：‘㥑’，愁也。‘㥑’‘忧’为古今字，后‘忧’行而‘㥑’废。”(丁四新：《楚竹书与汉帛书〈周易〉校注》，第 126 页)

续表

说文	传世本	传世本异文类型	上博简	马王堆帛书	出土文献异文类型
𥃩其限	艮其限	异体字	艮其𥌳	根亓限	𥌳通假字 亓通用字 根古今字
士刲羊	士刲羊			士刲羊	
寷其屋	丰其屋	古今字	丰亓芾	丰亓屋	误字[①]
读若《易》"旅琐琐"	旅琐琐	古今字	遊𧴩𧴩	旅琐琐	遊古今字 𧴩通假字
先庚三日	先庚三日			先庚三	脱文
读若《易》"繻有衣"(《丝部》) 需有衣絮(《丝部》)	繻有衣袽	需古今字 絮异体字	需又衣絮	襦有衣茹	襦、茹古今字 又通用字 絮异体字

说明：

1.此表中《说文解字》引《周易》文本均引自(汉)许慎著，(宋)徐铉校定:《说文解字》，中国书店 1989 年版。为了更好体现异文的字形，此表用繁体字统计。

2.马王堆帛书本《周易》隶定文字均引自裘锡圭主编:《长沙马王堆汉墓帛书集成》第 3 册，中华书局 2014 年版，第 3—39 页。

3.上博简本《周易》隶定文字均引自马承源主编:《上海博物馆藏战国楚竹书(三)》，上海古籍出版社 2003 年版，第 131—261 页，为濮茅左隶定版本。

经统计，传世文献异文中通假字的比例并不多(仅占 9/160)，而更多的则是有偏旁增删或调换的异体字和古今字(21/160)，以及一些当时约定俗成的通用字，还有三处是乙文、脱文。即使在出土文献的异文中，通假所占比例也没有柯马丁先生统计的超过十分之九那么多，大约占所有字的五分之一(31/160)。在异文中大约占七分之三(31/76)，和其他异文(古今字、异体字、通用字)相比大约是三比四，还有五处形近讹混字或误字，两处乙文脱文，当为抄写错误。而当时的通假字或许有更多通用字，随着用字惯例消失而不为今人所知。单纯因读音相近而导致的异文并不占绝大多数，而当时的文献传播仍然是以传抄为主。

而在用字方面，在共时之中呈现了字的历时变化，从而导致异体字、古今字占有大量比重。王宁《汉字构形学》称:"异构字(通常所说的异体字)音与义绝对相对……不论在什么语境下，都可以互相置换。"[②]异构字在不同时代分化，在某一个时期共时，随着职能

① 何琳仪云:"沪本'芾'缘上文而误，当据帛本、今本改'屋'。"(何琳仪:《楚竹书〈周易〉校记》，《第二届传统中国研究国际学术讨论会论文集》(一)，2007 年 9 月，第 53 页)季旭升云:"今本'屋'与简本'芾'声韵俱远，无法通假，当为义近词;'屋'本为'帐幄'之'幄'的初文，与'芾'读作'旆'，释为'幡幔'义近。"(季旭升主编:《上海博物馆藏战国楚竹书(三)读本》，北京大学出版社 2009 年版，第 151 页)

② 王宁:《汉字构形学讲座》，上海教育出版社 2002 年版，第 83 页。

的分化，到后来便无法通用。这种异文情况，应是当时文字的演进所导致的，并不会影响对经文、经义的理解。而完全共时性的文献材料不多，两份出土简帛并非出自同一时间，而是已经相隔百年，只能作为历时的材料来用。我们不能假设当时的抄手看到的材料包括这两种出土文献，抄手只是根据个人的喜好选择不同版本的异文，所以应从历时角度看，在这百年间，文字经历了形体的演变。而口传理论则以各种版本皆能被抄手所看见为共时性前提，实际上忽略了文字历时性演变的特征与不同文字载体的非共时性本质。

另外，部分出土文献中出现的异文与《释文》所记载的异文相同。如《上博简》中的《师・九二》"王三赐命"，足利本作"王三锡命"，而《释文》云郑本也作"赐"①。《马王堆帛书》中《泰・初九》"以其胃"，足利本作"以其汇"，而《释文》云："汇，音胃，类也……古文作'蔄'。"与《马王堆帛书》的"胃"的形体相近。《马王堆帛书》中的《谦卦》作"嗛"，《释文》云："子夏作嗛。"《上博简》中《无妄・六二》作"不靜而获"，足利本作"不耕获"，《释文》云："或依注作不耕而获。"《颐・六四》足利本作"其欲逐逐"，上博简作"丌猷攸攸"，《释文》云："荀作悠悠。""攸攸"与"悠悠"形体相近。《马王堆帛书》中《大过・九二》作"楛杨生荑"，足利本作"枯杨生稊"，《释文》云："郑作荑。"《升》卦辞"用见大人"，《马王堆帛书》作"利见大人"，《释文》云："用见大人，本或作利见。"《困・上六》："困于葛藟。"《马王堆帛书》作"困于褐累"，《释文》云："本又作虆。""累"与"虆"形体相承。《震・初九》："震来虩虩。"《马王堆帛书》作"辰来朔朔"，《释文》云："郑同。荀作愬愬。""朔"与"愬"形体相承。《艮・六二》："艮其腓。"《马王堆帛书》作"根丌肥"，《释文》云："腓，本亦作肥。"《艮・初六》："艮其趾。"《马王堆帛书》作"根丌止"，《释文》云："其趾，如字，荀作止。"可见，《马王堆帛书》与《上博简》的许多异文与《释文》所记录的各家异文相同或形体相似，当时的《周易》传抄有其固定的版本依据，这些异文从先秦抄至汉代，再由汉代保留到南北朝时期。

从对《说文》异文的分析看，《周易》经文存在不同的版本，可能在不同时期的文字变革中形成，而这些异体字在当时一度共享，不影响时人对《周易》文本的理解，而随着时代的迁移，部分异文逐渐不能通用，便造成了今天所看到的版本差异。但在当时，人们不会因为异体字的缘故而对经文理解产生歧义，其传抄仍有版本的依据，并不是像汉学家所推测的处于口传的阶段。

马王堆帛书本《周易》与今本《周易》的文本、《说文》引《周易》的文本相近，其异文与《释文》所载各家异文有相承之处，这说明当时已经形成了多个固定的经文版本。当时各版本的异文或在文字的时代变革、异体字的转化之中产生，被传抄者所共同认可，版本异文不会影响经文传播和读者对经义的理解。但随着时代发展和文字变革，异体字不再被后世人所通用，才形成了对文本认识的差异。而在汉代，大量经文版本存在于人们心中的"书概念"之中，书于简帛时，文字的外在形体随着时代的演变而发生变化，"书概念"中的经义却并不会随文字的演变而产生混乱。

---

① （唐）陆德明撰，黄焯断句：《经典释文》，中华书局 1983 年版，第 20 页。

试论帛书《衷》篇孔子易学“中道”思想

刘永昆*

马王堆帛书《衷》篇是帛书《易传》中的一篇，是重要的易学文献，对研究古代易学有重要意义。《衷》篇名“衷”，实通“中”。《左传·闵公二年》“用其衷则佩之度”，杜预注：“衷，中也。”《国语·周语上》“其君齐明衷正”，韦昭注：“衷，中也。”《鹖冠子·泰录》“入论泰鸿之内，出观神明之外，定制泰一之衷”，陆佃注：“衷之言中也。”吴世拱注：“衷，中也。”俞樾《群经平议·春秋左传一》“夫能固位者，必度于本末而后立衷焉”，按：“衷，中也。然则此《传》‘衷’字亦当训中，度于本末而后立，衷犹言执其两端用其中也。”因此，“衷”“中”古互通用，“《衷》”篇实即“《中》”篇。

一、阴阳之中

帛书《衷》篇孔子言“中”，并不是泛泛而谈抽象、空泛的哲理，而是立足于《周易》自身的易学体系，建构独特的易学“中道”观。

帛书《衷》开篇引孔子曰：

> 《易》之义谇阴与阳。[①]

“谇”为“萃”之借，聚之义。[②] 此句读为“《易》之义萃阴与阳”，谓《周易》的思想汇聚、集中于阴与阳，或曰《周易》的思想主旨为阴与阳。此句不见于今本《易传》，是帛书《易传》提出的一个非常重要的命题，可概括为“《易》萃阴阳”。《衷》篇开篇便将“阴阳”提升为整个《周易》思想的主旨，因此孔子论“中”，也必然从阴阳视域下出发，构建一种阴阳中道思想。

帛书《衷》篇从两方面直接阐发阴阳中道之义。《衷》篇引孔子说[原释文据裘锡圭《长沙马王堆汉墓简帛集成》(叁)，[③]假借字以通行字写出，据刘彬等《帛书〈易传〉新释暨

---

* 作者简介：刘永昆，山东大学易学与中国古代哲学研究中心博士研究生。研究方向为易学。

① 裘锡圭主编：《长沙马王堆汉墓简帛集成》(叁)，中华书局2014年版，第87页。下文帛书《衷》篇引文，皆出于此书。

② 参见刘彬等：《帛书〈易传〉新释暨孔子易学思想研究》，中国社会科学出版社2016年版，第75页。

③ 参见裘锡圭主编：《长沙马王堆汉墓简帛集成》(叁)，第87页。

孔子易学思想研究》[①],下同]:

> 天地相率,气味相取。阴阳流形,刚柔成[体]。万物莫不欲长生而恶死。会三者而始作《易》,和之至也。

此处“和之至”之“和”,为中之义。按《国语·郑语》史伯言:“夫和实生物,同则不继。以他平他谓之和,故能丰长而物生之。若以同裨同,尽乃弃矣。……夫如是,和之至也。……声一无听,物一无文,味一无果,物一不讲。”[②]史伯解“和”为“以他平他”,意为把两个性质不同的方面进行均衡,即调和达到中正,故“和”为中之义,即中和。

《衷》强调“会三者而始作《易》,和之至也”,“三者”指“天地”“阴阳”“刚柔”,“会三者”即会聚天地、阴阳、刚柔三组对立方面,“和之至”指把这三者中和达到极致,即天与地之中和、阴与阳之中和、刚与柔之中和。显然,《衷》直接阐发阴阳之中和。

帛书《衷》篇又从人的角度论阴阳之中和。《衷》篇引孔子曰“人之阴德不行者,其阳必失类”,“类”为比类,即匹配之义,谓一个人应同时具有阴与阳,阴与阳应互相匹配对待。如果没有阴,阳就会失去匹配而不存在。反之,没有阳,阴也会失去匹配而不存在。因此,一人身之阴阳,也必须达到中和。

故《衷》篇在阴阳视域下对“中道”思想进行规范,不论是会聚天地、阴阳、刚柔三者,还是个人德行的培养,只有达到“中”才是最理想的状态。孔子在《衷》篇里所论之“中”,就是以阴阳阐发中道,强调会聚阴与阳之中和,建立以“中和”为重要特征的“阴阳之道”。

二、刚柔之中

帛书《衷》篇又以刚柔中正,言阴阳中和。《衷》篇有完整的一段,以三节对此思想进行阐发。第一节曰:

> 万物之义,不刚则不能动,不动则无功,恒动而弗中则亡,[此]刚之失也。不柔则不静,不静则不安,久静不动则沉,此柔之失也。

此节从义理的高度,阐述刚之失和柔之失。首先,刚和柔均有其不可替代的功能,没有刚就没有运动,没有运动就不能创立万物,开辟功业;没有柔就没有静止,没有静止就不能安定、凝定事物。但刚、柔如有偏颇,则有过失。《衷》所谓“恒动而弗中则亡,[此]刚之失也”,意谓刚恒久运动而没有静止,就会灭亡,这是刚的过失;反言之,如果刚既有动,也有静,就不会有过失。《衷》所谓“久静不动则沉,此柔之失也”,“沉”字为杀为凶,意谓柔恒久静止而不运动,则为衰亡而凶,这是柔的过失;反言之,如果柔既有静也有动,就不会有过失。因此《衷》篇强调的是,刚、柔要同时具备动静之性,即刚具备动静之性,柔具有静动之质,都要保持中正,方能没有过失。

---

① 参见刘彬等:《帛书〈易传〉新释——暨孔子易学思想研究》,中国社会科学出版社2016年版,第144、146页。

② 徐元诰:《国语集解》,中华书局2002年版,第470—472页。

第二节曰：

> 是故键之“亢龙”，[大]壮之“触藩”，姤之离角，鼎之“折足”，丰之虚盈，五爻者，刚之失也，动而不能静者也。川之“牝马”，小畜之“密云”，姤之“含章”，渐之“孕妇”，屯之“泣血”，五爻者，柔之失也，静而不能动者也。

此节从易学体系，从爻位的角度，阐发刚之中正和柔之中正。“键(即乾)之‘亢龙’”，指乾卦上九。“[大]壮之‘触藩’”，指大壮卦九三。“姤之离角”，即姤卦上九“姤其角，吝”，指姤卦上九。“鼎之‘折足’”，指鼎卦九四。“丰之虚盈”，廖名春先生认为当言丰卦初九，“虚盈”当为脱文，可从。[①]《衷》认为，乾卦上九、大壮卦九三、姤卦上九、鼎卦九四和丰卦初九都“动而不能静”，而有“刚之失”。因为这些刚爻处于初、三、四、上之位，都是只有刚动之性，而缺乏柔静之质，故有过失。刚爻若处于二、五之位，得位之中，有动有静，则不仅具备刚动之性，同时具有柔静之质，就能达到中和、中正，而没有过失。

“川之‘牝马’”，指坤卦卦辞的“雌马”。“小畜之‘密云’”，指小畜卦卦辞的“密云不雨”。小畜卦只有六四爻为柔爻，其余都是刚爻，阴柔之力十分柔弱，故言不能致雨。因而此言“小畜之‘密云’”，实际上指六四爻。“姤之‘含章’”，指姤卦九五爻。此处疑有讹误，因为九五爻为刚爻，而举此爻言阴柔之失，显然是矛盾的。据学者考证，此处原文可能为“姤之[适(蹢)]属(躅)”[②]。“姤之蹢躅”，指姤卦初六爻。“渐之孕妇”，本指渐卦九三爻辞“妇孕不育，凶”，九三爻为刚爻，而举此爻言阴柔之失，显然也是矛盾的。此处当言渐九三动变而为柔爻，变卦为观，二、三、四爻互体为坤，坤过柔过静，故言“柔之失，静而不能动”[③]。“屯之‘泣血’”，指屯卦上六爻。《衷》认为，小畜卦六四、姤卦初六、观卦六三、屯上六都“静而不能动”，而有“柔之失”。因为这些柔爻处于初、三、四、上的爻位上，都是只有柔静之性，而缺乏刚动之质，故有过失。柔爻若处于二、五之中位，得位之中，有静有动，则不仅具备柔静之性，同时具有刚动之质，就能达到中和、中正，没有过失。

可见，帛书《易传》从爻位的维度，强调无论是刚爻，还是柔爻，只有处于中位，同时具备动静之性，才能达到圆满境地，此也即帛书《易传》象数体例的“得中”说。

第三节曰：

> 是故天之义，刚健动发而不息，其吉保功也。无柔救之，不死必亡。动阳者亡，故火不吉也。地之义，柔弱沉静不动，其吉[保]安也。无刚文之，则穷贱遗亡。

此从天道和地道，论述刚与柔的互助互成，而致中正。刚来自天道，具有刚健动发而不停息的特性，其优点在保住功业。但如果没有柔来救助它，即使不死也必然灭亡。柔来自地道，具有柔弱沉静的特点，其优点在保持安定。但如果没有刚来文饰它，则穷极而废而灭亡。因此，就如天和地互相配合、相辅相成一样，柔与刚也要互相辅助、互相成就，

---

① 参见廖名春:《〈周易〉经传与易学史新论》，齐鲁书社 2001 年版，第 68 页。

② 刘彬认为，“含章”，在十一种释文中，只有《长沙马王堆汉墓简帛集成》作“含章”，张政烺作“女壮”，于豪亮无释，其余八种皆作“[适(蹢)]属(躅)”，因此很可能原文为“句(姤)之[适(蹢)]属(躅)”。参见刘彬:《帛书〈衷〉篇新校新释》，北京大学出版社 2019 年版，第 21 页。

③ 刘彬等:《帛书〈易传〉新释暨孔子易学思想研究》，第 483 页。

方能保持常态。

总之，帛书《易传》认为，从刚和柔自身来说，二者都应该同时具有动静之性，而达至中正。从刚和柔处于一个统一体来说，二者要互助互成，方能中和。而刚柔本于阴阳，言刚柔之中正，实质乃言阴阳中正。

三、文武之中

帛书《衷》篇除以刚柔论阴阳中和，还以文武中和论阴阳中和。这是从人性角度入手，力图以文、武的性质阐发阴阳中和的道理。“文”“武”指人所具有的气质之性，属于人道，与地道的“柔”“刚”相应。其《衷》曰：

> 《易》曰：“直方大，不习，吉。”子曰：“生文武也，虽强学，是弗能及之矣。”

此言孔子对坤卦六二爻辞“直方大，不习，无不利”的诠释，“生文武”，“生”假借为“性”，当读为“性文武”①，孔子认为文和武属于人的本性，是先天具有的，而不是通过后天的学习而能成就的。《衷》又引孔子曰：

> 《易》曰：“直方大，不[习]，吉。”言圣[人]之屯于文武也。

“屯”，会聚之义。在孔子看来，坤卦六二爻辞“不学习，吉利”，是说圣人兼具文武之性，不用学习，天生同时具备文和武圆满的本性。可见，帛书《易传》认为文、武为人性，文、武各有其功用和特点。《衷》曰：

> 故武之义保功而恒死，文之义保安而恒穷。是故柔而不轫，然后文而能胜也。刚而不折，然后武而能安也。

文武与刚柔对应，文具有柔的特点，武具备刚的特征，武能开辟功业，文能保持安定。但武刚永远保持，达到极端就会死亡，文柔永远保持，达到极致就会困穷，因此文武中和是最理想的。“文而能胜”，即文而能武。“武而能安”，即武而能文。故文武同时具备，并中正均衡，是人性圆满的状态。柔而有刚，故文而能武；刚而有柔，故武而能文。柔刚要互助互成，保持中正，故文武也要相辅相成，达至中正。

孔子认为，这种文武兼备圆满的人性，只有圣人才有。一般人的文武之性则有所偏，或偏于文而成为文人，或偏于武而成为武人（或武夫）。《衷》曰：

> 《易》又名曰川，……文德也。是故文人之义，不待人以不善，见恶墨然弗反，是谓以前戒后。武夫昌虑，文人缘序。
>
> 《易》曰：“东北丧朋，西南得朋，吉。”子曰：“……[武]人有拂，文人有辅。拂不桡，辅不绝，何不吉之有？”
>
> 《易》曰：“含章可贞，吉。”[子曰]：“言美情之谓也。文人动，小事时说，大[事]顺成。知毋过数，而务柔和。”

---

① 参见刘彬等：《帛书〈易传〉新释暨孔子易学思想研究》，第 206 页。

"武夫昌虑","昌"读为"倡","昌虑"意为先进行规划安排。主要展现武夫的性情刚正,有动的特点,因而其擅长规划成就事业。"文人缘序","缘序"读为"循绪",谓遵循未竟之业。言文人性情柔和,展现静的特点,故其擅长成就未完成的事业。因此其言"武夫昌虑,文人缘序",实质是说武夫开创,文人守成。[①] 文人的特点是柔和,武夫的特征是刚强,这两种性格的人都是君主不可或缺的辅弼力量。总之,无论是文、武之性还是文、武之人,只有达到"中和"的状态,方可达到中正,保持最为圆满的状态。

综上所论,帛书《衷》篇以阴阳阐发中道,强调会聚阴与阳之中和,建立以"中和"为重要特征的"阴阳之道"。因而《衷》篇所论之"中",既直接论及,又从刚柔和文武等角度,通过阐述刚柔之中正和文武之中和,进一步凸显阴阳中和的思想。

四、爻变之中

帛书《衷》篇中孔子论"中",不仅表现在易学义理方面,更表现于易学象数方面,这是更为专业和深入的易学层面。此象数思想涉及"爻变"。在孔子看来,《周易》易学体系是依据阴阳之道建构起来的,是对阴阳本体之道的落实和实现。《周易》要体现阴阳中道,必然也是通过易学体系而表达的。具体言之,孔子运用"爻变"象数体例,在阐释《周易》古经卦爻辞时,以乾卦阳爻与坤卦阴爻的互化彰显出阴阳"中道"的落实。

孔子在帛书《衷》篇中有三处明确论及"爻变"。

其一,《衷》篇孔子曰:

> 键(乾)六刚能方,汤武之德也。"橬(潜)龙勿用"者,匿也。"见龙在田"也者,德也。"君子冬日键(健)键(健)",用也。"夕沂若,厉,无咎",息也。"或跃在渊",隐[而]能静也。"飞龙在天",见于上也。"炕龙有悔",高而争也。"群龙无首",文而圣也。

孔子在此解释乾卦六阳爻之爻辞和用九之辞。值得注意的是,在解说用九"群龙无首"时,孔子说"文而圣也"。"圣",通义。《说文·耳部》:"圣,通也。"《国语·楚语下》"其圣能光远宣朗",韦昭注:"圣,通也。"《衷》篇孔子此言,乾用九"群龙无首",文柔而通。如果从字面看,不禁让人疑惑:乾卦六爻皆为阳刚之爻,为何说"文柔"? 刘彬认为孔子这里实从"爻变"立言,甚是。乾卦六个阳刚之爻皆变为六个阴柔之爻,故说"文柔"。通为通达,谓阳刚之爻通达于阴柔之爻。朱熹明此"爻变"之义,于《周易本义》注"用九"曰:"圣人因系之辞,使遇此卦而六爻皆变者,即此占之。盖六阳皆变,刚而能柔,吉之道也,故为'群龙无首'之象,而其占为如是则吉也。"[②]因此乾卦用九强调的是,乾卦阳爻可变为阴爻,即阳刚具备阴柔之性,阴与阳的同具就是要保持不偏的中正的中道,如此方能充分掘发乾卦之义。

---

① 参见刘彬等:《帛书〈易传〉新释暨孔子易学思想研究》,第 201 页。

② (宋)朱熹撰,廖名春点校:《周易本义》,中华书局 2009 年版,第 32 页。

其二,《衷》篇孔子曰:

> 川(坤)之至德,柔而反于方。键(乾)之至德,刚而能让。

“柔”谓阴柔,“反”通“返”,“方”为直之义。“坤之至德,柔而返于方”,从字面看,孔子言坤卦最大的功用,是阴柔而返回方直。坤卦六阴柔之爻,言“阴柔”很好理解,而言“返回方直”则颇令人困惑。“让”为文让,《国语·周语下》:“让,文之才也。”《后汉书·陈蕃传》:“让,身之文,德之昭也。”“乾之至德,刚而能让”,从字面看,孔子言乾卦最大的功用,是阳刚而能文让。乾卦六阳刚之爻,言“阳刚”符合道理,但说“能文让”则令人不解。实际上,孔子此所言“柔”“刚”皆为爻的称号,古人以“柔”“刚”称爻。《衷》篇开篇引孔子曰:“㕣句焉柔,正直焉刚。”“㕣”读为“杋”,“句”为曲,“正”为平义。“杋句”与“正直”言爻之形状,“柔”和“刚”言爻之性质。[①] “杋句焉柔”,谓形状弯曲的为柔爻,即阴爻。“正直焉刚”,谓形状平直的为刚爻,即阳爻。出土易学文献中阴爻和阳爻的写法确实如此。因此,孔子此处所言的真实意思是:坤卦最大的功用,是六个柔爻皆变为方直的刚爻;乾卦最大的功用,是六个刚爻皆变为文让的柔爻。如刘彬所言,这就是“爻变”,[②]古人也称“变卦”,即坤卦六爻全变而为乾卦,乾卦六爻全变而为坤卦。此节一方面强调乾卦具有阳刚的特性,另一方面又指出乾卦阳刚之性可变为文柔的思想。反之,坤卦亦是。文柔与阳刚分别作为乾坤两卦的最大功用,就是要求乾坤二者不可偏执于一方,阴阳的特性是两卦同具同存的。因此,阴与阳要互相匹配对待,卦之阴阳也要达到“中道”的状态。

其三,《衷》篇孔子曰:

> 用六赣也,用九盈也。盈而刚,故《易》曰“直方大,不习,吉”也。因“不习”而备,故《易》曰“见群龙,无首,吉”也。

“用”读为“通”,皆之义。“赣”读为“坎”,义为虚。“盈”,实之义。“用六坎也”,言坤卦空虚之象。“用九盈也”,言乾卦实满之象。[③] “盈而刚”,言乾卦六爻皆为刚爻,实言乾卦。“直方大,不习,吉”,为坤卦六二爻辞,其“吉”字,今本和帛书《周易》皆作“无不利”,其义相近。“见群龙,无首,吉”,乾卦用九之辞。“见”读为“现”。从字面上看,孔子说,六爻皆柔的坤卦为空虚之象,六爻皆刚的乾卦为盈满之象。乾卦盈满而阳刚,故坤卦六二说:“直方大,不习,吉。”因为坤卦六二“不习”而具足,故乾卦用九说:“现群龙,无首,吉。”而从孔子的思维逻辑看,是因乾卦如何,故坤卦如何;因坤卦如何,故乾卦如何。孔子实际是以乾卦释坤卦,以坤卦释乾卦,而这种解释能够成立的前提,是乾卦能变为坤卦,坤卦能变为乾卦,此即“爻变”。因此,孔子此处是以“爻变”立言的。孔子以乾卦解释坤卦六二爻,又以坤卦阐释乾卦用九,就是言乾坤两卦有阴有阳,二者不仅同时具备阳刚之性,也同时拥有阴柔之质。不论是乾卦阳爻还是坤卦阴爻,只有处于“中道”,同时具备阴

---

① 参见刘彬、孙航、宋立林:《帛书〈易传〉新释暨孔子易学思想研究》,中国社会科学出版社 2016 年版,第 143 页。

② 参见刘彬、孙航、宋立林:《帛书〈易传〉新释暨孔子易学思想研究》,第 188 页。

③ 参见刘彬、孙航、宋立林:《帛书〈易传〉新释暨孔子易学思想研究》,第 148、149 页。

阳之性，才能达到圆满吉利的境界，符合乾坤之大义。

因此，孔子在阐释乾坤两卦时，认为乾卦阳爻与坤卦阴爻之间可以由“爻变”而互相转化。“阳”与“阴”作为对立的两方面，从易学注重的流通变化角度看，一定是可以从阳变阴，从阴变阳，如此才能保证变易的特性。透过乾坤两卦阴阳爻的互变，从中投射出的是孔子对于“中道”的追寻，只有不偏不倚，持两用中，方能体现易学作为天人之学的价值所在。

综上所论，帛书《衷》篇孔子立足《周易》独特的阴阳体系，阐发易学的“中道”思想，对“中”的内涵进行界定。《衷》篇所论之“中”，就是以阴阳阐发中道，强调会聚阴与阳之中和，建立以“中和”为重要特征的“阴阳之道”。同时，阴阳“中和”之道还有刚柔与文武两种表现。从每一个自身来说，都应同时具备刚柔或文武，进而达到中正；从一个统一体来讲，刚柔或文武也要相辅相成，才能达到中正。孔子没有停留在易学义理，而是深入到象数层面，立足“变”的义理，在具体阐释《周易》古经卦爻辞时，娴熟运用“爻变”象数体例，以乾卦阳爻与坤卦阴爻的互化，彰显对阴阳“中道”思想的追求与落实。

宋代“河图”“洛书”关系探析

——以刘牧、朱熹为中心

宋琪*

关于宋代“河洛”之学的来源，一直说法不一，有的学者①认为“河洛”自陈抟传承而来，朱震所作易图学的传承谱系十分明确，《宋文鉴》《东都事略》《易图通变》中均有记载。也有学者②认为黑白点“河洛”纯属刘牧采用天地之数五十五自作而成，并非自陈抟“龙图”而来。陈抟的《龙图序》及其“龙图三变图”最早见于元代张理的《易象图说》，书中载有“龙图天地未合之图”“龙图天地已合之图”“龙图天地生成之图”三图③，三图均以黑白点来表示天地之数一至十。刘牧《易数钩隐图》一书中最早收录了我们现在所熟知的黑白点“河图”“洛书”。因此，宋代“河洛”之学的产生及发展与陈抟、刘牧是分不开的。如果说陈抟是“河洛”之学的源头与发端，那刘牧则是“河洛”之学真正的开创者。无论是否继承了陈抟的思想，刘牧都加以发挥与改造，明确了“河图”与“洛书”的形式和内容，将原本的“河图”“洛书”上升到则“河洛”作《易》的高度。这样，刘牧所讲“河图”“洛书”的概念已经不同于先秦文献记载中的“河图”“洛书”，其内涵与外延都已经发生改变。

一、刘牧“河九洛十”说

关于“河图”“洛书”的记载最早可以追溯到先秦时期，《尚书》《论语》《管子》均有提及，大致推测为珍贵的宝物或者一种祥瑞的征兆。自汉代以来，刘歆认为“伏羲氏继天而

---

* 作者简介：宋琪，中国人民大学国学院博士研究生。

① 朱伯崑云：“《宋文鉴》的编者吕伯恭则认为《龙图易》乃陈抟所作，明初宋濂亦执此说。按《东部事略》和朱震所记，皆认为河洛之学来于陈抟……至于《宋文鉴》中的《龙图序》是陈抟所作，还是其门徒所作，已不可考。但其思想出于陈抟，是可以肯定的。”[朱伯崑：《易学哲学史》(二)，昆仑出版社 2005 年版，第 18 页]林忠军也认为按照《东都事略·儒学传》与雷思齐《易图通变》记载，“其引孔子三陈九卦之义、言离合变通图等皆与今存《龙图序》合，故《易龙图》及《龙图序》为陈抟所作，基本可信”(林忠军：《象数易学发展史》第二卷，齐鲁书社 1998 年版，第 136 页)。

② 王铁经过考证，认为陈抟《龙图》乃伪书，“宋代学术界流传的陈抟传易的系统中，只有陈抟—种放—穆修—李之才—邵雍这一支没有破绽，或许是事实”。参见王铁：《宋代易学》，上海古籍出版社 2005 年版，第 32 页。姜广辉认为“河洛”之学纯属刘牧自创，是其用黑白点自作而成。参见姜广辉主编：《中国经学思想史》第三卷(上)，中国社会科学出版社 2010 年版，第 121、122 页。

③ (元)张理：《易象图说》，《景印文渊阁四库全书》第 806 册，台湾商务印书馆 1986 年版，第 376、377、378 页。

王，受‘河图’，则而画之，八卦是也；禹治洪水，赐‘洛书’，法而陈之，《洪范》是也。”[①]孔安国也主张“‘河图’则八卦是也，‘洛书’则九畴是也”[②]。由此，这种将“洛书”与《洪范》相关联的说法开始成形，影响深远。刘牧却一反此说，提出了新的看法。受到《系辞》“河出图，洛出书，圣人则之”[③]的影响，刘牧认为“河图”“洛书”均出于伏羲氏之时，是伏羲画卦作易的依据，所谓仰观俯察正是指“河图”“洛书”。刘牧这种做法显然与《尚书·洪范》中“天乃锡禹《洪范》九畴，彝伦攸叙”[④]的记载相悖，如果说“河图”“洛书”皆出于伏羲之时，不当言大禹之时才有九畴。面对这种矛盾，他指出：“伏羲之世，世质民淳，文字未作，故九畴莫得而传也，但申其数耳。至大禹圣人，遂演成九类，垂为世范，九畴自禹而始也。”[⑤]这是说，洪范九畴在伏羲之世就已经存在，囿于文字尚未发明，所以无法广泛流传，仅仅申其数而已，直到大禹才推演成为九类法则，传于后世。

在明确“河图”“洛书”时代的基础上，刘牧进一步区分了“河图”“洛书”的功能与作用。刘牧认为，“河图”之数为四十五，这是由于“河图”不显中央土十之数，有象而未成形，“是兼其用而不显其成数也”[⑥]；而“洛书”之数为五十五，则是因为中央土十之数已显，兼有五行生成数，“所以成变化而著形器者也”[⑦]。刘牧进一步指出：“故河图陈四象而不言五行，洛书演五行而不述四象。”[⑧]在刘牧看来，“河图”示四象，“洛书”言五行，体现了卦象以及万物从象而形，从微到著的过程。二者功用不同，缺一不可。“河图”与“洛书”的区别在于象与形，刘牧云：“所谓象之与形者，《易》云：见乃谓之象。‘河图’所以示其象也。形乃谓之器，‘洛书’所以陈其形也。”[⑨]“河图”包含四象，体现为老阳、老阴、少阳、少阴之数，但是“洛书”也有四象，体现为金、木、水、火之数。数字虽然同为七、八、九、六，但内涵已不同，五行之数是四象附于土数之后而成，具有形质。因此，“洛书”旨在陈其形。

在明确象与形的基础上，刘牧借用《易传》中道与器、形而上与形而下等范畴来说明“河图”“洛书”的差异。刘牧云：

> 《易》曰：“形而上者谓之道，形而下者谓之器。”则地六而上谓之道，地六而下谓之器也。谓天一、地二、天三、地四，止有四象，未著乎形体，故曰“形而上者谓之道”也。天五运乎变化，上驾天一，下生地六，水之数也；下驾地二，上生天七，火之数也；右驾天三，左生地八，木之数也；左驾地四，右生天九，金之数也；地十应五而居中，土之数也。此则已著乎形数，故曰“形而下者之谓器”。[⑩]

在刘牧看来，“河图”旨在示四象，为形而上之道，“洛书”旨在演五行，为形而下之器。

---

① (汉)班固撰，(唐)颜师古注：《汉书·五行志》，中华书局1962年版，第1315页。

② (魏)王弼、(晋)韩康伯注，(唐)孔颖达疏：《十三经注疏·周易正义》，上海古籍出版社1997年版，第82页。

③ (魏)王弼、(晋)韩康伯注，(唐)孔颖达疏：《十三经注疏·周易正义》，第82页。

④ (汉)孔安国传，(唐)孔颖达正义，黄怀信整理：《十三经注疏·尚书正义》，上海古籍出版社2007年版，第448页。

⑤ (宋)刘牧：《易数钩隐图》，《文渊阁四库全书》第8册，台湾商务印书馆1986年版，第159页。

⑥ (宋)刘牧：《易数钩隐图》，《景印文渊阁四库全书》第8册，第150页。

⑦ (宋)刘牧：《易数钩隐图》，《景印文渊阁四库全书》第8册，第150页。

⑧ (宋)刘牧：《易数钩隐图》，《景印文渊阁四库全书》第8册，第150页。

⑨ (宋)刘牧：《易数钩隐图》，《景印文渊阁四库全书》第8册，第150页。

⑩ (宋)刘牧：《易数钩隐图》，《景印文渊阁四库全书》第8册，第150页。

"河图"与"洛书"的根本不同就在于象与形、道与器、形而上与形而下的区分。同时,在刘牧图书学体系中,所谓"形而上"与"形而下"并非从本体论的角度区分,而是从生成过程的角度进行区分,所谓"形而上"就是指四象阶段,形质未成之前,"形而下"就是指中央土十发挥功用,五行俱全,形质已成之后。象与形,不是有与无的关系,道与器,也并未区分为上下之理。

刘牧认为易者,包含道与器,所以圣人兼采"河图""洛书"而作《易》,他对圣人如何则"河洛"画卦进行了一系列说明。刘牧主张"太极者,一气也,天地未分之前,元气混而为一"①。他认为宇宙的生成过程,始自太极,太极只是一气而已,无象与数。太极进而分为两仪,气之轻清者向上,气之重浊者向下,此时上下未交,两仪有天地之象而无天地之形,只有二气相交之后,"则天一下而生水,地二上而生火,此则形之始也"②。由此,五行完备而生动、植物,所谓"在天成象,在地成形"③。由此,刘牧对数、象、形三者的关系进行了界定,主张形由象生,象由数设。又说:"两仪既分,天始生一,肇其有数也。"④可见,刘牧认为数与象都是在太极一气分判为两仪时产生的,数在象先,形又在象后,数规定了象与形。因此,刘牧由数去推演两仪、四象、八卦。具体而言,刘牧受到汉代五行生数、成数的影响,又根据《系辞传》所云天地之数,以一、三为阳仪,二、四为阴仪,天一、地二、天三、地四为四象生数,分别加五,成为六、七、八、九,为四象成数。他指出:"夫五,上驾天一而下生地六,下驾地二而上生天七,右驾天三而左生地八,左驾地四而右生天九,此'河图'四十有五之数耳,斯则二仪所生之四象。"⑤可见,刘牧是以六、七、八、九为四象,一、二、三、四只是四象生数,必须经过天五的作用,才能形成四象。同时,六为老阴,七为少阳,八为少阴,九为老阳,也分别是水、火、木、金的成数。

四象既成,然后乃生八卦。刘牧明确指出:

> 原夫八卦之宗起于四象,四象者,五行之成数也。水数六除三画为坎,余三画布于亥上成乾;金数九除三画为兑,余六画布于申上成坤;火数七除三画为离,余四画布于巳上成巽;木数八除三画为震,余五画布于寅上成艮,此所谓四象生八卦也。⑥

刘牧所说四象生八卦,就是用六、七、八、九四个数分别减三,得到余数三、四、五、六。然后根据余数画卦得出乾、巽、艮、坤,加上居于四正位的坎、离、震、兑,八卦得以形成,而后八卦相重得出六十四卦。可见,刘牧两仪、四象、八卦、六十四卦的生成过程,根源于"河洛"之数的推演变化。

刘牧之后,程大昌继承其"河九洛十"的说法,以五行生克论证"河洛",认为"河图"五行相克,"洛书"五行相生,"河洛"皆本于天地自然之理。程大昌以"河洛"为《易》之原,并以"河洛"之数为基础,由数而后生卦,构建了"河洛"—数—卦的体系。程大昌在《易原》中说:

---

① (宋)刘牧:《易数钩隐图》,《景印文渊阁四库全书》第8册,第127页。
② (宋)刘牧:《易数钩隐图》,《景印文渊阁四库全书》第8册,第127页。
③ (宋)刘牧:《易数钩隐图》,《景印文渊阁四库全书》第8册,第128页。
④ (宋)刘牧:《易数钩隐图》,《景印文渊阁四库全书》第8册,第135页。
⑤ (宋)刘牧:《易数钩隐图》,《景印文渊阁四库全书》第8册,第131页。
⑥ (宋)刘牧:《易数钩隐图遗论九事》,《景印文渊阁四库全书》第8册,第161页。

> 然则天地之间，明而为物务，幽而为变化，大而为天地之文，广而为像物之象，皆不出乎图书所写之数，则夫作《易》之初，虽曰仰观俯察，近取远取，莫不有得而其机要出于"河洛"两图者，特居其总也，此图书入《易》之凡也。[①]

依程氏之意，"河图"与"洛书"至大至广，无所不包，蕴藏天地造化之机，一切变化皆不出图书所写之数，所以，圣人作《易》画卦必须模拟"河洛"。这与《系辞》记载圣人画八卦时"仰观俯察，远取近取"的说法并不矛盾。"河洛"居于总领地位，天、地、人、物之机要都出于其中，因此，"河洛"入于《易》，且为《易》之原。

具体而言，程大昌对"洛书"五行相生中何为相生、何为顺进行了详细说明。他指出：

> 均之其为模肖五行焉，相生者顺天而自左旋右，则四时迭进之序也；相克者逆天而自右转左，则五德交济之原也。何为顺？木火土金水次此，而为春夏秋冬者，是其左行而右旋者，正与天合也。何谓逆？处土于中，而水北木东固其位矣，金南火西乃与生之位相反，则皆自右而向左，其行正与天反也。[②]

"洛书"五行相生与天的运行方向一致，自左行而右旋，从正东方开始，历经南、中、西、北而复归于东，即木生火，火生土，土生金，金生水，水生木，对应四时之序则为春夏秋冬。因此，"洛书"五行相生之序也与四时更迭之序相合。在阐明"洛书"五行相生的基础上，程大昌进一步对"河图"五行相克进行分析。"河图"是在"洛书"的基础上，将南方之火与西方之金的位置互换，形成南方之金与西方之火。"河图"运行方向自中央起，历经北、西、南、东而复归于中，自右行而左旋，与天的运行方向相反，对应四时的顺序为冬秋夏春，也与四时运行之序相反。因此，"河图"倒置金火，其五行之序为相克，即土克水，水克火，火克金，金克木，木克土。

"河图"自北方开始，自右向左旋，按五行相克之序运行；"洛书"自东方开始，自左向右旋，按五行相生之序运行。虽然"河洛"运行方向、五行生克顺序均有所不同，但皆本于天地自然之理，如此方为《易》之原。程大昌指出：

> "洛书"之自一至九，自水生以至金成，皆以本数居本位，以其未入于用故也。至"图"数则异矣，变西金而位之于南，变南火而置之于西，以著其相克之序者，是其用也。[③]

在程大昌看来，"河图"与"洛书"相为经纬，本为一理。不同的是，"洛书"皆以本数居本位，未入于用；"河图"是"洛书"倒易金火而成，将火置于西方，金置于南方，已经入于用，故为用数。因此，程大昌以"洛书"为本，"河图"为用。

可见，程大昌虽然认为"河洛"由数构成，但他对"河洛"关系的认知却是基于五行生克之理。"洛书"五行相生，与四时、天道、阴阳相一致，"河图"五行相克，是由"洛书"倒易金火而来，所以"洛书"更为根本。刘牧与程大昌虽然都认为"河九洛十"，对"河洛"关系

---

① (宋)程大昌:《易原》,《景印文渊阁四库全书》第12册,台湾商务印书馆1986年版,第514页。

② (宋)程大昌:《易原》,《景印文渊阁四库全书》第12册,第509页。

③ (宋)程大昌:《易原》,《景印文渊阁四库全书》第12册,第513页。

的认知却存在差异。刘牧从象与形的角度去区分“河洛”，认为“河图”为形而上之“象”，“洛书”为形而下之“器”；程大昌则基于五行生克之理，从体与用的角度去区分“河洛”，认为“洛书”为体，“河图”为用。但总体而言，二者都认为“河洛”为《易》之原，天地以此启悟圣人，圣人则“河洛”画卦而作《易》。

二、朱熹“河十洛九”说

刘牧、程大昌一系的图书之学，虽对圣人如何则“河洛”画卦作出阐释，但关于太极、两仪、四象、八卦的解释是基于宇宙生成论展开，无法对画卦次序进行系统说明。基于此，朱熹、蔡元定主张“河图”十数，“洛书”九数，建构了完整的画卦次第，完善并发展了图书之学。

朱熹、蔡元定《易学启蒙》中主张“河十洛九”，首先，引用孔安国、刘歆的说法[①]，认为“河图”出于伏羲之时，与八卦有关，“洛书”出于大禹之时，与九畴有关。其次，朱熹以关子明所言为依据，关子明对“河洛”之数的分布作了详细说明，指出“河图之文，七前六后，八左九右。洛书之文，九前一后，三左七右，四前左，二前右，八后左，六后右”[②]。再次，朱熹又以邵雍为证据，从方圆的角度区分“河洛”，认为“盖圆者，河图之数；方者，洛书之文”[③]。“河图”只有四正之位，没有四隅之位，四正为正方形，截去代表四隅之位的四角，得到圆形；而“洛书”既有四正之位，又有四隅之位，无需分割，自然为方形。同时，朱子读《大戴礼记》时，看到“其《明堂篇》有二九四七五三六一八之语，而郑氏注云：法龟文也”[④]。由此，朱熹认为郑玄注释《明堂篇》为取法龟文，而汉代学者一般认为“洛书”取法于龟文。如此，九数为“洛书”，十数自然为“河图”，不言而明。蔡元定与朱熹相同，皆认为从古至今，皆以十为“河图”，九为“洛书”，《易传》明言天地之数五十有五，《洪范》也明言天赐大禹九畴。他反对刘牧“河九洛十”之说，认为其“托言出于希夷，既与诸儒旧说不合，又引《大传》以为二者皆出于伏羲之世，其易置图书，并无明验”[⑤]。

在明确“河十洛九”之后，朱熹对“河图”与“洛书”进行具体的阐发。“河图”与“洛书”虽然出现时间有先后，总数也不同，但归根结底，本为一理，无复他理。由此，伏羲根据“河图”作《易》，不必有先见之明，却已与“洛书”相符；大禹依据“洛书”确立《洪范》，不待追溯考察，亦与“河图”暗合。天地之间，一理而已，这也是朱熹一以贯之的理学纲

---

① 《易学启蒙·本图书》：“孔安国云：‘河图者，伏羲氏王天下，龙马出河，遂则其文，以画八卦。洛书者，禹治水时，神龟负文而列于背，有数至九，禹遂因而第之，以成九类。’”“刘歆云：“伏羲氏继天而王，受河图而画之，八卦是也。禹治洪水，赐洛书法而陈之，九畴是也。河图洛书相为经纬，八卦九章相为表里。”关子明云：“河图之文，七前六后，八左九右。洛书之文，九前一后，三左七右，四前左二，前右八后，左六后右。”（朱杰人、严佐之、刘永翔主编：《朱子全书》第1册，上海古籍出版社、安徽教育出版社2002年版，第211页）

② 朱杰人、严佐之、刘永翔主编：《朱子全书》第1册，上海古籍出版社、安徽教育出版社2002年版，第211页。

③ 朱杰人、严佐之、刘永翔主编：《朱子全书》第1册，第211页。

④ （宋）朱熹撰，（宋）朱鉴编：《朱文公易说》，《景印文渊阁四库全书》第18册，台湾商务印书馆1986年版，第416页。

⑤ 朱杰人、严佐之、刘永翔主编：《朱子全书》第1册，第211页。

领。朱熹又云：

> 且以“河图”而虚十，则“洛书”四十有五之数也。虚五，则大衍五十之数也。积五与十，则“洛书”纵横十五之数也。以五乘十，以十乘五，则又皆大衍之数也。“洛书”之五，又自含五而得十，而通为大衍之数矣。积五与十，则得十五，而通为“河图”之数矣。苟明乎此，则横斜曲直，无所不通，而“河图”“洛书”，又岂有先后彼此之间哉！①

可见，“河图”与“洛书”的关系十分紧密。自“河图”而言，“河图”之数五十五，与天地之数相同，“河图”总数减去十，就是“洛书”之数四十五，减去五，就是大衍之数五十。“河图”所虚五与十，相加之和为十五，而“洛书”纵横之数相加皆为十五。“河图”所虚五与十，相乘之积为五十，正与大衍之数相对应。自“洛书”而言，“洛书”中央之五，本身包含在十内，五与十相加，正对应“河图”中央之数十五。基于数的相通，“河图”“洛书”其实相互包含，无分彼此与先后。

在明晰“河洛”关系的基础上，朱熹本于“河洛”对太极、两仪、四象、八卦进行了诠释，进一步完善了刘牧图书学体系的不足。《易学启蒙》云：

> 曰：然则圣人之则之也奈何？曰：则“河图”者，虚其中；则“洛书”者，总其实也。“河图”之虚五与十者，太极也。奇数二十、偶数二十者，两仪也。以一二三四为六七八九者，四象也。析四方之合以为乾坤离坎、补四隅之空以为兑震巽艮者，八卦也。②

在朱熹看来，“河图”中央的天五与地十对应太极，“河图”之数与天地之数五十五相同，减去太极所对应的天五与地十，剩余四十，奇数与偶数各为二十，此为两仪。除去中央的五与十，其余四方分别为：天一、地六居北方，地二、天七居南方，天三、地八居东方，地四、天九居西方。六、七、八、九分居四方，此为四象。同时，四方之位分别对应四正卦，即南方对应乾卦，北方对应坤卦，西方对应坎卦，东方对应离卦。四隅之位分为对应其余四卦，即东南方对应兑卦，东北方对应震卦，西北方对应艮卦，西南方对应巽卦。由此，先天八卦得以形成。可见，朱熹力图以“河图”系统去诠释太极、两仪、四象、八卦，真正将“河图”与易学本原相联系，为圣人则之画卦作出证明，刘牧的遗留问题也在一定程度上得以解决。

在将“河图”与《易》关联之后，朱熹进一步把“洛书”归结到《洪范》系统之中，他说：“‘洛书’之实，其一为五行，其二为五事，其三为八政，其四为五纪，其五为皇极，其六为三德，其七为稽疑，其八为庶征，其九为福极，其位与数尤晓然矣。”③这样，“洛书”九数就与《洪范》九畴相对应，位与数一目了然。同时，朱熹也论证了“河图”“洛书”的内在统一性，指出了“洛书”也内含太极、两仪、四象、八卦。朱熹云：

> 曰：“洛书”而虚其中五，则亦太极也。奇偶各居二十，则亦两仪也。一二三四而

---

① 朱杰人、严佐之、刘永翔主编：《朱子全书》第1册，第216页。

② 朱杰人、严佐之、刘永翔主编：《朱子全书》第1册，第215页。

③ 朱杰人、严佐之、刘永翔主编：《朱子全书》第1册，第215页。

含九八七六，纵横十五而互为七八九六，则亦四象也。四方之正以为乾坤坎离，四隅之偏以为兑震巽艮，则亦八卦也。[①]

朱熹认为"洛书"中央之五，代表的也是居中之"太极"。其次，"洛书"减去五之后，总和之四十，亦是奇偶各二十，是为两仪。"洛书"纵横相加之十五，六七八九已蕴藏其中，是为四象。最后，与"河图"相同，"洛书"四正位置分别对应乾、坤、坎、离，四隅位置分别对应兑、震、巽、艮，八卦也得以体现。此外，朱熹也继承汉代以来的五行说，将"河图"与五行相配，一六为水、二七为火、三八为木、四九为金、五十为土，而五行又是《洪范》中的一畴。九畴之数，取五行之五，五事之五，八政之八，五纪之五，皇极之一，三德之三，稽疑之七，庶征之十，福极之十一，相加为五十五，正与"河图"之数相同。由此，朱熹阐明图书本具一理，在数理上均可打通，数的变化对应正是基于相同之理，图可以为书，书也可以为图。在这种意义上，圣人之道一以贯之，《易》与《洪范》也有相通之处，"洛书"可以为《易》，"河图"也可以为《洪范》。

"河洛"虽本于一理，但是也有功用的具体分别。朱熹首先从数与位的不同进行分析，云：

或曰："'河图''洛书'之位与数，其所以不同何也？"曰："'河图'以五生数统五成数，而同处其方，盖揭其全以示人而道其常，数之体也。'洛书'以五奇数统四偶数，而各居其所，盖主于阳以统阴而肇其变，数之用也。"[②]

朱熹认为"河图"十数，五生数统率五成数，且处于相同方位，生数居于内，成数居于外，例如生数之一统成数之六，均位于北方，一居内，六居外，余者以此类推。而"洛书"九数，居于中央与四方的五个奇数统率四隅的偶数，各居其方位。这是由于"河图"主全，与天地之数五十五相同，体现的是常态或者常道，为数之体；而"洛书"主阳统阴，其四十五之数是由天地之数而来，体现的是变化和发展，为数之用。在这个意义上，"河图"之数为常数，"洛书"之数为变数。

其次，朱熹进一步从运行次序上区分了"河洛"，他指出"河图"以生出之次而言，从下方开始，依次向上、向左、向右，然后回到中央，最后返回初始的下方；以运行之次而言，则从东方开始，依次向南、向中、向西、向北，按照五行相生次序，左旋一周，最后返回到东方。其中，"其生数之在内者，则阳居下左，而阴居上右也。其成数之在外者，则阴居下左，而阳居上右也"[③]。"洛书"则分为阳数与阴数，阳数的运行次序依次为北、东、中、西、南，阴数依次为西南、东南、西北、东北。合而言之，"洛书"运行次序从北方开始，依次向西南、东、东南、中、西北、西、东北，按照五行相克的顺序，右旋一周，最后止于南方。由此，朱熹本于数之体用，从奇偶、常变、运行顺序几个层面区分了"河洛"。

在朱熹、蔡元定之后，蔡沈旨在借《洪范》阐发"河洛"之数，他也认为"河图"与"洛书"有同有异，既相互联系，又相互区别。蔡沈《洪范皇极内篇》云：

---

① 朱杰人、严佐之、刘永翔主编：《朱子全书》第1册，第215页。
② 朱杰人、严佐之、刘永翔主编：《朱子全书》第1册，第213页。
③ 朱杰人、严佐之、刘永翔主编：《朱子全书》第1册，第214页。

> “河图”体圆而用方，圣人以之而画卦。“洛书”体方而用圆，圣人以之而叙畴。卦者，阴阳之象也。畴者，五行之数也。象非偶不立，数非奇不行。奇偶之分，象数之始也。是故以数为象，则奇零而无用；以象为数，则多偶而难通。阴阳五行，固非二体，八卦九畴，亦非二致，理一用殊，非深于造化者，孰能识之！[①]

可见，蔡沈仍然主张圣人则“河图”画八卦，以“洛书”作九畴。“河图”体圆用方，表现的是阴阳之象；“洛书”体方用圆，表现的是五行之数。“河图”数偶，易数是二进制，按照二、四、六、八、六十四、四千零九十六的顺序形成；“洛书”数奇，《洪范》之数是三进制，按照一、三、九、八十一、六千五百六十一的顺序形成。显然，蔡沈这种做法受到邵雍“加一倍法”、扬雄《太玄》的影响，并将之运用于“河洛”之分。但是，“河图”与“洛书”本于一理，虽有偶奇、象数之别，只是理之分殊而已。同时，蔡沈还从动静、体用的层次分析“河洛”，认为“河图”是象，自静而动，“洛书”是数，自动而静。他说：“数者，动而之乎静者也。象者，静而之乎动者也。动者，用之所以行。静者，体之所以立。清浊未判，用实先焉。天地已位，体斯立焉。用既为体，体复为用，体用相仍，此天地万物所以生化而无穷也。”[②]静是数之体，动是数之用，清浊未分之前，用更加凸显，天地已形之后，体就更为重要。不过，动与静、体与用并非恒久不变的，而是体用相即，用可以为体，体也可以为用。

蔡沈虽然对“河洛”进行功用上的区分，但却更加强调二者在万事万物产生、发展、变化的过程中共同发挥着重要作用。他在《洪范皇极内篇》中说：

> “河图”非无奇也，而用则存乎偶。“洛书”非无偶也，而用则存乎奇。偶者，阴阳之对待乎，奇者，五行之迭运乎！对待者不能孤，迭运者不可穷。天地之形，四时之成，人物之生，万化之凝，其妙矣乎！[③]

“河图”“洛书”各有奇偶，象与数各有作用，然本于一理，阴阳对待，五行迭运，缺一不可，天地、四时、人物都离不开对待与流行。换言之，蔡沈在万事万物的产生与流行变化过程中去看待“河洛”，由奇偶之数开始，进而借用象数、动静、体用等范畴，将“河洛”通过这些概念相互关联，层层递进，阐发二者之间的关系。可见，蔡沈对“河图”“洛书”的理解，继承了朱熹、蔡元定将“河图”与八卦、“洛书”与九畴相关联的做法，强调二者本于一理，殊途同归。但是，朱熹、蔡元定更多的是基于数与位来区分“河洛”，而蔡沈进一步借用象数、动静、体用的范畴进行说明，发展了朱熹一系的“河洛”说，创建了更为完善庞大的“洛书”数及筮占体系。

三、刘牧、朱熹异同比较

刘牧与朱熹“河图”“洛书”之争，虽直接体现为“河九洛十”与“河十洛九”形式的不同，但本质上还是其背后蕴含观点的不同。

---

① (宋)蔡沈：《洪范皇极内篇》，《景印文渊阁四库全书》第805册，台湾商务印书馆1986年版，第708页。

② (宋)蔡沈：《洪范皇极内篇》，《景印文渊阁四库全书》第805册，第709页。

③ (宋)蔡沈：《洪范皇极内篇》，《景印文渊阁四库全书》第805册，第708页。

第一，刘牧基于先秦典籍记载，认为“河图”“洛书”均出于伏羲氏时代，是《易传》中圣人所则之物，是伏羲画八卦的依据。至于《尚书·洪范》记载，只是由于伏羲之时，文字尚未发明，有数而无文字，直到大禹之时推演九类法则，才流传于世。而朱熹、蔡元定继承孔安国、刘歆的说法，又以关子明、邵雍作为依据，反对刘牧一系的观点，坚持认为“河洛”处于不同时代。他们认为“河图”早于“洛书”，“河图”出于伏羲之时，与八卦有关，“洛书”则出于大禹之时，与九畴有关。刘牧与朱熹对遗留下来的典籍记载的认识存在分歧，并都为自己的观点提供了论据。尽管有些说法也未必可靠，有牵强附会之嫌，但是，他们为之所做的努力不可否认。

第二，刘牧处理“河图”与“洛书”的关系时，使用的是象与形、道与器、形而上与形而下等范畴。“河图”主四象，为形而上之道，“洛书”主五行，为形而下之器。刘牧以六、七、八、九为四象，同时，六为老阴，七为少阳，八为少阴，九为老阳，也分别是水、火、木、金的成数。因此，刘牧图书学体系中，形而上之道尚不具备本体的意义，只是借用易学中的概念说明河洛的关系。所言形而上就是指“形”成之前，只有象而无形，形而下就是指“形”成之后，五行完备，形质已成。因此，“河图”与“洛书”没有体用之分，仅仅是数之构成不同。刘牧之后，程大昌明确提出“图也，书也，皆《易》原也”[①]，将“河图”“洛书”作为易学的本原与最终依据。程大昌虽然也主张“河九洛十”，却不再本于数之推演，而是基于五行生克的原理区分“河洛”。“洛书”五行相生，“河图”则由“洛书”金火交换位置而成，五行相克。因此，程大昌试图从体用的角度区分二者，“洛书”为体，“河图”为用。

而朱熹在处理“河图”与“洛书”的关系时，虽然在一定程度上区分“河洛”，但在他看来“河图”“洛书”的内在统一性更为重要，因而强调二者本为一理，互为表里。在这种意义上，“河洛”殊途同归，也具有了本体或者本原的意义。由此，朱熹进一步诠释了太极、两仪、四象、八卦的生成次序，为圣人如何则以画卦作出证明。在朱熹这里，“河图”与“洛书”的不同在于数与位，而数与位的不同使得运行顺序也不尽相同。因此，“河图”主全，与天地之数相同，体现的是常态或者常道，“洛书”主变，体现的是变化和发展，“河图”为体，“洛书”为用。概括而言，朱熹在图书本为一理的基础上，对二者功用从奇偶、常变、体用等方面进行了区分，从静态结构、动态运行及义理阐发三个层次，按照总分总结构系统地建立了其图书体系。

蔡沈则在继承朱熹与蔡元定思想的基础上，进一步拓宽朱熹、蔡元定对“河洛”的诠释空间，致力于范数之学的建立。他以“河洛”作为中介与桥梁，根据“河图”与“洛书”数与位的不同，提出“河图”数偶，表征阴阳对待，对应《周易》之象；“洛书”数奇，表现五行流行更迭，对应《洪范》之数。当然，蔡沈更加偏重“洛书”，最终目的是因数明理，建构起自己的范数体系。但不可否认，在这个过程中，他以奇偶之性对应象数，由象数进而联系动静、体用，层层递进，这种分析方法较朱熹已经有所进步，是对朱熹思想的进一步完善。可以说，蔡沈对“河图”与“洛书”的分析，不仅是对其范数体系的建构，也是对“河十洛九”的进一步阐发。

---

① （宋）程大昌：《易原》，《景印文渊阁四库全书》第 12 册，台湾商务印书馆 1986 年版，第 509 页。

无论是刘牧、程大昌还是朱熹、蔡元定、蔡沈，他们虽然在具体观点上存在分歧，但总体而言，皆认为“河洛”是易学本原，天地以“河洛”启悟圣人，圣人则“河洛”画卦而作《易》。刘牧图书之学以数为根本出发点，通过数的变化推演去阐发万事万物生成变化之理，也开创了以图式推演八卦生成、诠释“河洛”的先河。朱熹则将“河洛”进行哲学化论证，置于义理诠释之下，提出“河洛”本于一理，又各有功用，将“河洛”与太极、两仪、四象、八卦紧密联系。可见，刘牧、朱熹都力图探寻圣人作《易》之本原，追溯八卦的由来，进而建立由“河洛”而八卦的易学体系。宋代图书易学作为一种新的学术形态，旨在探求易学本原，追寻易之本义，进而说明宇宙中万事万物的生成与运行法则，推动易学的发展与进步。

以上通过分析刘牧、程大昌“河九洛十”以及朱熹、蔡元定、蔡沈“河十洛九”等内容，讨论了“河图”“洛书”之间的关系。尽管刘牧与朱熹存在分歧，但二者在思想与逻辑上仍然具有内在一致性。本文是对“河洛”关系的再分疏，力图进一步追寻宋代图书易学的意义。虽然在今天看来，图书易学也有一定不足之处，但是我们要探寻其出现的必然性与必要性，肯定宋代学者为建构易学体系所做的努力，更好地探索易学的本义，阐明义理。

论易学逻辑的形象基础

——以《解》卦九二爻爻辞为例

姜书天*

易学逻辑与形式逻辑在符号系统上存在明显差异，正如吴克峰先生所指出的："易学逻辑是汉字逻辑，故而脱离不了自然语言。"①如在五行生克的系统中，五行无法用可以代表任意内涵的变元进行替换，这揭示出的问题就是易学逻辑的基础首先建立在对符号的解读上。符号是"能指"，是被认为携带意义的感知，是对思想活动过程的呈现。② 既然如此，易学逻辑中的符号就不能仅包括卦爻象与干支，而应当把《易经》中的每一个文字都囊括进来。原因在于汉字这一自然语言区别于拼音文字，汉字是一种形象文字，形象文字在被创造的活动之中就已经生成了意义，易学则是这一创生活动之后的再生。本文拟先论述形象与逻辑之关系，再尝试以《易经》中《解》卦九二爻爻辞为例，说明如何在易学中应用形象文字的研究方法，阐明形象语言的研究在易学逻辑发展中具有的基础性意义。

一、形象与逻辑之辨

西方的逻辑学可以上溯至古希腊哲学家赫拉克利特所提出的"逻各斯(logos)"，意即说、说的东西，这一概念贯穿西方哲学始终，并在近代语言学、符号学的发展下形成了"逻各斯中心主义"。从"逻各斯中心主义"出发，文字被认为是言语的派生物，思想的最终目的是由思想的逻辑性来决定的，而逻辑性存在于语言之中，语言既形成于逻辑又产生出逻辑，而文字实际上遮盖了意义向心灵直接的自然呈现。③ 这种"逻各斯中心主义"与西方哲学从拼音语言体系出发所提出的"语音中心主义"相勾连，构成了西方语言学的基础。学术界在对中国古代逻辑学的研究中意识到了中国语言与西方拼音语言的差异，并认为正是由于中国古代未能自发地产生字母符号，导致中国古代逻辑带有自然语言的模糊性、不可靠性、直观性，最终无法形成系统的逻辑学。

---

* 作者简介：姜书天，曲阜师范大学政治与公共管理学院硕士研究生。

① 吴克峰：《易学逻辑研究》，人民出版社2005年版，第230页。

② 参见赵毅衡：《重新定义符号与符号学》，《国际新闻界》2013年第6期。

③ 参见鲍贵：《索绪尔和逻各斯中心主义》，《外语研究》2009年第3期。

中国思想家更偏向于用“形象思维”来进行表述，所以语言文字的“形象”化是理所当然的，形象文字与拼音文字的一个重要差异就体现在两者与思想本体的不同关系上，读者不是直接理解拼音文字，而是先理解拼音文字或语音的所指，才能领会其语义。但形象文字是对思想本体与思维对象的直接呈现，是“形音义”的结合。这一点也解释了为何从“逻各斯中心主义”出发会认为文字构成了对意义的遮蔽，其实这并非文字的“共性”，而是拼音文字的“个性”。

中国思想家虽从古至今始终在用汉字这一形象语言来表述思想，但真正可以以形象思维来诠释的文本主要产生于先秦时期，原因在于汉字的形体与意义一直在演变当中，其中最为重要的就是从大篆到小篆的演变。大量文字在演变中丢失了其原本的形象内涵，这也使后世在理解先秦思想家用形象文字所承载的思想本体时困难重重。

《易经》是一个典型的用形象文字书写且具备逻辑学意涵的先秦文本，首先利用逻辑思想来诠释《易经》的是严复，成中英于20世纪80年代中叶正式用“逻辑易”这一课题概括“自”或“从”逻辑学角度研究易学及“自”或“从”易学角度研究逻辑学这种双向的研究方式。[①] 易学逻辑经过百年的发展，已经成为易学研究不可或缺的组成部分。总的来看，“逻辑易”的研究主要包括八卦或六十四卦的逻辑产生、易学逻辑推理方法、易学逻辑思维方式、易学逻辑在中国逻辑思想史中的作用和地位、易学逻辑思想的研究方法等内容。但在易学的逻辑基础研究方面却始终无法形成一个经典范式，原因可能在于以往的易学逻辑研究是先将易学符号逻辑化，再运用推类原则建立易学的公理推理系统。这种研究思路虽符合维特根斯坦所提出的七条基本逻辑命题与逻辑学的基本原则，但忽视了形象文字在易学中的决定性意义。在逻辑学中，没有符号就没有逻辑，而在易学中，我们可以说没有汉字就没有易学。易学当然需要逻辑学，从文字上溯其思想，需要用形象思维，从文字下推及万物，则需要逻辑思维。无形象，则易经中卦爻之象与辞皆不可解；无逻辑，易学描述系统则无法具象化而实现生生与推类。这两种思维在历史的发展中虽然呈现出此消彼长的态势，但对于现代易学研究来说都是不可或缺的。

二、《解》卦九二爻爻辞的形象分析

《解》卦九二爻爻辞“田获三狐，得黄矢，贞吉”十分具有代表性，这是《易经》中的一个典型的形象叙述，如果无法领会其形象，定然无法探析其思想内涵，简单地从爻位来分析显然是不够的。朱熹在阐释此爻辞时言“此爻取象之意未详”[②]，后以“三狐”为除六五外的三条阴爻，具邪媚之象，“贞吉”即捕获三狐之后显现出守正中直的吉兆，但此解不能揭示出“得黄矢”在此条爻辞中的含义。王弼将“狐”解为“隐伏之物”，九二刚中则能知险情，故能“获”隐伏之物。然王解“黄”为“理中之称”、“矢”为“直”，“得黄矢”便为“得理中之道”，这与“田获三狐”之间的关系就显得牵强了。[③] 这两种解释并未深入文字本身的形

① 参见杨宏声：《易学与逻辑学的相关性研究——“逻辑易”的初步界说》，《安阳大学学报》2003年第1期。

② （宋）朱熹著，王玉德、朱志先整理：《周易本义》，凤凰出版社2011年版，第31页。

③ 参见（魏）王弼著，楼宇烈校释：《王弼集校释》，中华书局1980年版，第415—420页。

象，而是直接借助爻位从道德主义出发来进行判解，故而捕捉不到先民“系辞焉而明吉凶”的动机，这样的解释固然可以进行逻辑推类，但其本义就完全丧失掉了。笔者下面尝试从文字形象出发解读这一爻辞。

爻辞中有“田”“狐”“矢”三个象征物态的名词与“获”“得”两个象征人与物之间关系的动词。“获三狐”之具体地点在“田”，其原因在于此爻辞于《解》卦之中，唯有阐明了《解》卦整体之象，“田”“狐”“矢”三字方可讲通。《解》卦《彖》辞云“天地解而雷雨作，雷雨作而百果草木皆甲拆”。“甲”是为“阳气萌动，从木戴孚甲之象”[①]，即草木初生之形。《礼记・月令》云“冰益壮，地始坼”[②]，“甲拆”之意就是说草木之阳气在仲冬之月已然萌发，即至孟春之月才显现于地表，故孟春之月又称“端月”，而“端”字“从立端声”（《说文解字注》，第500页）。“端”字为“物初生之题也”（《说文解字注》，第336页），其上象草木，中“一”以象地，下象草木之根；“立”字“从大立一之上”（《说文解字注》，第500页），故象草木挺立于地。“坼”为裂，“从土㡿声”（《说文解字注》，第691页）。“㡿”为“斥本字”，“郤屋也。从广，屰声。”（《说文解字注》，第446页），意为扩大房屋。不破不立，故欲扩需先破。“屰”者，“不顺也”（《说文解字注》，第87页），在草木破土而生一象中，草木便是顺天之候、逆土而行。故而《解》卦之象就是先民观察阳气在仲冬地裂与其后的雷雨作草木生于地之时的大象而创作的，这种观察活动正是时令体系的形成过程，故而《解》卦《彖》辞云：“解之时大矣哉!”

“令”为“发号也”（《说文解字注》，第430页），为律为法。“矢”为“弓弩矢也”（《说文解字注》，第226页）。两字之象的关联可以通过“侯”字呈现出来，“侯”字古作“矦”，“从人，为人父子君臣者”，“从厂，象张布”而“矢在其下”（同上）。侯王出矢射兽之象与天地出时令于人之象同。在这两个象中，皆有三个部分，前者为“侯”“矢”“兽”，后者为“天”“时令”“人”，故而有“三”之谓。“狐”字“从犬。瓜声”（《说文解字注》，第478页）。“瓜”者“蓏生布于地者也”（《说文解字注》，第337页），“外象其蔓，中象其实”（同上），其象即为一实物处于蔓蔓难察的环境当中，这十分符合狐为“妖兽也。鬼所乘之”（《说文解字注》，第478页）的特征。故“三狐”之象喻指由三个部分而形成一不可测之系统，“事”从“机”出，故这一系统可称为“机”，即《易传》“唯机也，故能成天下之务”所指。九二爻中的“获”字，即所猎得之物，古代君主与侯王行猎需遵从时令法度，故“获”中有“蒦”。“蒦”者，“商，度也。萑，善度人祸福也”（《说文解字注》，第144页），“蒦”与“矢”字合则为“矱”，有法度、矩尺之义。“黄”字“从田。炗声”（《说文解字注》，第698页），“炗”为光。矢从田中得，大而亮。故而“得黄矢”，所隐喻的依然是先民通过观察天地之变化来制定可以昭示百姓以驱祸迎福的历法与时令。

概言之，圣人研机即研象之机，《解》卦九二爻中的“三狐”所拟的是天地“阴阳不测”的形容，具体到本卦，就是“雷雨作而百果草木皆甲拆”之形，这一观象过程就是“田获三狐”。而“获”与“得”的区别在于，前者所指向的是自然属性或自然物，后者指向的是人文

---

① （清）段玉裁：《说文解字注》，上海古籍出版社1963年版，第740页。下引该书，仅随文标注书名与页码。

② 李学勤主编：《十三经注疏・礼记正义》，北京大学出版社1999年版，第553页。

属性或人造物,《左传·定公九年》云“凡获器用曰得,得用焉曰获”[①],在九二爻辞中,所获之三狐虽自然不测而生生不已,所得之黄矢是圣人“拟之而后言”的时令与法度。这种形象解读不具有唯一性,因为从象到物与事的具体化是一个逻辑的过程,可以遵循推类原则。

以上便是一次通过深入文字来解构爻辞的尝试,实际上是意图用形象分析的方法让爻辞的意义跨越历史重新显露出来。但爻辞形象的呈现可以说只是易学整体形象的一小部分,因为形象思维贯穿了圣人拟诸其形容、象其物宜、观其会通、行其典礼的全过程。易学形象基础的构建是“逻辑易”发展的根基,因为如若在卦象、卦辞、爻辞所指的对象上出现理解偏差,那么顺着形式逻辑而构建的易学逻辑公理系统便是无本之木。

三、元语言与形象语言

从逻辑学的视角看,易学体系具备基本的初始符号、推理规则与逻辑一致性原则。符号是逻辑的质料,初始符号必须要抛开自然语言,易学的初始符号即是爻画与卦象,这也是“逻辑易”的重要基础,但现在“逻辑易”对于易学整体言说方式的研究实际上并未突破中国古代的理论范式,即王弼构建的“意—象—言”的易学结构,王弼认为易学借助象思维实现了对语言的超越,即“得象忘言”“得意忘象”。对于这种超越,在逻辑学中可以借助罗素与维特根斯坦的反形而上学思想来陈述,维特根斯坦认为世界是一切发生的事情,世界是事实的总体,而不是事物的总体,而思想是事实的具象存在,思想的逻辑呈现为逻辑命题,易学同样是将诸多事实、事件用卦爻象、卦爻辞表达出来,其实也暗合了维特根斯坦“对于不可言说之物,我们必须保持沉默”的规则,但是我们对其中的差异应该有更细致的区分。

有学者指出易学可以以现代的符号系统进行研究,《易经》建立了一套复杂的符号系统用来进行推理与演绎,这套系统以阴爻阳爻为初始符号,按一定的数理规则进行组合,从而形成六十四卦的符号体系,而占断之后的解释则是借助一套元语言作为解释的符码。这套符号系统中,“位、中、时、当”为主要元语言。[②] 将语言分为元语言和对象语言两个层次是塔尔斯基和卡尔纳普分别于1933年和1934年提出来的。卡尔纳普把两个语言层次的区分当作建立人工语言的逻辑语形学的前提。对象语言是指作为研究对象的语言;元语言是指用以表述、研究对象语言的语言。元语言功能的目的,在于指出接受者所不理解的那些符号的意义。

用元语言来锚定易学的占断系统,其对象语言就是卦象,易学借助其推类功能,用元语言的描述系统搭建起预测系统和对象语言的联系,这在符号学视域下不构成问题,但却容易忽视易学符号本身的特殊性。古汉语独特的造字过程赋予了易学语言自然的语法、语义、语境,每一个字本身都隐含了大量经验观察的人为的价值判断,而这与现代符

---

① 李学勤主编:《十三经注疏·春秋左传正义》,北京大学出版社1999年版,第1581页。

② 参见祝东:《符号学视域下的易学元语言研究》,《符号与传媒》2016年第1期。

号学之间存在内在张力。符号学与元语言学意图借助“符号”与“元语言”来构建价值体系，是建立在逻辑语言已经高度发达的基础上的，是由繁到简，所以符号与“元语言”更容易有清晰的指向。但易经所用的语言有极强的关系性、含摄性，所以无论是易学的占断系统还是易学的逻辑学，都迫切需要跳出现有的逻辑学与符号学对自然语言的歧视怪圈，重新审视古汉字这一形象语言的特殊性与逻辑性。

用形象语言呈现思想，才能理解为什么简单的阴阳八卦借助推类逻辑就可以用来描述万象纷纭的世界，也可以理解“物—意—象—言”的推进不仅是理性的发展，而且是自然的呈现，但理解这种呈现的前提是理解形象语言的构建方法，通过对构建方法的理解达到对文字的领会，不是直白地想象其描述场景，而是探析圣人系辞之意，只有这样才能完成从形象到语言再到具象世界的过渡。而此前易学逻辑所研究的《易经》的归类逻辑、推理逻辑，都应当以这种形象语言的运用为基础。

虽然从“逻辑易”出发可以发现易学与逻辑学有诸多领域可以实现交叉融合，但要注意的是易学中的“时位”这一概念很难在现有的逻辑学体系中安置。“时位”并非现在理解的时间与空间，《易经》作为卜筮之书，卜卦行为贯穿《易经》始终，而卜卦之人所处之时、所卜之事、所居之位，共同构成了易学的“时位”思想。任何一个时间、事件、位置都天然具备某种价值属性，这是作易者必然要考虑进去的，而“逻辑易”如何处理这一问题也是关乎其自身能否发展的重要课题。

四、直觉主义逻辑与易学

直觉主义是由布劳威尔所创，与经典逻辑学体系相悖，直觉主义认为：数学是我们思维最精确的部分，理想化的数学是具有无限记忆力和回忆能力的数学家的精神构造。数学句子具有构造性的意义，它是通过给出在什么条件下某人拥有对数学句子的证明来解释的。直觉主义具有反柏拉图实在论的特征，认为虽然不存在先天实体，但我们可以依靠无限的、有规律的序列或自由选择序列来生成数学实体，这种生成过程是潜力无限的。对于逻辑与数学的关系，直觉主义认为并不是逻辑依赖数学，而是数学依赖逻辑，逻辑规律在数学世界并不是普遍真理，形式系统必然无法全面把握精神构造[①]。

直觉主义以及心理主义的思想可以说与易学的演绎过程及其应用有异曲同工之妙。易学通过占卜所构建的或许正是一种无法以形式系统来把握的精神构造，这种精神构造是建立在占卜者与占卜对象之间的，借助荣格的共时性原则，个体之间的意识产生关联性的时候，客观世界的样貌就会以某种非客观的方式呈现出来，而客观世界与非客观世界具有随机性上的一致性，占卜就是通过呈现出非客观世界的随机性来显露客观世界在随机展开过程中可能的时间与事件，这种显露之所以可能实现，是因为世界本身是伪随机的，世界的序列是像直觉主义者所描述的那样“无限的、有规律的序列或自由选择序

---

① 参见王佳君：《数学哲学与逻辑哲学中的直觉主义思想研究——从布劳威尔到达米特》，华东师范大学博士学位论文，2017年，第108页。

列”，其生成过程同样是潜力无限的。

直觉主义与易学之间联系的关键在于“观察者视角”理论的引入，“观察者视角”理论的出现本质上是为了刻画量子逻辑中的“叠加”现象。在对物理性质的测量中，不同的基生成同一平面，意味着对该平面上的叠加性质的观察角度不同，在运算的过程中遗漏了观察者视角产生叠加性质带来的影响，因此可能会发生某些形式逻辑无法处理的问题。但这一问题本身并不影响客观世界的自然展开，这一测量活动本身也是以该空间为基础的。易学的诞生是“圣人设卦观象，系辞焉而明吉凶，刚柔相推而生变化”。而易学认为世界的运行是“刚柔相摩，八卦相荡。鼓之以雷霆，润之以风雨。日月运行，一寒一暑。乾道成男，坤道成女”。其中最开始的就是“观”这一活动，通过“观”，主体与世界产生了非客观的联系，通过“系辞”与“设卦”，圣人用形象语言建立了一个描述系统，这一描述系统产生的方式与世界的运行方式具有形式上的一致性，即“推”和“摩”。客观世界虽然仍是“不测”的，但这一描述系统却可以在一定程度上表现出其与客观世界的关联性。

直觉主义所揭示的数学与逻辑学的关系与“逻辑易”所研究的易学与逻辑学的关系具有一定的相似性，虽然这不能消弭对于易学是否可以作为一套经验体系进行纯粹逻辑学研究的忧虑，但当形式逻辑的规则与易学体系产生矛盾时，这种相似性可以让我们尝试引入直觉主义的视角，即认为“逻辑易”的研究，不是纯粹的客观研究、规律研究、逻辑研究，而是具有主体参与性的研究。

总之，易学通过太极、阴阳、八卦、五行、天干、地支等形象符号与卦爻辞的组合形成了一个推理系统，该系统具有逻辑性这一点毋庸置疑，但这一系统的根基必须建立在对大篆等形象文字涵义的合理领会上。易学占断系统可以用符号学中的元语言来描述，但就其本质而言，占辞、卦辞、爻辞都是一种形象语言，需要用形象思维来还原其意义与语境。

张行成对“八正卦”卦体反覆不变的创造性诠释

任浩　刘彬*

引　言

张行成，生卒年不详，字文饶，南宋临邛人，《宋元学案·张祝诸儒学案》称其学“归宿在康节”①。张行成在《易通变·原序》言：“先生（按：邵雍）之学，祖于象、数二图。”②象图即“有极图”，数图即“分两图”。③ 张行成认为“有极图”和“分两图”是邵雍易学思想的源头。基于象、数二图，张行成又自创易图来阐发潜蕴在“有极图”和“分两图”中的象数义理，“八正卦图”（见图 1）即是其中之一。“八正卦图”源于“有极图”（见图 2）中的方图，把方图六十四卦中的乾、坤、坎、离、颐、中孚、大过、小过八个卦保留，其余五十六卦均略去，即为“八正卦图”。

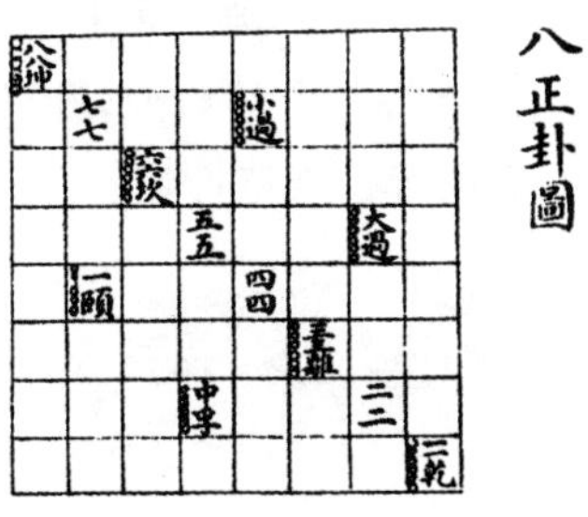

图 1　八正卦图

（《易通变》，第 217 页）

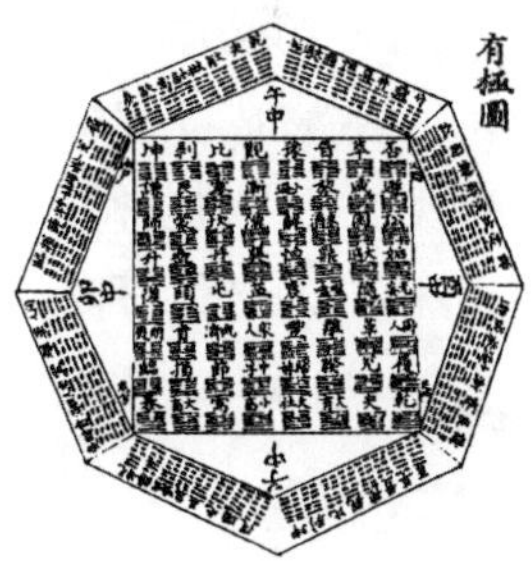

图 2　有极图

（《易通变》，第 202 页）

* 作者简介：任浩，淮南师范学院讲师，哲学博士，东亚易学研究中心团队成员，研究方向为易图学。刘彬，曲阜师范大学孔子文化研究院教授，东亚易学研究中心执行主任，博士生导师，主要研究方向为易图学和儒家哲学。

基金项目：国家社会科学基金冷门绝学和国别史等研究专项：“易图集成与研究暨数据库建设”（2018VJX003）。

① （清）黄宗羲著，（清）全祖望补修：《宋元学案》，中华书局 1986 年版，第 2616 页。

② （宋）张行成：《易通变》，《景印文渊阁四库全书》第 804 册，台湾商务印书馆 1986 年版，第 199 页。下引该书，仅随文标注书名与页码。

③ “有极图”即“先天图”，由内外两幅图组成，外图是由六十四卦组成的“八方形图”，内图是用六十四卦组成“方图”，“方图”在“圆图”之内，并用子中、午中、卯中、酉中标出四正方位，天门、地户、人路、鬼方标出四隅方位。“分两图”是从“先天图”而来，把“先天图”贞悔卦中的乾、兑、离、震、巽、坎、艮、坤八卦换成相应的数，即乾换为一、兑换为二、离换为三、震换为四、巽换为五、坎换为六、艮换为七、坤换为八，再把方图从圆图中移出，可得“分两图”。

乾、坤、坎、离、颐、中孚、大过、小过，此八个卦卦体具有反覆视之而不变的特征。邵子曰："大成之卦正者八，变者二十八，共三十六卦也。"[①]又曰："重卦之象不易者八，变易者二十八，以三十六变而成六十四也。"(《邵子全集·皇极经世》，第1177页)"大成之卦"即八卦相重而形成的六十四卦。[②] 在六十四卦中，有八个卦的卦体反覆视之而不变，邵子称为"不易之卦"；剩余五十六卦反覆观之仅二十八个卦体，邵雍称作"变易之卦"。

"八正卦"可以追溯至虞翻的"反覆不衰"之卦。虞翻在注颐卦时曰："晋四之初……反覆不衰，与乾、坤、坎、离、大过、小过、中孚同义。"[③]虞翻所谓"晋四之初"，即晋卦九四阳爻与初六阴爻交换，而成颐卦。王新春指出，"反覆不衰，谓颐卦全然例转之后，仍是它本身，卦体无任何改变或损毁"[④]。此颐卦与乾、坤、坎、离、大过、小过、中孚七卦同义，都具有反覆不衰、即不变的性质。又在注《系辞》"古之聪明睿知神武而不杀者夫"时云："乾坤坎离，反覆不衰，故而不杀者夫。"[⑤]乾、坤、坎、离四卦，上下翻转后仍系其自身，卦体无丝毫变化，故言"反覆不衰"。王新春认为，"在坎则聪，在离则明；'神武'指的是乾，'睿知'指的是坤；乾、坤、坎、离四卦，反覆而不衰消，所以(称)'而不杀者夫'"[⑥]。邵雍所谓的"不易之卦"即虞翻的"反覆不衰"之卦，即"八正卦"。"八正卦"为何卦体反覆而不变，邵雍言之甚少，再加上"八正卦"是自然而生成，故很少有人去追问其卦体为何反覆不变。张行成根据邵雍之义作"八正卦图"，从阴阳之纯、中和性情之正、偏两个视域对"八正卦"卦体反覆不变的内在原理进行创造性诠释，丰富和发展了邵雍的易学思想。

一、阴阳纯、中视域下的"八正卦"卦体反覆不变

对于"八正卦"的卦体，邵雍仅把卦体反覆不变的八个卦归为一类，并未追究其卦体为何反覆不变。张行成受邵雍乾纯阳、坤纯阴，坎阳居中、离阴居中的启发，独辟蹊径，从阴阳纯、中的视角对"八正卦"的卦体为何上下翻转而不变进行了创造性诠释。

对于乾坤两卦的卦体，邵子曰：

> 乾阳极，坤阴极，是以不用也。(《邵子全集·皇极经世》，第1197页)

又曰：

> 乾坤，纯阴阳也，故当不用之位。(《邵子全集·皇极经世》，第1208页)

邵雍在解释"先天八卦图"转化成"后天八卦图"的过程中，认为乾坤两卦的位置移动，是因为乾卦是纯阳，为阳达到极致，坤卦为纯阴，是阴达到极致。纯阳、纯阴为体，不

① (宋)邵雍著，郭彧、于天宝点校：《邵子全集·皇极经世》，上海古籍出版社2015年版，第1178页。下引该书，仅随文标注书名与页码。

② 邵子曰："八者卦之小成也，六十四为大成也。"(《邵子全集·皇极经世》，第1192页)"大成之卦"即指六十四卦。

③ (唐)李鼎祚撰，王丰先点校：《周易集解》，中华书局2016年版，第176页。

④ 王新春：《周易虞氏学》，(台北)顶渊文化事业有限公司1999年版，第633页。

⑤ (唐)李鼎祚撰，王丰先点校：《周易集解》，第433页。

⑥ 王新春：《周易虞氏学》，第1179页。

能发用，故乾坤两卦从南、北发用之位移至西北、西南不用之位。而对于坎离两卦的卦体，邵雍曰：

> 离在天而当夜，故阳中有阴也。坎在地而当昼，故阴中有阳也。（《邵子全集·皇极经世》，第1198页）

又曰：

> 火内暗而外明，故离阳在外。火之用，用外也。水外暗而内明，故坎阳在内。水之用，用内也。（《邵子全集·皇极经世》，第1239页）

“先天八卦图”以左右分，左半乾、兑、离、震属天，为阳；右半巽、坎、艮、坤属地，为阴。再把“先天八卦图”与十二辰相配，则离卦当卯初之时，为黑夜将要结束而白昼即将开始的黎明时刻；坎卦则当酉初之时，为白昼即将结束而黑夜将要来临之时。又离属天，为阳，故曰“离在天而当夜”，为阳中有阴；坎属地，为阴，故曰“坎在地而当昼”，为阴中有阳。从离坎两卦的卦象看，离卦两个阳爻一个阴爻，其中两个阳爻在外，一个阴爻在两阳爻内，为阳中有阴，又阳为明，阴为暗，故内暗而外明。坎卦一个阳爻两个阴爻，其中两个阴爻在外，一个阳爻在两阴爻内，为阴中有阳，故外暗而内明。邵雍可能又受到“乾离同居、坤坎一体”①象数学的说法而认为“离肖乾，坎肖坤”（《邵子全集·皇极经世》，第1198页），故乾、坤、坎、离四卦具有相同的属性。

正是受邵雍“乾坤阴阳纯体”“离坎肖乾坤而阴阳居中”思想的启发，张行成根据阴阳的纯和杂把八经卦分为两类。一类为纯卦，包含乾、坤两卦；另一类为杂卦，含有坎、离、震、巽、艮、兑六子卦。再根据阴阳是否合乎中道，又把六子卦分为两种，一种为阴阳居中，如坎卦和离卦；一种为阴阳居偏，如震、巽、艮、兑四卦。乾坤两卦的卦体为阴阳之纯，坎离两卦的卦体为阴阳之中，又因“离肖乾，坎肖坤”，则乾、坤、坎、离四卦可以归为一类，而震、巽、艮、兑为阴阳之偏，归于另一类。

对于乾、坤、坎、离四卦，张行成曰：

> 乾、坤，阴阳之纯。坎、离，阴阳之中。纯者，有始有卒，初终如一。中者，无过不及，上下皆通。故乾、坤、坎、离，体皆不变也。（《易通变》，第217页）

张行成从阴阳或“纯”或“中”来阐发乾、坤、坎、离四卦为何卦体反覆而不变。乾卦六爻纯阳，从初爻到上爻均为阳爻；坤卦六爻纯阴，从初爻到上爻均为阴爻。乾坤两卦从初爻开始到上爻结束，阴、阳始终一以贯之，如本体而不变，故乾坤两卦的卦体反覆不变。《中庸》曰：“喜怒哀乐之未发，谓之中；发而皆中节，谓之和。中也者，天下之大本也；和也

---

① 这种易学象数学说在东汉荀爽和《九家易》那里还存在。《周易集解》引荀爽注《彖》“大明终始”曰：“乾起于坎而终于离，坤起于离而终于坎。坎离者，乾坤之家而阴阳之府。”《九家易》注“同人”卦曰：“乾舍于离，同而为日。”荀爽曰：“乾舍于离，相与同居。”从荀爽和《九家易》注可知，“坎离者，乾坤之家而阴阳之府”说，是以乾舍于离、坤舍于坎，或曰乾离同居、坤坎一体为说，可称为“乾离同居、坤坎一体”说。参见刘彬：《帛书〈衷〉篇新校新释》，北京大学出版社2019年版，第24页。

者，天下之达道也。致中和，天地位焉，万物育焉。”[①]张行成受《中庸》“中和”思想的影响，认为坎离两卦的中爻，阴阳不偏不倚，如“喜怒哀乐未发”之中，为“天下之大本”；又能通于上下，犹如“喜怒哀乐发而皆中节”之和，为“天下之达道”。坎离两卦的阴阳皆达至中和之道，所以能在“先天八卦图”中与天地并其位而居于东、西的四正之位而化育万物，故两卦的卦体皆反覆不变。乾、坤、坎、离四经卦的卦体反覆不变，由于本体不能发用，具有不变的特征，则自相重后亦能保持卦体上下翻转而不变的特性。

而对于震、艮、巽、兑四卦，张行成则曰：

> 震之阳在下，艮之阳在上，皆阳之偏者也。巽之阴在下，兑之阴在上，皆阴之偏者也。视乾坤则不纯，比离坎则不中，故震、巽、艮、兑，体皆可变也。(《易通变》，第217页)

由震、艮、巽、兑的卦体来看，震为一阳在二阴之下，艮为一阳在二阴之上，巽为一阴在二阳之下，兑为一阴在二阳之上。与乾坤两卦相比，四个卦的阴阳爻均不纯；而与坎离两卦比较，震艮两卦的阳爻、巽兑两卦的阴爻皆居偏位，不具中道的特性，故震、艮、巽、兑四卦的卦体反覆皆变。但由震艮、巽兑相重而成的颐、小过、大过、中孚则不同，张行成曰：

> 若夫合震艮为一，上下相济，而阳体几乎中，阴体几乎纯矣。合巽兑为一，上下相济，而阴体几乎中，阳体几乎纯矣。故坎、离肖乾、坤而不变，颐、中孚、大小过肖乾坤坎离而不变也。(《易通变》，第217—218页)

上震下艮则为小过卦，上艮下震则为颐卦。小过卦初爻和二爻、五爻和上爻均为阴爻，三爻与四爻为阳爻，把连续相同爻性的两爻看作一爻，则小过卦卦体中的阳爻相当于居中；颐卦初爻和上爻为阳爻，二爻至五爻为阴爻，除去初、上二个阳爻，颐卦卦体接近于纯阴。上巽下兑则为中孚卦，上兑下巽则为大过卦。中孚卦初爻和二爻、五爻和上爻均为阳爻，三爻与四爻为阴爻，把连续相同爻性的两爻看作一爻，则中孚卦卦体中的阴爻相当于居中；大过卦初爻和上爻为阴爻，二爻至五爻为阳爻，除去初、上二个阴爻，大过卦卦体接近于纯阳。根据乾、坤、坎、离的阴、阳爻或“纯”或“中”而卦体反覆不变的原则，小过卦属阳体居中，中孚卦属阴体居中，颐卦和大过卦除初、上两爻外，颐卦的卦体类似纯阴，大过卦的卦体如同纯阳，故小过卦肖坎卦、中孚卦肖离卦、颐卦肖坤卦、大过卦肖乾卦而卦体反覆不变。如此对应相肖，则为张行成相对于邵雍的“右生之肖”而提出的“左生之肖”。所谓“左生之肖”，是指按照张行成提出的颐肖坤、中孚肖离、大过肖乾、小过肖坎的顺序，坤、离、乾、坎在“先天八卦图”中为左旋的顺序，故称为“左生之肖”。

对于邵雍的“右生之肖”，张行成曰：

> 先生(按：邵雍)所言右生之肖也，以中孚肖乾，小过肖坤者，始终包之，从多为胜也；以颐肖离，大过肖坎者，中爻四位共当一中也。此所言左生之肖也，以大过肖乾，

---

① (宋)朱熹：《四书章句集注》，中华书局2012年版，第18页。

颐肖坤者，去初上而用四位也；以小过肖坎，中孚肖离者，并二爻而当一爻也。右生者先天也，左生者后天也，故兼举以互明之也。(《易通变》，第 217 页)

张行成把邵雍提出的“中孚肖乾，颐肖离，小过肖坤，大过肖坎”(《邵子全集·皇极经世》，第 1198 页)称为“右生之肖”。所谓“右生之肖”，是指按邵雍提出的相肖顺序，乾、离、坤、坎在“先天八卦图”中呈右旋的顺序，故称为“右生之肖”，又称为“先天之肖”。在邵雍看来，中孚卦之所以相似乾卦，是因为中孚卦有两个阴爻，四个阳爻，阳爻多于阴爻，并且阴爻包藏在阳爻内，观中孚卦的卦体，似六爻纯阳，故中孚卦肖乾卦；小过卦之所以类似坤卦，是因为小过卦有两个阳爻，四个阴爻，阴爻多于阳爻，并且阳爻包藏在阴爻内，观小过卦的卦体，似六爻纯阴，故小过卦肖坤卦；颐卦之所以形似离卦，是因为颐卦的二至五爻可以看作一个阴爻，此阴爻居于颐卦初爻、上爻两个阳爻之间，故颐卦肖离卦；大过卦之所以肖似坎卦，是因为大过卦的二至五爻可以看作一个阳爻，此阳爻居于大过卦初爻、上爻两个阴爻之间，故大过卦肖坎卦。而在张行成看来，中孚卦并非肖乾卦，而是肖离卦；小过卦并非肖坤卦，而是肖坎卦；颐卦并非肖离卦，而是肖坤卦；大过卦并非肖坎卦，而是肖乾卦。此相肖顺序与邵雍不同，张行成称其为“左生之肖”，相对于邵雍的“先天之肖”则称为“后天之肖”。张行成提出“左生之肖”的目的是补充邵雍的“右生之肖”，通过“先天”与“后天”相肖的互补，进一步揭示颐卦、中孚、大过、小过肖乾坤坎离而卦体反覆不变的内在理路。

二、性情正、偏视域下的“八正卦”卦体反覆不变

在中国哲学中，有一些重要的范畴，除“阴阳”外，“性情”亦是其中之一。[1] 对于“性情”这一概念话语和论说模式，蒙培元说：“‘性情’是中国哲学史上自古以来就存在的一对范畴，但在理学心性论中，它们被纳入‘形而上学’的范畴体系，更加具有思辨的色彩。”[2]张行成受邵雍性情论思想的影响，在用“性情”对“八正卦”的卦体为何反覆不变进行诠释时显现出新特点，形成独具特色的性情观。

邵雍先天学是基于阴阳加倍的数理演绎，程颢称其为“加一倍法”[3]，其性情论亦是本于先天学而展开。邵雍把性情归于阴阳，其曰：

阳性而阴情。(《邵子全集·皇极经世》，第 1237 页)

邵雍根据性情的属性，把性归于阳，情隶属于阴。邵雍这种做法，应该是受到汉代性

① 在中国哲学中，除“阴阳”和“性情”外，还有“理气”“道器”“体用”“形上形下”“知行”等概念话语和论说模式，共同构成了中国哲学的范畴系统，呈现出儒家传统思维形式的基本特征。

② 蒙培元：《理学范畴系统》，人民出版社 1989 年版，第 250 页。

③ 《传闻杂记》载：“尧夫易数甚精。自来推长历者，至久必差，惟尧夫不然。指一二近事，当面可验。明道云：‘待要传与某兄弟，某兄弟那得工夫？要学，须是二十年工夫。’明道闻说甚熟，一日因监试无事，以其说推算之，皆合。出谓尧夫曰：‘尧夫之数，只是加一倍法，以此知《太玄》都不济事。’尧夫惊抚其背，曰：‘大哥你恁聪明。’”[(宋)程颢、程颐著，王孝鱼点校：《二程集》，中华书局 1981 年版，第 428 页]可见，程颢的总结甚是恰当，邵雍承认其“数”即为“加一倍法”。

阳情阴、性善情恶观念的影响。西汉董仲舒在《春秋繁露·深察明号》中曰："天地之所生，谓之性情。性情相与为一瞑。情亦性也。谓性已善，奈其情何？故圣人莫谓性善，累其名也。身之有性情也，若天之有阴阳也。言人之质而无其情，犹言天之阳而无其阴也。"[①]董仲舒肯定性情为天所生，皆本于阴阳，是天生就具备的自然之资。《白虎通·性情篇》曰："性者阳之施，情者阴之化也。人禀阴阳气而生，故内怀五性六情……故《钩命决》曰：'情生于阴，欲以时念也。性生于阳，以就理也。阳气者仁，阴气者贪，故情有利欲，性有仁也。'"[②]《白虎通》的性情论继承了董仲舒性为阳、情为阴的思想。另外，《说文解字》对"性""情"两字的解说亦是从阴阳出发："情，人阴气有欲者。性，人之阳气性善者也。"[③]丁四新指出，汉代的性情说有两种，除董仲舒的阴阳性情说外，还有刘向的性阴未发、情阳已发说，但刘向说的影响很小，汉代的性情说还是以董子之说为主流。[④] 从《观物外篇》的论述来看，汉代阴阳性情论对邵雍产生了影响。

邵雍在汉代性阳情阴说的基础上又多有发挥，认为性并非纯阳，情也并非纯阴，而是得阳之多者为性，得阴之多者为情。邵子曰：

> 一气分而阴阳判。得阳之多者为天，得阴之多者为地。是故阴阳半而形质具焉，阴阳偏而性情分焉。形质又分，则多阳者为刚也，多阴者为柔也。性情又分，则多阳者阳之极也，多阴者阴之极也。(《邵子全集·皇极经世》，第 1197 页)

邵雍认为，天地混为一气，一气之中阴阳混杂，阴阳分判形成天地之时并非天纯阳、地纯阴，而是得阳之多者为天，得阴之多者为地，这就说明天之中有阴有阳，地之中亦有阴有阳，只是阴阳成分的多少不同而已。正是由于阴阳的偏分才使得性情有了区别，性情又分则并非纯阳、纯阴，而是多阳者当阳之极并非纯阳，多阴者当阴之极并非纯阴。

邵雍天地阴阳互存的思想直接影响到张行成，其曰：

> 太极判为乾坤，乾，阳也，而阳中自有阴阳；坤，阴也，而阴中亦自有阴阳。(《易通变》，第 245 页)

张行成"阳中有阴亦有阳，阴中也有阴亦有阳"的论说，是对邵雍阴阳思想的发展，也为其后对性情的划分作了理论上的铺垫。

邵雍除了把性归为阳，情归于阴之外，又在其"观物"思想下对性情进行公、偏之分。邵子曰：

> 以物观物，性也。以我观物，情也。性公而明，情偏而暗。(《邵子全集·皇极经世》，第 1218 页)

---

① (清)苏舆撰，钟哲点校：《春秋繁露义证》，中华书局 1992 年版，第 290—291 页。

② (清)陈立撰，吴则虞点校：《白虎通疏证》，中华书局 1994 年版，第 381 页。

③ (汉)许慎撰，(宋)徐铉校订：《说文解字》，中华书局 2013 年版，第 216 页。

④ 参见丁四新：《作为中国哲学关键词的"性"概念的生成及其早期论域的开展》，《中央民族大学学报》(哲学社会科学版)2021 年第 3 期。

又曰：

> 任我则情，情则蔽，蔽则昏矣。因物则性，性则神，神则明矣。（《邵子全集·皇极经世》，第1217页）

邵雍的“观物”思想独具特色，“所谓以物观物，就是顺应事物的本性、状态，不要将自己的好恶掺杂在对待事物的态度之中”[①]。以物观物可观照事物的本性，事物的本性公正无私，清明而无所遮蔽，故称“性公而明”。而观物一旦掺杂个人的偏暗之情，一切从自我的意识出发而“任我”，情感发而失度，对事物本性的认识就会昏暗而不明，故云“情偏而暗”。邵雍从认识论的角度，通过“观物”的思想把性归于公，情隶属于偏。公即正，其后张行成把性情各自分为正、偏，一方面继承了邵雍性公情偏思想，另一方面又接着邵雍讲，进一步发展了邵雍的易学思想。

张行成受邵雍性情论的影响，在阐发《乾·文言传》中“六爻发挥，旁通情也”“利贞者，性情也”这两句话时，首先把八经卦从性正或性偏作了区分，认为乾坤得性之正，故卦体反覆不变；坎离又得乾坤正性，故卦体亦反覆不变；而震、巽、艮、兑得乾坤偏性，故卦体反覆而变。张行成曰：

> 盖乾坤反覆视之，如一性之纯粹者也……坎离得乾坤之正性者也，反覆不变，克肖乾坤者，以其正也。震、巽、艮、兑得乾坤之偏性者也，反覆而变，不肖乾坤者，以其偏也。（《易通变》，第218页）

张行成的体用论受到其阴阳论的影响，亦是“体中有体用，用中也有体用”。八经卦为体，乾卦六爻纯阳、坤卦六爻纯阴，卦体皆纯而不杂，为性正，故乾坤两卦为体中之体，卦体反覆而不变。乾坤交而生震、坎、艮、巽、离、兑六子，是本体发用，交而成六子，六子为体中之用。坎卦阳爻居中位，离卦阴爻居中位，离坎的阴阳爻分别居中，是本体发而皆中节，居中行正，所以能得乾坤正性，为用中之体，肖乾坤而卦体反覆不变；震卦阳爻居下位，巽卦阴爻居下位，艮卦阳爻居上位，兑卦阴爻居上位，阴阳皆不能居中位，是本体已发而未能中节，为得乾坤偏性，为用中之用，故不肖乾坤，卦体反覆而变。总之，从性的角度，八经卦有正、偏之分，乾、坤、坎、离为性正，震、巽、艮、兑为性偏。

在张行成看来，从八经卦到六十四卦，即由体到用，由性到情。张行成曰：

> 六爻旁通于六十四卦、三百八十四爻之中，泛应无方，是其交物之情也。交物则为利，利者，情也。辨物则守贞，贞者，性也。虽利而不失其贞，能性其情者也。（《易通变》，第218页）

八经卦为体，两两相交相重成六十四卦，即由体发用。八经卦表本体之性，幽隐而不现，六十四卦表万物之实情，显现而无藏。由八经卦两两相交为六十四卦，即由本体之性发用而为万物之情的过程，也即万物以情实现本体之性的过程。性为潜在之情，情为实现之性。《彖传》释《乾》卦辞“元亨利贞”，以“元”为“万物资始，乃统天”，即一切存在之最

---

① 陈来：《宋明理学》，北京大学出版社2020年版，第140页。

终根据，即本体、本性；以“亨”为“品物流形”，即由本体发用流行而及有形之物；以“利”为“大明终始，六位时成”，即具有时间和空间属性的物之形成，故利在物上言，而情为物之情，故“利者情也”；以“贞”为“乾道变化，各正性命，保合太和”，即在物之实情中，要保持、凝合、正定本体之性，故曰“贞者性也”。《文言》曰“利贞者，性情也”，认为由“利”和“贞”两个概念，更能扼要表达“性情”思想，即强调在利物之情上，要正定本体、本性，故曰“虽利而不失其贞，能性其情者也”。总之，张行成从象数义理合一的视野，精辟阐发了易学性情思想。

八经卦分为性正与性偏两类，性体发用而为情，八卦性正者相交，所得重卦之情必正；八卦性偏者相交，所得重卦之情则有正有不正。张行成曰：

> 凡以性之正者，发而为情，必无不正，故有利无害也。若夫震、巽、艮、兑之交，恒虽有益，咸亦有损，则以性之偏者，发而为情，有正、不正，故一利一害，特未定也。四卦长少自交而为颐、孚、大小过，裁其有余，补其不足，肖乎乾、坤、坎、离而不变，是亦能正其性者也。所以颐、孚、大、小过，二五不应者，内心不起，贞一不动也，非自明而诚之君子畴克至此哉？（《易通变》，第 218 页）

乾、坤、坎、离四经卦为性正，性正发而皆中节，故四经卦自身相交相重而成乾、坤、坎、离四重卦，其情皆为正，皆有利无害。震、巽、艮、兑四经卦性偏，其相交相重所成重卦之情，有两种情况：

其一，情偏。震、巽两经卦相交，成重卦恒、益。震为长子，巽为长女，长有余而偏，长长相交更是偏于有余之极端，不能得中，故恒、益之情偏而不正。艮、兑两经卦相交，成重卦咸、损。艮为少子，兑为少女，少不足而偏，少少相交更是偏于不足之极端，不能得中，故咸、损之情偏而不正。因此，由震巽、艮兑经卦成恒、益、咸、损四重卦，为性偏而情偏，是有害的。

其二，情正。震、艮两经卦相交，得重卦小过、颐。震为长子，艮为少子，二者相交，正可裁长者之有余，补少者之不足，从而达至中正，故小过、颐之情为正。巽、兑两经卦相交，得重卦中孚、大过。巽为长女，兑为少女，二者相交，正可裁长者之有余，补少者之不足，从而达至中正，故中孚、大过之情为正。因此，由震艮、巽兑经卦而成小过、颐、中孚、大过四重卦，为性偏而情正，是有利的。

在张行成看来，易学性情论可有三说：第一，性正而情正，这是最为理想的状态。由乾、坤、坎、离四经卦之性正，而得乾、坤、坎、离四重卦之情正，性以中正之体发用于情，情乃保合太和完全实现其性，性与情完全同一，二者没有丝毫变化，故乾、坤、坎、离四重卦体反覆而不变。第二，性偏而情偏，这是最差状态。由震巽、艮兑经卦之偏性，而成恒、益、咸、损四重卦之情偏，性以偏颇之体发用于情，情不但顺其偏性而实现偏性，更引申发挥之，使其偏性达至极致，而呈现变化之面相，故恒、益、咸、损四重卦反覆而变。第三，性偏而情正，这是特殊状态。由震艮、巽兑经卦之偏性，而成小过、颐、中孚、大过四重卦之情正，性虽以不正之体发用于情，情则通过执两用中，损其有余，补其不足，达至中正状态，从而获得与乾、坤、坎、离四重卦情正反覆不变相似的效果，故小过、颐、中孚、大过四重卦反覆而不变。

从象数体例看，恒、益、咸、损四卦的二、五中心之位，其爻性皆一阴一阳，异性相感，故皆能互相感应，而小过、颐、中孚、大过四卦的二、五中心之位，其爻性或同为阴，或同为阳，同性相敌，故皆不能相感。以义理言之，人心被外物诱引而感应，则动而有变，故恒、益、咸、损四卦反覆而变。人心不为外物所感，则心正定而不起念，人之本性得以贞定而不变，故小过、颐、中孚、大过反覆而不变。《中庸》曰：“自诚明，谓之性；自明诚，谓之教。”①本真之诚体为性，自身中正光明。本性发用于心，易于为外物诱引而动，光明本性被遮蔽，从而失其中正。故在心上要下功夫，保持内心不起，贞定本性不变，从而使诚体本性永远澄明。小过、颐、中孚、大过反覆而不变，正表现这种义理。

总之，张行成把八经卦和重卦用性情划分，认为性为未发用之本体，情为已发之用。八经卦属未交之卦，为本体之性。六十四卦是八经卦相交之卦，为发用之情。在八经卦中，乾、坤、坎、离为性正，震、巽、艮、兑为性偏。六十四卦皆为交物之情，其中乾、坤、坎、离为性正情正之卦，小过、颐、中孚、大过四个卦为性偏而情正者。此八卦皆为情正，剩余五十六卦均为情之偏者，故“八正卦图”中是把情偏之卦略去，仅保留情正之卦，亦可称为“情正卦图”。

结　语

张行成受邵雍阴阳之纯、中和性情论的影响，从阴阳和性情两个视域对邵雍提出的“八正卦”接着讲，阐明“八正卦”的卦体为何上下翻转而不变的内在理路。在阴阳的视域下，卦体反覆的变与不变是与组成卦体的爻或“纯”或“居中位”有关，“八正卦”的六爻或纯阳、纯阴，或阴、阳爻居中位，故卦体反覆皆不变；在性情的视域下，张行成认为经卦为未发之性，重卦为已发之情，经卦有性正、性偏之分，性正经卦相交则情必正，性偏经卦相交则情有偏有正。乾、坤、坎、离四经卦性正，性正发而皆中节，其情皆为正，故四经卦自身相交而成乾、坤、坎、离四重卦体反覆而不变。震、巽、艮、兑四经卦性偏，由震巽、艮兑相交而成恒、益、咸、损四重卦，长长、少少相交使其偏性达至极致而情偏，故卦体反覆而变；而由震艮、巽兑长少相交所成小过、颐、中孚、大过四重卦，性虽以不正之体发用于情，情则通过执两用中，损其有余，补其不足，达至中正状态，从而获得与乾、坤、坎、离四重卦情正反覆不变相似的效果。又恒、益、咸、损四卦的二、五中心之位，其爻性皆一阴一阳，异性相感而有应；人心被外物诱引而感应，则动而有变，故恒、益、咸、损四卦反覆而变。小过、颐、中孚、大过四卦的二、五中心之位，其爻性或同为阴，或同为阳，同性相敌则不能相感；人心不为外物所感，则心正定而不起念，本性得以贞定而不变，故小过、颐、中孚、大过反覆而不变。两者正表现这种象数体例与义理。但看似完美的性情观仍稍有缺憾，因为根据性正相交情必正的理论，乾、坤、坎、离四经卦性正，相交形成十六重卦，但只有乾、坤、坎、离四重卦为情正而卦体反覆不变，其他十二卦为情正而卦体反覆而变。张行成也

① （宋）朱熹：《四书章句集注》，中华书局2012年版，第32页。

有意避开这个理论上的困难，故只言："乾坤交为泰，不交为否。坎离交为既济，不交为未济。"（《易通变》，第218页）仅用"交"与"不交"把泰、否、既济、未济一笔带过，而剩余的八个重卦在文中则没有提及。[①] 但瑕不掩瑜，张行成以独特的视域对"八正卦"的卦体为何反覆不变的内在理路进行创造性诠释，在形成自己特有的阴阳观和性情观的同时，进一步深化和拓展了邵雍的易学思想。

又《说卦传》曰："立天之道曰阴与阳，立地之道曰柔与刚，立人之道曰仁与义。"[②]阴阳属天道，仁义为人道，而仁义所表现的即人性与人情，于是性情又具有了人道的属性。张行成从阴阳和性情两个视角对"八正卦"的卦体进行诠释，则是赋予"八正卦"明天道、通人道的特性，故"八正卦"在六十四卦中具有重要的地位与作用。这种从天道下贯至人道的追问，体现了张行成对天人的终极关怀。张行成曰："人物虽有变，亦亘古以常存，则必有肖乎天地者矣。大过肖坎者也，颐肖离者也，小过肖坤者也，中孚肖乾者也。此人之齿发所以不坏，物之根种所以长留。是故人有生死，物有盛衰，然未尝一日而无与天地俱长久也。"（《易通变》，第222—223页）由"八正卦"而导出的天人之情则可见矣！

① 乾、坤、坎、离四经卦互相相交后共形成十六个重卦，除乾、坤、坎、离、否、泰、既济、未济八个重卦张行成在文中提及外，剩余需、讼（乾坎相交），晋、明夷（坤离相交），同人、大有（乾离相交），师、比（坤坎相交）八个重卦则没有论及。根据性正相交情必正的理论，否、泰、既济、未济、需、讼、晋、明夷、同人、大有、师、比十二个卦为性正相交而情正之卦，情正则卦体反覆而不变，但此八个卦的卦体反覆而变，与性正相交情必正的理论不符。

② （魏）王弼、（晋）韩康伯注，（唐）孔颖达疏：《十三经注疏·周易正义》，（台北）艺文印书馆2002年版，第183页。

朱子《先天图》诠释层次的形成

——兼论与蔡元定、邵雍的分歧

孙逸超*

过去一般以为朱子对《先天图》的解释就是邵雍原意，近来这种观点受到不少学者质疑。郭彧实际采用的是张行成的做法[①]，陈睿超则以林至的画法为基础。[②] 李富育提出了"乾之五爻分"的新解释，并由此揭示其中的体用、变应关系。[③] 对于朱子对邵雍先天图的改造，李育富、陈岘指出了朱子诠释与邵雍原文和图式原意的一些差异，但他们并未对朱子自身的构图方式进行辨析，也没有将朱子放到邵雍以后至南宋前期的先天图解释的传统中去理解。[④]

一般认为朱子《先天图》的产生，是先由"加一倍法"生六十四卦横图，再由横图从中截开，拗作两截，首尾相接得圆图。但朱子对《先天图》的诠释是逐渐发展的，对六十四卦圆图的画法和图示的理解也有多重层次，尚有其他诠释层次和意图未被注意。而且，过去多不区分朱子与康节、蔡元定对《先天图》的意见，对朱子方图、圆图的确立过程及其结构也较少作细致分析考察。本文将考察朱子的六十四卦横图与圆图的结构的确立过程及其多重诠释层次，厘清过去研究中的一些模糊和误解之处。特别是朱子对康节《先天图》的改造，以及与蔡元定的分歧，从而揭示朱子《先天图》诠释的结构特点及其哲学意涵。

一、先天横图与方圆图的发轫

朱子在南康军任上开始直接接触当时几大象数易学家，并且开始认真思考象数问题，这些易学家中就包括程迥。[⑤] 朱子到了淳熙十一年、十二年之间确立了先天学"乃易

---

* 作者简介：孙逸超，上海师范大学讲师。

① 参见郭彧：《邵雍先天图卦序来自李挺之卦变说》，《周易研究》1996 年第 3 期。

② 参见陈睿超：《北宋道学的易学基础》，北京大学博士学位论文，2016 年，第 89—94 页。

③ 参见李育富：《邵雍先天易学探析——兼论朱熹对邵雍先天易学的别解》，《周易研究》2019 年第 3 期。

④ 参见李育富：《邵雍先天易学探析——兼论朱熹对邵雍先天易学的别解》，《周易研究》2019 年第 3 期；陈岘：《论朱子对先天学的改造及其影响》，《哲学动态》2020 年第 2 期。

⑤ 参见束景南：《朱子大传》，复旦大学出版社 2016 年版，第 450 页。

学纲领”的易学体系[①]，并在淳熙十三年三月序定并刊刻《易学启蒙》。可以说，从淳熙七年到十三年短短六年中，朱子着力思考易学纲领，并最终确立了以先天卦图为根本的易学体系。而在与程迥交往之前，朱子已经对先天横图和圆图有了一定的了解和看法，尽管日后发生了一定的变化。

用“加一倍法”解释横图大概出现于绍兴末年，而朱子对横图画法的认识正是基于这一背景。[②] 朱子的认识有两个主要的来源，一是程迥。朱子在南康军任上始与沙随正式通信交往。其中有说道：“两仪四象之说，闽中前辈尝有为此说者，鄙意亦窃谓然，初未敢自信也。今得来示斯判然矣。”[③]另一封给李椿的书信中说，“程君《蓍说》亦尝见之。其人见为进贤令，至此数得通书，恺悌博雅，君子人也”[④]。可见朱子在此之前对六十四卦横图、圆图的产生方式虽有所了解和思考，但尚未形成成熟确定的看法。

沙随《周易古占法》一书刻于绍兴三十二年[⑤]，朱子来南康之前曾经读过这部书，所谓“程君《蓍说》亦尝见之”是也。到了南康之后，因为当时沙随为进贤县令，属隆兴府，与南康军相邻，有机会仔细讨论沙随的见解。沙随就是由他的“加一倍法”得出八卦横图的，朱子本来就对此有所认可，但还不十分确信，经过和沙随的讨论，坚定了他对用递升而倍的方式产生八卦的看法。当然朱子也不是完全同意程氏的看法。他在书信中又说：

> 但谓两仪为乾坤之初爻，谓四象为乾坤初二相错而成，则恐立言有未莹者。……妄意两仪只可谓之阴阳，四象乃可各加以太少之别，而其序亦当以太阳、少阳、少阴、太阴为次。盖所谓递升而倍之者，不得越少阴与少阳而先为太阴也。[⑥]
>
> 两仪四象，恐须如先天之序，乃为自然之数。而始乾终坤，理势亦无不可。若必欲初少阳次太阴，乃是以意安排，而非自然之序。又二象之上各生两爻，即须以乾兑艮坤为次，复无所据。[⑦]

沙随以太阳、太阴、少阴、少阳，与先天横图之序不同。老阳老阴居前，似乎是因为乾坤为父母，但后面的排列明显不够自然，因此朱子对此提出批评。但沙随是由八卦相重得六十四卦，而非逐爻递升，朱子也并没有反对。

另一个来源就是朱子在给程氏的书信中提到的“闽中前辈”。究竟指谁，朱子没有明说，不过很可能是蔡氏父子。加一倍法的出现本来就很神秘，可能是在道士隐者中流传的，蔡氏父子或于此得之，也可能另有其人跟朱子说过。无论如何，蔡元定是明确采用了这一加一倍法的。基于这两个来源，朱子明确了用加一倍法解释先天横图的宗旨。

---

① 参见王风：《朱熹易学散论》，商务印书馆 2017 年版，第 181 页。

② 两宋之际由“加一倍法”诠释《先天图》的历史过程，参见拙文：《从“卦变法”到“加一倍法”——论先天图诠释的演变》，《周易研究》2020 年第 3 期。

③ （宋）朱熹：《答程迥》三书，《朱文公文集》卷三十七，朱杰人等主编：《朱子全书》第 25 册，上海古籍出版社、安徽教育出版社 2002 年版，第 1643 页。

④ （宋）朱熹：《朱文公文集》卷三十七《答李寿翁》，第 1652 页。

⑤ 参见（宋）程迥：《周易古占法序》，《景印文渊阁四库全书》第 12 册，第 600 页。

⑥ （宋）朱熹：《答程迥》三书，《朱文公文集》卷三十七，第 1643 页。

⑦ （宋）朱熹：《答程迥》四书，《朱文公文集》卷三十七，第 1644 页。

朱子对圆图的认识也很早：

> 所示易卦次叙，此未深究，不敢轻为之说。但本图自初爻而阴阳判（左三十二卦共一阳，右三十二卦共一阴），次爻即一变而阴阳交（左下十六卦之阳，右下十六卦之阴，上交于右上之阴，下交于左上之阳）。次爻又一变而又交（兑与艮交，震与巽交），而八卦小成矣。其上因而重之而成六十四卦。（此次叙甚明，其所以为易者，盖因阴阳往来相易而得名，非专谓震巽四五相易而然也。）[①]

这是朱子在隆兴二年闰十一月给柯国材的书信[②]，柯氏是以当时流传的康节的先天圆图的六十四卦次序为问，朱子给出了一个解释，但他自己并不十分确定。之后成熟期的画法确实与此略有不同，但是朱子画法的核心已经呈现出来了。朱子认为圆图卦序的核心在于"交易"。圆图本来是左阳右阴，第二爻开始是阴阳相交。这里的上下有些奇怪，可能是用下半部分的阴阳去交上半部分的阴阳，使得第二爻与第一爻阴阳相杂。所谓"上交"是下半部分整体逆时针旋转去交右上，所谓"下交"是下半部分整体顺时针旋转去交左上。这样右上是右下的阴去交，左上是左下的阳去交。右下是左下的阳来交，左下是右下的阴来交。这是一种可能的解释。当然也可能是"左下十六卦之阳，右下十六卦之阴，上交于右上之阴，下交于左上之阳"此句有误，当作"左下十六卦之阳，右上十六卦之阴，上交于右上之阴，下交于左下之阳"，这样就与日后的"交易法"一致了。

不过朱子在《答柯国材》四书中又说："逆顺之说，康节以为先天之数。今既晓图子不得，强说亦不通，不若且置之。"[③]朱子对自己的解释看来也不敢肯定。

总之，朱子早年就对康节圆图有所认识，并且主要从交易的方式解释，并没有从横图中截开而得，这一方面反映了当时流行的对于康节圆图的画法，即在某种程度上采用加一倍法画圆图，另一方面也反映出朱子自己的鲜明的特点。这个做法与后来蔡元定迥然不同，可能是朱子自己的发明，却奠定了其对康节圆图的基本解释方向。

但此处和成熟的做法仍有三点不同：一是六十四卦从开始就分好，然后进行交易。这实际上是卦变，而非加一倍法。二是交易过程中，朱子是把左下右上和右下左上同时相交，日后则只有左下右上相交。三是因而重之是八卦相重而非逐爻而升。另外，此时的圆图还只是单独出现，并未放在横图圆图的整体结构中。

二、流行与交易：大横图与方圆图的三个诠释层次

朱子在淳熙十三年三月序定《易学启蒙》，标志着他的先天卦图体系的完成。《启蒙》中由三张图构成，所谓"大横图"、"伏羲八卦图"和"伏羲六十四卦图"。[④] 这里的核心是"大横图"和"伏羲六十四卦图"的关系。

---

① (宋)朱熹：《答柯国材》三书，《朱文公文集》卷三十九，第1730页。

② 参见束景南：《朱熹年谱长编》，华东师范大学出版社2001年版，第336页。

③ (宋)朱熹：《答柯国材》四书，《朱文公文集》卷三十九，第1733页。

④ 参见(宋)朱熹：《易学启蒙》，朱杰人等主编：《朱子全书》第1册，第219—237页。

“大横图”是用“一分为二”的“加一倍法”递升而得，这一点没有疑问，问题是如何由“大横图”得出圆图，以及何以朱子坚持要用此种方式得到圆图？另外他对于早年回答柯国材的圆图画法如何安顿？《观物外篇》中邵雍对圆图的解释又如何理解？

朱子在《启蒙》完成后不久即与黄商伯和叶永卿等南康学者讨论先天图。其中给叶氏的书信最为简洁：

> 先天之说昨已报商伯矣。来喻亦推得行，然皆未能究其缊。须先将六十四卦作一横图，则震巽复姤[①]正在中间。先自震复而却行以至于乾，乃自巽姤而顺行以至于坤，便成圆图。而春夏秋冬、晦朔弦望、昼夜昏旦皆有次第，此作图之大指也。又左方百九十二爻本皆阳，右方百九十二爻本皆阴，乃以对望交相博易而成此图。若不从中起以向两端，而但从头至尾则此等类皆不可通矣。[②]

此信中有几个关键要素：一是从横图变为圆图的过程中，是从横图的中间开始，自震（内八卦）复（六十四卦）而一路向外至于乾，围成半圆在左边，接着仍是从中间开始自巽姤而向外至于坤，接着前边的乾卦围成右半圆。这叫作“从中起”。二是围成圆图之后还有“博易成图”一说。三是围成的圆图反映的是春夏秋冬、晦朔弦望、昼夜昏旦的流行次第。[③] 也就是说从横图到圆图并非只是“拗作两截”这么简单，实际有三个层次。

关于第三点，朱子在给黄商伯的信中讲得更为明白：

> 永卿主簿老兄尚留斋馆否？昨承惠书，此便又遽，未能别状。但所问先天图曲折甚善。细详图意，若自乾一横排至坤八，此则全是自然。故《说卦》云：“易，逆数也。”皆自已生以得未生之卦也。若如圆图，则须如此，方见阴阳消长次第。震一阳，离兑二阳，乾三阳。巽一阴，坎艮二阴，坤三阴。虽似稍涉安排，然亦莫非自然之理。[④]

此段文字与黄商伯所记语录全同。[⑤] 所谓“则须如此”就是左右各一半而成圆图。这样得到的圆图有所谓“阴阳消长次第”，也就是后面说的，顺时针旋转从震到乾，是阳长的过程，接着从巽到坤是阴长的过程，从阴阳消长的角度看也是自然之理。因此，朱子的横图和圆图实际上构成了卦画之生成和卦气之流行的结构。关于把圆图看作卦气流行是朱子的弟子周谟给朱子提出的问题中谈到的：

> 盖乾是老阳，接巽末姤卦，便是一阴生；坤是老阴，接震末复卦，便是一阳生。自复卦一阳生，尽震四离三，一十六卦，然后得临卦；又尽兑二，凡八卦，然后得泰卦；又隔四卦得大壮；又隔大有一卦，得夬；夬卦接乾，乾卦接姤。自姤卦一阴生，尽巽五坎六，一十六卦，然后得遁卦；又尽艮七，凡八卦，然后得否；又隔四卦得观；又隔比一卦

---

① 《文集》作“遇”，乃避高宗讳，以下径改不出校。

② 参见（宋）朱熹：《答叶永卿》，《朱文公文集》卷五十二，第2471页。

③ 朱子的圆图外原本标有四至，更可印证其用意。参见王风：《朱熹的先天之学》，《朱熹易学散论》，第176页。

④ （宋）朱熹：《答黄商伯》，《朱文公文集・别集》卷六，第4963页。

⑤ 参见（宋）黎靖德编：《朱子语类》卷六十五，中华书局1984年版，第1613—1614页。

得剥，剥卦接坤，坤接复。周而复始，循环无端。卦气左旋，而一岁十二月之卦皆有其序。[①]

这就是以顺时针的由复到乾，为卦气阳生，在横图中为由震到乾。接着继续顺时针由姤到坤，为卦气阴生，在横图中为由巽到坤。朱子对此并没有否认。实际上朱子明确提出的圆图中的阴阳消长也就是广义的卦气运行。朱子自己也说过，"'数往者顺'这一段，是从卦气上看来，也是从卦画生处看来。恁地方交错成六十四"[②]。所谓"卦气"就是形成圆图之后的运行顺序，所谓"卦画生处"就是横图成立之后从中间断开，由震至乾为左半圆，接上由巽至坤为右半圆。这是把横图的卦画和圆图的卦气对立起来说。所以后来胡玉斋对朱子的横图和圆图有一个总结，"横图可以见卦画之立，圆图可以见卦气之行"[③]。

第二点圆图的"交相博易"说，需要重点说明。这本来是为了解释邵雍《观物外篇》中"太极既分，两仪立矣。阳下交于阴，阴上交于阳而成四象生焉。阳交于阴，阴交于阳，而生四象。刚交于柔，柔交于刚，而生地之四象。八卦相错而后万物生焉"这段话说的，也是朱子早年给柯国材的信中提出的核心思想。

首先要说明交相博易不是产生六十四卦圆图的方式，而是圆图已成之后的阴阳往来交易的象征。朱子在给袁枢的信中说：

> 此来教所引邵先生说也。今子细辨析奉呈，幸详考之，方可见其曲折，未遽可轻议也。然此已是就六十四卦已成之后言之，故其先后多寡，有难着语处，乍看极费分疏，猝然晓会不得，若要见得圣人作《易》根原直截分明却不如且看卷首横图……及至卦成之后，逆顺纵横，都成义理，千般万种，其妙无穷，却在人看得如何，而各因所见为说，虽若各不相资而实未尝相悖也。[④]

在解释了交易法之后，朱子指出，是六十四卦成立之后有如此之象，邵雍这段话是为此而发。真正的卦画成立的过程是大横图，所谓"自然挨排出来"，"不容智力"。画成之后其中自然义理无穷。

> 某以为"易"字有二义：有变易，有交易。先天图一边本都是阳，一边本都是阴，阳中有阴，阴中有阳；便是阳往交易阴，阴来交易阳，两边各各相对。其实非此往彼来，只是其象如此。[⑤]

这里的"先天图"是指"大圆图"。易有二义，这里朱子只解释了"交易"，就是阴阳左右往来相交之法。但这个并不是产生卦图的原理，只是成立之后有此"象"而已。

其次是对阴阳交易的具体解释。在明确了交易法在先天卦图中的位置后，进一步具

---

① (宋)黎靖德编：《朱子语类》卷六十五，第1618页。

② (宋)黎靖德编：《朱子语类》卷七十三，第1972页。

③ (宋)胡方平：《原卦画》，《易学启蒙通释》卷上，中华书局2019年版，第82页。

④ (宋)朱熹：《答袁机仲》二书，《朱文公文集》卷三十八，第1663页。

⑤ (宋)黎靖德编：《朱子语类》卷六十五，第1605页。

体考察交易往来的方法。给袁枢的书信中论述最为详细：

> 邵子曰：太极既分，两仪立矣。（此下四节通论伏羲六十四卦圆图。此一节以第一爻而言，左一奇为阳，右一偶为阴，所谓两仪者也。今此一奇为左三十二卦之初爻，一偶为右三十二卦之初爻，乃以累变而分，非本即有此六十四段也，后放此。）阳上交于阴，阴下交于阳，而四象生矣。（此一节以第一爻生第二爻而言也。阳下之半上交于阴上之半，则生阴中第二爻之一奇一偶而为少阳太阴矣。阴上之半下交于阳下之半，则生阳中第二爻之一奇一偶而为太阳少阴矣。所谓两仪生四象者也。太阳一奇今分为左上十六卦之第二爻，少阴一偶今分为右下十六卦之第二爻，少阳、太阴其分放此。而初爻之二亦分为四矣。）阳交于阴，阴交于阳而生天之四象，刚交于柔，柔交于刚而生地之四象。（此一节以第二爻生第三爻言也。阳谓太阳，阴谓太阴，刚谓少阳，柔谓少阴。太阳之下半交于太阴之上半则生太阴中第三爻之一奇一偶而为艮为坤矣。太阴之上半交于太阳之下半则生太阳中第三爻之一奇一偶而为乾为兑矣。少阳之上半交于少阴之下半则生少阴中第三爻之一奇一偶而为离为震矣。少阴之下半交于少阳之上半则生少阳中第三爻之一奇一偶而为巽为坎矣。此所谓四象生八卦也。乾一奇今分为八卦之第三爻，坤一偶今分为八卦之第三爻，余皆放此。而初爻二爻之四今又分而为八矣。乾兑艮坤生于二太，故为天之四象，离震巽坎生于二少，故为地之四象。）八卦相错而后万物生焉。（一卦之上各加八卦以相间错，则六十四卦成矣。然第三爻之相交则生第四爻之一奇一偶，于是一奇一偶各为四卦之第四爻而下三爻亦分为十六矣。第四爻又相交则生第五爻之一奇一偶，于是一奇一偶各为二卦之第五爻而下四爻亦分而为三十二矣。第五爻又相交则生第六爻之一奇一偶，则一奇一偶各为一卦之第六爻而下五爻亦分而为六十四矣。盖八卦相乘为六十四，而自三画以上，三加一倍以至六画，则三画者亦加二倍，而卦体横分亦为六十四矣。）[①]

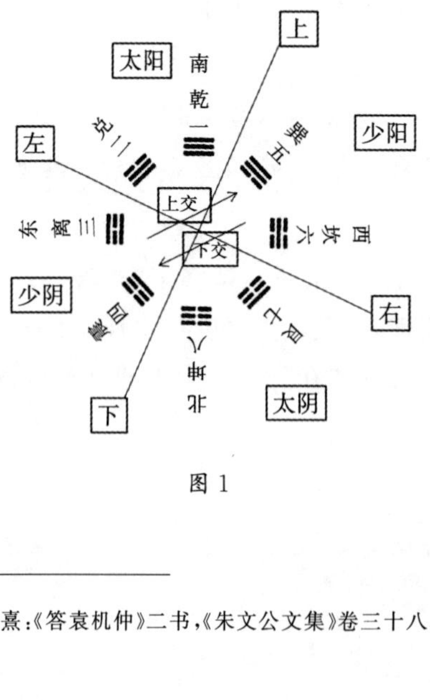

图 1

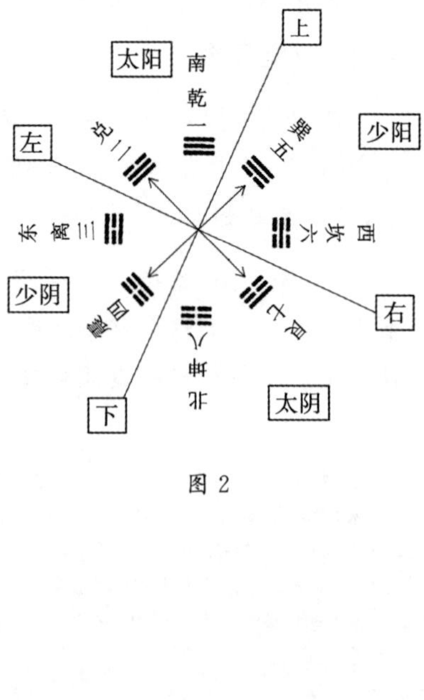

图 2

① 朱熹：《答袁机仲》二书，《朱文公文集》卷三十八，第1662页。

首先要分清"上""下"。"乾巽一边为上,震随坤为下。"因为一般的坐标采取的是乾南坤北,也就是乾上坤下,坎和离就不容易分上下。朱子的这个定义明确了上下的坐标系不是南北坐标,而是把南北坐标顺时针旋转 22.5 度,纵坐标在乾巽之间,横坐标在离兑之间。左阳右阴是上下坐标系,而非南北坐标系。阳下之半是左下,阴上之半是右上,左下和右上相互交易,左下得阴为少阴,左上仍阳为太阳。右上得阳为少阳,右下仍阴为太阴。这样就得到了太少阴阳四象。

接着是太阳的下一半和太阴的上一半相交,太阳的下半得阴为兑,上半仍阳为乾;太阴的上半得阳为艮,下半仍阴为坤。这就是天之四象,以太阳太阴交易而得。少阳的上一半和少阴的下一半相交,这里虽名为少阳,可是右半边是阴,虽名为少阴,可是左半边是阳。所以少阳上半交少阴下半,少阴下半得阴为震,少阴上半仍阳为离。少阴下半交少阳上半,少阳上半得阳为巽,下半仍阴为坎。这就是地之四象,以少阴少阳交易而得。在此基础之上,八卦相错,进一步细分,依次得一奇一偶,以成十六、三十二、六十四卦。(示意图见图 1、图 2。)

此处和朱子早年给柯国材的信中的解释也有不同。一是这里朱子明确讲了"今此一奇为左三十二卦之初爻,一偶为右三十二卦之初爻,乃以累变而分,非本即有此六十四段也,后仿此"。一开始其实是左一阴右一阳,并没有分段,之后交易过程中才逐渐分为二、四、八、十六、三十二段的。所以下文每交易一次,都要说,"初爻之二亦分为四矣""初爻二爻之四今又分而为八矣"云云。这是受到横图加一倍法的影响。二是生四象和生八卦的具体过程都比早年更为明确。三是最后的八卦相错,朱子的解释明白是逐爻相生,"三加一倍以至六画",而非八卦叠加。

《语类》卷六十五中《先天图》一节对于"交易""博易"之法也多有记录,此处不备录。唯有暖渊所录一条,"老阴老阳交而生艮兑,少阴少阳交而生震巽。离坎不交,各得本画。离坎之交是第二画,在生四象时交了。老阳过去交阴,老阴过来交阳,便是兑艮第三画。少阴少阳交,便生震巽上第三画"①,需要稍作解释。老阴老阳交而生艮兑,就是四象生八卦,太阴上半和太阳下半相交,太阴上半得艮,太阳下半得兑。少阴少阳交而生震巽,就是少阳上半和少阴下半相交,少阳上半得巽,少阴下半得震。所谓离坎不交,就是少阴上半仍为阳得离,少阳下半仍为阴得坎,仍为左右之本画,并未交易而变,因为在生第二画时左下已和右上相交了。这一段是对于邵雍阴阳上下相交的解释,也是所谓"交易法"的简洁说明。

三、朱子与蔡元定的分歧与《先天图》的体用观

前人一般认为朱子和蔡元定的易学象数思想完全一致,甚至有《易学启蒙》为蔡元定所作的看法。现在我们知道二者在河图洛书、先天卦图等问题上也是颇有分歧,尽管有

---

① (宋)黎靖德编:《朱子语类》卷六十五,第 1614 页。

些地方朱子受了蔡氏的影响而有所转变。[①] 二人对于《先天图》这一关键问题的分歧影响到朱子《先天图》哲学意涵的建构。

蔡元定的圆图是直接在阴阳之上叠加阴阳而得,这与朱子横图的叠加而生有类似处,但并不相同。关键的差异在于阴阳叠加的顺序。对于横图来说,自下而上,一分为二,都是先阳后阴。而圆图则是自内而外,先画初爻,左半四卦皆阳,右半皆阴。再画中爻,"中,前二爻皆阴,后二爻皆阳"。先画左半之下两卦为阴,再画上两卦为阳。右半相同。第三爻也是自下而上,下阴上阳相间,"上,一爻为阴,二爻为阳,三爻为阴,四爻为阳"。如果顺时针来看:"在阳:中上二爻则先阴而后阳,阳生于阴也。在阴:中上二爻,则先阳而后阴,阴生于阳也。"[②]左半圆第一爻是阳爻,但是第二、第三爻都是先阴后阳,因为在阳中,所以是阳生于阴;右半圆第一爻是阴爻,但是第二、第三爻都是先阳后阴,因为在阴中是阴生于阳。

这一段解释是很精彩的,除了非常对称的阴阳流行过程,阳生于阴、阴生于阳也体现了一动一静互为其根的易学思想。可是朱子为什么没有采纳蔡元定的看法而坚持要从中起"拗做两截"呢?朱子没有明确的回答。但是在回答关于圆图的交易的问题中,我们或许可以得到一些启发。

> 某以为"易"字有二义:有变易,有交易。先天图一边本都是阳,一边本都是阴,阳中有阴,阴中有阳;便是阳往交易阴,阴来交易阳,两边各各相对。其实非此往彼来,只是其象如此。然圣人当初亦不恁地思量,只是画一个阳,一个阴,每个便生两个。……只管恁地去。自一为二,二为四,四为八,八为十六,十六为三十二,三十二为六十四。既成个物事,便自然如此齐整。皆是天地本然之妙元如此,但略假圣人手画出来。[③]

交易法上文已详,是对邵雍先天圆图的一种解释。不过朱子认为当初伏羲并不会这样思考,伏羲只是自然的画出一阴一阳,没有心思智虑之为,心思探索之巧,所以不会去考虑往来交易的问题。朱、蔡二人画法的差异,从根本上是对伏羲画卦性质认识不同所导致的必然结果。朱子认为伏羲至淳厚,西山以为伏羲画卦与后世之易其为道则同一太极也。

> 某尝说伏羲初只是画出八卦,见不到这里。蔡季通以为不然,却说某与太史公一般。某问云:"太史公如何说?"他云:"太史公云:'伏羲至淳厚,画八卦。'"便是某这说。看来也是圣人淳厚,只据见定见得底画出。[④]

朱子认为伏羲画一阴一阳只是随手画出自然气象,一阴一阳又生一阴一阳,都是自

---

① 详细分析见王风:《易学启蒙中朱蔡二人各自的贡献》,《朱熹易学散论》,第 134 页。庹永注意到了蔡元定《皇极经世纂图指要》中先天图与朱子的不同。又考察了朱子"河十洛九"受蔡元定的影响而转变的过程。参见庹永:《蔡元定、蔡沈父子易学思想阐释》第一章第二节和第二章第二节,中国社会科学出版社 2017 年版。

② (宋)蔡元定:《皇极经世纂图指要》卷上,第 260 页。

③ (宋)黎靖德编:《朱子语类》卷六十五,第 1605 页。

④ (宋)黎靖德编:《朱子语类》卷六十五,第 1614 页。

然。圣人“淳厚”，没有想到里面有各种各样的象数道理。《语类》又载：“安卿问：先天图有自然之象数，伏羲当初亦知其然否？曰：也不见得如何。”[①]伏羲只是这样的画出一阴一阳，即是对于画出的一阴一阳所展现的自然之象数也没有自觉。朱子又说：“然当初也只是理会罔罟等事，也不曾有许多峣崎，如后世《经世书》之类，而今人便要说伏羲如神明样，无所不晓。伏羲也自纯朴，也不曾去理会许多事来。”[②]这更是直接针对蔡元定的批评了，把伏羲之道看成包含《皇极经世书》在内的复杂的象数体系。

而蔡季通不同，他认为伏羲当然是掌握了“太极道体”的。他以此提出了“道体—作用”的解释结构：

> 康节之学虽作用不同，而其实则伏羲所画之卦也。
>
> 康节曰：上古圣人皆有易，但作用不同。今之易，文王之易也。故谓之周易。若然，则所谓三易者皆本于伏羲之图。……然作用虽异，其为道则同一太极也。
>
> 皇极经世之书，命数定象，自为一家，古所未有，学者所未见，然亦皆出于“伏羲卦图”奇偶之序，其为道亦同一太极也。[③]

西山的这些说法，有两个方面的意涵，一是康节的《皇极经世书》所表达的内容虽然自为一家，但并没有出于伏羲之“道”之外，仅仅是作用不同。康节易和三圣易一样，同样是展现了“太极道体”的丰富内涵的。二是伏羲之图实际上是直接揭示“太极”的，从对于世界根源的思考来说，他和三易没有不同，只是具体表现有异。这两点朱子都不能接受。朱子明确认为《皇极经世书》所讲的内容很多都是康节的一家之言，并非《易经》中本有。其次，伏羲只是单纯地画出了一阴一阳，叠加而为六十四卦，至于太极道体当然不在他的考虑之内。他只是自然地这样做，并没有对象数之自然有所自觉，更没有对宇宙根源问题深刻的思考和理解。因此朱子必然不能接受各种形式的安排，即使安排得非常巧妙，包括西山之说，以及朱子自己的交易说。而西山既然以为伏羲能够掌握并理解太极，阴生于阳、阳生于阴的想法当然可以看作是伏羲画图的理由。

西山对于横图、圆图的关系有两个解释。第一组是：“其（横图）叙始乾尾坤者，以阴阳先后为数也。”“其（圆图）叙始震终坤者，以阴阳消息为数也。”[④]第二组是：“此（横图）阴阳流行之数。前三十二卦为阳，后三十二卦为阴，古往今来者也。”[⑤]“此二者（圆图和方图）阴阳对待之数。圆于外者为阳，方于中者为阴。圆者动而为天，方者静而为地者也。”[⑥]

第一组是生成先后和消息次第，所谓生之序和行之序。第二组是流行和对待。这两组说法互为表里，对于横图来说，既是生成的过程，同时也是流行而生。所以关于横图他

---

① （宋）黎靖德编：《朱子语类》卷六十六，第 1624 页。

② （宋）黎靖德编：《朱子语类》卷六十六，第 1623 页。

③ （宋）蔡元定：《皇极经世纂图指要序》，（明）蔡有鹍编：《蔡氏九儒书》，舒大刚主编：《宋集珍本丛刊》第 106 册，线装书局 2004 年版，第 258 页。

④ （宋）蔡元定：《皇极经世纂图指要》卷上，第 260 页。

⑤ （宋）蔡元定：《皇极经世纂图指要》卷上，第 262 页。

⑥ （宋）蔡元定：《皇极经世纂图指要》卷上，第 263 页。

还有一个说法："若其宗要，则明道先生所谓加一倍法也。是故由用而之体，则自一而二，自二而四……"也就是用之所以行而体之所以立的过程。对于圆图来说，是生成之后的阴阳消息，同时又是成立之后的阴阳对待，这里是指方图和圆图的对待。

西山的这些说法较好地阐发了横图和圆图之间的关系。奇怪的是一贯愿意构建"枝枝相对、叶叶相当"理论体系的朱子，却对此没有太多发挥。朱子有两个说法，一个是在《易学启蒙》中对太极生两仪的解释，引用了濂溪的话，"周子所谓太极动而生阳，动极而静，静而生阴，静极复动。一动一静，互为其根；分阴分阳，两仪立焉"。另一个是他在《启蒙》和《本义》中都反复强调的，横图是易之所以成、易之生卦，而圆图是由横图中间截开，一侧起震至乾，另一侧起巽至坤，沟而为圆。后者其实是"阴阳消息"，他在《启蒙》中说，"圆图之左方，自震之初为冬至，离兑之中为春分，以至于乾之末而交夏至焉"，"其右方，自巽之初为夏至，坎艮之中为秋分，以至于坤之末而交冬至焉"。尽管这是在解释已生未生的问题，但明确把圆图的阴阳消息和四时运行联系起来了。所以《周易本义》的定本四方应该是标有二分二至的。[①] 这样才符合朱子对圆图作为阴阳消息、卦气运行的理解。尽管朱子没有明确表述，从以上的分析来看，胡方平的总结"横图可以见卦画之立，圆图可以见卦气之行"[②]还是可靠的。

结合这两个说法来看，朱子的横图应该是兼流行与对待，即兼用之所以行和体之所以立，西山所谓"由用而之体"。其圆图是由卦画成立之后从中起的运行顺序。就横图看，是由用而之体，是生之序；横图和圆图合看，是体立而用行，是行之序。基于此，朱子对蔡元定的流行对待说有所保留。"季通云：理有流行、有对待，先有流行、后有对待。曰：难说先有后有。季通举太极说，以为道理皆然，且执其说。"[③]从朱子哲学的主乾来说，朱子对《太极图》的解释确实是从"太极之用所以行"到"太极之体所以立"的，也就是西山此处所谓"先有流行、后有对待"，因此西山举太极说，大概是朱子比较认可的地方。但是朱子以为"难说先有后有"，是就其系统的复杂性而言，比如此处的横图朱子就把他看作一个整体，认为是"易之所以成"，圆图才是卦气流行。当然卦成立之后的卦气"流行"和卦成立之先的"流行"并不相同。但至少在这一问题上，朱子和蔡元定确实是有分歧的。

四、朱子对邵雍的理解与改造

尽管朱子大力褒扬康节之学，使得邵子在朱子之后名声大振，但朱子并非全盘接受邵子的学术，实际上朱子对康节的批评甚多，[④]本文讨论其中与先天卦图有关的部分。

朱子曾说："只《启蒙》所载（康节之说）为有发于易，他则别成一家之学。季通近编出梗概，欲刊行，且夕必见之。"[⑤]《易学启蒙》和《纂图指要》二书的宗旨不同，朱子只是选取

---

① 参见王风：《"无心涵有象"——朱熹的先天之学》，《朱熹易学散论》，第 172 页。

② （宋）胡方平：《原卦画》，《易学启蒙通释》卷上，第 82 页。

③ （宋）黎靖德编：《朱子语类》卷六，第 100 页。

④ 参见方旭东：《邵雍"观物"说的定位——由朱子的批评而思》，《湖南大学学报》（社会科学版）2012 年第 6 期。

⑤ （宋）朱熹：《答陈才卿》十四书，《朱文公文集》卷五十九，第 2850 页。

康节易学中能够直接发明《易经》，特别是伏羲易的部分，康节其他之说朱子以为只是一家之学。而西山之书则除了解释伏羲易之外，还专门解释康节易学，并且西山以为康节易与伏羲易只是作用不同，其为道则同一太极也。因此，必须区分朱子对于康节的解释和借助康节对于伏羲的解释，二者是有差距的。即使在先天卦图这一点上，朱子和康节也是不完全一致的。我们注意到《周易本义》在《伏羲六十四卦方位图》下注曰：

> 伏羲四图，其说皆出邵氏。盖邵氏得之李之才挺之，挺之得之穆修伯长，伯长得之华山希夷先生陈抟图南者，所谓先天之学也。[①]

朱子认为大小横图和圆图这四张图是由陈抟一路传至康节的。而这四张图应是伏羲所作，所以四图名皆含“伏羲”。这和《纂图指要》卷上前四图亦标“伏羲”意图是一样的。朱子不论是《启蒙》还是《本义》都是在卦图之下先引《易传》文字，再引邵雍文字解释。这一体例表明，凡是引用了康节文字的都是朱子明确认为康节的解释是正确的，如果没有引用，很可能朱子和康节意见有分歧。[②]

朱子与他所理解的康节的第一个不同意见是关于圆图的画法。朱子在《启蒙》中引述了邵子“数往知来”一段的解释，接着又引用了邵雍“阳上交于阴，阴下交于阳而四象生”这一段话。前者是朱子认可的邵子画圆图的方案，就是从横图中间截开，按照顺逆之序，围成圆图，体立用行。后者不是画圆图的方案，只是卦画成立之后有此交相博易之象。朱子是把邵雍两段话分开解释了。可是蔡元定显然不同意朱子的说法，西山以及当时多数人都认为“阳上交于阴、阴下交于阳而四象生”这段话才是画卦的方法，所以圆图是直接画出来的，不需要从横图来。而“数往知来”一段才是卦画形成之后的卦气之说。这与朱子所持观点正相反。

从《本义》和《启蒙》来看，朱子认为康节的“数往知来”章就是解释圆图的画法的，和朱子理解的伏羲画卦之法大体一致。但是朱子似乎也有些犹豫，一是他在《启蒙》《本义》中对此的注解都仅仅是从圆图运行的卦气的角度说的，如《启蒙》说：“圆图之左方，自震之初为冬至，离兑之中为春分，以至于乾之末而交夏至焉，皆进而得其已生之卦，犹今日而逆数昨日也，故曰：数往者顺。”[③]这显然是以此解释卦气，而非圆图之成立过程。二是就《启蒙》和《本义》的不同来看，在《六十四卦方圆图》下《启蒙》引用了邵雍的两种讲法，并且还引用了其他的一些文字，而《本义》仅在小圆图处引用了康节对于八卦方位的描述，接着朱子直接自己解释了逆顺，而没有引用康节文字。在方圆图处更是一句康节文字都没用，仅仅是介绍了此图表现出的卦气。本文认为这一差异首先是二书的体例不同。过去清儒因为这个不同质疑《周易本义》卷首九图非朱子所作，这一点现在已经基本

---

① (宋)朱熹：《周易本义》，朱杰人等主编：《朱子全书》第1册，第22页。

② 为了避免误解，需要再次指出的是，这里所说的康节都是朱子理解的康节，而不是康节的本义。本文研究的是朱子的思想，此处所要分辨的是朱子和朱子所理解的康节的不同，也是朱子理解的伏羲和康节的不同，而不是朱子理解的康节和康节本义的不同。

③ (宋)朱熹：《易学启蒙》，第238页。

可以被推翻了。[①] 但是二者的差异实际也说明了此二书创作意图的不同，否则就不必在《启蒙》之外还要在卷首另列图作为凡例进行介绍了。其次，也反映了朱子对于康节是否真的有像朱子那样从横图画为圆图的怀疑，所以就没有引用康节文字。朱子对所引之文的说法是肯定的，没有引用就说明了朱子在其中找不到在他看来能反映伏羲本意思想的文字。三是他说："'数往者顺'这一段，是从卦气上看来，也是从卦画生处看来。恁地方交错成六十四。"[②]可以从卦气来看，也可以用来解释横图从中截开为圆图的过程。所以很可能朱子即使认为这一章是康节文字中最接近伏羲真实画法的一段，但朱子认为康节本意还是在卦气而非画卦的过程。

第二，圆图既成之后的博易之法不同。上文已经论述朱子认为邵雍有两段主要的关于伏羲画卦的解释，而前者接近伏羲之意，后者是圆图成立之后的往来交易之象，是邵雍之意，并非伏羲本意。可是具体对于往来交易的理解，朱子的解释也明显与康节有差异，朱子所说的博易之法其实是基于康节文字而做的改造，他显然知道他说的不完全是康节本意。这里至少有三处不同：

首先，他替换了康节所用的"阴阳刚柔"的名称。他说："此一节以第二爻生第三爻言也。阳谓太阳，阴谓太阴，刚谓少阳，柔谓少阴。"直截了当地用朱子自己的太少阴阳的语言体系替换了康节的文字，此下就直接用太少阴阳的名称作解释。这显然是基于朱子太极阴阳体系的统一性的有意设计。

其次，阴阳刚柔的交易方式不同。康节明摆着是说阴阳相交、刚柔相交，换成朱子的语言是阳中之阴阳自相交，阴中之阴阳自相交，实际上是太阳交少阴，太阴交少阳。如果按照这个来定义，应该是"阳谓太阳，阴谓少阴，刚谓少阳，柔谓太阴"，可是朱子在这里定义的时候却和他这套语言不同，故意说"阳谓太阳，阴谓太阴，刚谓少阳，柔谓少阴"。这实际上是康节和朱子交易方式不同。依照康节之意是左半圆的阴阳上下相交，右半圆的刚柔上下相交，可是朱子确是左上交右下，左下交右上，对角线相交。这实际上是朱子自己对"交易""博易"的理解，所谓阴阳往来，必须是和自己的对立面相交，不应该自相交。这样的定义实际上偷换了概念，使得他的解释看上去仍与康节一致。这一点胡玉斋也看出来了。

再次，因为太少阴阳交易方式的不同，导致了所得的天之四象和地之四象的不同。康节阴阳相交的天之四象是左半边的乾兑离震，刚柔相交的地之四象是右半边的坤艮坎巽。可是因为朱子的观点是对角线相交，天之四象就成了乾兑艮坤，地之四象就成了离震巽坎。所以朱子说："乾兑艮坤生于二太，故为天之四象，离震巽坎生于二少，故为地之四象。"朱子当然知道这个不同，因为《启蒙》在此之后直接引用了"震兑，在天之阳也。巽

① 参见束景南：《朱熹作〈周易本义〉、〈易九图〉、〈筮仪〉真伪考》，《朱熹佚文辑考》，江苏古籍出版社 1991 年版，第 636 页。王风重点分析在卦变图的问题，参见王风：《论本义注文与卷首卦变图之相合》，《朱熹易学散论》，商务印书馆 2017 年版。张克宾分析了《本义》与《启蒙》文字异同的原因，参见张克宾：《朱熹易学思想研究》，人民出版社 2015 年版，第 127—132 页。

② （宋）黎靖德编：《朱子语类》卷七十七，第 1972 页。

艮,在地之阴也”[①]的文字,又是以震为天,以艮为地。所以朱子是通过对康节的改造,以融入其自身的体系中。

朱子关于圆图博易的这些矛盾之处,反映了他并不仅以康节的本旨为解释目的,而是具有至少三个层次的理解:一是超越康节直指伏羲本旨,伏羲只有一分为二,并无博易之法;二是朱子所理解的邵雍之意,阴阳刚柔上下交易而成天地四象;三是朱子的诠释,改用太少阴阳,以与其整体理论相一致。

由此可见,朱子尽管推崇康节所传之伏羲卦图,但其推崇主要在于此图之流传,至于卦图的绘制过程以及对《先天图》的诠释,朱子认为康节并没有完全了解。这反映在三个方面:第一,对于圆图的画法朱子选择了“数往知来”的材料,认为是康节最接近伏羲画卦方式的说法,但同时又对康节此段是否用于画卦而非卦气不是很确信;第二,关于圆图成立之后的交易往来,朱子认为这又是卦成之后邵雍的发挥,伏羲并无此意;第三,朱子又采取与邵雍不同的对角线上互相“博易”的方式,并且改造了其概念。朱子和康节发生分歧,并不是不认同康节的义理阐发,而主要是认为他与传文本意不符。朱子在采用加一倍法的过程中,相当谨慎地考虑经传文字的本意,因而在这一点上与他所理解的康节有所不同。

朱子与他所理解的康节的分歧,首先能够帮助我们理解关于康节原图的问题。过去用朱子对伏羲的解释来解释康节,且不说与康节本意不同,其实这也不是朱子的意思,这是没有区分朱子所理解的伏羲和朱子所理解的康节所造成的第一层误解。康节原图究竟如何画成,不是本文所欲讨论的内容,本文揭示的是康节此图流传之后对于其解释的复杂性。首先,《先天图》有伏羲本意,康节之意,以及朱子的再发挥。朱子体系中的三者不能混同。朱子对康节的解释当然也未必是康节本意,这是加一倍法流行之后的时代风气。其次,理清这一分歧有助于我们更加清晰地理解朱子的思想:第一,朱子的卦图是和当时流行的直接画出圆图的加一倍法不同的,朱子坚持要从横图画出圆图反映了他的思想意图;第二,朱子明知康节有两段材料,一条可以解释为博易即直接用加一倍法画出圆图,却坚持不用,采取另一条连他自己也承认看上去更像卦气的材料,作为康节画卦图最可能之意,也反映出朱子在辨析康节本意的同时,对于其中和伏羲思想不能完全沟合之处断然的抉择,这些都是朱子对基于横图的先天卦图体系的深入思考。

---

① (宋)朱熹:《易学启蒙》,第 239 页。

郑东卿《周易疑难图解》易理四图探究

张天鸽[*]

《周易》作为"群经之首"与"大道之原"，是儒家经典之一，也是影响最大的国学经典之一，历代都有众多学者致力于对《周易》的诠释。《四库全书总目提要》在概括易学发展时，将易学划分为象数和义理两大派别。宋代开始逐渐重视对易学体系的构建，并且通过图象来解释《易》象数与义理的关系一度成为一种易学学术风尚，易图学逐步建立和发展起来。在这种背景下，生活在两宋之际的郑东卿创作《周易疑难图解》，将象数义理相结合，重视以易图来诠释易道，其易学思想十分独特。

郑东卿，字少梅，号合沙渔父，大约生活在1100到1182年间，福建福州人，师承于丘程，晚年在闽中地区传授易学。据史料记载，其著作有《周易疑难图解》《易说》《大易约解》等。但是这些著作都已经亡佚，这为研究郑东卿易学思想带来了很大的困难。郑氏只有一部分易图以及图说散见于冯椅《厚斋易学》、佚名《周易图》、张理《大易象数钩深图》、杨甲《六经图》等著作中，据《直斋书录解题》记载，这些分散的易图大部分属于《周易疑难图解》。

《周易疑难图解》这部著作较为集中地体现了郑东卿的易学思想，是研究郑东卿易学思想最为重要的资料，《周易疑难图解》在整个宋代易图学的体系中都是独特的存在，该书以六十四卦每一卦的卦体为易图的主体，在卦爻的基础上加文字标注、连线标注以及其他特殊图形等构成易图，以卦体为图和每一卦都作图的独特性使郑东卿的易图独树一帜。《周易疑难图解》的图说也十分独特，图说以易图对应卦序解读周易，且以象辞对应卦爻诠释义理，且吸收《易传》的思想，将义理与象数结合，不同于从卦爻辞解释《易经》的传统。同时他对于两仪、四象、太极等基本概念也有独特的解读。

根据目前从冯椅《厚斋易学》、佚名《周易图》、张理《大易象数钩深图》、杨甲《六经图》等著作中对《周易疑难图解》的辑佚，以及《直斋书录解题》的记载大致推断，《周易疑难图解》这一著作包括六十四卦图及图说、易理阐发的四图及图说以及系辞解。通过探究其易理阐发的四图，能够窥见郑东卿基本的易理观念，并且对于理解六十四卦图及图说意义重大。

这四图在《周易疑难图解》原书中的排布顺序无从考证，但是根据这四幅图的内容以

---

* 作者简介：张天鸽，曲阜师范大学孔子文化研究院硕士研究生。

及在《大易象数钩深图》中的排列顺序推断，诠释太极“执中唯一”地位的“太极贯一图”当排在最前面，诠释“天地人三极之道”的“六位三极图”当排在其后，随后是阐释八卦之生成的“方圆相生图”，最后是阐释“卦气”运行的“说卦八方图”。

郑东卿通过这四图建立了一套宏大而又精妙的易学体系，并运用在了六十四卦图以及图说之中，通过“六位三极图”与“卦气图”构建了时间之“卦气”系统、空间的“八卦之方”系统，将河图与八卦、方位、五行、天文、地理、人身、节气、时辰以及四德五常构建到了一个体系之中，一一对应，又以“太极贯一图”联结洛书之数、五行与八卦之方位，以“方圆相生图”诠释太极生成的义理，阐明太极以及阴阳的地位。形成了《周易疑难图解》独特的易学思路。

一、“太极贯一图”思想探究

郑东卿认为，太极为万物生成之本质，为宇宙最初之气，涵盖天地人三者为一。这继承了汉代儒学家的函三为一的思想。“太极贯一图”将后天八卦方位安置于洛书的方形数位坐标之中，结合五行以及卦气的运行阐释了太极贯穿八卦，执中唯一的义理。

> 少枚先生曰：八卦之位，始于伏，重于夏商，衍于周，作经于孔，皆不易其方位，实本河图洛书之本文本数也，其述作之意，一归于中，所谓执中惟一之道。皇极一而系于五，共得六数，乃太极函三之引六也。近太极莫若乾，出中而居六位正，而曾子谓一贯之忠恕也。用太极者，莫若震，故以震居三位，盖得太极函三之圆，不动正，而子思所谓，发而中节之和也，判太极者莫若坎与坤，坎得其一，坤得其二，一即二矣，二即三矣，此水土所以并生于申，善与恶、阴与阳执其一者，皆非道，是曰失中，而中庸之学不取也，以大概论之一三七九阳数布于四方分至之义，二四六八阴数布于四隅启闭之义，求中气而积闰之理也。①

郑东卿在“太极贯一图”中，标注了卦爻的数位，坎为一，坤为二，震为三，巽为四，离为五，乾为六，兑为七，艮为八。并且在《周易图》与《大易象数钩深图》中，“太极贯一图”中后天八卦均是以方图的形式呈现，据此可以推知郑东卿是以洛书为基础，将后天八卦对应到了洛书的数点之中。

郑东卿认为，八卦之位本于河图洛书，太极乃是八卦之本原，处于“执中惟一”的地位，太极为一，且函“天地人”三极，又与中五相关联生发得出六之数。乾卦“近”太极，乾从太极生发而来，居于洛书数点之六的位置，引发“一贯之忠恕”之义理，震卦“用太极”，居于洛书数点三之位，引发“发而中节之和”的义理，坎与坤“判”太极，郑东卿以其为“失中”，引发“中庸”之义理。

在“太极贯一图”中，于后天八卦原本的卦位之外，在中间的位置加了一个“中”字，并

---

① （宋）佚名：《周易图》卷上，刘彬主编：《易图文献选辑》第1辑第15册，线装书局2020年版，第380—382页。《大易象数钩深图》所收录大致相同。

且注文“太极函三引六，乾三画而重六”[①]，表明了太极的中间位置，这与“六位三极图”以及“方圆相生图”中对太极“中五”的定位都相吻合，且强调了太极函天地人三极为一的“函三为一”的属性，同时认为与太极最接近的乾卦乃是六画，太极由一引出乾卦之六画，故而太极具有“引六”的属性。

郑东卿在“太极贯一图”中对八卦方位以及中位标注以文字，中间标注“太极函三引六，乾三画而重六”[②]强调六的重要地位，认为太极涵盖天地人三极，重而为六，六为太极之虚数，同时卦画有六爻“乾三画而重六”，六乃是爻之实数。

太极出于震，震位于卯位，对应洛书三数之位，于震卦标注“圣人法河图，以易之本数起于中，太极以一函三出震，震而巽三而四也，四五合而九，则阳穷阴盛于二，合五为七入兑宫，复归太极之六矣”[③]。太极函天地人三才，震得太极之“函三”，卦气从震卦开始运行，直至最终运行回到太极之六。震卦之后是巽卦位于巳位，对应洛书之数四，“乾至巳而六画成，姤(始)之所生，故巽四而金，金生巳焉”[④]，认为亥位之乾运行至巳位之巽六画已成，且巽位生金，金生于巳位。离卦位于午位，对应洛书之九，“阳穷于九，九居五位”，坤位于申位，对应洛书之二，标注“土生于申火，故坤六画而居二位，二六相乘为十二，有重坤之相”[⑤]，郑东卿认为土生于“申火”，就五行而言，火生土，离位之火运行至申位生土。兑位于酉位，对应洛书之七，“三伏之后金成器矣，故兑居七位”[⑥]。乾居于亥位，对应洛书之数六，“刚柔正直之三德而居六”具有三之德且位于六之位。坎卦位于子方，对应洛书戴九履一之一的位置，标注“阳生于一，一居子方”[⑦]，顺时针转动到艮卦，艮卦乃是八卦运行之终结，“天五生土而地十成之，独以二八二位为土者，一出震一入兑故艮于八”[⑧]，艮处于洛书之“六八为足”的八位，坤处于“二四为肩”之二位，郑东卿认为这两卦属五行之土，乃是因为艮卦出于震卦，而坤卦入于兑卦。

此图将八卦方位与洛书数点相联系，又与五行、德性相结合，阐发了郑东卿独特的太极观念。

---

① (宋)佚名:《周易图》卷上，刘彬主编:《易图文献选辑》第1辑第15册，第380—382页。《大易象数钩深图》所收录大致相同。

② (宋)佚名:《周易图》卷上，刘彬主编:《易图文献选辑》第1辑第15册，第380—382页。《大易象数钩深图》所收录大致相同。

③ (宋)佚名:《周易图》卷上，刘彬主编:《易图文献选辑》第1辑第15册，第380—382页。《大易象数钩深图》所收录大致相同。

④ (宋)佚名:《周易图》卷上，刘彬主编:《易图文献选辑》第1辑第15册，第380—382页。《大易象数钩深图》所收录大致相同。

⑤ (宋)佚名:《周易图》卷上，刘彬主编:《易图文献选辑》第1辑第15册，第380—382页。《大易象数钩深图》所收录大致相同。

⑥ (宋)佚名:《周易图》卷上，刘彬主编:《易图文献选辑》第1辑第15册，第380—382页。《大易象数钩深图》所收录大致相同。

⑦ (宋)佚名:《周易图》卷上，刘彬主编:《易图文献选辑》第1辑第15册，第380—382页。《大易象数钩深图》所收录大致相同。

⑧ (宋)佚名:《周易图》卷上，刘彬主编:《易图文献选辑》第1辑第15册，第380—382页。《大易象数钩深图》所收录大致相同。

二、“六位三极图”思想探究

郑东卿作“六位三极图”，将河图的数位与天地人三极的太极观念相结合来阐释他的太极观念，构建了涵盖天地人三个维度的“八卦之方”。

> 六位以二、三、四、五为经，七、八、九、六为纬者，象天文也。天以龙、虎、乌、龟为经，辰、岁、荧惑、太白为纬。六位之经，无玄武之数者，北望惟见斗枢、辰极也。故斗谓之北斗，辰谓之北辰。虽名曰北，而实天中，是一、六太极之数，潜宿于五也。河图六、一居亥、子之北，五居中央，是中央与北皆得太极之数也。六位之纬，无镇星之数者，镇星二十八载一周天，岁、荧惑、太白、辰皆历镇星所镇之宿而行，如阴阳家所谓土居中宫，王四季之说也。故《易》爻凡三百八十四，上契上象之数，而吉凶之变占于七、八、九、六，如五星之变焉。[①]

名为“六位三极图”，顾名思义此图中当包含六位与三极。

“六位三极图”是由三个小图构成的，这三个图的左上方分别标注“右准天象”“右契地理”“右合人身”。三个小图的内容分别是“天象”“地理”“人身”，对应天地人，此为三极。《系辞》言“六爻之动，三极之道也”[②]。太极乃是包含天地人三极为一体的概念。郑东卿将这种太极观直观地以图的形式表达了出来。

郑东卿作六位，是在“右准天象”“右契地理”“右合人身”三个小图中分别设定“六位以二、三、四、五为经，七、八、九、六为纬者”，[③]即用六爻标注位置得到六位，这在图上可以直观得见，即用“初、上、二、三、四、五”这六个数字来代表设置的六个方位。但是在方位对应到天地人具体的应用中时，只应用五个方位，不言初上之位，且在“右合人身”图中标注“初上无位”。“初上无位”，即认为六爻中除去初爻与上爻之外的所有爻皆有其“正位”，但是初爻与上爻却不言其位，这种思想最早可追溯到汉代易学家王弼，王弼认为一六不言位，由于“《象》无初上得位失位之文”[④]，即《象传》中没有初爻与上爻是否处在正位的论述，“《系辞》但论三五、二四同功异位，亦不及初上”[⑤]。《系辞》中讲三五、二四位置不同但是功能相同，也没有提及初上的位的问题，“唯乾上九《文言》云，贵而无位”[⑥]，乾卦上九中提及上爻的位，但是却说上九“无位”没有位，“《需》上六云，虽不当位”[⑦]，需卦上六提及上爻得到位，言“不当位”，以及乾卦初九爻辞“未有处其位而云潜”[⑧]等例证证明《周易》

---

① （宋）佚名：《周易图》卷上，刘彬主编：《易图文献选辑》第 1 辑第 15 册，第 389—392 页。《大易象数钩深图》所收录大致相同。

② 刘彬：《〈易经〉校释译论》，山东人民出版社 2019 年版，第 439 页。

③ （宋）佚名：《周易图》卷上，刘彬主编：《易图文献选辑》第 1 辑第 15 册，第 389—392 页。《大易象数钩深图》所收录大致相同。

④ （魏）王弼著，楼宇烈校释：《王弼集校释》，中华书局 1980 版，第 613 页。

⑤ （魏）王弼著，楼宇烈校释：《王弼集校释》，第 613 页。

⑥ （魏）王弼著，楼宇烈校释：《王弼集校释》，第 613 页。

⑦ （魏）王弼著，楼宇烈校释：《王弼集校释》，第 613 页。

⑧ （魏）王弼著，楼宇烈校释：《王弼集校释》，第 613 页。

中的初上两爻是不言“位”的，初上没有“位”这一概念，王弼认为“初上者是事之终始，无阴阳定位也”[①]，初上二爻是事件的开始与结束，所以没有阴阳定位，可以认为王弼的思想观念中，初上应当是时间上的范畴，言“位”的二三四五爻乃是空间上的范畴，所以初上两爻没有空间之“位”。郑东卿在“六位三极图”中吸收了这种“初上无位”的思想。

确定以“二三四五”为坐标，在天地人三个维度中定位，郑东卿以“一六”“二七”“三八”“四九”的河图数点之位置标注“二三四五”四个位置，同时“二三四五”的位之中又暗含“七八六九”，用这种方式将河图与六爻相结合，确定出了天地人三图通用的数位坐标。

确定了数之位，得到坐标之后，郑东卿在“六位三极图”确定了“六位以二、三、四、五为经，七、八、九、六为纬”的基本架构，即“八卦之方”，之后就将天地人三极的具体内容对应安置在这一结合河图与六爻的数位架构之中，此为“六位三极图”图名的基本易理内涵。

具体如何以河图之数为坐标对应三极，在现存的“六位三极图”图说中郑东卿对于三极中“右准天象”这一部分进行了较为详细的阐释，言“六位以二、三、四、五为经，七、八、九、六为纬者，象天文也”[②]。以其构架的“六位”来对应天文，“天以龙、虎、鸟、龟为经，辰、岁、荧惑、太白为纬”[③]，也就是说在“右准天象”这一幅图里，“二三四五”数位对应的元素是天文概念中的“东方苍龙”“西方白虎”“南方朱雀”“北方玄武”四象所涵盖的二十八星宿。

古时人们为了方便观测日、月和五大行星（金、木、水、火、土）的运转，便在黄道、赤道附近的星座中选出二十八个作为标志，合称二十八星座，或二十八星宿。角、亢、氐、房、心、尾、箕，这七个星宿组成一个龙的形象，春分时节在东部的天空，故称东方青龙七宿；斗、牛、女、虚、危、室、壁，这七个星宿形成一组龟蛇互缠的形象，春分时节在北部的天空，故称北方玄武七宿；奎、娄、胃、昴、毕、觜、参，这七星宿形成一个虎的形象，春分时节在西部的天空，故称西方白虎七宿；井、鬼、柳、星、张、翼、轸，这七个星宿又形成一个鸟的形象，春分时节在南部天空，故称南方朱雀七宿。故而古人常以“龙虎鸟龟”为天文数位的定位元素，天文的“六位三极”虽然是“龙虎鸟龟”“辰岁荧惑太白”构成的，但是郑东卿认为“六位之经，无玄武之数”，就是说玄武这一天文元素与以河图之数为坐标的六爻中的初上相对应，是天文中无“位”的一个概念。玄武之所以无“位”是因为“北望惟见斗枢、辰极”，郑氏认为玄武七宿在天空中是不可见的。

二十八星宿被用来标记“辰、岁、荧惑、太白、镇”五大行星的运转位置，“六位三极图”中也表现了五星。木星，古名岁星或岁，有人认为甲骨文中的岁字即指岁星。古人把木星的周期与农事联系起来，可能因为木星和太阳活动周期相近。木星十二年绕天一周，每年居十二次的一次，故名岁星。并用岁星所在的次名作为纪年的标准。水星，古名辰星，离太阳最近，看上去总是在太阳两边摆动，离开太阳最远不超过三十度。中国古代把一周天分为十二辰，每辰约三十度，故称水星为辰星。火星，古名荧惑。以其红光荧荧似

---

① (魏)王弼著，楼宇烈校释：《王弼集校释》，第613页。

② (宋)佚名：《周易图》，《正统道藏》第4册，(台北)新文丰出版公司1988年版，第667页。

③ (宋)佚名：《周易图》，《正统道藏》第4册，第667页。

火而得名。火星在天上的运动，时而由西往东，时而由东往西，很迷惑人，故名荧惑。土星，古名镇星。土星约每二十八年绕天一周，每年进入二十八宿中的一宿，叫岁镇一宿，好像轮流坐镇二十八宿一样，故名镇星。

对于“辰、岁、荧惑、太白、镇”也就是金木水火土五星的记载多见于古籍中。

《史记·天官书》中记载道“天有五星，地有五行”①直接出现了关于五星的记载，还有一些关于具体星辰运行与吉凶的记载，其中有关于“岁星”的记载，“察日、月之行以揆岁星顺逆。曰东方木，主春，日甲乙。义失者，罚出岁星”；关于“荧惑”的记载，“察刚气以处荧惑。曰南方火，主夏，日丙丁。礼失，罚出荧惑，荧惑失行是也”；关于“填星”或称“镇星”的记载，“历斗之会以定填星之位。曰中央土，主季夏，日戊己，黄帝，主德，女主象也”；关于“太白”的记载，“察日行以处位太白。曰西方，秋，日庚辛，主杀。杀失者，罚出太白”；关于“辰星”的记载，“察日辰之会，以治辰星之位。曰北方水，太阴之精，主冬，日壬癸。刑失者，罚出辰星，以其宿命国”。②

《淮南子·天文训》记载：“何谓五星？东方木也，其帝太皞，其佐句芒，执规而治春，其神为岁星，其兽苍龙，其音角，其日甲乙；南方火也，其帝炎帝，其佐朱明，执衡而治夏，其神为荧惑，其兽朱鸟，其音徵，其日丙丁；中央土也，其帝黄帝，其佐后土，执绳而制四方，其神为镇星，其兽黄龙，其音宫，其日戊己；西方金也，其帝少皞，其佐蓐收，执矩而治秋，其神为太白，其兽为白虎，其音商，其日庚辛；北方水也，其帝颛顼，其佐玄冥，执权而治冬，其神为辰星，其兽玄武，其音羽，其日壬癸。”③明确记载了古代五星的位置以及其五星之属性，东方岁星，属性为木，对应四兽之苍龙，南方荧惑，属性为火，对应朱雀，中间为镇星，属性为土，对应黄龙之兽，西方为太白，五行属金，兽为白虎，北方辰星，五行为水，对应兽之白虎。

郑东卿将四象与五星安置进按照河图与六爻对应排布的数位坐标之中，以“经”之二为南方，对应朱雀，同时也是纬之“七”，对应荧惑，以“经”之三对应东方，对应苍龙，为“纬”之“八”对应岁星，以四为西方，对应白虎，对应“纬”之九，对应太白，一六“无位”但对应在北方，对应玄武。五居于中央。

郑东卿在以“六位三极图”的“七八六九”之纬对应五星时，将镇星放在了中五的位置，而没有与其他四星一样放在四方，他解释道：“六位之纬，无镇星之数者，镇星二十八载一周天，岁、荧惑、太白、辰皆历镇星所镇之宿而行，如阴阳家所谓土居中宫，王四季之说也。”④言镇星二十八年运行一个周天，其余四星都在镇星运行过的星宿运行，故认为镇星统摄其余四星，处于“王”的地位，当居中五。对于这个说法，在司马迁《天官书》中有相似的记载，土星每二十八年运行一周天，每年分别坐镇二十八星宿中的一宿。

郑东卿在“六位三极图”中阐述了一个特殊的思想，即中五与一六的关系。其阐释玄武不见唯见斗辰，“六位之经，无玄武之数者”，就是说玄武这一天文元素与六爻中的初上

① （汉）司马迁：《史记》，中华书局 1997 年版，第 1599 页。

② （汉）司马迁：《史记》，第 1572—1582 页。

③ 刘文典撰，冯逸、乔华点校：《淮南鸿烈集解》，中华书局 1989 年版，第 104—106 页。

④ （宋）佚名：《周易图》，《正统道藏》第 4 册，第 667 页。

相对应，乃是天文中之无“位”的概念。玄武之所以无“位”是因为“北望惟见斗枢、辰极”[①]，玄武在天空中不可见，仰头向北方看只能看到“斗枢、辰极”，进而由天文这一具体维度引申出“六位”之数位坐标本身的“五”与“一六”的关系，他认为，一六本身无“位”，但是“一、六太极之数，潜宿于五”，虽无“位”但是一六有其“数”，且潜藏在五之中，五本身为太极之数，同时五又具有中间之位，在此基础上又承载了一六之数。中五以一个“位”承载多个“数”。而在天文维度中，中五实际居于天中，但由于“北望惟见斗枢、辰极”[②]，所以说北与中的方位是紧密相连的，故而言“中央与北皆得太极之数”[③]。在这里郑东卿将数与位区分开来，从太极之数与太极之位的角度阐释“一六”与“五”的关系。

郑东卿将四象与五星精妙地安置进按照河图与六爻对应排布的数位坐标之中，同时又在其中对应了他的天文与占筮相关联的思想。“六位三极图”的图说中，郑东卿言“而吉凶之变占于七、八、九、六，如五星之变焉”，在“右准天文”图中，“七八九六”之纬，所对应的即为五星，七、八、六、九四个数字在占筮中所代表的老阴、少阳、少阴、老阳，在占筮中蕴含吉凶的变化，古人观天象观察五星的变化来预测吉凶，郑东卿十分独特地以六七八九四个数位将天文与大衍筮法之占筮联系了起来。

郑东卿此图具有很大的独特性，将六爻与河图结合设置出天地人三极的数位坐标，将四象与五星相对应排布于这一坐标当中，通过此图郑东卿精妙地构建了“六位三极”体系。

除去有详细图说的“右准天文”图，“右合人身”以及“右契地理”图也是依照这种思路进行对应。“右契地理”图中以二对应南方南海，以四对应西方西海，以三对应东方东海，一六对应北冥。“右合人身”以二对应肺，以三对应脾，以四对应肝，中五对应心，一六对应肾。

郑东卿的“六位三极图”是十分独特的，体现了其太极函三为一、初上无位等继承自汉易的思想，又将天地人三极对应于根据河图与六爻所设定的“八卦之方”中，既诠释了“太极”之理，又将天地人三者具体对应。

三、“方圆相生图”思想探究

关于此图的图名，在张理《大易象数钩深图》与杨甲《六经图》中，都称为“方圆相生图”，在陈振孙《直斋书录解题》中关于《周易疑难图解》的内容记载曰“先天图”，在魏了翁《经外杂抄》中载“先天图注”的内容曰“今予作方圆相生图，为先天图注脚”，可知此“方圆相生图”即为《直斋书录解题》中所言的“先天图”，属于《周易疑难图解》。

> 东卿自学易以来，读易家文字百有余家，所可取者，古《先天图》，扬雄《太元经》，关子明《洞极经》，魏伯阳《参同契》，邵尧夫《皇极经世书》而已。惜乎雄之太玄，子明

---

① （宋）佚名：《周易图》，《正统道藏》第4册，第667页。

② （宋）佚名：《周易图》，《正统道藏》第4册，第667页。

③ （宋）佚名：《周易图》，《正统道藏》第4册，第667页。

之洞极，仿易为书，泥于文字，后世忽之，以为屋上架屋，头上安头也。伯阳之《参同契》，意在锻炼而入于术，于圣人之道，又为异端也。尧夫毅然摆去文字小术而著书，天下又不顾之，但以为律历之用。难矣哉，四家之学，皆兆于《先天图》。《先天图》，其《易》之源乎。复无文字解注，而世亦以为无用之物也。今予作《方圆相生图》，为《先天图》注脚，比之四家者，为最简易，而四家之意，不出于吾图之中。①

《易》曰：广大配天地，变通配四时，阴阳之义配日月。是天地四时日月之理也。苟不能仿佛其理，讵敢欺我同志乎。有意于《易》者，请自此图始。孔子有言曰：学而不思则罔，思而不学则殆。思本于心，非耳目与口也。区区耳目口之学者，无观我之图焉。学者能自此图，以达夫古圣贤之用心，则我之愿也。我，小人耳，何足与言学哉。②

在"方圆相生图"的图说中，郑东卿认为前人易学的著述中可取的只有四家，即杨雄《太元经》、关子明《洞极真经》、邵雍《皇极经世书》以及魏伯阳的《参同契》，郑东卿认为这四家的学说都来自"先天图"，认为"先天图"乃是易学的源头，但同时郑东卿认为这四家又各有弊端，"雄之太元，子明之洞极，仿易为书，泥于文字""伯阳之参同契，意在煅炼而入于术，于圣人之道，又为异端也""尧夫毅然摆去文字小术而著书，天下又不顾之，但以为律历之用"③，故而郑东卿作"方圆相生图"，将其认可的四家之意融汇于一图之中，且比四家的图更为"简易"。

"方圆相生图"由方圆图形、连线以及文字注解组成图的主体。

郑东卿在"乾坤易简图"中言乾坤是"形之方圆"，在"方圆相生图"中也以方圆图形代表阴阳，也代表刚柔爻。在"方圆相生图"中，郑东卿将卦爻用方圆来表示，每一卦爻以一个或圆或方，或同时具有圆与方的图形来表示，其中方圆所占的"分"代表卦爻之阴阳爻的分配，譬如"一分尚方圆及二分"，表示为上三分之一为方形、下三分之二为圆形的图形，代表上爻为阴爻、下两爻为阳爻的兑卦。

"方圆相生图"中，中间位置的圆内注有文字"方圆交而生方生圆"，由其生方生圆的特质以及居中之位，可推知这个圆所代表的即是"太极"。

图中方圆二者互生，由单双线进行区分，郑东卿在"方圆相生图"中详细展示了方与圆也就是阴与阳经由太极相互生成的过程。

首先是"一定之圆"生成"一成之方"的过程，"一定之圆"即是乾卦，先化为"一分尚方圆及二分"的兑卦，之后转化为"二分方一分变圆"的震卦，此后变成"方中之圆，出而变方，为圆之形"的坎卦，最后经由太极完全生成"一成之方"的坤卦。由方生圆的过程同理。

生成的卦爻再经过"天左旋地右转"，就生成了"先天八卦"。

---

① (清)王皜:《六经图·周易图》，清乾隆五年(1740)向山堂刻本，第11页。《大易象数钩深图》、《六经图》与《经外杂抄》所录此段内容大致相同。

② (宋)佚名:《周易图》卷上，刘彬主编:《易图文献选辑》第1辑第15册，第418—419页。《大易象数钩深图》所收录大致相同。

③ (清)朱彝尊:《经义考》卷九，《景印文渊阁四库全书》第677册，台湾商务印书馆1986年版。

“方圆相生图”与“六位三极图”等图相同，将太极放置于中间的位置即河图之中五之位，表示太极具有促成阴阳的运行流转生成乾坤的功能。在“乾坤易简图”中，由其对乾坤的定义可以推寻郑东卿对于太极的理解，乾坤作为数形气理几个维度的初始与本源，郑东卿认为“乾坤所以距太极未远”，乾坤的概念与太极十分接近，乾坤已为数形气理之枢机，太极更在乾坤之上，为万物生成之本质。并且他认为，学者在学习周易时应当由“六十四以归一，由一以悟太极”，故而可以推测郑东卿认为太极是在八卦之上，乾坤之上，最为本质和根源的概念。根据他对于乾坤的定义来推究太极，可知太极是气，乾坤的阴阳之气为太极分化的已判二气，“方圆相生图”所表现的即为太极分化、阴阳相生的过程。

四、“说卦配方图”思想探究

此图在《大易象数钩深图》中名为“说卦配方图”，在《周易图》中的名称为“卦配方图”，《周易图》中有明确的图说提到此图的作者是郑东卿，即“郑合沙曰”，《大易象数钩深图》中图说未见“郑合沙曰”的字样，但是两部著作中此图图说的内容基本一致。宋代陈振孙《直斋书录解题》中记载郑东卿的《周易疑难图解》的内容言“以六十四卦为图，外及皇极、先天、卦气等图各附以论说”[①]，这与《大易象数钩深图》以及《周易图》的图说中“造化之一气即圣人之一心”[②]等语相对应，可以推知此图就是“卦气图”，故而以下统称为“卦气图”。

> 郑合沙曰：造化之一气即圣人之一心，造化之气本于发生，而圣人之心亦将以济世也。故不免由静以之动，自无而入有，使万物得以遂其生安其业，人不见其迹者，其故何哉？盖造化之气与圣人之心，虽动而不离，虽有而不舍，无彼万物与万民也，齐见役说战劳于其间，而不自觉知耳，此八卦之序所以出乎震，而成乎艮也。谓之帝者，岂非造化之气，与圣人之心一乎。[③]

图说论卦气，对应《说卦》，以先天八卦配以八个地支方向，故而在《大易象数钩深图》中名为“说卦配方图”，此图以先天八卦对应八个地支方位，来表现卦气的流转运行。

郑东卿在“卦气图”中首先架构了一个以后天八卦为基础，同时对应“八卦之方”的五行与季节定位，对应《说卦》中“帝出乎震，齐乎巽，相见乎离，致役乎坤，说言乎兑，战乎乾，劳乎坎，成言乎艮”[④]的先天八卦之序，以此来揭示八卦之气的运行。“卦气图”中以“阴中”“阳中”“阴生”“阳生”等语来标注卦气的运行，可以表明郑东卿认为卦气乃是阴阳生成、消长的运行过程。

---

① 参见(宋)陈振孙:《直斋书录解题》，上海古籍出版社 1995 年版，第 18 页。

② 参见(宋)佚名:《周易图》，《正统道藏》第 4 册，第 674 页。

③ (宋)佚名:《周易图》卷上，刘彬主编:《易图文献选辑》第 1 辑第 15 册，线装书局 2021 年版，第 418—419 页。《大易象数钩深图》所收录大致相同。

④ 刘彬:《〈易经〉校释译论》，第 469 页。

“卦气”的运行由震开始，震为中阳，同时也对应节气中的春分，“帝出乎震”震作为卦气运行的开始，乃是四德之“元”，如同春分作为一年的节气运行的开始，同时对应十二地支之“卯”，卯时对应的时间是五点到七点，是为破晓之时，旭日初升，也是一天十二时辰运行的开始。接下来卦气运行到巽卦，对应《说卦》的“齐乎巽”，此时“阴气顺阳”，时间运行到十二地支的“巳”，也就是十二时辰中的巳时。卦气继续运行至离卦，对应《说卦》“相见乎离”，乃是四德之亨，此时卦气运行至“阴生”，节气运行到了夏至，时间上运行到了午时，季节中的夏至与十二时辰上的午时乃是阳气运行的顶峰，阳极阴生，于是阴气开始生成。卦气继续运行，“金火交代”至坤卦，对应申时，卦气图中标注“金火交代”是由于在郑东卿“八卦之方”的构建中，正南对应五行之金，正西对应五行之火，故而“卦气图”中处在西南申位之坤是为“金火交代”。《说卦》言“震，东方也”“离，南方之卦也”[①]与“八卦之方”中的方位完全对应，即离卦对应正南，五行之火，坤卦对应正西，五行之金。故而处于正南与正西之间的坤卦在卦气之运行中乃是金火相交迭代的“金火交代”。由坤卦在“卦气图”中的标示可以看出，郑东卿认为，卦气与五行密切相关，阴阳的运行与五行的运行相互关联。

卦气运行至兑卦，是为“阴中”，对应十二时辰之酉时，季节之秋分。接下来运行到乾卦，亥时，此时卦气“阴阳合并”。此后运行至坎，此时卦气的运行是“阳生”，对应节气之冬至，对应时间之子时，冬至是一年中白昼最短黑夜最长的一天，子时是夜晚23点到凌晨1点，是一天中离太阳最远的时间段，是一天的结束也是一天的开始，此时阴气最重，阴极生阳，卦气运行至此阳气开始生成。

此后卦气运行至“水木分气”的艮卦，对应寅时。坎卦对应五行之水，震卦对应五行之木，故而坎震之间的艮卦乃是“水木分气”，与坤卦处在遥望相对的位置。

至此卦气的运行完成一个周期，又回到了震卦。如此周而复始，开始新一轮的运行。

郑东卿的“卦气图”可以说是一种时间上的构建，与“六位三极图”的“八卦之方”空间构建相结合，共同完成时空体系的构建。

在“卦气图”的图说中，郑东卿讨论造化之气与圣人之一心的动静有无观念，以及《说卦》中所言的八卦卦序运行与“帝”这一概念。

郑东卿认为，造化之气使万物能够发萌与生长，而圣人之心也是用以救济世人，故而卦气同圣人之心由静入动，由无入有，使万物能够发萌生长，世人能够安居乐业。但是人们看不到造化之气与圣人之心的踪迹，是因为虽然造化之气与圣人之心由静入动由无入有，但是其本原还是静与无，故而说万物与万民在其中发生、运行却不自知。郑东卿认为，《说卦》中所言的“帝”就是造化之气与圣人之心的统称。

在郑东卿的体系中，以“六位三极图”与“卦配方图”来确定了一个四方位体系。“文王八卦图”中的四正位对应方位、四德、五常、六爻、四季、肝脏、地支、五行等，形成一个固定的体系架构，在其卦图与易理体系中应用。

其具体的对应关系为：正东方震，对应五行之木，地支之卯，对应人身之脾，对应季节

① (宋)佚名：《周易图》，《正统道藏》第4册，第674页。

之春分，对应河图之数三八、六爻之三爻，对应少阳，对应元亨利贞四德之元，对应五常之仁；正南方离，对应五行之火，地支之午，对应人身之肺，季节之夏至，对应河图之数二七、六爻之二爻，对应少阴，对应四德之亨，对应五常之礼；正西方兑，对应五行之金，地支之酉，对应人身之肝，对应季节之秋分，对应河图之数四九、六爻之四爻，对应老阳，对应元亨利贞四德之利，五常之义；正北方坎，对应五行之水，对应地支之子，对应人身之肾，对应季节之冬至，对应河图之数一六，对应六爻之初上，对应老阴，对应元亨利贞四德之贞，对应五常之信。

其中，在“六位三极图”的“右合人身”一图中，郑东卿与传统的金对应肺的做法不同，郑东卿所做的“右合人身”体系中，郑东卿以南方对应肺，同时对应以南方之火，以西方之离对应肝，同时对应五行之金。

此“卦气图”与陈抟“帝出震图”在作图思路上以及对于《说卦》中“帝出乎震，齐乎巽，相见乎离，致役乎坤，说言乎兑，战乎乾，劳乎坎，成言乎艮”[①]的引用上十分相似，二者都是以此为依托创作而成。但相比“帝出震图”，“卦气图”有很多延伸创新之处。

五、以“易理四图”为基础的六十四卦解读

郑东卿通过易理四图构建了基本的易理体系，在其著作《周易疑难图解》中直接或间接将这一套体系应用到了六十四卦图以及对卦爻的解说中。

在“师比聚众图”中，郑东卿将“六位三极图”中构建的“八卦之方”直接应用到了对卦爻方位的阐释上，以此阐发思想。九二一阳爻居于众阴爻之中，郑东卿比之为九二统帅群阴，故而九二有乾德，师卦的占辞以及初六《象辞》都与统帅军队相关，郑东卿在师卦之图中初六爻标注“先世之律”，统帅军队、制定律法都需要有德行，在师卦中以九二阳爻统帅其余阴爻来对应《象辞》中统帅的意义，进而阐发其关于君主应当“有德”的思想。同时将众阴爻所在的方位划分南北，由于其在“六位三极图”中阐释的“初上无位”的思想，故而此处同样不言“一六”的方位，只分二三四五爻的方位，在八卦之方体系中二爻处在南方，五爻处在北方，一六无位但是潜宿于五，故而，在师卦之图中九二阳爻居于南方，面向北方之群阴，郑东卿认为“北主幽阴，杀伐之象”，北面的众多阴爻有诸侯起义、杀伐之象。比卦九五居于北面，面向南面的众阴爻，“南主乡明，朝会之象”[②]，故而比卦有诸侯朝会天子，五等分爵之象。“六位三极图”强调“一六无位”，但是潜宿于五，故而此处言“上居五位，后其君者也”，上爻无位，潜宿于五之位以阴爻居五爻之君位，凶。

在“谦象图”中，郑东卿以“六位三极图”所构建的五行五常体系对应到具体的爻进行分析阐释，以此来引申义理。首先依据《象辞》对每一爻进行标注，而后由于谦卦下卦为艮上卦为坤，郑东卿以“六位三极图”所构建的五行五常体系对应，震居于卯位属性为木，对应五常之仁，离居于午位属性为火对应礼，兑居于酉位属性为金对应义，坎居于子位属

① 刘彬：《〈易经〉校释译论》，第469页。

② 参见（元）张理撰，刘彬、任浩点校：《张理易图学著作两种》，第51页。

性为水对应信。艮居于寅位，属性为木，所以与震相同有仁的德性，而坤居申位属性为金，有义之性，义有主持公道的意义，有征讨之意向，所以言五爻与上爻有征讨杀伐之象。

在“大小畜吉凶图”的图说中郑东卿根据其“卦气图”中卦气运行以及八卦方位的构建，阐发他对于大小畜的理解。小畜卦下卦为乾，上卦为畜，巽居于东南方，乾居于西北方，乾卦“阴阳异合”之气运行至巽位时被蓄养，于是在巽位“阴气顺阳”，进而才能在巽的下一顺位离卦处生阴。郑东卿认为巽乃是阴气之发微，所以称作“小畜”。

大畜卦上卦为艮下卦为乾，艮卦居于东北方，《说卦》中言“成言乎艮”[①]，艮卦之位乃是卦气运行一个周期的终结之处，乾卦之气运行至艮，为艮所蓄，阳气运行至艮，到达究极，终结之处，所以称为“大畜”。

在“履虎尾图”中，郑东卿以“卦气图”中的方位构建，将履卦拆分对应到具体方位。履卦上卦为乾下卦为兑，由于在“卦气图”的构建中，乾卦居于西北之亥位，兑卦居于正西方，故而郑东卿认为履卦对应二十八宿之西方的白虎七宿。

初爻对应昴宿，二爻对应毕宿，三爻对应参宿与觜宿，四爻对应奎宿，五爻为娄宿，上爻对应胃宿。白虎七宿之象也对应履卦占辞中的“履虎尾”。以履卦对应二十八星宿之白虎七宿。履卦上卦为乾下卦为兑，由于在“卦气图”的构建中，乾卦居于西北之亥位，兑卦居于正西方，故而郑东卿认为履卦对应二十八宿之西方的白虎七宿。初爻对应昴宿，二爻对应毕宿，三爻对应参宿与觜宿，四爻对应奎宿，五爻为娄宿，上爻对应胃宿。

萃卦以上卦为主，上卦为兑下卦为坤，郑氏以“卦气图”中卦气的运行来对应坤与兑，兑卦位于正西方，在“卦气图”中对应的是正秋。萃卦中上卦为主，而兑卦中上爻为主，但是萃卦中有九五、九四、二阳统帅众阴，故而本应为主的上六“失众”。

丰卦由离与震构成，在“卦气图”中对应五六月的交接时节，此时太阳处在柳宿之度，柳宿之度贯通三辰日月星，又因为丰卦“日中见斗”，而斗星指向午未之分，故而郑东卿认为，日作为君主，其位见臣，且臣有所指，有大臣篡夺君主权力的意象，也有臣子替代天子处理政务的意象，这种情况不利于天下的太平安宁，需要引以为戒。

升卦下卦为巽上卦为坤，郑东卿同时从“卦气图”卦气之运行以及“太极贯一图”之太极的角度与对爻的阐发呼应来解释“升”之含义，阐释“贞正”之义理。

困卦上卦为兑下卦为坎，对应“卦气图”的构建，兑卦为正秋坎卦为冬，兑卦之一阴爻始得秋气，此时蔓草尚未凋零，故而上六是葛藟之困。卦气从兑向坎运行，从秋逐渐入冬，故而六三乃是秋冬之交，此时蔓草叶片凋零，但是蔓草之刺尚且存在，故而是蒺藜之困，运行至初六，乃是坎之下爻，此时正是隆冬时节，霜雪严寒使蔓草无所依存，所存的就只有株木了。“卦气图”中，坎为冬至，离为夏至，震为春分，兑为秋分，故而郑东卿认为兑卦初、二两爻阳气最盛，为七月，中间两爻阴阳中分，为八月，五六两爻为九月之象。

---

① 刘彬：《〈易经〉校释译论》，第469页。

六、《周易疑难图解》易理四图的特点与价值

郑氏之学将汉代易学与宋代易学相融合，以图来解读《周易》，将义理融于图中，象、数、理兼而有之。受时代思潮的影响，郑东卿强调“理”与“心”，将易学与理学相结合，体现了其易学的独特风貌；其理本于心、心与理的混融的特点，体现着当时学术发展的趋向。

郑东卿在《周易疑难图解》中阐释了独特的易学理论。太极为万物生成之本质与根源，为宇宙最初之气，涵盖天地人三者为一。太极贯穿八卦，执中唯一，居于河图中五之位，促成阴阳的运行，太极分化、阴阳相生而成乾坤。乾坤的阴阳之气为太极分化的已判二气，乾坤是数形气理几个维度的初始与本源，距太极未远，为数形气理之枢机。学者在学习易学时应当由“六十四以归一，由一以悟太极”。

时间之“卦气”系统、空间的“八卦之方”系统，将河图与八卦、方位、五行、天文、地理、人身、节气、时辰以及四德五常构建到了一个体系之中，一一对应，又以“太极贯一图”联结洛书之数、五行与八卦之方位。

郑东卿多用以爻为本位解卦，阐发爻之间的动态往来，相互作用，论述爻之位以及爻之德性，体现其对于卦爻整体与部分的独特理解。且创造性地从象出发阐释卦爻，将象数与义理相结合，将卦爻比拟作自然界事物或人的身体，赋予六十四卦以具体形态。重视《周易》经传，结合《象辞》《系辞》等来解读六十四卦。除此之外联系具体的历史人物与事件来理解卦爻，赋予六十四卦生动的故事性。

郑东卿以卦图与图说阐释义理，将卦爻、易图与义理相联结，阐释君主之道，为君的条件、德行、施政之仁德及施政手段；阐释君子处世立身当行“中道”，尚节制、戒欲戒嗜，不受利之桎梏，持心中正，守信守诚，高尚持志，不困于外物；阐释自然界天文之运行，四季之流转，山泽之通气。

后世学者对郑东卿的易学思想褒贬不一，宋代学者程迥在其著作《周易章句外编》中分析郑东卿的易学思想，称其“起数以定画，因画以生辞，因辞以明象，立象以画意”[①]，强调郑东卿易学中数辞象与易图结合来阐释其易学思想的特点。南宋学者雷思齐在《易图通变》这一著作中对郑东卿易学提出批评，认为郑东卿之流的学者依照自己的意图不着边际地发挥，导致后世的学者在研究易图的时候产生更多疑惑，扰乱了易图原本的宗旨，影响后世对河图洛书的理解。[②] 朱熹对郑东卿易学也有分析评价，朱熹认为郑东卿的研究中取卦之象，有一些可取之处，也有一些是杜撰。[③]《朱子语类》举了郑东卿之易象的几个例子，比如鼎卦是鼎之象，革是炉之象，中孚有鸟卵象。[④] 朱熹认为郑东卿对这几个卦象的分析有道理，但是也是偶然现象，除此之外郑氏多有牵强附会之说，脱离易之本义，

① (宋)程迥：《周易章句外编》，《景印文渊阁四库全书》第6册，台湾商务印书馆1986年版，第610页。

② 参见(元)雷思齐：《易图通辩》，《道藏》第20册，第353页。

③ 参见李利、蔡方鹿：《郑东卿易学述评》，《周易研究》2020年第2期。

④ 参见朱杰人等主编：《朱子全书》第23册，上海古籍出版社、安徽教育出版社2002年版，第2654页。

过于专注于此乃是舍本逐末，虽有可取之处，但并非正统，不可当作主流。此外魏了翁《经外杂抄》、项安世《周易玩辞》中也提及郑东卿易学思想。这些学者对郑东卿的易图学或褒或贬，体现当时以及后世对于郑东卿易图学的态度。对于郑东卿易学思想思路的讨论一定程度上开拓了易图学的研究视角，郑东卿解易的新尝试有助于易图学的完善与发展。

综上所述，郑东卿易图学与《周易疑难图解》在宋代易图学的建立与发展中起到独特作用，在传承汉代易学的同时融汇理学，在承接传统易学的同时将象数与义理融合阐发。《周易疑难图解》思想独特，其卦爻阐释、经传理解与义理讨论都具有创造性，其易学具有重要的研究价值。

党争视域下《程氏易传》君臣之道的思想探析

——以《泰》《否》两卦诠释为例

陈世明*

《周易》在经学史中占有极其重要的地位，经世致用的经学传统在义理易学脉络中得到充分展现与生动演绎。朱伯崑说："从易学史上看，流传下来的义理学派的代表著作，可以说前有王弼《周易注》，后有《周易程氏传》。"①程颐高足尹焞云："伊川先生践履尽《易》，其作《传》只是因而写成。熟读玩味，即可见矣。"又云："先生平生用意，惟在《易传》，求先生之学，观此足矣。"②伊川一生历经仁宗、英宗、神宗、哲宗、徽宗五朝，既深谙北宋朋党之争，又与其牵连颇深，而《程氏易传》(以下简称《程传》)则是伊川毕生学易、政治实践经验的总结与道德理想的寄托。《程传》在程颐阐释与建构之后，尤其《泰》《否》两卦在《程传》卦爻诠释体系中独具特色，蕴含复杂政治历史背景与深邃易学创造，在政治史与易学哲学史的视域互动之下，仍有深入挖掘和阐释的空间，也值得仔细考究。本文以程颐对《泰》《否》两卦诠释与建构为例，结合北宋中后期政治背景与程颐的易学思想，尝试论述这两卦君臣之道及其所蕴含的民本思想，以求在思想史与哲学史互鉴融合之层面上更深入解读《程氏易传》的义理思想。

一、《泰》《否》两卦——君臣之道的历史情境

自北宋开国以来，赵宋王朝统治者吸取唐末五代藩镇割据的历史教训，逐步形成并确立起一套祖宗之法③，祖宗之法精神原则的确立奠基于宋太祖、太宗时期。邓广铭指出，赵匡胤即位后，在政治、军事和财政、经济诸方面的立法都贯穿着一个总原则：以防弊

---

* 作者简介：陈世明，武汉大学哲学学院国学院硕士研究生。

① 朱伯崑：《易学哲学史》，昆仑出版社2005年版，第195页。

② (宋)程颢、程颐：《二程集》，中华书局2018年版，第345页。

③ 所谓"祖宗之法"，研究者通常认为，包括一些可以举述出来的固定内容。就其通常被赞誉肯定的方面而言，例如限制宗室、外戚、宦官权力，权力的分立与制衡，与士大夫共治天下，不杀言事臣僚，提倡"忠义"气节，后宫皇族。参见张邦炜：《宋代皇亲与政治》，四川人民出版社1993年版，第334—360页。就其负面内容及其影响而言，例如"守内虚外"的内政外交总政策造成的国势不振；中央政府的组织机构间、臣僚间互相牵制带来的效率低下。……凡此种种，不一而足。参见邓广铭：《宋朝的家法与北宋的政治改革运动》，朱东润等主编：《中华文史论丛》第3辑，上海古籍出版社1986年版，第85—100页。

之政，为立国之法。一方面巩固了赵宋政权，但另一方面也形成北宋中后期积贫积弱的政治困局。自北宋仁宗嘉祐至徽宗崇宁年间，政局动荡不安，党争蜂起，相互攻讦，这是一个充满内忧外患的时代。

除从祖宗之法层面上理解党争之外，还可以从余英时提出的"国是"①概念层面理解。"国是"因在宋代政治史中是一个法度化的观念而成为权力结构中一个组成部分。"国是"的法度化起源于熙宁变法；下迄南宋末期，"国是"始终和党争、党禁、伪学等重大政治事件互相纠缠，而且愈演愈烈。② 在"祖宗之法"削弱与制衡相权的理念与实践之下，"国是"法度化、常态化，以及宋代台谏制度③及其政治实践皆是造成并长期影响北宋朋党之争的重要因素。

早在宋仁宗庆历四年(1044)，欧阳修为支持范仲淹变法，曾撰《朋党论》，上书仁宗，其文云：

> 臣闻朋党之说，自古有之，惟幸人君辨其君子小人而已。大凡君子与君子以同道为朋，小人与小人以同利为朋，此自然之理也。然臣谓小人无朋，惟君子则有之。其故何哉？……故臣谓小人无朋，其暂为朋者，伪也。君子则不然。所守者道义，所行者忠信，所惜者名节。以之修身，则同道而相益；以之事国，则同心而共济；终始如一，此君子之朋也。故为人君者，但当退小人之伪朋，用君子之真朋，则天下治矣。……夫兴亡治乱之迹，为人君者，可以鉴矣。④

欧阳修认为自古就有朋党的说法，君子结党"以道为朋"，而小人"以利为朋"，实际上以利和道作为两种对立的价值取向，辨析"君子之朋"与"小人之朋"的不同性质，进而论证君子"以同道为朋"的正当性，以此告诫君主当任用君子，黜退小人。然而，朋党问题对于统治者来说，历来是敏感的政治问题，所以范仲淹、欧阳修等改革派既未得到仁宗支持，又招致反对派攻讦，最终导致庆历新政以失败告终。

自欧阳修作《朋党论》之后，司马光作《朋党论》、苏轼作《续欧阳子朋党论》、秦观作《朋党论》，王安石、程颐等士大夫也卷入朋党之争，此时君子、小人之辩成为新旧两派政治斗争互相攻讦、倾轧的是非标准。朋党理论真正成为政治实践的工具，是从宋神宗熙

---

① 所谓"国是"，等于现代专制体制中所谓"最高国策"或"正确路线"，自然不能容许"异论相搅"。自神宗以后，"国是"成为宋代政治系统中一个不可或缺的环节。因此一切政争都必自争"国是"始，也只有在"国是"确定了之后政争才能息止。参见余英时：《朱熹的历史世界：宋代士大夫政治文化研究》，三联书店2004年版，第255—257页。

② 参见余英时：《朱熹的历史世界：宋代士大夫政治文化研究》，三联书店2004年版，第51页。

③ 宋代党争确实是无不有台谏卷入其间的，这与台谏在政治生活与权力结构中的重要地位与作用相关。宋代御史谏官无不拥有议论弹劾的双重权力，党争双方为了左右舆论、评断是非势必要争取台谏支持；为排斥政敌、打击异己，也必然要倚重台谏力量。此其一。而在台谏系统运作正常的情况下，台谏职责也不容其部队党争双方的是非曲直表明态度，发表公议；在台谏系统受到相权操纵的情势下，台谏又不得不徇私论列，承风弹劾，成为宰执参与党争的马前卒。此其二。这些就是台谏无法跳出党争漩涡的原因所在。宋代党争双方多重视汲引台谏：元祐更化，旧党领袖司马光、吕公著把引台谏视为党务之急；绍圣绍述，新党得势，其领袖章惇等也引用邢恕任御史中丞，"谋所以释憾于元祐旧臣"。参见虞云国：《宋代台谏制度研究》，上海社会科学院出版社2001年版，第131页。

④ (宋)李焘：《续资治通鉴长编》，中华书局2004年版，第3580—3582页。

宁变法开始，到司马光主持发动“元祐更化”期间达到极致。[①] 据余敦康研究，“当时君子与小人之辩闹得沸沸扬扬，新党攻击旧党为小人，旧党反唇相讥，攻击新党为小人”，又如“神宗死后，高太后执政，尽废新法，实行更化。高太后病逝。哲宗亲政，又恢复新法，绍述先帝。国家的大政方针依君主个人意志为转移而反复无常，左右摇摆，新旧两党君子小人之辩也随之而大起大落”[②]。诚然，自熙宁变法以来，新旧两派党争愈演愈烈。

在这种残酷的政治斗争的背景之下，程颐学术思想与北宋中后期党争政治关系牵连颇深。哲宗元祐元年(1086)，司马光为相，尽废神宗熙宁、元丰年间新法，恢复旧制。程颐作为洛党领袖，深受旧党领袖司马光、吕公著等人赏识，受其举荐而任崇政殿说书。程颐从一介布衣变为哲宗老师，企图以师道规训君权，以道制势。元祐年间，伊川又与蜀党结怨。《续资治通鉴》卷八十记载：

> 程颐在经筵，多用古礼，苏轼谓其不近人情，深疾之，每加玩侮。[③]

苏轼认为程颐迂腐古板，曾多次对程颐加以戏谑、嘲弄，二人因此结怨交恶，也为日后蜀、洛党争埋下伏笔。《续资治通鉴》又载洛、蜀党争：

> 庚申，王觌奏：“苏轼、程颐，向缘小忿，浸结仇怨，于是颐、轼素所亲善之人，更相诋讦，以求胜势。前日颐去而言者及轼，故轼乞补外；既降诏不允，寻复进职经筵。今执政大臣有阙，若欲保全轼，则且勿大用，庶几使轼不遽及于悔吝。”[④]

以程颐为首的洛党和以苏轼为首的蜀党相互攻讦，且斗争日趋激烈。后来，在所谓旧党内部形成洛、蜀、朔三大政治集团。《续资治通鉴》记载：

> 时吕公著独相，群贤在朝，不能不以类相从，遂有洛党、蜀党、朔党之号。洛党以颐为首，而朱光庭、贾易为辅；蜀党以苏轼为首，而吕陶等为辅；朔党以刘挚、梁焘、王岩叟、刘安世为首，而辅之者尤众。[⑤]

何忠礼在《宋代政治史》中指出，在司马光和吕公著相继病故以后，他们在继续共同打击变法派的同时，相互间展开了一场无关是非，只系个人恩怨和私利的斗争，史称“元祐党争”。[⑥] 但程颐作为洛党领袖，在现实政治实践中，似与他所崇尚宽容政治、求同存异的朋党观相背离。正如邓小南所说，无论是王安石或是司马光、二程等人，都不仅仅从理论学术上探讨经学，都注重其经世致用的一面；他们都批评“人执私见，家为异说”，“一人一义，十人十义”，追求学术统一、认识统一的理想境界。在实际诠解“道德”之际，都逃脱不出“君子”与“小人”的判分模式，都具有依事划线的主观倾向。[⑦]

绍圣三年(1096)，程颐被贬为涪州编管。被贬期间，程氏撰修《程传》，其写作过程、

---

① 参见罗家祥：《朋党之争与北宋政治》，华中师范大学出版社 2002 年版，第 8 页。

② 参见余敦康：《汉宋易学解读》，华夏出版社 2006 年版，第 446—447 页。

③ (清)毕沅：《续资治通鉴》，中华书局 1957 年版，第 2010—2011 页。

④ (清)毕沅：《续资治通鉴》，第 2028 页。

⑤ (清)毕沅：《续资治通鉴》，第 2027 页。

⑥ 参见何忠礼：《宋代政治史》，浙江大学出版社 2007 年版，第 305 页。

⑦ 参见邓小南：《祖宗之法：北宋前期政治述略》(修订版)，生活・读书・新知三联书店 2014 年版，第 452 页。

文本内容、道德诠释以及价值内容等皆与当时政治风波密切相关。[①] 元符元年(1098),宋徽宗即位,迁程颐至峡州,短暂恢复其官位。哲宗元符二年正月,《易传》成而序之。[②] 虽然程颐晚年多遭贬谪,但依然潜心钻研学术。他在完成《程传》之时,因当时党禁很严,未敢轻易示人。徽宗崇宁元年(1102),蔡京为相,尽复绍圣之法,立元祐党人碑,书司马光等三百零九人之罪状。北宋党争至此可谓已达黑暗的巅峰。徽宗与蔡京君臣二人打着绍述之意,行荒淫无度、蠹国害民之实。《伊川年谱》记载:

> 崇宁二年四月,言者论其本因奸党论荐得官,虽尝明正罪罚,而叙复过优。今复著书,非毁朝廷。于是有旨,追毁出身以来文字。其所著书,令监司觉察。[③]

《宋史·徽宗纪》亦载此事,其文言:

> 夏四月甲寅,诏侍从官各举所知二人。乙卯,于阗入贡。丁卯,诏毁吕公著、司马光、吕大防、范纯仁、刘挚、范百禄、梁焘、王岩叟景灵西宫绘像。……夺王珪赠谥,追毁程颐出身文字,其所著书令监司觉察。[④]

徽宗崇宁二年又载:

> 冬十一月庚辰,以元祐学术政事聚徒传授者,委监司察举,必罚无赦。[⑤]

崇宁三年,蔡京将包括文彦博、司马光、程颐等在内的大臣共三百零九人列入元祐党人碑。这次打击面之广,罪名之离奇,真可谓旷古未闻,不论新党旧党,在睚眦必报的蔡京眼中,只要意见与他相左,一律被打成"奸党"。[⑥] 崇宁五年,蔡京被罢相,党禁暂时解除,程颐才把《程传》传授给弟子。在这种党争与经学诠释交杂的背景之下,在党争中给大臣贴上君子、小人的标签至徽宗时已彻底沦为皇帝肆意打压大臣、权臣排挤政敌的工具。此时朋党之争中君子、小人之辩已经不仅仅是纯粹先秦儒家以来道德层面的善恶、是非之争,更大程度上演变为代表不同政治集团政见不合的臣子的利益之争与私人恩怨的意气之争。

伊川作为党争的亲历者与受害者,饱受牵连之苦,尤其在伊川晚年时期,他目睹党争之弊,君主昏庸,佞臣当道,国家积贫积弱,内外交困,却无能为力。因此,倘若没有深入了解北宋中后期的政治党争以及伊川创作《程传》的历史情境,会很难理解为何程氏会继续以君子、小人之义来解读《泰》《否》两卦卦辞"小往大来"与"大往小来",也更难以把握其经史诠释路向与价值诉求。

伊川将政治理想融贯于《泰》《否》两卦之中,在充分吸收、借鉴与批判先秦以来易学的基础之上,以此来阐述其经史视域下具有道德理想主义的君臣之道,这既是程颐所追

---

① 参见侯外庐、邱汉生、张岂之主编:《宋明理学史》(上),人民出版社 1997 年版,第 134 页。

② 参见(宋)程颢、程颐:《二程集》,第 345 页。

③ (宋)程颢、程颐:《二程集》,第 345 页。

④ (元)脱脱:《宋史》,中华书局 1985 年版,第 367 页。

⑤ (元)脱脱:《宋史》,中华书局 1985 年版,第 368 页。

⑥ 参见何忠礼:《宋代政治史》,第 333 页。

求的内圣外王之道，又是其在专制皇权体制下对党争政治的一种反思与批判，一种对儒家正义的价值追求。这种经过儒家所规范的君臣之道依托于易学独特的卦爻体系，具有深厚的易学基础。然而，其历史背景固然重要，但要进一步窥探程颐《泰》《否》两卦易学诠释背后的价值诉求，还应分析其内在的易学原理及其运用。

二、《泰》《否》两卦——君臣之道的易学原理及其运用

程氏易学不仅是在对汉唐易学内在发展脉络的批判与继承基础上的一种超越与复归，而且是在批判佛道哲学本体论基础上的总结，亦是以儒解易的否定之否定。朱汉民指出，《程氏易传》在易学史上的最大贡献，就是建立了一个以"天理"为核心的《易》学体系，从而真正完成了"有体有用"的儒家之形上学的建构，但程颐的思想贡献是建立在王弼义理《易》学的基础之上的。[①] 如程颐言："王弼注《易》，元不见道，但却以《老》《庄》之意解说而已。"[②]又言："易有百余家，难为遍观。如素未读，不晓文义，且需看王弼、胡先生、王荆公三家。理会得文义，且要熟读，然后却有用心处。"[③]从总体上看，宋代儒学围绕着体用问题所进行的探索，无论在"明体"还是"达用"方面，都是对王弼玄学思路的一种继承和超越，从而形成一条贯穿始终的基本线索，将熙宁以前经世外王之学与熙宁以后内圣心性之学结合起来。[④]

具体而言，程颐不仅批判继承王弼体用之论，而且吸收、借鉴胡瑗和王安石的明体达用之学，在其言"至微者理也，至著者象也。体用一源，显微无间"，此言理之本体无形无象，幽微而不可见。象为体之用，显著而可观其象。"体用一源，显微无间"，体是指幽深的原理和根源，用是指世界各种具体现象，此言以易理为体，以易象为用，理在象中，可观象以求理。易理之体决定易象之用，易象之用依赖于易理之体，以卦为体，以爻为用，体用一源而不离，最终目的在于明体达用。陈来指出，理是事物的本质，事物是理的表现，两者不是截然对立，而是相互统一的。[⑤] 张伟文表明，由"体用一源"出发来考察人类社会的历史发展，就可以发现历史本身既有以显象的方式存在的历史事件，也有以幽微的形式存在的历史本体，二者是一体的，是无间隔的。历史事件的发生是有历史本体的，在其中起作用的历史事件能彰显和承载历史本体，历史本体又能作用于历史事件，使历史事件呈现出某种秩序。[⑥] 正如程颐所云："故易者阴阳之道也，卦者阴阳之物也。爻者阴阳之动也，卦虽不同，所同者奇偶；爻虽不同，所同者九六，是以六十四卦为其体，三百八十四爻互为其用。"[⑦]易理与易象即体即用，即以儒家天道性命之理为体，但此体不离人的日用行常，由内圣而外王，从心性走向政治。

---

① 参见朱汉民：《论程颐易学对王弼之学的继承》，《齐鲁学刊》2010年第1期。

② (宋)程颢、程颐：《二程集》，第8页。

③ (宋)程颢、程颐：《二程集》，第248页。

④ 参见余敦康：《汉宋易学解读》，第399页。

⑤ 参见陈来：《宋明理学》，生活·读书·新知三联书店2011年版，第104页。

⑥ 参见章伟文：《程颐易学中的历史哲学思想探析》，《周易研究》2009年第1期。

⑦ (宋)程颢、程颐：《二程集》，第690页。

程颐内圣外王之道具体落实在其对君臣共治的理想诉求上，而《程传》中《泰》《否》两卦的易学诠释正是对这种现实规范性诉求的生动演绎。《泰》《否》两卦为臣子进退之道提供了两种截然不同的政治参照模式。一种是以《否》卦象征天下无道，不利君子、贤臣出仕于朝堂之上。《彖传》解《否》卦"否之匪人，不利君子贞，大往小来"云：

> 否之匪人，不利君子贞，大往小来，则是天地不交而万物不通也，上下不交而天下无邦也。内阴而外阳，内柔而外刚，内小人而外君子，小人道长，君子道消也。
>
> 《程传》曰：夫天地之气不交，则万物无生成之理。上下之义不交，则天下无邦国之道。建邦国所以为治也。上施政以治民，民戴君而从命，上下相交，所以治安也。今上下不交，是天下无邦国之道也。阴柔在内，阳刚在外，君子往居于外，小人来处于内，小人道长，君子道消之时也。①

从天道自然来看，《否》卦三阳在上，三阴在下，上乾下坤，阳气上升，阴气下沉，阴阳二气不通，所以天地不交。从社会人事来看，此时小人处庙堂之上，君子居朝堂之外，以此说明不利于君子、贤臣出现于朝堂之上，国家发展可能呈现渐趋衰败趋势。程颐亦阐发此理。倘若天下有道，君民相感，君王施行仁政以治理民众，民众也自然会拥戴君主而听从其命。但如今君民上下不交，原因是阴柔小人在朝堂之内主政，阳刚贤人被排斥在朝堂之外，这种局面不利于君子、贤臣有所作为。

另一种则以《泰》卦象征天下有道、君臣相应，是君子、贤臣大有可为的政治局面。《彖传》解《泰》卦"小往大来，吉亨"云：

> 泰，小往大来，吉亨，则是天地交而万物通也，上下交而其志同也。内阳而外阴，内健而外顺，内君子而外小人，君子道长，小人道消也。
>
> 《程传》曰：阳来居内，阴往居外，阳进而阴退也。乾健在内，坤顺在外，为"内健而外顺"，君子之道也。君子在内，小人在外，是"君子道长，小人道消"，所以为泰也。既取阴阳交和，又取君子道长。阴阳交和，乃君子之道长也。②

从天道自然来看，《泰》卦三阴在上，三阳在下，阳气上升，阴气下降，阴阳二气互相交感，万物获得生机、蓬勃生长，即是天地通泰之景象，象征君民上下心志相通。从社会人事来说，这可以从两个层面进行分析说明：第一个层面，从君臣关系来看，伊川认为大代表君，小代表臣，君主以诚心来委任臣下，臣子尽心竭力服务君主，君臣彼此心志相通，以正道相感，齐心协力，这即是天下通泰、国民之利。第二个层面，从君子、小人所处位置与可能发挥的作用来看，阳代表君子，阴代表小人，倘若君子执政于朝堂之内，小人被放逐于山野之外，君子、小人各安其位，则利于君子、贤臣"致君尧舜上，再使风俗淳"，从而形成天下安祥通泰的局面。由此，《泰》《否》两卦通过取君子、小人往来之象描绘出两种不同的政治发展格局。然而，相比于欧阳修在《朋党论》中对"君子之朋"与"小人之朋"的理解，程颐立足于《易传》阴阳哲学，在理论上继承并超越了欧阳修的君子与小人相互对立

---

① （宋）程颢、程颐：《二程集》，第759页。

② （宋）程颢、程颐：《二程集》，第754页。

的朋党观。

此外，程颐谈及“君子之朋”与“小人之朋”会产生不同的政治效应。他在解释《泰》卦初九爻辞“拔茅茹，以其汇征，吉”时云：

> 君子之进，必与其朋类相牵援，如茅之根然，拔其一则牵连而起矣。茹，根之相牵连者，故以为象。汇，类也。贤者以其类进，同志以行其道，是以吉也。君子之进，必以其类，不唯志在相先，乐于与善，实乃相赖以济。故君子小人，未有能独立不赖朋类之助者也。自古君子得位，则天下之贤萃于朝廷，同志协力，以成天下之泰；小人在位，则不肖者并进，然后其党胜而天下否矣。盖各从其类也。①

程颐辨析“君子之朋”与“小人之朋”，指出前者得势则会让天下贤士荟萃朝廷，同心协力成就天下安泰政局；后者当位，则会让品行不正的官僚群体执掌权力，导致天下动荡不安。不同于欧阳修认为只有君子能结党的观点，程颐认为无论君子还是小人，在政治上“未有能独立不赖朋类之助者”，最终大多会“各从其类”。这是伊川基于《易传》的阴阳哲学，以君子、小人之辩理解北宋现实朋党之争，对于君子、小人朋党之论具有一种更理性辩证、开放灵活的态度，伊川云：

> 天地之间皆有对，有阴则有阳，有善则有恶。君子小人之气常停，不可都生君子，但六分君子则治，六分小人则乱，七分君子则大治，七分小人则大乱。如是，则尧舜之世不能无小人。盖尧舜之世，只是以礼乐法度驱而之善，尽其道而已。然言比屋可封者，以其有教，虽欲为恶，不能成其恶。虽尧舜之世，然于其家乖戾之气亦生。朱、均，在朝则有四凶，久而不去。②

《易传》阴阳哲学强调孤阴不生，独阳不长，有阴必有阳，有善必有恶，有君子必有小人，有小人必有君子。程颐以史证经，以经解史。他认为即使在尧舜之世也未尝没有小人，而在桀纣之世也有贤臣、君子。对此程颐提出“六分君子则治”，即代表积极、正义一方的君子力量在国家政治中居于主导、支配地位，则能保持社会和谐与国家基本稳定。“七分君子则大治”即一个社会中善与正义的力量不仅居于政治领导、支配地位，而且大大超越恶与消极的力量，社会则会更加美满，天下趋于大治。反之亦然，即一个社会中恶与消极的力量在国家政治领导中占据支配、统治地位，则易导致天下大乱。

从生生不息的变易之道来看，此消彼长的阴阳之道象征君子与小人的政治较量。正如《泰》《否》两卦《彖传》所预示，无论是“内阴而外阳，内柔而外刚，内小人而外君子，小人道长，君子道消也”，还是“内阳而外阴，内健而外顺，内君子而外小人，君子道长，小人道消也”，皆表明君子、小人之道既相互对立，又相互依存。换言之，两者是对立统一的互存关系，而不是此消灭彼的一极化、片面化关系。无论历史还是现实，过去或是将来，正如阴阳哲学对立统一原理所昭示，小人与君子的对立将永远存在，彼此对立关系无法彻底消灭。有鉴于此，程颐主张崇尚宽容、和而不同、阴阳和谐的君臣之道。《二程粹言》载：

---

① （宋）程颢、程颐：《二程集》，第754—755页。

② （宋）程颢、程颐：《二程集》，第161—162页。

子曰："古之圣王，所以能化奸恶为善良，绥仇敌为臣子者，由弗之绝也。苟无含洪之道，而与己异者一皆弃绝之，不几于弃天下以雠君子乎？故圣人无弃物，王者重绝人。"[①]

程氏认为圣王之所以能教化奸恶臣子为贤人，原因恰恰在于君主对奸恶之臣并非全部采取弃绝、打压态度。如果君王没有宽大包容的仁慈气量，对那些与自己政见不同者皆以贬斥、打压来对待，几乎等同于背弃天下贤人，与天下君子为敌。诚如余敦康所言，程颐外王理想的政治运作，并不是要造就一种弃绝小人的纯之又纯的君子国，其实质的内涵在于造就一种崇尚宽容的政治局面，一方面，承认小人存在的正当性，同时进行正面引导驱而之善，使之顺而听命，化消极因素为积极因素，存异以求同[②]，而绝不是追求自北宋庆历新政与熙宁变法以来充满意气之争和党同伐异的朋党政治。因此，程颐崇尚宽容、存异求同的政治主张，虽说是本于易理，其实是对北宋自庆历新政以来持续不断的激烈党争的深刻总结和沉痛反省。[③] 此时，程氏以"内小人而外君子"与"内君子而外小人"来诠释"大往小来"与"小往大来"已非简单的经学诠释，而是对北宋中后期各派党争的真实写照。

虽然君子之道与小人之道存在对立面，但也有其统一的必然性。程颐言："阴之道，非必小人也，其害阳则小人，其助阳成物则君子也。利非不善也，其害义则不善也，其和义则非不善也。"[④]伊川以阴道赞助阳道比喻小人与君子并非绝对对立，小人可以通过辅助君子而成为君子，就好像追求利益本身并非不善、逐利而有害道义则是不善一样，与道义相合则是善。这表明他以君子、小人之辩来解读《泰》《否》两卦卦辞，主张任用君子，包容并教化小人，相比于欧阳修将以利与道为代表的君子、小人二者对立起来，伊川不仅包容君子、小人本身所具有的正当性价值，而且认识到传统君子与小人二元对立的狭隘思维在现实政治实践中所带来的严重的消极影响[⑤]，这充分体现其易学诠释背后特定的规范性诉求。

三、《泰》《否》两卦——君臣之道的规范性诉求

如前所论，面对北宋内外交困的局面，程颐虽深陷党争困境，但其秉持"随时变易以

---

① （宋）程颢、程颐：《二程集》，第 1210 页。

② 参见余敦康：《汉宋易学解读》，第 444 页。

③ 参见余敦康：《汉宋易学解读》，第 444 页。

④ （宋）程颢、程颐：《二程集》，第 1170 页。

⑤ 这种消极影响体现在将"义"和"利"、"才"和"德"对立起来，这种价值观又如何呢？无数的历史事实表明，这种荒谬的理论是无法实施于任何社会的政治实践中的。这种理念固然体现了官僚士大夫们对一种思想人格的不断追求和对一种完美形象的自我塑造，从理论上讲，不无积极意义。然而，它只是一种带有浓厚的理想主义色彩的、虚幻的的价值观念。作为政治理想，它违背了人类生存发展的客观规律；作为人格修养的一种追求，亦有悖于人的自然本性，必然会导致道德上的虚伪作态和政治上的苟且无为。何况，人们在解释"义"与"利"、"才"与"德"时，并没有一个公认的标准，换言之，人们在解释这些范畴时，常常带有极大的主观随意性。而一旦以这种理论应用于统治阶级内部的政治斗争中，给具体的对象贴上标签时，势必会导致政治上的巨大动荡和相互间的残酷倾轧，元祐以后的政治特点对此表现得十分清楚。参见罗家祥：《朋党之争与北宋政治》，华中师范大学出版社 2002 年版，第 12 页。

从道"的易学原则，继承传统易学经世致用的传统，试图以重新解释《周易》卦爻体系来建构规范性的君臣之道，以此回应现实政治困境，拯救时代危局。程颐云："看《易》且要知时，凡六爻人人有用，圣人自有圣人用，贤人自有贤人用……君有君用，臣有臣用，无所不通。"[①]伊川阐释和建构理想的君臣之道，表达他对党争政治的深刻反思。程颐曾言："新政之初，亦是吾党争太过，成就今日之事，涂炭天下，亦须两分其罪可也。"[②]这表明他对曾经所参与新旧党争所造成的时代困局有清醒的认知和反省。诚如余敦康所说，程颐从"爻位说"角度对君王与大臣所进行的批判，都可以在当时的政治生活中找到原型，但这也不是一种简单影射，而是一种理论超越，程颐企图通过这些批判来弘扬正面理想。[③] 若要理解程颐此种正面理想，可从以下三个方面来把握。

（一）君诚求贤，共治天下

一个国家昌盛不仅需要君主广征贤良，为臣子提供"小往大来"的政治环境，还需要刚明贤臣身正垂范，以图君臣共治。如《程传》云：

> 二以阳刚得中，上应于五；五以柔顺得中，下应于二。君臣同德，是以刚中之才，为上所专任，故二虽居臣位，主治泰者也，所谓上下交而其志同也。故治泰之道，主二而言。[④]

九二以阳刚之德居中正之位，上应六五，象征着君臣以诚相感，志同道合，九二之臣凭借中正之才德为六五之君所青睐，所以九二贤臣担负着治理天下的重任。如程颐云："以海域之广，亿兆之众，一人不可以独治，必赖辅弼之贤，然后能成天下之务。自古圣王，未有不以求任辅相为先者也。"[⑤]《程传》亦云：

> 泰宁之时，人心狃于泰，则苟安逸而已，恶能复深思远虑，及于遐远之事哉？治夫泰者，当周及庶事，虽遐远不可遗。若事之微隐，贤才之在僻陋，皆遐远者也，时泰则固遗之矣。[⑥]

执政者当居安思危，不仅要具备长远发展的眼光，而且要任人唯贤，以贤才治理天下。《程传》解释《泰》卦六五"帝乙归妹，以祉，元吉"云：

> 六五以阴柔居君位，下应于九二刚明之贤。五能倚任其贤臣而顺从之，如帝乙之归妹然，降其尊而顺从于阳，则以之受祉，且元吉也。元吉，大吉而尽善者也，谓成治泰之功也。[⑦]

《泰》卦六五之君与九二之臣相应，君主能倚任贤臣并听从其建议，犹如帝乙把王室

---

① （宋）程颢、程颐：《二程集》，第 249 页。
② （宋）程颢、程颐：《二程集》，第 28 页。
③ 参见余敦康：《汉宋易学解读》，第 451 页。
④ （宋）程颢、程颐：《二程集》，第 755 页。
⑤ （宋）程颢、程颐：《二程集》，第 179 页。
⑥ （宋）程颢、程颐：《二程集》，第 756 页。
⑦ （宋）程颢、程颐：《二程集》，第 757 页。

之女下嫁，卑降其尊并顺从于阳而受到福祉，以此强调贤才对于治理天下的重要性。程颐云："天下之治，由得贤也。天下不治，由失贤也。世不乏贤，顾求之之道如何尔。今夫求贤，本为治也。"[①]《程传》解《泰》卦六五《象传》云：

所以能获祉福且元吉者，由其以中道合而行其志愿也。有中德，所以能任刚中之贤，所听从者皆其志愿也。[②]

程颐认为君主得到贤臣与否是天下治乱的关键。六五之君能获得福祉，是因为其与中道相合，能顺畅地施行其治理天下的志愿。君主不仅有中正之德，而且能任用贤才，听从他的治理之道，从而实现君臣共治。

(二)施行宽政，杜绝朋党

面对北宋中后期的党争困局，《程传》以释"包荒"来主张执政者应在政治上施行宽政，以包容之心，容民纳物。其文言：

人情安肆，则政舒缓而法度废弛，庶事无节。治之之道，必有包含荒秽之量，则其施为宽裕详密，弊革事理，而人安之。若无含弘之度，有忿疾之心，则无深远之虑，有暴扰之患，深弊未去，而近患已生矣，故在"包荒"也。[③]

在程颐看来，当人情恣情放肆之时，就会导致政事舒缓，法度废弛，处理政务也会变得无所节制，是只有具有一些包容污秽的气量，才能在政事的具体施行上宽容详密，革除弊政。伊川对为政者提出这些建议在当时有很强的现实意义，与北宋中后期的政局有一定关联。程颐尤其强调执政者应有宽宏的度量，去除忿疾之心，深谋远虑，才能除暴扰之忧，避免积弊丛生。他曾经历过熙宁变法，当时王安石锐意改革，但性格偏执，独断专行，不善团结各方人士，政治上树敌颇多，致使党争激烈。熙宁改革失败与王安石不容异见、刚愎自用的性格弱点有很大关系。因此，程氏一再告诫执政者当立足全局，施行宽政，建立善法。其言：

凡为政，需立善法，后人有所变易，则无可奈何。虽周公，亦知立法而已，后人变之，则无可奈何也。[④]

同时程颐也意识到，即使建立善法，但要真正解决朋党之争，也绝非易事。其文言：

夫时之既泰，则人习于安，其情肆而失节。将约而正之，非绝去其朋与之私，则不能也，故云"朋亡"。自古立法制事，牵于人情，卒不能行者多矣。若夫禁奢侈则害于近戚，限田产则妨于贵家，如此之类，既不能断以大公而必行，则是牵于朋比也。治泰不能朋亡，则为之难矣。[⑤]

---

① (宋)程颢、程颐：《二程集》，第 513 页。
② (宋)程颢、程颐：《二程集》，第 758 页。
③ (宋)程颢、程颐：《二程集》，第 755 页。
④ (宋)程颢、程颐：《二程集》，第 179 页。
⑤ (宋)程颢、程颐：《二程集》，第 756 页。

时代安泰，人们就会习惯于安逸，人情就会放肆而失去礼节。想要约束、匡正这些弊端，就必须断绝朋党私情，执政者却不能办到，所以说“朋亡”。自古立法治事，往往牵累于人情，最终不能依法执行之事很多，就像禁止奢侈就会损害皇室近戚，限制土地兼并就会妨害贵族利益一样。这些事情如果不能以公心决断且必须实行，就很容易受到朋党牵累。治理安泰之世如不能除去朋党私情，就会很难。

由此，长时间施行宽政也有其弊端，执政者也应审时度势，革故鼎新，积极进行政治改革。《程传》云：

> 泰宁之世，人情习于久安，安于守常，惰于因循，惮于更变，非有冯河之勇，不能有为于斯时也。冯河，谓其刚果足以济深越险也。自古泰治之世，必渐至于衰替，盖由狃习安逸，因循而然。自非刚断之君，英烈之辅，不能挺特奋发以革其弊也，故曰“用冯河”。或疑：上云“包荒”，则是包含宽容；此云“用冯河”，则是奋发改革，似相反也。不知以含容之量，施刚果之用，乃圣贤之为也。①

伊川认为从来就没有绝对的安泰之世，由泰而否、否极泰来不仅是天道自然规律，而且是社会人事的发展规律。当然“包荒”与“用冯河”并不矛盾，“包荒”指对执政者处理不同政见而言，君主或执政者应对臣施行宽容的政治政策，摒弃狭隘的朋党思维，这本质也是“与士大夫共治天下”的一种反映。此时，君臣同心，才能共度艰险，维持安泰之世。“用冯河”意在强调“刚断之君”与“英烈之辅”在政治上应推陈出新，革故鼎新，勇于并善于变革，才能造福百姓，拯救国家。由此，“包荒”与“用冯河”对不同层面而言，既可论证有为之君臣齐心协力进行改革的必要性，也能为解决朋党困境提出具体建议。

（三）君臣同心，聚合民众

朋党之争虽说主要集中在传统朝堂的政治中枢，但其对整个国家的臣民影响也很大。它不仅影响君臣以及臣子之间的政治关系，而且也会动摇臣民对君主政治统治权威的信任。伊川对此有所阐发，其在解《泰》卦上六“城复于隍，勿用师。自邑告命，贞吝”云：

> 掘隍土积累以成城，如治道积累以成泰。及泰之终，将反于否，如城土颓圮，复反于隍也。上，泰之终，六以小人处之，行将否矣。“勿用师”：君之所以能用其众者，上下之情通而心从也；今泰之将终，失泰之道，上下之情不通矣，民心离散，不从其上，岂可用也？②

程颐以上六爻挖掘城下沟土堆积成墙之象，比喻君民和谐，上下同心，形成一种政治安泰的局面；又以“城墙坍塌回到壕沟之象”象征小人居于上位，此时通泰政治走向终结，泰极而否。“勿用师”指君民上下情志不通，民心离散，民不服从君上，民不为君所用，此时居处天下否闭之世。然而，具有忠君思想的程颐依然认为君主可教而化，君只有得到

① （宋）程颢、程颐：《二程集》，第755—756页。

② （宋）程颢、程颐：《二程集》，第758页。

民的认可，才有资格作为天下之主，如果缺乏民众认可，则是孟子所谓的“独夫民贼”，其统治便缺乏正当性。程颐言：

> 夫王者，天下之义主也。民以为王，则谓之天王天子；民不以为王，则独夫而已矣。[1]

虽然程颐已经注意到聚合臣民对于加强君主政治统治权威的作用，但其历史局限性决定其仍将天下兴亡与治乱的关键系于君主身上。如《程传》解《否》卦九五“休否，大人吉。其亡其亡，系于苞桑”云：

> 五以阳刚中正之德，居尊位，故能休息天下之否，大人之吉也。大人当位，能以其道休息天下之否，以驯致于泰。犹未离于否也，故有“其亡”之戒。否既休息，渐将反泰，不可便为安肆，当深虑远戒，常虞否之复来，曰其亡矣，其亡矣。其“系于苞桑”，谓为安固之道，如维系于苞桑也。桑之为物，其根深固，“苞”谓丛生者，其固尤甚，圣人之戒深矣。[2]

程颐曾幻想通过教育哲宗而影响朝堂政治，从而塑造“小往来大”的政治生态，进而影响天下官员，以求实现其得君行道、致君尧舜的政治理想，如其言：“治道亦有从本而言，亦有从事而言。从本而言，惟从格君心之非，正心以正朝廷，正朝廷以正百官。”[3]程颐曾上书建议给皇帝授课时讲官坐讲，以此涵养皇帝尊儒重道之心。然而，哲宗亲政之后，党争愈演愈烈，伊川也深陷其中。身为帝师，伊川以儒家道德理想主义施教，不过在其有生之年，他并未见到这些理念在哲宗手里得到真正实施，伊川对此深感失望。这种切身感受则可通过《否》卦九五爻有所体认。九五“其亡其亡”比喻国家随时都面临着覆灭的危险。程颐指出此时即使九五之君居中得正，能暂时休止天下否闭之世，转否为泰，但也可能随时由泰转变。所以重返安泰，也不能过于安逸放肆，应居安思危。对于君主而言，伊川认为“系于苞桑”才是真正的“安固之道”，此言君主应取法彼此丛生、互相缠绕的桑树根之象，稳固根基。程颐以此象告诫君主应忧惕戒惧，君臣同心，尽可能地团结各派政治力量，从而解决政治困局。这就要求君主采取宽容的政治政策，解决北宋朋党之争的政治困境，聚合民众，强基固本，牢牢把握政治主动权，维持安泰政局，共渡时艰。

由上而论，程颐以《泰》《否》两卦分析与总结现实政治的实践经验，不仅重塑了规范性的君臣之道，而且对朋党之争所带来的政治困局提出了自己的建议。虽然由于宋初以来政治体制安排与政治文化的惯性，伊川得君行道的构想无法从根本上解决这种朋党政治带来的困境，但是其在“我注六经”的过程中实现了“六经注我”的义理易学诠释的升华与转换。

---

① (宋)程颢、程颐:《二程集》,第 273 页。

② (宋)程颢、程颐:《二程集》,第 762 页。

③ (宋)程颢、程颐:《二程集》,第 165 页。

结 语

综上所论，基于对北宋初年以来的政治体制与北宋中后期的党争政治的梳理，我们可以更深切地理解程颐《泰》《否》两卦易学建构与诠释的历史情境。程颐易学建构与诠释所蕴含的儒家规范性的君臣之道具有深刻的易学原理。

程颐继承以王弼为代表的义理易学体用传统，转化王弼道家易学的思想内涵和结构，又吸收北宋胡瑗、王安石等人明体达用之学，以理为最高范畴和准则来演绎儒家天人性命之学，进而阐述其规范性的君臣之道。这不仅展现了易学本身内在的发展脉络，而且包含了对君子、小人二元对立思维模式的专制政治党争的深刻反思，也符合儒家经典与时俱进、不断推陈出新的现实政治需要。此时，程氏以“内小人而外君子”与“内君子而外小人”来诠释《泰》《否》两卦，已非简单的经学诠释，而是对北宋中后期各派党争的真实写照。

有鉴于具体的历史经验，伊川以君子、小人之辩来解读《泰》《否》两卦，试图以主张推行宽政来摆脱由朋党之争带来的政治困境，表达其以儒家道德理想来建构君臣之道的规范性诉求。在他看来，君主应身正垂范，择贤安民，不可垄断权力，为所欲为。为臣者当容民纳物，关怀下层百姓疾苦，执政为民，杜绝朋党。君臣之间当以诚相感，以国家利益为重，勠力同心，共治天下。这体现了他对北宋朋党政治的强烈批判和以道制势的规范性诉求。虽然，伊川的政治理想并未在政治实践中得到真正实施，甚至他本人也身陷党争困境之中，但是他的这些主张不失为真知灼见，其价值不容抹杀。

清初满洲儒臣《易》学述论

李伟强*

明清更替后，汉族儒家学者纷纷反思明朝覆亡的教训，许多学者提出夷夏之防，从思想上抵制清朝。清初朝廷采取武力镇压和政治压迫的方式，试图征服汉族儒家学者，反而激化了满汉矛盾，造成统治困难。随后，清朝开始探索文化政策，确立"崇儒重道"的基本国策，以程朱理学为官方思想，以经学为治法，拉近与汉族儒家学者的关系，消弭民族隔阂，进而实现政治与思想文化大一统的统治效果。清初提倡经学，"通行晓谕八旗，并直隶各省府州县乡村人等"①，使满洲民族亦受到熏染。《易》学为经学冠冕，清初出现了一批学《易》、研《易》的满洲儒臣，如佟国维、纳兰成德、德沛等，编纂了不少《易》学著述，颇值得关注和研究。笔者不揣谫陋，略述以就教于方家。

一、佟国维融汇宋元易说、宗主程颐易学

佟国维（1643—1719），姓佟佳氏。乾隆帝敕撰《八旗满洲氏族通谱》记载佟佳氏为满洲著姓，散处于马察、雅尔湖、加哈、佟佳等各地方，初祖巴虎特克慎，次子达尔汉图墨图世居佟佳地方，因与明朝从事边境贸易，寓居开原，继迁抚顺，后金天命四年（1619）努尔哈赤攻克抚顺，族裔佟养正率族众归附后金，隶汉军旗。② 佟养正次子为佟图赖，佟图赖女为康熙生母世祖孝康章皇后，子为佟国纲、佟国维，康熙年间推恩改隶满洲。③ 顺治十七年（1660）佟国维初任一等侍卫，康熙九年（1670）起历任内大臣、领侍卫内大臣、议政大臣，二十八年（1689）因系圣祖孝懿仁皇后之父封一等公，二十九年（1690）参赞裕亲王军务征噶尔丹，三十五年（1696）、三十六年（1697）随康熙帝两征噶尔丹，四十三年（1704）以老解任，五十八年（1719）卒，终年七十七岁。

佟国维著《周易汇统》四卷附图一卷，今存康熙四十一年（1702）刻本。文献记载佟国

---

* 作者简介：李伟强，历史学博士，浙江海洋大学师范学院讲师，主要从事易学史研究。

① 《圣祖仁皇帝实录》卷三十四，《清实录》第4册，中华书局1985年版，第466页下。

② 参见（清）弘昼等：《佟佳地方佟佳氏》，（清）弘昼等编纂，李世愉、于景祥、柳海松校点：《八旗满洲氏族通谱》卷二十，辽海出版社2007年版，第260页。

③ 参见徐凯：《佟国纲家族八旗"旗籍"考释》，武斌主编：《沈阳故宫博物院院刊》第14辑，现代出版社2014年版，第9页。

维另有其他诸种著述:(1)毛奇龄《西河文集》载《佟国舅一等公周易注序》,写道:"皇舅佟公,阐精一秘,世嬗理学,因谓三古先圣奕代相传之道,莫逾于《易》。乃博讨群书,溯源竟委,上自仪象以下逮名物,无不周知其义,而又妙简于诸儒所学,专以程氏之理、邵氏之数,定为指归。"[①]毛奇龄谓佟国维甄选宋儒易说,尤尊程颐易理、邵雍易数,定为旨归。考《周易汇统》融汇宋儒易注,以程颐易说为主的材料来源,与毛奇龄所叙如出一轨,所谓《周易注》与《周易汇统》应为一书。(2)吴振棫《养吉斋余录》记载:"双就园成,杭州驻防,官西安副都统。咸丰乙卯,于市上购书一册,乃其先世太傅端纯公佟国维所著《卦爻解义》,命其子德克新作序,隆科多缮录者。册为康熙丙戌录成,百数十余年矣。不知何时流落关中,适为其后人所获。"[②]双成系佟佳氏后世孙,宣劳疆场,而治军之暇手不释卷,酷嗜典籍。双成所购佟国维《卦爻解义》,检诸家史籍及目录书均无记载,据悉该书成于康熙丙戌年(1706),由佟国维子隆科多缮录,此前《周易汇统》已经刊刻成书。考《周易汇统》专释卦爻义的解《易》体例,正与《卦爻解义》书名一致,所谓《卦爻解义》应为《周易汇统》的抄本。(3)晚清蒙古八旗学者恩华纂修《八旗艺文编目》,著录清代满洲、蒙古和汉军八旗学者的各类著述,记载佟国维著有《公易》《周易汇统》,均四卷。美国华盛顿大学图书馆藏《周易汇统》康熙四十一年(1702)刻本,版心刻有"公易"二字。[③] 中山大学图书馆藏一种《周易》四卷本,登记程颐撰,康熙四十一年(1702)佟国维刻本,版心题"公易",据版本描述,实际与华盛顿大学图书馆藏本为同一本。[④] 两种版本证明《周易汇统》与《公易》名异实同,为同一书。

佟国维著述唯有《周易汇统》一部,由于该书主要汇集宋元易注,鲜抒己见,并且传本绝少,使诸家传抄、著录该书时误题他名。其实,古籍同书异名现象十分常见,《周易汇统》在流传过程中有别名无可厚非。吴振棫在《养吉斋余录》中谓毛奇龄所序《周易注》与《周易汇统》"别为一书"[⑤],殊为不妥。

佟国维生于簪缨世族,历任武职,数次随军出征,效力疆场,又能潜心典籍,笃志向学。《啸亭杂录》记载佟国维"人谨恪,虽屡膺重任,不以揽权为要,暇时惟延学士讲文艺以为乐"[⑥]。佟国维自述学《易》机缘:"予少习武事,未尝读书,偶于《周易传义大全》采取伊川先生及宋诸儒说中精粹而易明者,稍加融贯,汇集成帙。"[⑦]由此可见,佟国维学《易》启蒙于明代官修《周易传义大全》。《周易传义大全》体例"从《程传》元本,而《本义》仍以

---

① (清)毛奇龄:《佟国舅一等公周易注序》,《西河文集》序卷三十三,纪宝成主编:《清代诗文集汇编》第87册,上海古籍出版社2010年版,第441页下。

② (清)吴振棫:《养吉斋余录》,《养吉斋丛录》,中华书局2005年版,第419页。

③ 参见周余姣、沈志佳:《美国华盛顿大学图书馆存藏易学类古籍考略》,《古籍保护研究》第7辑,大象出版社2021年版,第26页。

④ 参见中山大学图书馆:《中山大学图书馆古籍善本书目》,内部印本,1982年,第3页。

⑤ (清)吴振棫:《养吉斋余录》,《养吉斋丛录》,中华书局2005年版,第419页。

⑥ (清)昭梿:《佟国舅讲左传》,《啸亭杂录》卷七,中华书局1980年版,第223页。

⑦ (清)佟国维:《周易汇统·序》,四库未收书辑刊编纂委员会编:《四库未收书辑刊》第1辑第1册,北京出版社1997年版,第117页上。

类从”[①]，兼资董真卿、张清子、邱富国、胡炳文、吴澄、胡方平等宋元诸家易解，作为明代科举考试的重要依据。清初佟国维学《易》的年代，《周易传义大全》仍然通行。佟国维重点采撷《周易传义大全》中的程颐易注，兼及朱熹等他家易解，遴选标准务求精粹简明，融贯为说，编撰《周易汇统》。

佟国维尤其推崇程颐易学，乃至《周易汇统》开篇照录《周易程子传序》，表明学宗程颐的态度。程颐认为《易》是圣人明道之书，“其为书也，广大悉备，将以顺性命之理，通幽明之故，尽事物之情，而示开物成务之道也”[②]，还提出“易又不只是这一部书，是易之道也”，“尽天理，便是易也”。[③] 所以，《易》寄寓的圣人之道实际上就是天理。佟国维进一步解释易道和天理的关系，说道：“道，即理也。理也者，治理、天理者也。天何理耶？四德始终，四时顺行，不待理而谓之理，以其无所理，故谓之理也。”[④]宋儒立足易学根基，架构了高度哲理化的理学，在理学体系中诠释经学。《孟子·尽心上》提出的“尽其心者，知其性也。知其性，则知天矣。存其心，养其性，所以事天也”，程颐解释：“心也、性也、天也，一理也。自理而言谓之天，自禀受而言谓之性，自存诸人而言谓之心。”[⑤]程颐谓三者皆为理，沟通心、性、天三者的关系。佟国维接言：“理即心也，尽其心者，知其性也。至哉斯言，盖性也者，心之体，心也者，性之发。易为天地之用，心为性之用也。天地无往而非易，人无往而非心。善明乎易者则明其心，善明其心者则明乎易矣。”[⑥]所以易道虽难明而非远，往往“玩于腐儒讽诵之余，隐于百姓日用之末”，即心便能够求取易道。

《周易汇统》的篇卷主要分为易图（包括卦歌）和经传两部分，易图、卦歌布置在经传前，凡易图八幅、卦歌四篇，全部出自朱熹《周易本义》卷首，甚至次序亦相去无几。易图自宋代开始流行，陈抟杂取道家数术与象数易学，画出黑白点阵式的易图，刘牧、邵雍、周敦颐等继起，画出了《河图》《洛书》《太极图》《先天图》等各种易图。朱熹《周易本义》卷首特置九幅易图，表明了对易图的肯定，随着朱熹思想地位的抬升，易图学成为宋以降易学史的重要内容。佟国维沿袭《周易本义》中的易图（包括卦歌），正是在易图学流行的学术背景中。

佟国维宗主程颐易学，兼及朱熹易学，而对朱熹易说有所取舍。与程颐认为《易》乃圣人明道之书不同，朱熹认定《易》为卜筮之书，指出“八卦之画，本为占筮。方伏羲画卦时，止有奇偶之画，何尝有许多说话！文王重卦作繇辞，周公作爻辞，亦只是为占筮设。到孔子，方始说从义理去”，所以“今人须以卜筮之书看之，方得；不然，不可看《易》”[⑦]。朱熹于《周易本义》卷首专门陈述大衍筮法，佟国维编撰《周易汇统》时大量参鉴了《周易本

① （清）胡广等：《周易传义大全·凡例》，《景印文渊阁四库全书》第 28 册，台湾商务印书馆 2008 年版，第 4 页下。

② （宋）程颐：《周易程氏传·易传序》，中华书局 2011 年版，第 1 页。

③ （宋）程颢、程颐：《二先生语二上·元丰己未吕与叔东见二先生语》，《二程集》遗书卷二上，中华书局 2004 年版，第 31 页。

④ （清）佟国维：《周易汇统·序》，第 116 页下。

⑤ （宋）朱熹：《尽心章句上》，《四书章句集注·孟子集注》卷十三，中华书局 1983 年版，第 349 页。

⑥ （清）佟国维：《周易汇统·序》，第 116 页下。

⑦ （宋）黎靖德：《易二·纲领上之下·卜筮》，《朱子语类》卷六十六，中华书局 1986 年版，第 1622 页。

义》中的易图、卦歌，独不取朱熹卜筮之说，从反面表现出了对程颐易学的宗仰，坚持认为《易》确为圣人明道之书。

清朝建国确立“崇儒重道”的基本国策，十分重视对儒家经籍的重新整理和阐说，并通过官修形式先后纂成“解义”“折中”“汇纂”“义疏”等各类经学著述十余种，以彰显儒家经籍的致治功能，昭示儒学道统与帝王治统的合一，强化伦理道德和尊卑秩序，同时也表现出一定的学术总结意味，构建了一个自成一统的官方经学体系。[①] 佟国维的《周易汇统》主要汇集前儒易说，据尚秉和统计，《周易汇统》“经文注释全取《程传》者十之四，全取《本义》者十之二，《传义》参合者十之二，其余十之二多采建安丘氏之说”[②]。卢松安学《易》于尚秉和，聚积易学典籍一千三百余种，为易籍归纳分类，属《周易汇统》为“汇说”类，明显区别于“解”“传”“注”“诂”等类别。[③]《周易汇统》的体例与清初官方修纂的易学著述实际上属于同一类，佟国维正是在清初官方大规模整理和阐说儒家经籍的背景下，仿效官方做法，完成了《周易汇统》。与清代官修易学著述合满汉名儒于一事、集古今《易》籍于一书所不同的是，佟国维主要是在《周易传义大全》的基础上删繁就简，独自编纂著述，所撰类同于学《易》笔记的整理，于易学本身的意义不大。

二、纳兰成德合编《集义》《粹言》、羽翼程朱易学

纳兰成德(1655—1685)，姓叶赫那拉氏，字容若，后改名性德[④]，纳兰明珠长子。康熙十一年(1672)，成德赴顺天府乡试，中举人，次年会试中式，因寒疾未赴殿试，延至十五年(1676)补殿试，中二甲第七名，赐进士出身，初授三等侍卫，后升一等侍卫，扈从康熙帝巡畿辅、山东、山西、东北、江南数地，还奉使梭龙诸部。二十四年(1685)病卒，年三十一岁。

成德十七岁时由八旗子弟补为顺天府学生员，继选贡入国子监，完全成长在清朝崇儒重道的文化氛围中。成德会试后曾转入徐乾学门中肆力经史，徐乾学谓成德学无厌倦，“逢三六九日，黎明骑马过余邸舍，讲论书史，日暮乃去”[⑤]。此前成德在国子监中，即受祭酒徐元文器重，徐元文为徐乾学弟。成德病重时，尤以未深学经史为憾，与师徐乾学回想平生问学经历：“辱先生不鄙弃，执经左右十有四年。先生语以读书之要及经史诸子百家源流，如行者之得路。”[⑥]友人韩菼亦谓成德“晚乃笃意于经史，且欲窥寻性命之学，将尽裒辑宋元以来诸儒说经之书以行世，其志盖日进而未止也”[⑦]。纳兰成德还工于词赋，

---

① 参见黄爱平：《清前期官修经解与官方经学探析》，《清史研究》2021 年第 5 期。

② 尚秉和：《易说评议(附易学群书平议)》，光明日报出版社 2006 年版，第 248 页。

③ 参见卢松安编，山东图书馆整理：《易庐易学书目》，齐鲁书社 1999 年版，第 7 页。

④ 黄一农先生提出：成德满音 cengde，与皇太子胤礽满音 ceng 相近，于是满名改性德，音 singde，有时译作兴德、星德，正式汉名仍为成德。参见黄一农：《满清第一词人纳兰成德曾否改汉名为性德》，《中国文化》2022 年第 2 期。康熙十九年(1680 年)通志堂经解本《合订删补大易集义粹言》中的自署名为“成德”，本文统一写为“成德”。引文为便核查，尊重原著，仍从旧貌。

⑤ (清)纳兰性德：《通志堂集・序》，《通志堂集》，华东师范大学出版社 2019 年版，第 1 页。

⑥ (清)纳兰性德：《通志堂集・序》，《通志堂集》，第 1 页。

⑦ (清)纳兰性德：《通议大夫一等侍卫进士纳兰君神道碑铭》，《通志堂集》卷十九，第 359 页。

才情出众，乃至百余年后，王国维景仰道："以自然之眼观物，以自然之舌言情，此由初入中原，未染汉人风气，故能真切如此，北宋以来一人而已！"[①]由此可见，成德兼有治经史之意和词赋之才，且均有所成，两者相较而言他更加重视儒家经史之学。

署名成德辑的《通志堂经解》是清初规模最大的丛书，收录儒家经解著述一百四十种一千八百余卷，覆盖《易》《书》《诗》《春秋》《三礼》《孝经》《论语》《孟子》《四书》诸经，主要版本有康熙十九年(1680)通志堂刻本、乾隆五十年(1785)武英殿重修本、同治十二年(1873)粤东书局刻本。《通志堂经解》的辑纂起始于徐乾学，徐乾学称，"予兄弟家所藏本，覆加校勘。更假秀水曹秋岳、无锡秦对岩、常熟钱遵王、毛斧季、温陵黄俞邰及竹垞家藏旧版书若抄本，厘择是正，总若干种，谋雕版行世"[②]，只是雕版糜费巨亿，徐乾学无力实施，经成德捐金倡始乃得以玉成。成德对雕版《通志堂经解》不仅捐金助刊，还实际参与纂辑，成德自序称："余向属友人秦对岩、朱竹垞购诸藏书之家，间有所得，雕版既漫漶断阙，不可卒读，钞本讹谬尤多，其间完善无讹者，又十不得一二。间以启于座主徐先生，先生乃尽出其所藏本示余小子，曰：'是吾三十年心力所择取而校定者。'余且喜且愕，求之先生，钞得一百四十种，自《子夏易传》外，唐人之书仅二三种，其余皆宋元诸儒所撰述，而明人所著间存一二。请捐资经始，与同志雕版行世。先生喜曰：'是吾志也。'遂略叙作者大意于各卷之首，而复述其雕刻之意如此。"[③]由此可见，成德早已着意搜集、校勘经学古籍，当与徐乾学谋及时，师生一拍即合，于是徐乾学尽出家藏古籍，全力支持成德实施辑纂《通志堂经解》，由成德负责整理，撰写书序。所以，《通志堂经解》署名成德辑，主要是由于该丛书由成德负责整理、撰写书序和捐金助刊，另外参与纂修的还有朱彝尊、秦松龄等。成德在纂辑过程中，"边读边校，在校中加深理解，成为徐乾学向满族青年传授儒术，纳兰性德向汉族学者学习儒家经典最重要的方法。性德说他对诸家经解'晓夜究研，以副明训''俾得卒业焉'，其中不少时光当用在参校核勘上了"[④]。

《通志堂经解》收录《易》类经解种数最多，有三十九种三百三十卷，其中《合订删补大易集义粹言》八十卷，署名成德编纂，乾隆朝时还被收录到《四库全书》中。《合订删补大易集义粹言》的体裁、内容，顾名思义，乃是对《集义》《粹言》二书的合订和删补。《集义》《粹言》共摭集十八家宋儒易说，二书体例不同，各有侧重。成德自述合订、删补二书之由："余窃病其未备，因于十一家书中，将讲论《系辞》以下相发明者一一采集，与《粹言》合而订之，间以臆见，考其源委，定其体例，芟其繁芿，补其脱漏，成八十卷。庶使二书之发凡起例互相吻合，而十八家之精义奥旨，无不网罗毕具。"[⑤]《集义》指魏了翁的《周易集义》，该书摭集邵雍、周敦颐、程颢、程颐、张载、杨时、游酢、谢良佐、尹焞、张栻、吕大临、胡

---

① 王国维：《人间词话》，中华书局2014年版，第136页。

② 参见(清)纳兰性德辑：《通志堂经解·原序》，《通志堂经解》第1册，广陵书社2007年版，第2页中。

③ (清)纳兰性德辑：《通志堂经解·原序》，《通志堂经解》第1册，第1页下。

④ 刘德鸿：《满汉学者通力合作的成果——〈通志堂经解〉述论》，《清史研究》1995年第2期。

⑤ (清)纳兰性德辑：《合订删补大易集义粹言·序》，《通志堂经解》第4册，江苏广陵古籍刻印社1993年版，第457页上。

宏、刘子翚、朱震、朱熹、吕祖谦十六家易注;《粹言》指曾种的《大易粹言》①,该书采选程颢、程颐、张载、游酢、杨时、郭忠孝、郭雍七家易注。《周易集义》与《大易粹言》辑引易家仅出入郭忠孝、郭雍二家,乃由于曾种学《易》于郭雍,并尊郭雍父郭忠孝,魏了翁则认为"忠孝《易》书去程门远甚,自党论起,绝迹程门,殁不设奠"②,所以并黜郭忠孝、郭雍父子易学。《周易集义》囊括宋儒易说多至十六家,经传合刊,无《系辞传》《说卦传》《序卦传》《杂卦传》,《大易粹言》收录易说多出郭忠孝、郭雍二家,其余大部分与《周易集义》重合,体例上经传齐全。所以,成德合订《周易集义》《大易粹言》,统一体例,互相补充,总为十八家易说,内容遍涉《易》本经与《十翼》。

文献编纂尤赖资料和学力,成德在资料、学力上具备编纂《合订删补大易集义粹言》的条件。康熙二十五年(1686),康熙帝命天下访辑经史旧籍,"时礼侍徐乾学疏进宋朱震《汉上易传》并图说十五卷,宋张浚《紫岩易传》九卷、《读易杂说》一卷,魏了翁《大易集义》六十四卷,曾种《大易粹言》十卷,……共十二部"③。魏了翁《大易集义》和曾种《大易粹言》为徐乾学家藏秘本,他处稀见,成德从徐乾学处利用二书编纂《合订删补大易集义粹言》原非难事。张荫麟指出:"此缀辑之事,原属易易,宜为容若之智力所优为。至若移录原文,搜集资料,或假门客之助,原非异事。若谓其纯出捉刀,吾不信也。"④循理当以为是。成德学《易》主要在会试后入徐乾学门中时,朱彝尊称"吾友纳兰侍卫容若以韶年登甲科,未与馆选,有感消息盈虚之理,读《易》渌水亭中"⑤。成德本人的治《易》表现,如论《易》九六爻大衍之数,涉及三题:

(1)《易》以九为老阳、六为老阴,扶阳抑阴,原因是"天地之正数,不过一二三四五之正数,至六七八九十之成数,则各有所配,非正数矣。作易者每用正数,故孔子曰参天两地而倚数。其参天不过一也三也五也,而一与三与五非九乎?其两地不过二也四也,而二与四非六乎?此九、六为天地正数,故可分冠于各爻"⑥。老阳、老阴之数来自天地正数,"参天"为九,"两地"为六,所以有扶阳抑阴之义。(2)大衍之数应当是五十五,"天一地二、天三地四、天五地六、天七地八、天九地十,数正五十有五,故乾坤之策,始终此数。《系辞》明曰:'天数二十有五,地数三十。'五十有五,岂不显然"⑦。所以今本《系辞传》"大衍之数五十"有脱文。(3)大衍筮法用四十九策,原因是"盖数始于一,终于五,天道每秘其始终,以神其消长,故虚一与五,以退藏于密,则其用四十有九而已,此后世遁甲之术所

① 清四库馆臣单署《大易粹言》作者为方闻一,据书中曾种序及程九万、李佑之跋,可证四库馆臣说不准确,《大易粹言》应为曾种负责辑纂,方闻一参与辑纂。参见(南宋)方闻一著,曾种辑纂:《大易粹言》,《景印文渊阁四库全书》第15册,台湾商务印书馆2008年版,第750页下—751页下。

② (元)胡一桂:《传注·宋》,《周易本义启蒙翼传》中篇,中华书局2019年版,第373—374页。

③ 参见(清)王士禛:《谈故四·访遗书》,《池北偶谈》卷四,齐鲁书社2007年版,第2902页。

④ (清)纳兰性德著,闵泽平评注:《纳兰性德全集2》,哈尔滨出版社2021年版,第229页。

⑤ (清)朱彝尊:《合订大易集义粹言序》,《曝书亭集》卷三十四,《清代诗文集汇编》第116册,上海古籍出版社2010年版,第286页上。

⑥ (清)纳兰性德:《易九六爻大衍数辨》,《通志堂集》卷十四,第274页。

⑦ (清)纳兰性德:杂文《易九六爻大衍数辨》,《通志堂集》卷十四,第274页。

由出也”[①]。大衍之数五十五，虚一与五，代表数始于一和终于五，所以用余四十九策。由此可见，成德的易学识见清晰深刻，有力地回应了前儒在易数方面的疑窦。金景芳、高亨、廖名春等《易》学专家已证成大衍之数为五十五，几乎为当代《易》学通识。[②]

成德辑引的十八家易学均属宋易，主要是程朱易学范畴，贯穿了羽翼程朱易学的宗旨。成德论经学源流，说道：经解始于汉儒，《易》《书》《诗》《礼》《春秋》诸经各传家学、师学，谱系分明，而自唐代官修《五经正义》，删取诸儒学说，乃使专家之学渐废，“至宋二程朱子出，始刊落群言，覃心阐发，皆圣人之微言奥旨……逮宋末元初学者尤知尊朱子，理义愈明，讲贯愈熟。其终身研求于是者，各随所得以立言，要其归趋，无非发明先儒之精蕴，以羽卫圣经。斯固后进学者之所宜取衷也”[③]。成德尊仰程朱之学，谓程朱易学冠绝易学史上诸家，“古今言《易》者奚啻数百家，然自注疏外，惟程朱《传》《义》为世所传习”[④]，甚至认为“自有两书，而四圣人之精义微旨益著”[⑤]。

由《通志堂经解》《合订删补大易集义粹言》所涉材料可见，成德专注宋儒，采撷诸说，无不折衷于程朱理学。《合订删补大易集义粹言》中的两种基础文献本身属于宋儒羽翼程朱易学的著述。魏了翁私淑朱熹，与朱熹弟子辅广、李方子“时时同看朱子诸书，只数月间，便觉记览、词章皆不足以为学，于是取六经、《语》《孟》，字字读过，胸次愈觉开豁，前日之记览、词章者，亦未尝不得力”[⑥]，创立了鹤山学派理学。魏了翁治《易》宗于程朱，又能融贯诸说，弥缝程朱易学，撰《周易集义》《周易要义》。元儒吴师道肯定“《集义》自周、程诸门人，下及朱、吕，渊源所自，可以参观”[⑦]。曾种笃好程颐易学，信从画前有《易》，谓“伏羲以前，理具而画未形；伏羲以后，画形而理遂晦。至文王、周、孔始有辞，后人当使言与心通，理因辞见，明行明事，然后为得”，撰《大易粹言》意在“使夫后之学者由是可以知仁义道德之说、性命祸福之理、君臣父子之大致”。[⑧] 黄宗羲高度评价：“伊川先生尝云：‘学《易》者当看王辅嗣、胡翼之、王介甫三家文字，令通贯，然后却有用心处。’时先生（李简——笔者注）《易传》未出也。及温陵曾献之集《大易粹言》传于世，则学者知有所宗，而三家之说不无去取。”[⑨]无论《大易集义》还是《大易粹言》，在清初均为稀见典籍。成德沿袭二书体例、内容和思想，编纂《合订删补大易集义粹言》，极大程度上繁荣了清初的程朱易学，保存了大量宋儒易说，魏了翁的《周易集义》尤赖成德纂著得以推广流传。

---

① （清）纳兰性德：杂文《易九六爻大衍数辨》，《通志堂集》卷十四，第274—275页。

② 参见马金亮、丁鼎：《大衍之数“五十有五”说补证》，《周易研究》2015年第2期。

③ （清）纳兰性德：《通志堂经解·原序》，《通志堂经解》第1册，广陵书社2007年版，第1页下。

④ （清）纳兰性德：《周易玩辞序》，《通志堂集》卷十，华东师范大学出版社2019年版，第207页。

⑤ 参见（清）纳兰性德：《董氏周易程朱氏说序》，《通志堂集》卷十一，第217页。

⑥ （宋）魏了翁：《答朱择善》，《渠阳集》卷三，岳麓书社2012年版，第41页。

⑦ （元）吴师道：《读易杂记后题》，《吴师道集》卷十七，浙江古籍出版社2012年版，第619页。

⑧ （宋）曾种：《大易粹言》，《景印文渊阁四库全书》第15册，台湾商务印书馆2008年版，第2页下。

⑨ （清）黄宗羲原著，（清）全祖望补修：《伊川学案下·伊川续传·通判李蒙斋先生简·学易记序》，《宋元学案》卷十六，中华书局1986年版，第660页。

三、德沛遵循宋儒易学、阐发易图义理

德沛(1688—1752),字济斋,清代宗室,清显祖塔克世五世孙。塔克世第三子为舒尔哈齐,舒尔哈齐第八子为芬古,芬古第四子为富喇塔,富喇塔第五子为福存,福存第八子即为德沛。康熙三十九年(1700),贝子福存卒,德沛应袭镇国公爵,因让兄德普,奔西山读书凡三十年。至雍正十三年(1735),德沛应果亲王允礼举荐,被封授镇国将军、兵部侍郎。乾隆元年(1736)起外授,历任古北口提督、甘肃巡抚、湖广总督、闽浙总督、两江总督等职。乾隆八年(1743)内召,历任吏部侍郎、国子监祭酒、教习庶吉士、户部尚书等职。乾隆十三年(1748)以疾解任,袭封和硕简亲王,十七年(1752)卒,年六十五岁。①

德沛服膺周孔,素有儒行。雍正十三年(1735)皇帝召见德沛时,问平生所欲,德沛道:"愿侧身孔庙,分特豚之馈。"德沛每往庙学,常摩挲俎豆钟簴,怀而慕思,不忍诀舍,表现了以儒学立身的人生追求。② 德沛于国子监中讲论《大学》,助教王之锐指出《大学》"其本乱而末治者"一节"须重申之,以见吾儒所以异于二氏之义",德沛欣然下阶致谢,体现了其虚心请教、折节向学的品行。③ 清人赵慎畛记载德沛任湖广总督时,隆兴文教,常诣书院与诸生讲学,"俨如寒素,温言巽语,人咸坐春风中,不知为本省制府也"④,一时人文极盛。陈康祺称"本朝宗藩懿戚中,学术之正,政治之醇,莫如简仪亲王德沛"⑤。

德沛的治学立场,总体上属于程朱理学范畴。德沛自述治学历程道:"余分支玉牒,承荫天潢,凡孟子所云高堂数仞,榱题数尺,食前方丈,侍妾数百人,未生而咸备,稍长而裕如,无所俟于得志。苟其果属可好,而好之无害于大体,何必避之若浼。惟是认得大体二字颇真。诚恐稍便其小体,即为孟子所不许,故自髫龄向学,至今历五十年,未尝敢一日自肆。"⑥德沛终身修持、参悟的"大体""小体",实际上就是程朱理学中的天理、人欲。德沛修习"大体"的方法是清静,脱胎于程朱理学倡导的静坐,德沛认为:"收放心不静坐便得,亦不是静时有别样工夫。盖心之放也,由于纷纭四出,既思这件,又思那件,此心焉得不放。惟静则纯一而专,心专则何事不成。故古人正其谊不谋其利;明其道不计其功。若一心正谊,又一心谋利,则谊必不能正。一心明道,又一心计功,则道必不能明。人能屏去纷杂之念,凡一切便安小体之事,绝不营心,惟专心致志于大体,则人欲尽,天理常存,此心何患放失。倘不于纯一处着力,每日闭门静坐,亦属无益。且恐涉于释氏之冥悟顿解,诸生不可不察。"⑦德沛主张的清静与程朱理学倡导的静坐有所不同,德沛认为单纯闭门静坐无法体悟"大体",唯屏去纷繁杂念,尽人欲,不谋其利,不计其功,专心纯一,才能够致大体,存天理。《清稗类钞》记载清初诸儒学派,八旗学派占一席地,"八旗儒臣之

---

① 参见陈垣:《陈垣史学论著选》,上海人民出版社 1981 年版,第 327—328 页。

② 参见(清)袁枚:《简仪亲王德沛碑》,(清)钱仪吉编:《碑传集》卷二,中华书局 1993 年版,第 34 页。

③ 参见(清)袁枚:《简仪亲王德沛碑》,(清)钱仪吉编:《碑传集》卷二,第 36 页。

④ 参见(清)赵慎畛:《德沛兴文教》,《榆巢杂识》下卷,中华书局 2001 年版,第 153 页。

⑤ (清)陈康祺:《简仪亲王有志圣贤之学(二则)》,《郎潜纪闻二笔》卷一,中华书局 1984 年版,第 330 页。

⑥ (清)姜顺龙编:《鳌峰书院讲学录》,清乾隆六年(1741)刻本,第 43 页。

⑦ (清)姜顺龙编:《鳌峰书院讲学录》,清乾隆六年(1741)刻本,第 47 页。

以理学称者，则简仪亲王德沛其最著也”[①]。

德沛所撰易学著述有《易图解》一卷，今存乾隆元年(1736)刻本，故宫博物院藏清抄本;《周易补注》十一卷，今存乾隆六年(1741)刻本。此外，德沛所撰《实践录》及姜顺龙据德沛讲学语录所辑《鳌峰书院讲学录》中亦包括许多易学相关的篇目。德沛学《易》，始于西山读书时，据自述:“先贝子即世，余小子少婴痼疾，不堪为国家任使，遂闭户读书，首先易理。因思宋儒诸子之贤犹多未详之语，益知斯道之大、斯理之难明也。乃掇拾补遗，别为一书，以待识者就正焉。其羲文诸图，先儒略载，故倍加摩究，积三十年之久，仅有一得之愚。”[②]由此也可见德沛学《易》主要遵循宋儒的易学路径，补宋儒未详之语，摩究宋儒所推重的易图，阐发义理。

德沛遵循宋易的路径研治易学，主要表现为推重易图，阐发义理。《易》本经由卦爻象及卦爻辞构成，卦爻象来自圣人对天地万物万事的模拟和整合，卦爻辞来自卜筮，反映了卦爻象在不同时位的吉凶及变化。宋儒认为卦爻象、卦爻辞产生前别有易图，圣人依据“河图”“洛书”作出卦爻象、卦爻辞，于是创造性地画出了“河图”“洛书”“太极图”“先天图”等易图。易图经朱熹高度推重，成为宋以降学者解《易》的重要方法。德沛遵循宋儒，尤其是朱熹易学的治易路径，充分发挥易图，阐发义理。德沛论易图的价值道:“《易》之为道，放之弥六合，敛之藏于密，所谓画前有《易》者是也。迨夫象数昭明，厥图布列而后方圆可指，奇偶可较，荡摩可程，错综可推。是故《易》必根乎图，舍图而言《易》，犹凿空以构矣。”[③]德沛肯定易图作为圣人作卦爻象、卦爻辞的依据，先于卦爻象、卦爻辞产生，认定易图是阐发义理的必要途径，“图以统《易》之蕴，易以发图之藏，斯二者互相为用，不容偏废也”[④]，舍易图无法言《易》。

德沛《易图解》阐释的易图包括《伏羲八卦次序图》《伏羲六十四卦次序图》《伏羲六十四卦方圆图》《伏羲八卦圆图》《文王八卦圆图》《文王乾坤六子图》《河图》《洛书》，凡八幅，全部出自朱熹《周易本义》卷首，意在补遗宋儒阐释易理的未详之语。如《伏羲八卦圆图》中，八卦的顺序和方位依次是乾居南、兑东南、离居东、震东北、坤居北、艮西北、坎居西、巽西南;《文王八卦圆图》中，八卦的顺序和方位依次是震居东、巽东南、离居南、坤西南、兑居西、乾西北、坎居北、艮东北。德沛援引宋儒理学中的体用之说阐释伏羲八卦方位与文王八卦方位的分歧，“震之一阳鼓动，万物之生机于内，至明春则萌芽始见于外。鼓动于内者为体，发见于外者为用，故伏羲圆图之震居东北为体，而文王之圆图因之以处正东，则为用也”[⑤];巽象风，“春夏之交也，若徒震以动之，而风不以散其郁，则万物何能资长，所以各品之类，齐于巽，方春夏之交也。伏羲尚体，故以巽风居西，夏秋之际，取其能实物。文王尚用，以其散郁而能资长，故体结实而用发散也”[⑥]。震、巽二卦由于体用不

① (清)徐珂:《性理类·诸儒学派之总纲》,《清稗类钞》第8册，中华书局2010年版，第3776页。

② (清)德沛:《易图解·序》,《续修四库全书》第19册，上海古籍出版社2002年版，第679页上。

③ (清)盛昱:《〈易图解〉自序》,《八旗文经》卷十一，辽海出版社2009年版，第125页。

④ (清)盛昱:《〈周易补注〉自序》，第124—125页。

⑤ (清)德沛:《易图解·文王八卦圆图》，第701页上。

⑥ (清)德沛:《易图解·文王八卦圆图》，第701页上。

同，所以在伏羲八卦方位与文王八卦方位中居位不同，同理可以推知其他卦亦受体用关系的影响。

《说卦传》“帝出乎震”一节暗示八卦的方位属性，汉儒孟喜据此提出震、离、坎、兑分别代表东、南、北、西的四正卦说。宋儒邵雍则依据《说卦传》“天地定位，山泽通气，雷风相薄，水火不相射，八卦相错”一节，提出乾南、坤北、离东、坎西、艮西北、震东北、兑东南、巽西南乃伏羲先天方位，汉儒四正卦说中的八卦方位则为文王后天方位。朱熹十分推崇邵雍创立的先天学，谓先天学“乃易学纲领，开卷第一义，然古今未见有识之者。至康节先生，始传先天之学而得其说，且以此为伏羲氏之《易》也”①。德沛遵循朱熹的治易路径，而不墨守陈说，弃先天、后天之说，发挥宋儒理学中的体用之说阐释伏羲八卦方位与文王八卦方位，显见卓识。李绂评论，德沛“取先天、后天诸图及河图、洛书，一以《系辞》释之，纵横贯穿，亹亹数千言，与紫阳以下天台董氏、玉斋胡氏诸说互相发明，而其发前人未发者十尝八九，使天下读《易》者，知易图即《易传》，图固未可少也。其用功可谓勤，而于易图可谓大有功矣”②。德沛继承宋儒发明的易图学，进一步发挥易图阐发义理的效用，为易图学在清代的繁荣发展提供了助力。

总　结

清初实施“崇儒重道”的文化政策，大力提倡经学，既得到了汉族儒家学者的认同，同时也使满洲民族受到了儒家文化的熏染，一定程度上消弭了民族隔阂，促进了满汉文化的融合。佟国维、纳兰成德、德沛等满洲宗室、王公贵族等悉心学《易》、研《易》，撰述了不少《易》学论著，成为了事实上的满洲儒臣。清初满洲儒臣的《易》学研究，总体而言，具有以下特色：(1)遵循清朝定立的官方思想，宗主程朱易学；(2)《易》学著述大部分属于辑纂性质，汇集前儒，尤其是宋儒易说，较少作者发明；(3)继承宋儒开创的易图学，推重易图，阐发义理。

满洲儒臣顺应清朝的文化政策，繁荣、发展了清代的程朱易学，开创了清代满洲《易》学体系。清代满洲《易》学体系中还有牛钮、肫图、完颜伟、强谦、傅恒、来保、多隆阿等儒臣，均编纂或参与编纂过《易》学著述，清代皇帝御制文集中亦有相当多的《易》学篇目。专于《易》学本身而言，清初满洲儒臣大多相信卦画产生前别有易图，卦爻辞、卦爻象乃依据易图而作，不符合实际。清初学者黄宗羲、黄宗炎、毛奇龄、胡渭等经考证指出，自宋代开始流行的《易》图，尤其是黑白点阵式的“河图”“洛书”出于伪托，由于朱熹不辨真伪，郑重地置《易》图于《周易本义》卷首，使《易》图在宋以降一伪再伪。③

---

① (宋)朱熹：《答虞士朋》，《晦庵先生朱文公文集》卷四十五，《朱子全书》(修订本)第22册，上海古籍出版社、安徽教育出版社2002年版，第2057页。

② (清)德沛：《易图解・序》，第675页下—676页上。

③ 参见杨效雷：《中国古代〈周易〉诠释史纲要》，中州古籍出版社2017年版，第435页。

清华简《筮法》尚中观念探赜

孙航*

尚中思想是《周易》哲学的根本，早在先秦时期就已成为思想界的通义，甚至可以追溯至史前时期。[①] 它之所以能够在先秦时期得到广泛的认同，并在后世传承中发展为中国哲学的重要内容，关键不仅在于它在一定程度上是判断是非的尺度，而且在于它具有指导人生和社会实践的实际价值。对此，学者有着清醒的认识，认为在不断变化的时间和空间中，消极的“中”足以“无大过”，积极的“中”足以“有作为”。[②] 具体到清华简《筮法》而言，因其筮书性质的限制，表达比较隐晦，并未引起重视，故相关讨论明显欠缺。尽管它属于卜筮的技术性书籍，但是由之可观“大道”，窥见中国类型文化[③]的基本要义之一。经过对清华简《筮法》内容的深入剖析，可以发现它从数之中、卦之中、位之中和体之中四个方面反映了中国类型文化的尚中思想。

一、数之中

在清华简《筮法》中，筮数共有六个，分别为虚数七、六和恶爻八、五、九、四。从数值大小的角度讲，七为奇数五、七、九之中数，六为偶数四、六、八之中数，即七、六为筮数之中数。无论是从筮数出现概率的角度，还是从清华简《筮法》中涉及卦、爻内容之比例的角度，抑或是从“虚”和“恶爻”体用关系的角度讲，七、六不仅是筮数之中，而且是清华简《筮法》理论体系的基本盘。

按照《系辞》“天一地二，天三地四，天五地六，天七地八，天九地十”的说法，在《周易》理论体系中，五、六被视为天地之中数，具有与众不同的数理特征。第一，五、六分别为天数、地数之中，为天地之中数，两者之和为十一。其中，一、三、五、七、九为天数，而以五为中；二、四、六、八、十为地数，而以六为中。第二，二、三、四、七、八、九，各自相乘，所得积

---

* 作者简介：孙航，曲阜师范大学政治与公共管理学院博士后。

① 参见庞朴：《阴阳五行探源》，《中国社会科学》1984 年第 3 期；郑吉雄：《中国古代形上学中数字观念的发展》，《周易研究》2006 年第 5 期；张金平：《考古发现与易学溯源研究》，中国社会科学出版社 2015 年版，第 10 页。

② 参见赖贵三：《说“易”在上古的形成、流传与诠释》，《易学思想与时代易学论文集》，文津出版社 2007 年版，第 151—152 页。

③ 根据庞朴先生的研究，“中国类型的文化”是一种“以阴阳五行为骨架、以中庸思想为内容、以伦理道德为特色的文化”。参见庞朴：《阴阳五行探源》，《中国社会科学》1984 年第 3 期。

数末位数字都发生变化，如二二得四、三三得九、四四十六、七七四十九、八八六十四、九九八十一，而五、六两数自乘，末位数字则保持不变，五五二十五、六六三十六，所以五、六为天地之中数。第三，五、六两数，居乎中而能御乎外，所以不变。又不变而能应万变，所以居中。第四，五五二十五、六六三十六，合为六十一。以六乘六十一，为三百六十六，恰是一年三百六十六日之数，合于天地自然之数。[①] 据此，杨效雷和张金平先生认为，这正是淳化石桥陶罐刻十一个数字卦的缘由，反映了“尚中”的思想。[②] 可见，数之中的观念不仅有其古老的来源，而且存在明确的数理基础。

在清华简《筮法》中，七、六为筮数之中；在《周易》中，七、八为筮数之中，而五、六为天数和地数之中。两者的理论体系及其中数虽然存在差异，但是从数的角度体现尚中的思想，则是彼此共通的要义。

二、卦之中

《系辞》曰：“《易》之为书也，广大悉备。有天道焉，有人道焉，有地道焉，兼三才而两之，故六。六者，非它也，三才之道也。”这是将六爻一分为三，包括天、人、地三才。按照这种六爻三分的思维，中间两爻即三爻和四爻为人位，可以称之为“中爻”，是为“卦之中”。在清华简《筮法》中，“同”与“不同”之所论，恰如易卦中的三才之人位，即“卦之中”。

第一，卦之中，需要以六爻卦的观念为依托。清华简《筮法》虽重在用四位分析法，体现四位八卦的观念，但也反映了六爻卦的理念。从清华简《别卦》来看，重卦与六爻卦的理念是存在的。将筮数七、六称为“虚”，充分说明了筮数七、六的符号化意义。从这个意义上说，在清华简《筮法》中已经存在符号卦的理念，《别卦》“卦位图”“人身图”中的易卦就是最好的证明。从《死生》“六虚”“五虚同一虚”和《男女》“凡男，上去二，下去一，中男乃男，女乃女”看，确已有将六爻视为一个整体的观念，说明在清华简《筮法》中已经存在类似于“卦有六位”的观念[③]，可能只是限于《筮法》理论体系的独特性，未能得到明确的体现。

第二，卦之中的观念，在清华简《筮法》中有着较为具体的反映。第十七节《成》曰：

凡成，同，乃成。　　不同，乃不成。[④]

对这两个筮例的理解，学界存在不同的看法。约而言之，大体可以分为三类：一是中心四爻说。整理者是从爻之相同的视角进行解释的，认为“同”是指第一例中心四爻皆为

① 参见顾净缘：《周易发微》，中国书籍出版社 2010 年版，第 115—117 页。

② 参见杨效雷、张金平：《陕西淳化西周陶罐筮数易卦新探》，《周易研究》2013 年第 4 期；张金平：《考古发现与易学溯源研究》，天津师范大学博士学位论文，2014 年，第 205—208 页。

③ 参见王化平：《读清华简〈筮法〉随札》，《周易研究》2014 年第 3 期；王化平、周燕：《万物皆有数：数字卦与先秦易筮研究》，人民出版社 2015 年版，第 165—166 页。

④ 李学勤主编：《清华大学藏战国竹简（四）》下册，中西书局 2013 年版，第 103 页。下文凡引清华简《筮法》释文，皆本诸此书，并采用宽式，灵活处理，恕不一一说明。

五,“不同”是指第二例中心四爻为七和六,筮数不同。[①] 季旭升先生从之。[②] 这是以四位卦的中心四爻为依据,观察筮数相同与否,判断“成”和“不成”。子居先生肯定中心四爻解释的观点,并略作发挥,认为中心四爻皆五是为了“凸显中心四爻的重要性”,并不要求一定是特殊的筮数。[③] 可见,这一说法特别注重中心四爻的价值。二是中四爻说。与中心四爻的意见不同,谷继明先生根据第十二节《男女》“上去二,下去一”的办法提出一种意见,认为“同”是指第一例右卦和左卦的中四爻都是“七五五六”,“不同”是指第二例右卦中四爻“七六七六”和左卦中四爻“六七六七”不同。[④] 这是以初爻和上爻之外的“中四爻”来解释“同”和“不同”,与中心四爻说视角不同。谢炳军先生认为第一例右卦和左卦中四爻相同,意味着谈判各方意见一致,而第二例中四爻不同,意味着讲和失败[⑤],也是这一思路。三是互体说。按照“上去二,下去一”的思路,郭和杰先生认为它们是“看互体卦象,两边卦象相同则为‘同’,完全相反则为‘不同’。”[⑥]与此相同,李宛庭先生在肯定中心四爻说的基础上,将“上去二,下去一”应用于《成》节筮例的解读中,认为第一例左右两卦分别“上去二,下去一”,皆为巽卦,代表可成;第二例为离卦和坎卦,两者不同,代表不成。[⑦]

在清华简《筮法》中,从卦例和筮辞一致性的角度看,以中心四爻解读“同”和“不同”的说法是可取的。从《果》节所陈述的诠释原则“如卦如爻,上下同状,果”看,《成》节属于“爻同”占法的范畴。以此观之,中心四爻说也更为可取。这样,它实际上是从“卦之中”的层面,体现了清华简《筮法》理论体系尚中的思想。

三、位之中

位之中,是清华简《筮法》尚中观念的基本内涵之一,它在清华简《筮法》中有着较为具体的展现。

第一,位之中,需要以三位经卦的理念为依托。在《周易》中,二爻为“柔中”,五爻为“刚中”,分居上下卦之中。既中且正,故多吉,是《周易》尚中思想的体现。关于这一点,历来学者多有阐发。孔颖达认为中爻居中无偏,故能“统摄一卦之义”,且一以贯之。[⑧] 程颐则认为二、五之中,之所以“吉者独多”,是因为“正未必中,中则无不正”。对于此义,钱大昕予以高度概括,说:“《易》六十四卦三百八十四爻,一言以蔽之,曰‘中’而已矣。”[⑨]有

---

① 参见李学勤主编:《清华大学藏战国竹简(四)》下册,第103页。

② 参见季旭升主编:《清华大学藏战国竹简(四)读本》,(台北)万卷楼图书股份有限公司2019年版,第72页。

③ 参见子居:《清华简〈筮法〉解析》(修订稿上),《周易研究》2014年第6期。

④ 参见谷继明:《清华简〈筮法〉偶识》,《周易研究》2015年第2期。

⑤ 参见谢炳军:《清华简〈筮法〉理论性与体系性新探》,《理论月刊》2015年第6期。

⑥ 参见郭和杰:《清华简〈筮法〉全文注解(附〈别卦〉)》,2014年10月5日,https://www.eee—learning.com/article/3629。

⑦ 参见李宛庭:《〈清华大学藏战国竹简(四)·筮法〉研究》,台湾中兴大学硕士学位论文,2016年,第181—182页。

⑧ 参见(唐)孔颖达:《周易正义》,《十三经注疏》(上),上海古籍出版社1997年版,第90页。

⑨ (清)钱大昕,吕友仁校点:《潜研堂集》,上海古籍出版社1989年版,第39页。

鉴于此，既可以将它视作“介于二者之间的中介”，也可以视作“超乎二者之外的中立”，还可以视作“驾乎二者之上的中正”。总之，它是“给僵持的双方带来新的生机的中和力量”。[①] 按照清华简《筮法》的说法，这就是四位卦的“位之中”。

第二，在清华简《筮法》中，第十九节《志事、军旅》涉及“位之中”，它在一定程度上体现了尚中的观念。其文曰：

凡筮志事，而见同次于四位之中，乃曰争之，且相恶也。

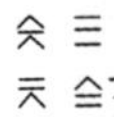如筮军旅，乃曰不和，且不相用命。

对以上两例的理解，学界存在不同的意见。括而言之，大体可以分为两类：一是四位中爻说。整理者以为“四位”是指右上、右下、左上、左下四卦，怀疑“见同次于四位之中”是指四位卦之次爻彼此相同，如第一例次爻皆为阴爻，第二例次爻皆为阳爻。[②] 对此，贾连翔、王化平和谷继明等先生皆持肯定的态度，并有不同程度的延伸。贾连翔先生结合《成》节进行考察，怀疑这种诠释方法是将四位卦的十二爻分为三组：右卦和左卦的三爻和四爻、二爻和五爻、初爻和上爻各为一组，即每组四个爻，筮数一致为“同”，不一致为“不同”。[③] 王化平先生认为它们是通过比较上下卦相同爻位的筮数或阴阳进行诠释的，推测在理论上存在以右卦和左卦的初爻和上爻一致与否来解卦的情况。[④] 这一认识，与贾连翔先生的看法有近似之处。谷继明先生则以爻之“中”和“应”解释此节的核心概念“中”，认为它是指上下左右四卦各自之“中”。之所以“相恶”，是因为四位卦“中爻的性质相同而不相应”。不相应为恶为不和，相应则为爱为和。[⑤] 二是四位卦序说。郭和杰先生否定整理者以“同次”为“次爻相同”的说法，以“次”为“次序”，认为“同次于四位之中”是指“卦象在四位中依父母、少男少女、中男中女、长男长女的次序各就其位”，强调“同次”是指“艮兑居右下，震巽居左下”。[⑥] 这一认识，或是基于子居先生的卦序特意安排说[⑦]而形成的。

第三，从卦例与筮辞的对应看，四位中爻说是较为符合实际情况的。第一例和第二例相比，或因其四位之中相同的缘故，除命辞不同，曰“凡筮志事”或“如筮军旅”外，两者共享“见同次于四位之中”的占辞，其中后者是承上省略；其断辞虽然不同，但是意义是一致的：前一例谓“乃曰争之，且相恶也”，后一例谓“乃曰不和，且不相用命”。如前所述，在

① 参见庞朴：《阴阳五行探源》，《中国社会科学》1984 年第 3 期。

② 参见李学勤主编：《清华大学藏战国竹简（四）》下册，第 105 页。

③ 参见贾连翔：《出土数字卦材料整理与研究》，清华大学博士学位论文，2014 年，第 151 页；《出土数字卦文献辑释》，中西书局 2020 年版，第 234 页。

④ 参见王化平、周燕：《万物皆有数：数字卦与先秦易筮研究》，第 180—182 页。

⑤ 参见谷继明：《清华简〈筮法〉偶识》，《周易研究》2015 年第 2 期。

⑥ 郭和杰：《清华简〈筮法〉全文注解（附〈别卦〉）》，2014 年 10 月 5 日，https://www.eee—learning.com/article/3629。

⑦ 在对《志事、军旅》的解释中，子居先生以为这两个卦例震坎艮乾、巽离兑坤的卦序“是特意安排的”。参见子居：《清华简〈筮法〉解析》（修订稿上），第 27—28 页。

《成》节中，“同”是指中心四爻皆“五”，“不同”是指中心四爻为“七”和“六”。这里说“见同次于四位之中”，是以四位之中的“爻”同与不同判断吉凶，运用的同样是“爻同”占法。据“同，乃成”之例，问“志事、军旅”而“见同次于四位之中”，是应当“成”的，然而此处却说“乃曰争之，且相恶也”“乃曰不和，且不相用命”。之所以如此，大概是事体不同、所尚不同的缘故。论“成”(讲和)尚“同”，论“志事、军旅”不尚“同”而尚“和”，“同”则为“争”为“不和”。

总之，战与成，皆就敌我双方而言。战尚争，主要是敌我双方综合国力整体上的激烈较量，故曰“胜”，而以“内胜外”“外胜内”论其吉凶，注重分析八经卦整体上的关系。成尚同，表现为双方外交使节的互相博弈，故曰“同”而以“同”“不同”论其吉凶，注重分析四位卦临界四爻的关系。“志事、军旅”主要是就我方而言，着重指内部的谋议。因此，四位卦的分析注重四位卦各卦中心一爻的关系。内部崇尚上下应和，故“凡筮志事，而见同次于四位之中”为“争之，且相恶也”，“筮军旅”而“见同次于四位之中”为“不和，且不相用命”。这里对四位中爻的重视，可以视为尚中观念的反映。

四、体之中

体之中，同样需要以六位卦的观念为依托。在易卦中，和初爻、上爻相比，中四爻在卦中具有特殊地位。[①]《系辞》说：“若夫杂物撰德，辩是与非，则非其中爻不备。……二与四同功而异位，其善不同，二多誉，四多惧，近也。柔之为道，不利远者，其要无咎，其用柔中也。三与五同功而异位，三多凶，五多功，贵贱之等也。其柔危，其刚胜邪。”它详细论述了爻位、爻性和爻辞之间的普遍联系。[②] 据此，王弼提出“初上无位”的说法，曰：“初上者是事之终始，无阴阳定位也。”王船山予以发挥，说：“中四爻者，出乎地，尽乎人，而应乎天，卦之成德备于此矣。”[③]其言辞虽然不同，但表达的意思是一致的，都是以除初爻和上爻之外的二爻、三爻、四爻、五爻为“中爻”，强调中四爻在易卦中的重要性。后世所谓“互体”，正是就“中四爻”而言。仿照互体的思路，暂且将清华简《筮法》“上去二，下去一”的方案称为“体之中”。

第一，在清华简《筮法》中，第十二节《男女》“上去二，下去一”的内容，在一定程度上透露了“体之中”的尚中观念。其文曰：

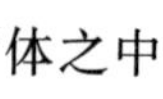凡男，上去二，下去一，中男乃男，女乃女。

从其内容看，此节是“筮问生育男女”。整理者认为，这一卦例右侧上卦去其自上二爻，下卦去其自下一爻，左侧的卦同样操作，结果其中间都是坎卦，代表男性，为得男之

① 参见尚秉和：《焦氏易诂》，《尚氏易学存稿校理》第一卷，中国大百科全书出版社2005年版，第21—23、26页。

② 参见萧汉明：《论〈周易〉的哲学思想与爻性爻位的关系》，《武汉大学学报》(社会科学版)1985年第5期。

③ (清)王夫之：《周易内传》，《船山遗书》第1册，中国书店2016年版，第291—292页。

象。[①] 在此基础上,贾连翔先生认为它类同于后世以互体解卦的方式。[②] 于此,刘大钧先生讲得更为明白,认为"上去二,下去一"是指"六画卦除去上爻、五爻和初爻",用的是"八卦互体之说","中男乃男,女乃女"是指"中间二、三、四爻互体所成之卦为阳卦则生男,为阴卦则生女"。[③] 与之相类,谷继明先生承认《男女》节的诠释是取左右两卦二至四爻,看其男女属性予以判断,认为它和互体的思维相通、目的相同。[④] 不同的是,谢炳军先生否定自互体的视角进行解释,认为它是用删减四位卦之后的卦体性质进行判断的。[⑤] 这一说法固然有其合理性,但忽视"上去二,下去一"与互体的一致性,拒绝自互体的视角进行考察,既不符合易学的传统,也无益于问题的解决。以上几种解释虽有不同,但皆是以"中"为方位名词。与此不同,季旭升先生认为"中"可能有三种解释:一是形容词说,即"中男"为一个词,是相对于长男、少男而言;二是名词说,即"中"指"中间的爻","中男"包括长男、中男、少男;三是动词说,即以"中"为"得","中男"为"得男卦"。[⑥] 从筮例看,这里明确说"上去二,下去一",因此所谓"中"是方位名词,指一卦六爻除去上面两爻和下面一爻后余下的三爻在整个卦中的位置。

第二,在此处所举成例之外,子居先生还予以推论,假设遇到"左右各得一男卦一女卦"的情况,认为"似是继续执行该步骤,即右卦居上,左卦居下,再次'上去二,下去一'",以剩下的一个卦象判断男女。[⑦] 这固然是善意的周全,但《筮法》本身只是些经典案例,恰恰是不周全的。按照此处"上去二,下去一"而观其所余之爻组成之卦的性别判断男女的方法,确如子居先生所见,会有三种情况出现:一是所余之爻组成的卦,左右两个皆为男卦;二是左右皆为女卦;三是一个男卦,一个女卦。依据"中男乃男,女乃女"的判断方法,前两种情况易知,第三种情况则不可知。这里只记前两种情况,而不记第三种,大概是从肯定性经验的角度出发,记其准确率高且易于判断的情况,而第三种情况因男女混杂,不易判断,或者还没有找到有效的判断方法,故而未论。子居先生所说的方法,作为一种推测,不失为应对第三种情况的一种可能性方案,但它未必是唯一的。如对于左右各得一男卦一女卦的情况,按照此例可以重新筮卦,直到出现"中男乃男,女乃女"的卦象为止。除此之外,遇到双生的情况如何判断,同样是一个值得思考的问题。

由上可知,清华简《筮法》将"上去二,下去一"这一方法应用到具体的诠释之中,体现了对卦体中间三爻的重视,蕴含有尚中的观念。

---

① 参见李学勤主编:《清华大学藏战国竹简(四)读本》,第 96 页。

② 参见贾连翔:《出土数字卦材料整理与研究》,清华大学博士学位论文,2014 年,第 144 页;《出土数字卦文献辑释》,第 227 页。

③ 参见刘大钧:《读清华简〈筮法〉》,《周易研究》2015 年第 2 期。

④ 参见谷继明:《清华简〈筮法〉偶识》,《周易研究》2015 年第 2 期。

⑤ 参见谢炳军:《清华简〈筮法〉理论性与体系性新探》,《理论月刊》2015 年第 6 期。

⑥ 参见季旭升主编:《清华大学藏战国竹简(四)读本》,第 54—55 页。

⑦ 子居:《清华简〈筮法〉解析》(修订稿上),第 25 页。

结 语

总之，“中”是《周易》所透露出的最古老的哲学概念之一，经孔子之手上升为哲学范畴，并逐渐形成了一套“中庸之道”的思想体系。[①] 就清华简《筮法》而言，鉴于其理论体系的特殊性，虽然远远无法建构“中庸之道”的思想体系，但是通过对其相关内容的分析，可以揭示出“中”的四个维度：数之中、卦之中、位之中、体之中。四者一体，共同展现了清华简《筮法》尚中观念的基本面貌。这种对“中”的重视，应是先秦时期尚中思想在易学领域的应用和体现，与清华简《保训》篇所阐释的中道思想正相呼应，从一个侧面说明了尚中思想在先秦时期流传的广度和深度。

---

① 参见萧汉明：《论〈周易〉的哲学思想与爻性爻位的关系》，《武汉大学学报》（社会科学版）1985 年第 5 期。

诸暨易学研究:中国易学面貌的微观样本

骆炀*

诸暨学术在浙东学术中占有重要地位,并且在中国历史上持续产生着重要作用。作为浙东学术的一部分,诸暨学术一直被浙东学术的光辉遮蔽,随着近代以来社会经济和文化的快速融合,诸暨学术的特点和在历史上所作的贡献也一并被融进大区域,越来越被世人忽视。包含在诸暨学术中的诸暨区域易学是管窥中国易学面貌和变迁的一个绝佳的微观样本,应该被重视和利用。对诸暨区域易学的微观研究不仅可以理清诸暨学术发展的脉络,也可以为区域学术研究提供具有"样本意义"的研究案例。

一、诸暨区域易学研究

(一)孝感里张氏易学

传统中国是宗族社会,可以说传统中国最小的区域单位即是宗族聚居区,诸暨也是由一个个宗族组成的区域。诸暨孝感里是张氏族人聚集区,孝感里张氏历代有治易、传易的传统。

据现存文献,孝感里张氏治易最早可考的是五代时的张复,据《孝感里志》记载,张复"博通经史,尤邃于《易》,著有《易原》(今已佚)传世"[①]。

张复颇有家学,祖父张照"淹贯经史,文名藉甚"[②],父张守"五代时群雄相继,兵戈扰攘,公与兄弟明理学,敦孝友,杜门不与外事,钱武肃王屡征之,不就"[③]。张复易学当有家传。

张复之后又有北宋张坚治易,著有《易解》,今已佚。光绪《诸暨县志》《孝感里志》有传,谓"熙宁癸丑(1073)进士。坚家贫笃学,以圣贤自命。胡安定(993—1059)教授湖州,负笈往从之。旦夕研味,至忘寝食,不期年,尽得六经之奥。辞归乡里,从游甚众(《两浙名贤录》)。谓门人曰:'人皆可以为尧舜,自信得过,则精一之传在我(《宋元学案》)。'后

---

* 作者简介:骆炀,曲阜师范大学孔子文化研究院硕士研究生。

① (清)张廉:《孝感里志》卷四,嘉庆二十四年刻本。

② (清)张廉:《孝感里志》卷五,嘉庆二十四年刻本。

③ (清)张廉:《孝感里志》卷五,嘉庆二十四年刻本。

以八行得官，寻改京秩。贫不自给，吟啸自若，时称为醇儒（《隆庆骆志》）。著有《易解》（《楼志》）”[①]。“世以家学相授受，善文章，工书。及长，毅然以圣贤为己任，受族祖复公《易原》，明天人之奥。复从胡安定先生游，尽得其宗旨以归。后举八行第一，得官，有清廉声。改擢京秩，菜羹麦饭晏如也。寻致仕归，与族弟芝公阐发性命之学，四方间道者甚众，多致显位。浙东理学自公始，著有《易解》传世。既卒，崇祀乡贤。”[②]

其后又有北宋张芝治易，著有《易原续解》，今已佚，《孝感里志》称张芝“禀性岸异，杜门不出……诗文迥出蹊径”[③]。

以上的张复、张坚、张芝，是早期（五代到南宋）孝感里张氏中治易且有明确著述的人，世称“一家三易”，可惜《易原》《易解》《易原续解》三书已佚。但通过书名、易学时代特征、师承、家学传承，可以推测其书内容。

由于文献不足，张复与《易原》的情况已不得而知。张坚《易解》已佚，但通过现存文献，还可寻得蛛丝马迹，张坚“世以家学相授受”，“受族祖复公《易原》，明天人之奥”。在此之后又师从胡瑗，虽然求学不满一年，但“旦夕研味，至忘寝食，不期年，尽得六经之奥”。继承家学为张坚的易学研究奠定了基础，师从胡瑗让张坚之易学更为精进。

胡瑗（993—1059），字翼之，世称“安定先生”。胡瑗是北宋复兴儒学、开创理学的先驱者之一，是宋代义理易学的创立者，是朱子所评价的“言易之极纯者也”。胡氏易学思想主要记载于《周易口义》（现存宋代最早的义理派易学著作，胡氏此书解《易》以义理为宗，不论象数，着重解释卦爻辞的文意，言天道人事变易之理，并以阴阳二气说解释《易》理，反对王弼以虚无观念解释太极的玄学观点）。胡瑗易学的特征是“以义理为宗”，其以义理为宗本质上是以儒家义理为宗。胡瑗释“易”为“变易之道，天人之理”。胡瑗易学的政治思想是“明体达用”，“明体达用”则是以“圣人之道”为基础而言。张坚的易学研究在一定程度上受胡瑗的影响。

张芝为张复族裔，张坚族弟。从书名看，其《易原续解》的易学研究继承并发展了族祖张复的《易原》。张芝长期与张坚阐发性命之学且以之授徒，其学受张坚影响很大。

五代到北宋，张复、张坚、张芝“一家三《易》”，基本奠定了孝感里张氏易学研究的面貌。从上述文献看，他们的易学研究一脉相承。张坚“受族祖复公《易原》，明天人之奥”，师从胡瑗，胡瑗易学以儒家义理为宗，不论象数，着重解释卦爻辞的文意，言天道人事变易之理。张坚回乡后与族弟张芝阐发性命之学，授徒传授理学，成为浙东理学的重要人物。

可以说孝感里张氏易学研究是以儒家义理为宗，重在研究性命之旨、天人关系。“一家三《易》”大致处于北宋时期，宋代易学最大特点是将《周易》的原理高度哲理化。宋易注重即因经以明道，或明道以知经。总之，不追求《周易》经传文字训诂方面的解释，不停留在经文的表面字义上，注重探讨其中的义理。“一家三《易》”的易学研究一方面被这种

---

① （清）陈遹声、蒋鸿藻修纂：《光绪诸暨县志》，浙江古籍出版社 2016 年版，第 559 页。

② （清）张廉：《孝感里志》卷四，嘉庆二十四年刻本。

③ （清）张廉：《孝感里志》卷四，嘉庆二十四年刻本。

时代风气影响,一方面也突出体现了这种风气的特征。

孝感里张氏以"一家三《易》"的易学传统为荣,[①]并深受影响。如明代张本清,"以《易经》考最贡于春官。授江西南昌靖安司训,讲学论文,教化大行"[②]。如清代张升也精深于易。除此以外,孝感里张氏还有几位治易并且明确有易学著述的学者。

明代有张一龙,字子化,号嵊山。《孝感里志》有传,谓"善读书,尤精易学,教授弟子悉阐横渠先生(张载)蕴奥,一时名士多宗之。所著有《嵊山易门》《鹤地窗稿》《道统心传》《家规》等集"[③]。

其易学专著《嵊山易门》,上下二卷。今已佚。但幸有《孝感里志》载周易乾为《嵊山易门》所撰之序,让我们可以认识此书的面貌。《嵊山易门》序:

> "三坟,太古之所以倡道也,而《易》实居其巅,《易》固包天地之终始,总人物之锁钥,隐乎?微乎?元之又元,见矣显矣,灼焉孔灼,既神化而莫测,亦平淡而无奇。卫、关未尝不获十一于千百,不足责其悖;王、郑未尝不视毛肤为髓液,不足传为信。故其为书,阅历三古,非可等以荒略,经营四圣,益以穷其幽渺。卜氏而后,有宋六子以外,谁为得其门哉?顾自汉、晋、唐、宋迄于有明,言《易》者二百五十余家,而更有藏之名山石室与穷巷笥箧中,秘密不传如岩笥者,正不乏其书。向读岩笥,每服其义简而该,词约而腴,比拟精当,抉摘细腻,亦已竭经生之能事,钩元妙之包藏,而世儒究无有知之者。今读《嵊山易门》,抑亦犹是。
>
> 嵊山,讳一龙,字子化。去今百余年矣,所传《制艺》外,有《易解上下》、《经》二卷,自命其集曰《易门》。余详阅之,纵横诸家,出入阃奥,疑信者严分弃取,同异者峻别轸涂。意以专言象则泥,专言数则谶,专言理则混。同断以朱子之经纪乎象数,而归之以理者,乃可合气运人事而一,之所以条贯诸说,本本元元,枝枝叶叶,周详简括,曲尽精微,其殆庶几乎。剖洪蒙,辟块圠,而称入室矣乎。故其放眼高视也,如登华、嵩而一览无遗;其细心搜剔也,如入洞府而靡幽不彻;其用墨用朱,细为志别,为点为圈,逐一标清也,如轩帝之□[④]一悬而平奇,常怪之物莫能匿。虽上卷遗《参考图书》及《卦变》者十有余页,下卷遗《杂卦》数页,而汇辑《天一》《地二》章极为精当,集邵说于《杂卦》首,亦极有头绪,是诚俎豆羲皇,羽翼本义。
>
> 卓哉!先正之传人,后学之标准矣!独惜秘密既久,几与岩笥同其淹没,仅作传家世宝,未及公诸四海与天下精研易学之士,群奉为蓍蔡也。
>
> 乾隆八年癸亥八月周易乾撰。"[⑤]

从序看,《嵊山易门》是张一龙易学著作的汇编,颇有篇幅,内容丰富,在继承孝感里

① 乾隆三十五年《水霞七修宗谱源流总序》:"是一甫公著《易原》以倡道兮,处馨公著《易解》兮益粹。翼圣作圣道之干城兮,易门开天地之奇秘。此惟我南湖之鸿文,水霞之宝笥,而五十余族之道学名流、忠孝文章又未暇详陈而备志,世世万子孙永永年代,知天道之不远,而和气致祥者之自莫之致而至也。"

② (清)张廉:《孝感里志》卷三,嘉庆二十四年刻本。

③ (清)张廉:《孝感里志》卷四,嘉庆二十四年刻本。

④ 据《孝感里志》,"□"字原阙。

⑤ (清)张廉:《孝感里志》卷四,嘉庆二十四年刻本。

张氏易学传统的基础上,纵横诸家易学,如朱熹、邵雍,融合象数易学和义理易学。根据“尤精易学,教授弟子悉阐横渠先生(张载)蕴奥”,张一龙易学大概主宗张载。张载的学问以易为宗,是典型的义理易学派,其整体哲学建构都可以视为对《周易》原理的种种阐释和发明,提出“易乃是性与天道”——以“易”为贯通天人之途的重要命题。

乾隆八年周易乾写序时,《嵊山易门》已经有残佚。《嵊山易门》很可能是以稿本形态,在族人、师友、弟子间传播、传抄。因为成本等,并没有刻印,又因为传播量少,所以很难保存到现在。这种现象是古时的常态,本文论述的这些易学著述恐怕有半数都如此。

清代有张建范,著《周易补疏》,今已佚。光绪《诸暨县志》引乾隆《绍兴府志》称其:“幼闻《大学》诚正之说,欣然有得,及长,研究濂洛,学先躬行,著有《周易补疏》《史记平衡》。”[①]关于其著述,《孝感里志》还记载:“所著有《性理擢微》等书数十集,皆别具心裁,独出手眼,卓然可传者也。生平制义不下千余首,晚而合为《水霞全稿》。”[②]

清代又有张鸿仪,著有《易经汇解》,今已佚。光绪《诸暨县志》有传,谓“乾隆戊午副贡生。性沉确,潜心理学,从仇沧柱兆鳌游,日与研究性命之旨,所造益深。又从钱曰布讲制义,数十人同占毕,鸿仪独居一室,玩濂洛奥义,曰布叹曰:‘宋儒真传其在是乎。’邑令张端木,名士也。屡枉驾访治道,而鸿仪终不一至县庭,张喟然曰:‘徐孺子有下榻时先生高风过之矣。’著有《易经汇解》《芥舟文航》”[③]。

张建范、张鸿仪都宗濂洛之学,潜心于理学。于书名看,《周易补疏》《易经汇解》都是传统的易学研究著作,“补疏”是对前人学说提供己见,“汇解”则汇集诸家对易经的解释。不过靠书名,只能是个大概推测。从二人的治学情况看,二书偏重义理,宗濂洛之学。

(二)诸暨治易之人与易学著述

据笔者考察,诸暨治易且有易学著述的共有二十二人,易学著述共二十四部。[④] 其中,明末清初陈洪绶《筮仪象解》、清代周源淋《易外偶记》,民国周善培《易解义》《周易杂卦证解》明确现存全本,清代杨学泗《羲经讲义》现存孤本残本,其余皆不传。现将诸暨有治易经历之人及其易学著述列于下,其中孝感里张氏治易情况前文已详,以下从略。

第一,张复,字一甫,五代孝感里人。著有《易原》,今已佚。

第二,张坚,字适道,北宋孝感里人。著有《易解》,今已佚。

第三,张芝,字处馨,北宋孝感里人。著有《易原续解》,今已佚。

第四,黄开,字必先。南宋人。“绍兴甲戌(1154)进士,端谨持行,学邃于经,著有《周易图说》《春秋妙旨》《麟经总说》《语孟发挥》《孟子辨志》《六经指南》《诸史决疑》《暨阳杂

---

① (清)陈遹声、蒋鸿藻修纂:《光绪诸暨县志》,第650页。

② (清)张廉:《孝感里志》卷四,嘉庆二十四年刻本。

③ (清)陈遹声、蒋鸿藻修纂:《光绪诸暨县志》,第655页。

④ 核查2023年版《浙江通志·艺文志》未发现诸暨在现代有治易之人与易学著述,笔者印象中也未有。笔者系诸暨籍而留寓他乡之人,虽学易但未敢称治易,虽有零星研易文字,也未敢称著述,故不敢忝列其中。易学乃六经之首,大道之原,两千年来之显学。诸暨历史上也是易学学者辈出,而如今竟如此萧条,不能不想到社会变化对学术的消长有直接的影响。

俎》《浣溪文集》,都二百六十余卷。”[①]《周易图说》载万历《绍兴府志》,朱彝尊《经义考》亦载之,今已佚。书虽然已经佚失,但根据书名,可以知晓这是一部以图解易或者是说解各类易图(如河图洛书、太极图等)的易学书。易图学在宋代流行,尤其在南宋蓬勃发展,这一时期出现了一批易图学著作。黄开《周易图说》就是易图学发展的产物。

第五,陈寿,字符冈。南宋人。光绪《诸暨县志》有传,谓“父燧,官翊善堂资善;母邵氏,康节先生子、利州转运使伯温女也,有贤行(《河南省志》)。寿弱冠,母命受业杨龟山之门,补太学生。随陈东上书,极言李纲不可罢相。建炎三年,随燧卫皇子至杭州。绍兴乙卯(1135)举特奏名进士,除庆元路学正,迁翰林经谕。二十年,上书‘论胡寅不当贬’忤秦桧,改应奉翰林文字,遂以疾辞官。寿自河南阌乡迁杭(《南迁事实记》)。至是无所归,同年生冯羽仪为赘于其妻兄、桂阳令王章家,因徙居枫桥之宅步(《允都名教录》)。著有《周易附传》一卷、《诸史辨疑》四卷、《居易集》四卷(《南迁事实记》)”[②]。

《周易附传》今佚。陈寿的家学颇为显赫,外祖父是邵伯温,曾外祖父是邵雍。邵雍是北宋五子之一,是易学发展中最重要的人之一。他学际天人,精研象数易学,创立了一套与以往不同的庞大的先天象数易学体系,进而统摄先天、后天,宇宙、人文于一体。邵伯温整理其父遗作,继承邵雍易学遗产。

陈寿受母命师从杨时。杨时的易学,在程门弟子中水平最高。其易学论述,一是《易说》,保存在《大易粹言》等书中,一是《语录》《文集》中的相关议论。从解《易》的思想来看,他受到了二程天理观的影响;其解《易》的方法,也多与《周易程氏传》一致。但这并不是说杨时就仅仅是二程易学的复述者。事实上,杨时易学展现出了“程—朱”主流脉络之外的另一种可能性。杨时易学在一些主要的概念如易、神,以及由此展开的生死观方面,都受到了张载的影响,并与佛、道有丰富的互动。[③]

从家学和师承来说,陈寿是本文诸暨研究对象中最优越的,可惜其只有一部易学专著《周易附传》,而且已佚。《周易附传》从书名看,可能采取以传附经的编排方式。从师承上看,主体应属于义理易学。由于其家学,其书关于象数的部分不会与邵氏象数易学相悖,应是一脉相承。

第六,陈洙,元代人。著有《易说绪余》,载弘治《绍兴府志》,有弟陈大伦,学易于陈洙。从书名看。“绪余”是抽丝后留在蚕茧上的残丝。借指事物之残余或主体之外所剩余者。《易说绪余》大概为作者推衍前人解易其未尽之意,以为绪余。

第七,张一龙,字子化,号嵊山,明代孝感里人。著有《嵊山易门》,今已佚。

第八,杨肇禄,字遒百,明代人。光绪《诸暨县志》有传,谓“诸生。云间陈子龙以绍兴府推官,摄邑篆(代理官职,掌其印信),敦请讲学。著有《易解参义》。及卒,门人私谥为诚一先生(《楼志》《大观堂集》)”。“易解”可能是王安石所著的《易解》。《易解参义》可能是杨肇禄对《易解》进行释义的著作。其参读如程颐等别家观点,另附上自己的见

---

① (清)陈遹声、蒋鸿藻修纂:《光绪诸暨县志》,第559页。

② (清)陈遹声、蒋鸿藻修纂:《光绪诸暨县志》,第564页。

③ 参见谷继明:《杨时易学探义》,《中国文化研究》2018年第1期。

解最终成书。[①]

第九,陈洪绶(1598—1652),字章侯,明末清初人。陈洪绶是著名书画家、诗人,以诗书画闻名,著有《筮仪象解》,稿本共四册,藏于浙江图书馆,知之者甚少,关注度不高。《筮仪象解》是陈洪绶晚年研究易经的一部手稿,藏于浙江图书馆,其以朱熹的《周易本义》为蓝本,删繁就简,参以新解,多作社会学、伦理学的阐释。字里行间映射着他对国运兴衰、身家性命的感慨和思索,反映了他对天地万物的参悟和应对之智慧,大至于天道,小至修身。[②]《筮仪象解》的易学学术价值不高,但可依托本书研究陈洪绶的书法艺术和个人思想。

第十,张建范,字洪九,清代孝感里人。著有《周易补疏》,今已佚。

第十一,张鸿仪,字羽文,清代孝感里人。著有《易经汇解》,今已佚。

第十二,杨学泗,字鲁峄,清代人。光绪《诸暨县志》有传,谓"副贡生……生平讲学以存诚主敬为本,所著有《道学宗谱》《羲经讲义》《理学心印》《越骚》《五云诗文集》《逸老编》《家训》(《乾隆府志》)《性理约言》《朱子学的》《注省身录》(《楼志》)"[③]。关于其易学著作,有《羲经讲义》四卷,《图说》一卷,为其子杨三炯编订,有康熙刻本,藏天一阁博物馆,存两册三卷(《羲经讲义》卷一至卷二,《图说》一卷)。原书我未见,光绪《诸暨县志·经籍志》谓:"是书载《乾隆府志》,今印本犹有存者。学泗讲性学(性理),故是书以程传为宗。"[④]《程传》即《周易程氏传》,是北宋著名理学家程颐的重要代表作,在易学史和哲学史上都有着重要的地位.此书阐明了程颐的义理思想,批评了传统的象数派,继王弼《周易注》之后,将义理派推向了新的高峰。《羲经讲义》既是易理易学之作,也包含了易图学的研究。

第十三,傅初,字符之,清代人。光绪《诸暨县志》有传,谓"诸生。性孝友,笃志于学,辟木鸡轩,庋书其中,朝夕研究,洞阐渊旨,洞阐《易》理,著有《周易七镜钵》"。[⑤]《周易七镜钵》已佚。从书名看,镜钵为道教法器,《周易七镜钵》可能有七章,内容可能偏向道教思想。

第十四,杨有庆,字履旋,清代人。光绪《诸暨县志》有传,谓:"贡生。师事天台齐召南,说经有师法。著有《诗序阐真》,以诗注诗,以传注诗文,又援汉唐诗以注诗,而折衷于《钦定传说汇纂》,召南为之撰序,推挹甚至。又著有《周易疏解》《洪范九畴》《论地理指南确注》《养浩轩文稿》《五云山房诗钞》(据《家传》,嵇曾筠《法子类稿·序》、《乾隆府志》纂)。"[⑥]

《周易疏解》今已佚。杨有庆师从齐召南。齐召南((1703—1768)是著名地理学家和史学家,重实学,重考证,著有《史记功臣侯年表考证》《汉书考证》《水道提纲》等。杨有庆"说经有师法",继承了其师的治学方法。其《诗序阐真》,"以传注诗文,又援汉唐诗以注

---

① (清)陈遹声、蒋鸿藻修纂:《光绪诸暨县志》,第612页。

② 陈建用:《〈筮仪象解〉》与陈洪绶晚期人物画的关系探蠡》,《中国书画》2022年第9期。

③ (清)陈遹声、蒋鸿藻修纂:《光绪诸暨县志》,第630页。

④ (清)陈遹声、蒋鸿藻修纂:《光绪诸暨县志》,第889页。

⑤ (清)陈遹声、蒋鸿藻修纂:《光绪诸暨县志》,第612页。

⑥ (清)陈遹声、蒋鸿藻修纂:《光绪诸暨县志》,第654页。

诗”。由此推测《周易疏解》应宗汉学，章句之学，重文字训诂，并非宗宋明理学、重义理。

第十五，杨垂，字统甫，清代人。光绪《诸暨县志》有传，谓：“乾隆辛卯举人。初交毓，复因毓交芝图（枫桥陈芝图），故诗文皆有师法，六上公车不售，留滞京师者十余年，识浦江戴殿泗（1746—1825，马剑人），所学日益进，后以年老例赏国子监学正，束装归里。善医能饮，未尝有酒过。工行楷，尝谓五泄山有铁崖坪，王元章、陈老莲画有《五泄图》，而皆不可得，则神溯久之。其嗜奇独往多此类也。著有《周易补义》一卷，《醉余吟稿》二卷，越中士大夫祀芝图于诗巢，配唐贺监以下六君子，而毓与垂亦以类从祀焉。”[①]杨垂曾“留滞京师者十余年，识浦江戴殿泗，所学日益进”，戴殿泗有《风希堂文集》等存世，《风希堂文集》有《卦序说上》《卦序说下》《震艮巽兑说》三篇易学文章，其卦序说不取邵雍之说，三篇内容主要涉及周易象数。杨垂《周易补义》今已佚，因文献不足，具体内容不知。

第十六，杨伯昭，清代人。著有《大易易简》，今已佚，《乾隆府志·经籍目》注：“诸暨杨伯昭撰。今未见。”从书名看，《大易易简》应该不是繁琐的章句训诂之书。[②] 明代高攀龙著有《周易易简说》，书名颇类。《周易易简说》为表现心学易的义理易学著作，坚持人天、心易、心物贯通的解《易》理念，把内圣修心之学与外王实用紧密联系起来。《周易易简说》注易原则为以孔子《易传》为宗、易简注易、以主爻为中心；解易特点为心易合一、人天合一、体用合一。[③]《周易易简说》或对《大易易简》内容有参考价值。

第十七，郦国华，字葶庭，清代人。光绪《诸暨县志》引乾隆《绍兴府志》：“邑诸生，学邃于易，折衷周邵二子，键户（按：闭门）六十一年，汇二家说，著《周易汇解》。”[④]《周易汇解》今已佚。从文献看，郦国华是毕生专心研易之人，主要研究周敦颐和邵雍易学，《周易汇解》也是主要汇集了周敦颐和邵雍之说。

第十八，楼卜瀍（1714—1782），字西滨，清代人。光绪《诸暨县志》有传，谓：“乾隆庚辰举人。师事淳安方棨如、会稽徐廷槐，学有师承。辛丑会试后，恩赏国子监典簿衔。著有《易例》四十卷，《毛诗订疑》二十卷，《书传要旨》四卷，《春秋三传要录》十二卷，《礼图约编》八卷，《诸暨县志》四十二卷，《虚白室文稿》一卷，《杨铁崖古乐府注》十卷，《咏史诗注》八卷，《逸诗注》八卷。当时受业于方、徐二先生，而以著述名家者，首推卜瀍。”[⑤]《易例》今已佚，清代惠栋（1697—1758）和端木国瑚（1773—1837）都有名为《易例》的易学著作。楼卜瀍《易例》有四十卷，颇有体量，很可能是总结归纳卦爻当中所蕴含的种种象数义理的例行性规则，发明易之本例的著作。

第十九，蒋钊，字载康，清代人。光绪《诸暨县志》有传，谓：“博闻强记，从余姚卢抱经学士文弨游，得其师承，归而穷经。乾隆辛卯举于乡，典试者为武进庄方耕侍郎存与，侍郎故精三礼。壬辰会试，后留京师数年，就而卒业，故所学于三礼为尤邃。戊戌大挑知县分发甘肃，不就，幞被南归。下帷于白栎里之宣妙寺，屏绝外事，殚精治经。谓《周官》较

① （清）陈遹声、蒋鸿藻修纂：《光绪诸暨县志》，第 652 页。

② （清）陈遹声、蒋鸿藻修纂：《光绪诸暨县志》，第 889 页。

③ 参见温海明、韩盟：《传高子绝学续攀龙心意：高攀龙〈周易易简说〉的易简之道诠解》，《江海学刊》2021 年第 5 期。

④ （清）陈遹声、蒋鸿藻修纂：《光绪诸暨县志》，第 654 页。

⑤ （清）陈遹声、蒋鸿藻修纂：《光绪诸暨县志》，第 655 页

诸经为晚出,故疑义亦视诸经为最多。宗郑注者墨守前失,鲜所发明。攻郑注者,排讦百端,徒滋轇葛。二者皆失。著《周官心解》二十八卷。谓三礼一贯,而仪礼尤为二戴之经,后郑三礼《注》亦《仪礼》为最精,朱子作《经传通解》,即以二戴《释仪礼》,而取别未审,遗义尚多。著《仪礼独裁》十九卷。晚年更好《易》。谓王辅嗣以清言乱经,遂发汉以后二十一家注[①],精心探讨,著《周易新义》十三卷,又著有《乡党杂说》《左史合评》各若干卷。古先儒说汉唐而外,独推萧山毛西河检讨奇龄,谓西河说经,本不甚醇,顾其创解博援,穿穴旁通,亦罕有其匹。"[②]

《周易新义》的手稿因为太平天国运动被毁,没有刊刻流传。蒋钊师承卢文弨(1717—1795),崇毛奇龄[③](1623—1716)之学,二人皆是清代汉学的代表人物。《周易新义》排斥如王弼《周易注》这样的玄理易,而"发汉以后二十一家注,精心探讨"。《周易新义》是清代易学发展的一个典型产物,清代易学是朴学易,其特征是对汉魏易学文献作整理、考证,用文献学及考据学的方法研易并崇尚汉易,欲恢复汉易的历史真面目。

第二十,周源淋,字沃斋,清代诸暨藏绿村人,著有《易外偶记》。国家图书馆、南京图书馆、浙江图书馆、嵊州图书馆等均藏有《易外偶记》,但著录多有误。国图现藏《易外偶记》,钤"知堂收藏越人著作""苦雨斋藏书印"朱文印与国立北平图书馆藏书印[④],乾隆间刻本,9 行 20 字小字双行同,黑口,左右双边,共四卷两册,牌记题"周沃斋辑""藏绿山房"。光绪《诸暨县志·经籍志》将《易外偶记》归为子部术数类,曰:"其书先引《素问》《淮南》诸古说及注,而以己意释之,随手辑拾,不分汉宋门径,其第二卷又拾《易经》遗句,用心颇勤。刊于乾隆五十五年,源淋自为序。"[⑤]《诸暨县志·经籍志》不将其归入经部易类,而归为子部术数类,而《中国古籍总目》将其归为经部易类。《四库全书》将凡解说《周易》本身的书入经部易类,凡用易理化人之书入子部儒家类,凡用易理推知吉凶的书入子部术数类。《诸暨县志·经籍志》如此归类,可能是因为编纂者认为其涉及《周易》本身的内容少。但今据笔者考察,国图藏《易外偶记》汇刻于一套丛书中,丛书名未知,丛书除《易外偶记》,还包括《学易随笔》六卷、《续编》四卷五册、《经义问对初编》一卷一册。可见在内容上《易外偶记》所属丛书是一部主要围绕易学的著作,应归入经部易类。

---

① 清代孙堂曾辑《汉魏二十一家易注》,其书共辑录子夏《易传》一卷、孟喜《周易章句》一卷、京房《周易章句》一卷、马融《周易传》一卷、荀爽《周易注》一卷、郑玄《周易注》三卷补遗一卷、刘表《周易章句》一卷、宋衷《周易注》一卷、陆绩《周易述》一卷、董遇《周易章句》一卷,虞翻《周易注》十卷附录一卷、王肃《周易注》一卷、姚信《周易注》一卷、王廙《周易注》一卷、张璠《周易集解》一卷、向秀《周易义》一卷、干宝《周易注》一卷、蜀才《周易注》一卷,翟元《周易义》一卷、《九家周易集注》一卷。

② (清)陈遹声、蒋鸿藻修纂:《光绪诸暨县志》,第 656 页。

③ 阮元认为清初学者毛奇龄才是真正的汉学开山。

④ 国图藏《易外偶记》为周作人旧藏,抗战后随知堂藏书被扣押而封存,后由教育部交国立北平图书馆代管,后正式归该馆所有。南京《新民报》在 1948 年 2 月 20 日第二版《新民副刊·二月篇》刊载了一篇文章——《周作人与希腊学术》。文附周作人给该报周绥章的信,信中提及"近十年来的大战祸里,有多少生命财产被牺牲了,这一点儿算得什么,现在不曾被炮火毁尽,寇盗抢光,还能够保存在图书馆里,可以供有志者的阅览,这真是十分幸运的事了。我只感觉一点抱歉,便是这些书恐怕不大能供给学人利用。中文书都只是普通刊本,只有近三十年中所搜集的清代山阴会稽两县先贤的著作共约三百五十部,如不散失或者于图书馆可以有点用处"。

⑤ (清)陈遹声、蒋鸿藻修纂:《光绪诸暨县志》,第 889 页。

第二十一，屠倬，字孟昭，清代人。光绪《诸暨县志》有传，谓："寄居钱唐，不忘故乡，故自号琴坞。弱冠好诗酒结客，博综经史，旁及星纬兵家言，涉览诸子汉唐以来古文辞。"[①]雍正《浙江通志》[②]记载屠倬著有《周易大义》，但到光绪《诸暨县志》编纂时已不见此书，如今此书已佚。

第二十二，周善培(1875—1958)，字孝怀，近代著名革命家。其易学专著有《易解义》不分卷、《大众易说》[③]、《周易杂卦证解》四卷。《易解义》有1926年铅印本，今存。《周易杂卦证解》影响颇大，有1935年铅印本、1948年上海文通书局版、1979年台湾新文丰出版股份有限公司版、1990年上海书店《民国丛书》版。《周易杂卦证解》"精于亘卦杂卦，主一卦亘五卦为说。即取一卦所杂之卦的卦辞、爻辞，以证本卦之卦辞、爻辞，致使六十四卦外又演成亘卦三百二十卦"[④]。周善培的易学研究不因循守旧，有个人独创性。

二、诸暨区域易学研究对区域学术研究的意义

(一)宗族学术之于区域学术研究

对某种学术的区域性研究并不鲜见，但这些区域的划分往往都很大，如以省甚至以南北方来划定。相对来说，选择诸暨这个较小的区域，可以细致入微地认识区域学术的特征。比如本文在考察诸暨易学时发现了孝感里张氏这一有传易、治易的宗族，孝感里张氏有六人治易，留下六部易学著作，其余通易但没有明确易学著述的还有几位，占诸暨治易者和易学著述的四分之一，自五代到清代孝感里张氏治易传统绵延不绝。通过对诸暨区域易学的研究，本文发现了宗族学术传承对区域学术研究的重要作用，在进行区域学术研究时应把考察宗族学术纳入研究环节中。

(二)从区域学术研究看整体学术面貌

统观诸暨易学研究的面貌，大多数治易的是理学、濂洛之学的信仰者，所撰的也是宗理学、濂洛之学的义理易学著述。此外其他类型易学著述还有易图学，如南宋黄开《周易图说》、清代杨学泗《羲经讲义》附的《图说》；有推测是道教易学的清代傅初《周易七镜钵》；有重考据、尊汉易的易学著述，如清代蒋钊《周易新义》；有纵横多家，汇通易理象数的明代张一龙《嵊山易门》。总之，诸暨易学著述多种多样，内容涵盖大多数易学研究方向，但是宗理学、濂洛之学的义理易学著述占绝对领先地位，这是由宋代理学长时间是官方思想，加之科举用宋学决定的。学术大方向一直由主流政治决定，所以易图学、道教易学、考据易学等在过去只能是易学史的一个非主流面向，某一易学流派会因为在某一时期的某思潮盛行而有向上姿态，但终究无法撼动官方引导的主流学术，如清代乾嘉时期

① (清)陈遹声、蒋鸿藻修纂：《光绪诸暨县志》，第664页。

② 雍正《浙江通志》至雍正十三年(1735)成稿，乾隆元年(1736)刊印，后人又称乾隆《浙江通志》。

③ 杨鸿儒《〈易〉学在蜀试探》(载《巴蜀史志》，1998年第4期)中提到周善培有《大众易说》，但今未见。

④ 《易学百科全书》编辑委员会：《易学百科全书》，上海辞书出版社2018年版，第906页。

考据学盛行，但重考据训诂的易学流派仍然不是主流，诸暨清代易学的面貌就是一个证明。我们现在会有一种误解，认为乾嘉时期重考据训诂的易学流派占强势地位，但从清人著述实际情况看，宗宋学的义理易学著述数量是大大压过宗汉学的考据训诂易学，之所以产生误解是因为应考据应试而生的宗宋学的义理易学大多数是低水平重复，经不起历史考验。大浪淘沙，学术史的眼光是雪亮的，历史选择了高质量的易学著作，让这一部分至今仍出现在我们书架上，而没被淘汰。

（三）区域学术研究中区域、研究对象与著述[①]的范围确定

区域本身并不会研究易学，区域中的人才会研究易学，区域易学研究基本概念是对某区域的某些人的某著述的考察，这里面的核心是人。区域易学研究首先在于确定该地的地理范围，这以现行行政区划的界定为基点，以诸暨为例，如马剑原属金华浦江县，古籍中一般称戴殿泗等为金华人，现马剑既已划入诸暨行政区域，则戴殿泗等的著述要纳入诸暨范围。区域的范围从它划定、命名开始就一直变化，我们也不能死板地按现行行政区划界定，如某地古代曾经长期属于诸暨，但如今因为种种原因被划出，则此地学人也应纳入诸暨易学研究范围。同时，诸暨籍而流寓外地者，如屠倬、周善培，或外地籍而流寓诸暨者，这些人的易学著述也都属于诸暨易学研究的范畴。

此外还需厘清区域易学研究的定义与范围。一般来说，易学研究的主要对象是专治易的人与其现存易学著述，但对于一个区域偏小的地方来说，以此为研究范围，标本含量会出现不足。所以只要该区域的人有相关易学著述或者治易经历，我们都应该纳入区域易学研究的范围，无论多少，无论存佚，这样才能完整地呈现该区域易学研究的面貌。以上对区域易学研究的区域、研究对象与著述的范围确定，也适用于其他区域学术研究，但具体情况仍需具体分析。

余　论

区域作为局部组成了整体，并以整体为参照，区域学术面貌被中国整体学术面貌所统摄着，但区域又有着因时因地而自生的特殊的一面。对于学术研究，若遵从整体入手的研究方式，我们固然可以获得整体综合性的观察，但总是不能特别深入。若从区域入手探讨细节、特色，并以整体为参照，则会对区域学术的认识更深，若把这一个个区域综合起来考察，则对中国整体的学术面貌也会有更具体和鲜活的认识。

---

① 著述的范围，概括来说即诸暨籍人士所撰、编、辑佚的易学及易学相关著述与虽非浙籍但寓居诸暨人士所撰、编、辑佚之易学及易学相关著述。所谓诸暨籍，以祖父出生、徙居、生活在诸暨区域为准。